編集
村上須賀子
兵庫大学教授

竹内　一夫
兵庫大学教授

医療ソーシャルワーカーの力
― 患者と歩む専門職 ―

販売　医学書院
制作　医学書院出版サービス

日本医療ソーシャルワーク学会 事務局
〒675-0195　兵庫県加古川市平岡町新在家2301
兵庫大学 生涯福祉学部 社会福祉学科　加藤洋子研究室
TEL & FAX　079-427-9955（直通）

医療ソーシャルワーカーの力　患者と歩む専門職

発　　行　2012年7月2日発行　第1版第1刷©
発行者　日本医療ソーシャルワーク学会
編集者　村上須賀子　竹内一夫
　　　　　むらかみすがこ　たけうちかずお
制　　作　医学書院出版サービス
発　　売　株式会社　医学書院
　　　　　〒113-8719　東京都文京区本郷1-28-23
　　　　　電話　03-3817-5600（社内案内）
印刷・製本　横山印刷

本書の複製権・翻訳権・上映権・譲渡権・公衆送信権（送信可能権を含む）は
㈱医学書院が保有します．

ISBN 978-4-260-70086-3

本書を無断で複製する行為（複写，スキャン，デジタルデータ化など）は，「私
的使用のための複製」など著作権法上の限られた例外を除き禁じられています．
大学，病院，診療所，企業などにおいて，業務上使用する目的（診療，研究活
動を含む）で上記の行為を行うことは，その使用範囲が内部的であっても，私的
使用には該当せず，違法です．また私的使用に該当する場合であっても，代行
業者等の第三者に依頼して上記の行為を行うことは違法となります．

執筆者一覧 (五十音順)

掲載頁

秋田智佳子	反貧困ネットワーク広島事務局長／弁護士	104
阿比留典子	済生会福岡総合病院 医療相談室 MSW／執筆時：早良病院 MSW	79
石橋　京子	岡山大学病院 総合患者支援センター MSW	216
伊藤　喜和	塩竈市立病院 院長・医療福祉部長兼務	215
岩村　庄英	特別養護老人ホーム もりたけ施設長	
	執筆時：医療法人双山会 森岳温泉病院 医療相談室	46
遠藤小百合	(公財)東京都保健医療公社 大久保病院 医療相談係長	
	執筆時：東京都保健医療公社 多摩南部地域病院 医療相談係長	71
遠藤　正樹	医療法人社団康明会常務理事／法人本部事務局長	204
大垣　京子	福岡医療福祉大学 人間社会福祉学部 教授	
	執筆時：早良病院 医療社会福祉部長・リハビリテーション部長 MSW	31
岡本　　学	国立病院機構 大阪医療センター 地域医療連携室 主任医療社会事業専門員	138
奥村　晴彦	社会福祉法人 大阪社会医療センター付属病院 医事課課長代理 MSW	62
小野　賢一	東京女子医科大学病院 MSW	147
小野沢　滋	亀田総合病院 地域支援部 顧問／北里大学病院 患者支援センター 副部長	
	執筆時：亀田総合病院 在宅医療部 部長	40
小畑　麻乙	糸島医師会病院 MSW	173
加来　克幸	熊本機能病院 地域ケア支援センター 副センター長	74
加来　洋一	綜合病院山口赤十字病院 神経科 部長	116
梶平　幸子	医療法人社団広仁会 広瀬病院 地域医療連携室 MSW	121
加藤　雅江	杏林大学医学部付属病院 医療福祉相談室 係長	163
鎌田　喜子	亀田総合病院 地域医療支援部 総合相談室 副室長	36
川島　正裕	市立岸和田市民病院 呼吸器外科部長	26
河宮百合恵	広島市健康福祉局 原爆被害対策部援護課主幹・MSW(被爆者相談員)	
	執筆時：広島市総合リハビリテーションセンター 総合相談室 主査・MSW	126
神田　義則	済生会新潟第二病院 医療相談室長補佐	189
北嶋　晴彦	大牟田市立総合病院 MSW	117
久留井真理	画家／広島頸損ネットワーク副会長	2
黒木　信之	名古屋第二赤十字病院 医療社会事業課長 MSW	68
古賀　稔啓	医療法人社団 広仁会 広瀬病院 院長	125
小嶋　章吾	国際医療福祉大学 医療福祉学部 准教授	14

小島　好子	自治医科大学附属病院 地域医療連携部 総合相談室 MSW	155
小林　哲朗	国家公務員共済組合連合会 名城病院 医療福祉相談部 部長 MSW	56
近藤美保子	浜の町病院 地域医療連携課 MSW	79
佐藤　和子	愛知県厚生連 海南病院 地域医療連携室長 MSW	95
志賀　雅子	倉敷医療生協 水島協同病院 MSW	98
品田　雄市	東京医科大学病院 総合相談・支援センター MSW	65
渋谷　恒文	福岡逓信病院 副院長	35
下田　　薫	国立病院機構 佐賀病院 MSW	151
下地　美佐	刈谷豊田総合病院 高浜分院 MSW	194
杉田　恵子	社会医療法人医真会本部 医真会八尾総合病院 地域連携センター MSW	199
高木　成美	広島市民病院 医療支援センター MSW	
	執筆時：興生総合病院 医療福祉相談室 主任 MSW	166
高野　和也	株式会社 日立製作所 ひたちなか総合病院 在宅医療推進センタ MSW	
	執筆時：いばらき診療所こづる 居宅介護支援専門員 MSW	87
竹内　一夫	兵庫大学 健康科学部 看護学科 教授	7, 111, 172, 198, 220
橘　　直子	綜合病院山口赤十字病院 医療社会事業部	112
立石　昌子	東邦大学医療センター大橋病院 MSW	53
塚本　弥生	名古屋医療センター 専門外来 MSW	
	執筆時：広島市立広島市民病院 総合相談室 MSW	133
土岐　明子	大阪府立急性期・総合医療センター・リハビリテーション科 医師	
	執筆時：関西労災病院 リハビリテーション科 医師	30
中村　昌広	済生会新潟第二病院 医療福祉部 部長	189
中村　美里	済生会新潟第二病院 患者の声相談室(アドボカシー) 係長	189
野田　智子	愛知県厚生連 江南厚生病院 地域医療福祉連携室 室長	182
浜辺恵里香	公益財団法人慈愛会 今村病院分院 地域医療連携室 MSW・退院支援看護師	178
早川　哲夫	執筆時：国家公務員共済組合連合会 名城病院 院長	61
原田　彩子	済生会広島病院 保健医療社会事業部 保健・医療相談室 主任 MSW	105
樋口美智子	地方独立行政法人 那覇市立病院 総合相談センター長	83
藤田花緒里	安芸太田病院 地域医療支援室 MSW	6
藤田　　譲	白鷺病院 医療福祉科 科長／MSW	141
藤平　輝明	東京医科大学病院 総合相談・支援センター MSW	186
松山　拓也	執筆時：関西労災病院 医療連携総合センター MSW	27
御牧　由子	埼玉医科大学国際医療センター がん相談支援センター／	
	総合相談センター 主任 MSW	159
村上須賀子	兵庫大学 生涯福祉学部 社会福祉学科 教授	5, 20, 21, 94, 105, 212
村上　武敏	小牧市民病院 医療福祉相談室 MSW	42

森戸　崇行	千葉県千葉リハビリテーションセンター 地域連携部 相談室 室長	129
安武　一	医療法人剛友会 諸隈病院 MSW	90
柳迫　三寛	三原赤十字病院 地域医療連携課 MSW	49
柳澤　隆昭	埼玉医科大学国際医療センター 脳脊髄腫瘍科 小児脳脊髄腫瘍部門長	162
山地　恭子	広島共立病院 相談室 課長／MSW	101
山本　邦男	塩竈市立病院 医療福祉情報企画室 非常勤嘱託	
	執筆時：塩竈市立病院 医療福祉情報企画室 室長 MSW	210
温泉川梅代	広島県医師会 常任理事	110
吉田　麻希	吉田麻希社会福祉士事務所	207
渡辺　貴志	倉敷市役所 生活福祉課ケースワーカー	
	執筆時：吉備高原医療リハビリテーションセンター MSW	144
和田　光徳	市立岸和田市民病院 地域医療センター医療相談室長 MSW	23

●表紙絵「サンキライのリース」および本文中イラスト　久留井真理 画

裏表紙：学会ロゴマークのコンセプトについて
　　基本構成としては，Medical Social Worker の MSW と Nippon の N を日の丸の赤を象徴的にロゴの真ん中へ配置して図案化し，平和の象徴である鳩が医療ソーシャルワーカーと同化して未来へ羽ばたく躍動感を表わしています。また個別援助技術の面接をモチーフにして，2 羽の鳩が向かい合い，傾聴している姿勢を表わしています。

序

　本書は月刊誌『病院』(医学書院発行)で，2006年6月号より「医療ソーシャルワーカーの働きを検証する」というタイトルで連載されている記事を再録・編集したものである。
　医療ソーシャルワーカー(MSW)の存在を知る人は少ない。
　医療分野で働く社会福祉専門職であるが，この通称「ソーシャルワーカー」たちは，働きぶりが「黒子」であるためか，自己アピールをしたがらない人が多い。
　患者や家族から「あなたが病院に居てくれて助かった」，「あなたに出会えて乗り越えられた」と感謝の言葉を受けても，「いいえ，それは，ご自分の力ですよ」と彼らの底力に感服している。周りのスタッフに自分の働きの効果を吹聴することもない。「利用者中心の原則」から利用者の自己決定を尊重し，一歩控えた，まさに「黒子」のような働きぶりが身についているからだ。
　筆者は1969年より30年近く，広島市立病院の医療ソーシャルワーカーとして働いた。来談者は年々増え続けたが増員はままならず，周りのスタッフや人事権を持つ人々に「働きを知ってもらう」働きかけが必須であることに思い至った。足りない人員では足りないサービスしか提供できない。それは，結局は患者や家族に辛い思いをさせてしまうだけであるとの認識である。
　昨今，医療ソーシャルワーカーへの役割に対する期待は全国に広がっている。わが国の医療は急性期医療・慢性期医療の機能分化が進み，すさまじい勢いで在院日数の短縮化が図られ，さらには在宅医療移行時代を迎えている。しかし，このように機能特化した医療を適切に選択できる人がどれだけいるだろうか。ことに在宅医療への移行には，住宅環境の整備・訪問看護・訪問介護の導入など，複雑なケアプランを要する。一般国民にとって，こうした「移動を伴った医療」を適切に受けることが困難な時代になっている。転院・退院という環境の変化は「放り出される」という心理的危機をはじめ，経済的危機・家族関係の危機をも伴う。
　医療ソーシャルワーカーは，この「移動を伴った医療」を人々が適切に選択することを支援できる最適の職種である。人々は患者となった途端，心理・社会的に数々の危機に見舞われる。ことにこの「移動を伴った医療」における危機は，あらゆる階層の人々に共通し，しかも直近の課題といえる。危機の回避には，医療サービスと福祉サービスをコーディネイトして患者・家族に届ける必要がある。その専門職として，医療ソーシャルワーカーを大いに活用してほしい。
　筆者はことあるごとに医療ソーシャルワーカーの働きをアピールし，未設置病院にも医療ソーシャルワーカーを売り込む，「MSWセールスウーマン」を自認していた。教育職に身を移して，さらに，その意を強くした。社会福祉教育の中でも，医療分野はやはりマイナー職種であった。社会福祉士や精神保健福祉士のカリキュラムは，学生が医療ソーシャルワーカー職を志すに至る教育ではないからである。

筆者のこの愛してやまない医療ソーシャルワーカー職を何とか世に広める手立てはないものかと考えあぐねていたところに，医学書院の月刊誌『病院』に2006年6月号より連載枠をいただいた。その趣旨は，「医療ソーシャルワーカーの働きを検証する」というタイトルで，医師を始め，病院関係者に向けて医療ソーシャルワーカーの活用とその拡充を願ったものである。当初，連載は1年間くらいを想定していた。しかし，幸いにも好評を得て，現在も継続中である。

　実際，キラ星の如く，輝く実践を続けている医療ソーシャルワーカーたちは全国に数多い。各地の学会や研究会などでの実践報告や，交流会での議論などでその輝きに触れる。現場を離れた身としては，その格闘ぶりに共感し，「素晴らしい実践をしているな」と羨望と妬み心で聴き入ることがしばしばである。執筆を依頼し，内容をやり取りする過程で，さらに筆者の医療ソーシャルワーカーへの愛と誇りは深まる。

　連載では医療ソーシャルワーカーの活用は，患者・家族・利用者にとって意味あるもので，同時に病院にとっても社会的・経済的に有益であることを証左するために2類型で編集した。1つは医療ソーシャルワーカーの実践事例を彼ら自身の報告のみにとどまらず，関わった他職種・他機関の執筆者から，活用・連携の有益性を「MSWと協働して」というコラムを設け，コメントを寄せてもらった。それらは，病院長をはじめ，看護部長・病院事務長・作業療法士など，院内関係者のみならず，弁護士・司法書士・地域の診療所所長・訪問看護師・保健師・地域の支援団体など，幅広く，多種多様である。

　もう1類型は，医療ソーシャルワーカーの医療経済上の貢献を数量的データで示すことである。この中心は東北大学大学院経済学研究科の関田康慶教授を始め，数々の研究者の調査研究が担っている。しかし，本書ではページ数の関係でコメントも一部のみ再録し，貴重な調査研究は割愛した。より広い一般読者に医療ソーシャルワーカーの存在を知って，活用してもらいたいという意図で，現場の実践報告を優先させた。読者が手に取って読みやすい量を考慮すれば取捨選択をせざるを得なかった。

　この度，医学書院の『医療福祉総合ガイドブック 年度版』で長年お付き合いのある元制作担当者の武田誠・看護編集部の北原拓也・連載担当の松永彩子の三氏の熱意とご尽力，それに共同編集者の竹内一夫氏を得ることにより，単行本として刊行できた。コメントにもあるように医療ソーシャルワーカーの働きを見守り，志を寄せてくださる数々の「つながり」のありがたさを実感する。

　最も重要な患者の立場から見た医療ソーシャルワークの働きについて，事故で受傷直後に筆者と出会った久留井真理さんにも執筆いただいた。連載のキーワードである「連携の輪」を真理さんの絵「サンキライのリース」で表し，連載タイトルの挿画としている。本書の表紙絵にもこの「サンキライの連携の輪」を掲げさせていただいた。

　なお，本書は日本医療ソーシャルワーク学会の初の刊行物である。

2012年6月

村上須賀子

目 次

第Ⅰ部　医療ソーシャルワーク 総論　　1

総論1　MSWの活用を願って　MSWという存在　患者の立場から–久留井真理　2
　　MSWの関わり1　当事者の持つ力に働きかける……………………………村上須賀子　5
　　MSWの関わり2　地域で暮らす患者のサポーターとしてのMSW………藤田花緒里　6
総論2　わが国におけるMSWの現状と課題　MSWの働きとは────竹内一夫　7
総論3　患者と医療機関の期待に応えるMSW────────────小嶋章吾　14

第Ⅱ部　医療ソーシャルワーク 支援論　　19

医療ソーシャルワーク支援論　概説────────────────村上須賀子　20

1章　支援方法論────────────────────────村上須賀子　21

① 個人の働きかけ・ケースワーク
患者・家族の態度・行動変容をもたらす心理社会的アプローチ…………和田光徳　23
　　MSWと協働して　地域がん診療拠点病院におけるMSWの役割………川島正裕　26
当事者の力を強化するMSWの関わり………………………………………松山拓也　27
　　MSWと協働して　MSWは欠くべからざる存在………………………土岐明子　30
退院援助と受診受療援助…………………………………………………………大垣京子　31
　　MSWと協働して　期待されるMSWの役割……………………………渋谷恒文　35

② 退院援助
在宅支援におけるMSWの役割…………………………………………………鎌田喜子　36
　　MSWと協働して　急性期病院のMSWこそ，高齢人口爆発へ対応できる鍵…小野沢 滋　40
退院援助における対象者の実態と実践課題……………………………………村上武敏　42
療養型病院におけるMSWの働き………………………………………………岩村庄英　46
チーム医療におけるMSW・ケアマネジャーの役割…………………………柳迫三寛　49
MSWによる転院支援の有効性…………………………………………………立石昌子　53
エビデンスを指向した医療ソーシャルワーク…………………………………小林哲朗　56
　　院長から見たMSW　急性期病院におけるMSWの活用………………早川哲夫　61
生活困窮者（日雇労働者）の生活を支援するMSW…………………………奥村晴彦　62

③ 地域連携ネットワークシステムの構築
救命救急センターにおける医療ソーシャルワーク……………………………品田雄市　65

在宅へ向けた病病・病診連携のシステム作り……………………黒木信之 68
地域連携クリニカルパスにおける MSW の関わり………………遠藤小百合 71
地域連携での MSW の役割………………………………………加来克幸 74
転院後の継続支援を可能にする「MSW 連携シート」……近藤美保子・阿比留典子 79
MSW の地域活動……………………………………………………樋口美智子 83
在宅ケアにおける MSW の役割…………………………………高野和也 87
手をつなぐ地域連携「つながりネットワーク」の試み……………安武 一 90
 編集者より　連携システムを創り出す力……………………村上須賀子 94
地域ネットワークプロセス…………………………………………佐藤和子 95

4 MSW のソーシャルアクション

「貧困」に向き合う MSW の役割…………………………………志賀雅子 98
国保資格証問題と受療権を守る MSW の役割……………………山地恭子 101
 MSW と連携して　MSW は不可欠の存在……………………秋田智佳子 104
ソーシャルアクションのツールとしての寸劇………………村上須賀子・原田彩子 105
 MSW と連携して　毎年進化する MSW の寸劇………………温泉川梅代 110

2 章　利用者の状態別支援方法 ────────────竹内一夫 111

1 がん患者と家族への支援

緩和ケア病棟での家族関係再構築…………………………………橘 直子 112
 MSW と連携して　緩和ケアチームも MSW のサービスを受ける………加来洋一 116
がん診療連携拠点病院における MSW の役割……………………北嶋晴彦 117
緩和ケアにおける MSW の役割……………………………………梶平幸子 121
 MSW と連携して　緩和ケアにおける MSW……………………古賀稔啓 125

2 リハビリテーションをめぐる MSW の働き

生活の再構築をめざして……………………………………………河宮百合恵 126
高次脳機能障害者の支援と MSW の関わり………………………森戸崇行 129

3 難病・障害者への支援

HIV/AIDS とソーシャルワーク……………………………………塚本弥生 133
HIV 感染症治療と MSW……………………………………………岡本 学 138
透析医療におけるソーシャルワーク………………………………藤田 譲 141
職業復帰に関わる MSW の役割……………………………………渡辺貴志 144
臓器移植における MSW の役割……………………………………小野賢一 147

4 子どもへの支援

周産期医療における MSW の関わり………………………………下田 薫 151
周産期医療と障害児…………………………………………………小島好子 155

小児脳脊髄腫瘍患者と家族への支援におけるMSWの役割……………御牧由子　159
　　MSWと連携して　小児脳脊髄腫瘍診療におけるMSWの専門性と
　　　その普遍性………………………………………………………柳澤隆昭　162
虐待防止委員会の活動から見るMSWの専門性………………………加藤雅江　163
発達障害のある子どもと家庭支援におけるMSWの働き……………高木成美　166

第Ⅲ部　MSWとアドミニストレーション　　　　　　　　171

1章　組織に位置づくために————————————————竹内一夫　172

1 導入期
医師会病院でのMSW業務立ち上げ経験をふまえて……………………小畑麻乙　173
MSWの役割と業務改善……………………………………………………浜辺恵里香　178

2 組織改革
地域医療福祉部門の管理……………………………………………………野田智子　182
病院におけるMSWの役割とポジショニング……………………………藤平輝明　186
MSWによる総合的な相談機能の提供……………中村昌広・神田義則・中村美里　189
療養病床におけるMSW業務の確立………………………………………下地美佐　194

2章　経営・教育に関わるMSW————————————————竹内一夫　198
BSCを取り入れたMSW部門の戦略的運営………………………………杉田恵子　199
病院経営にMSWの視点を生かす…………………………………………遠藤正樹　204
MSWの視点で経営・事業展開に参画……………………………………吉田麻希　207
病院経営バランスを考えたMSWの働き…………………………………山本邦男　210
　　補記　自治体病院におけるMSWの採用と位置づけ………………村上須賀子　212
　　MSWと協働して　病院経営に必要とされるMSWの専門性………伊藤喜和　215
専門チーム活動におけるMSWの機能……………………………………石橋京子　216

編集を終えて————————————————————————竹内一夫　220

第 I 部

医療ソーシャルワーク
総 論

総論 1　MSW の活用を願って
総論 2　わが国における MSW の現状と課題
総論 3　患者と医療機関の期待に応える MSW

総論 1 MSWの活用を願って
MSWという存在―患者の立場から

画家／広島頸損ネットワーク副会長　久留井真理

　医療ソーシャルワーカー(以下，MSW)の存在の拠りどころはどこか？当たり前のことだがユーザーである患者・家族の基にある。ユーザーにとって何者であるかが存在有無の分かれ道である。
　MSWの働きは目に見えにくい。その支援のスパンも長く，時によっては年単位や，一生に及ぶ場合もある。その長いスパンの中，機関により，地域により医療ソーシャルワーカー個人は変わるだろう。しかし，その専門職としての支援の流れは変わることがない。表紙絵の作者である久留井真理さんにこれら「MSW存在の意味」を述べてもらう。(編集：村上須賀子)

頸髄損傷

　1994年1月4日の夕方，私は交通事故を起こしてしまいました。前方で，右折しようと止まっていた自動車が，走っているように見えたのです。相手のバンパーが少しへこんだ程度の追突事故でした。「謝らなければ」と車から降りようとしましたが，どんなに力を入れても手も足も動かない。首が割れるように痛い。呼吸がどんどん苦しくなってくる。いったい何事が起きたのだろう，夢を見ているのか…？
　救急隊員の方が私を見るなり，「これは首だ！首を支えて！」。ドアはこじ開けられ，私はそっと抱きかかえられたまま，救急車で安佐市民病院へ搬送されました。
　診断名は，首の脱臼骨折による「頸髄損傷」。それから4日後，頸髄の炎症が延髄まで広がり，自発呼吸ができなくなったと同時に，意識も遠のいてゆきました。1か月後，意識が戻った時には呼吸器が装着され，首から下はまったく動きません。でも，治療が進めば治るものと思っていました。受傷して2か月半が過ぎた頃，医師から告げられました。「手足はもう動くことはないでしょう。動いたとしても，日常的には役に立たないでしょう」と…。受傷後初めて泣きました。朝まで涙は止まりませんでした。
　その当時，私はジョギングを趣味に持ち，待望の大阪国際女子マラソンへエントリーして，大会で走るのをとても楽しみにしていました。でも事故は大会を目前に控えた時に起こり，走ることはできませんでした。「来年こそは，絶対大阪国際女子マラソンを走りたい！」夢はあきらめられません。夫や娘たちのことはもちろんですが，このことが私の大きな励みでした。手足が動かないだなんてどうやっても信じることができない，頑張れば絶対治る，奇跡という言葉もある。思いっきり泣いた後，そんな気持ちでいっぱいになっていました。
　集中治療室に5か月もいたのですが，看護師さんにもずいぶん支えていただきました。首の固定で，天井ばかり見ている私に，外が見えるようにとベッドへ鏡をつけてくれました。こっそり桜の枝を折ったり，道端のれんげ草を摘んで病室に春

を届けてくれました。「どんな時もきれいにしておかなきゃあ」と，お化粧や髪を結ってくれたこと，友達や家族のように接してくれたこと，忘れることはありません。夫も毎日欠かさず，意識のない時でも病室を覗いてくれたこと，感謝しています。

手が動いた！

　医師から病状を告げられて数日後，左手がピクッと動いたのです。「この手が動けば…」なんて夫と話をしている時でした。夫と看護師さんに何度も何度も確認してもらいました。気のせいではなく，「動くことはないでしょう」といわれた手が動いたのです。翌日から，関節硬縮予防リハビリと座位訓練に加えて，早速手のリハビリ開始です。呼吸器も外せ，喉の吸痰の穴もふさがった頃でした。

　リハビリはそう目に見えてよくなるものではなく，根気との闘いです。イライラする日もありましたが，もう一度走りたい！　夫や娘たちに食事を作りたい！　そんなことを思うと，自然に力が出てくるのでした。しかしそんなある日，どんなにリハビリを頑張っても，もう指は絶対動くことはなく，以前のように料理をしたり洗濯をしたりと家事はもうできない，娘たちを抱きしめることはできない，ピアノも弾けない，箸すら持てなくなることを知らされました。薄々は気付いていましたがやはりショックでした。「じゃあ私は，主婦でもなく母親でもなくなる。そんなのは嫌だ！」頭の中をそんな思いがぐるぐる回る…。

MSWとの出会い

　その頃，主治医と看護師長・MSW・夫と私とで，今後についてのカンファレンスがありました。この時がMSW村上須賀子さんとの出会いでした。とにかく「どうやってもこれ以上の進歩はない。リハビリを続けても無理だ。今の家庭環境では施設へ入るしかない」と一点張りの主治医。しかし私は，「もっとリハビリを続けたい。希望を捨てたくない。また夫や娘たちと過ごしたい」。結局，話は平行線のまま終わりました。悔しくって悔しくって涙が止まりません。

　数日後，MSW村上さんから，1枚のコピーをいただきました。「看護学雑誌」の連載です〔滝野澤直子「でも，やっぱり歩きたい　直子の車椅子奮戦記」看護学雑誌（1992年1月号），その後，医学書院より同名タイトルの単行本として1995年に刊行される〕。それは，頸髄損傷になった看護師さんが，リハビリで日常的なことができるようになり，活動的に在宅生活をされているというものです。希望の光が見えた瞬間でした。このことをMSW村上さんに伝えると，続きをコピーしてくださいました。何十枚あったでしょうか。読み終えた時，不安がばあっと消え去ったのと同時に，ものすごい勇気が湧いてきたのでした。

　その後，頸髄損傷者で，在宅で過ごされているAさんを紹介していただき，MSW村上さんと一緒に訪ねました。初めて目にするバリアフリー住宅は住みやすいように設計（改造）されていて，Aさんはベッドでリラックスされてクラシック音楽を楽しまれていました。介護者もされる側も「不安はありませんよ」との言葉に，少し安堵したのを覚えています。

「大丈夫よ」

　受傷してからは，人の目は同情的に感じ，何事も特別扱いで，私自身も次第に視線を避けるようになっていました。そんな中，初めて対等に接してくれたのがMSWの村上さんでした。廊下などでひょっこり出会うと「あら，何やってるの？」，「へえ〜」と患者としてではなく，ただの1人の人間として話しかけてくださいます。在宅への不安や，また仕事ができるようになるのか，とか相談するたびに，「大丈夫よ」とさらりと返事が返ってくる。いつも前向きだ。「仕事だって，あなたじゃあないとできないものがあるのよ。その時はお願いね」って，こんな体でどんな仕事があるっていうのよ…と思いつつ，「大丈夫よ」という言葉は，なんだか不思議と心の中の不安を和ら

げてくれるのでした。

転院・手術

　とても悩んだ結果，腕の機能を少しでも高めるための手術を受けることにし，東広島市にある県立リハビリテーション病院へ転院することとなりました。足の腱を肩へ移行する手術，認めたくはないけれど「もう走れなくなる」ということです。辛いけれど，少しずつこの現実を受け入れる準備が始まったのでした。

　4回にわたる手術の繰り返しの1年8か月，覚悟はしていましたがそれは想像以上に辛いものでした。娘からの「頑張って」の声と，時間の許すかぎり会いに来てくれる夫の笑顔は力強いものでしたが，思い描いたような進歩はないし，看護師さんとの折り合いが悪く自暴自棄になったことも何度かあります。でもそんな時，やさしく声をかけてくださったのがMSW秀島和則さんでした。溜まった辛い思いを，時間の許すかぎり聞いてくださいました。聞いていただけるだけでも気分が落ち着くのです。在宅生活への不安を少しでも解消できるためにと，在宅への資料もたくさん集めてくださいました。

リハビリで始めた絵

　手術終了後，在宅に当たって安佐市民病院へまた転院です。腕のリハビリ目的で，絵を描き始めました。手に装具をつけ，筆を固定させます。描き始めた当初は，30分が限界で，夜も痛みで眠れません。それでも絵を描いていると，辛いことを忘れさせてくれるので，大切なひと時となっていました。

　絵を描こうと思ったきっかけは，大分県から広島県立身体障害者リハビリテーションセンターへ，手術に来られた1人の青年との出会いでした。彼も頸髄損傷ですが，身の回りのことは何でもこなす，活発で明るくて今時の茶髪の青年でした。あの「看護学雑誌」の看護師さんが重なります。そんな彼の，数あるリハビリの1つとしての絵，作品はどれもとても温かくてたくましく，描いている時の彼の表情はとても穏やかでした。不安や焦りで，心にゆとりのなかった私には，彼の穏やかな表情がとてもうらやましく眩しく見えました。いつの日か，腕がもっと動くようになったら（手術が終わったら）ぜひ絵を描いてみたい！と思うようになっていました。

　退院後，MSW村上さんの薦めで，私の絵は絵はがきやカレンダーになりました。「あなたにしかできない仕事よ。同じ障害をもたれた方や，病んでいる方々のかけ橋になれるはず。あなたが支えていただいたように，今度はあなたがするの」と村上さん。私のような者が…と半信半疑でしたが，それは全国から「ありがとう」の声を届けてくれ，たくさんの大切な出会いとともに，逆に私へ勇気を運んできてくれました。

　カレンダーも今年で8年目を迎え，今では，「広島頸損ネットワーク」という10年余り続いている当事者たちのネットワークに参加して，新たに病んだ方々の相談を受けたり，サークル活動，講演と「私にしかできない仕事」をさせていただいています。

MSW に助けられて

　最終的には，自分の足で走ることも家事もできませんでした。身の回りのことは，介助者なしでは何1つできません。でも，使い勝手のいいように作られたバリアフリー住宅内では，準備さえしていただければ，食事，絵画，パソコン，読書，電話やエアコンなどのリモコン類の操作もできるし，ゆっくりだけど車椅子で室内を動くこともできます。電動車椅子で市民マラソンにも参加しています。できないことは人にお願いしているので楽ではないか，と思われるかもしれないけど，「人にお願いをして意思を伝える」ということは，時間もかかり精神力との闘いで，かなりの重労働です。だからある意味で体力は使っているということです。忍耐強くもなりました。自立はできていると思っています。

　在宅生活が始まっても，相変わらず安芸太田病

院MSWの藤田花緒里さんに支えられています。障害者となって退院と同時にいきなり社会へ放り出されても，不安だらけで，何をどうやっていいのかわからないことがたくさんあります。そんな中MSWは入院中だけでなく，退院後も引き続いてサポートしてくださるので助かります。入院中から患者の一部始終を把握されているので，何が不安か，何を必要としているかをよく知っている理解者だと思います。

在宅生活が始まった当初，福祉の制度は知らないことばかりでした。自立生活を助ける制度はたくさんありますが，行政だってこちらから相談を持ちかけないと情報を提供してくれないことが多々あります。医師も医療の在宅制度には詳しくありません。知っていれば暮らしやすくなる情報をMSWに教えていただいて，ずいぶん助かりました。

病気を治すのは医師で，それをお手伝い・サポート（支える）するのが看護師で，MSWは心のケアと退院後のフォローを担っています。後遺症の残る病気やケガは，ただ治療を受けるだけでは患者も家族も困るのです。医師・看護師・MSWの三者が一緒になって，初めて患者が救われるのだと思います。

私自身も入院して，初めてMSWという仕事を知りました。いまだに知らない人はたくさんいて，患者さんから相談を受ける度，MSWの存在をお教えしています。以前，医療機関を対象に行った「MSWの必要性」アンケート結果[注]では，「MSWは必要である」と思いつつ，きちんとした資格化がなされていないことや，経費削減に向けた経営上の問題もあり，十分な配置ができないという回答が多くありました。医療技術が進歩し病気や事故での後遺症をもつ方や，高齢者が増える中，医療福祉制度の改正で医療機関を利用するに

あたって，患者や家族の悩みも増えてきました。患者や家族が，少しでも安心して暮らせるように，MSWがもっともっと広く社会一般に周知され，今後の活躍の場が拡がっていくことを願います。

MSWの関わり1
当事者のもつ力に働きかける

元安佐市民病院MSW／本書編集者　村上須賀子

筆者はMSWとして30年近く働いた後，1998年春に病院を退職し，後輩たちの養成に役立ちたいと，大学の教員に転職した。退職や引っ越しなどの慌しさに追われて，お世話になった方々への転職のご挨拶が遅れた。遅くにご挨拶状を出すバツの悪さに「どうしたものか？」と思案していて浮かんだのは，ある人のスケッチブックだった。元の職場の安佐市民病院の外来ロビーで，車椅子の膝に置かれた彼女のスケッチブックを初めて見せてもらった時，その柔らかい筆使いと淡いほのぼのとした色使いに，心がポッと暖められるのを感じた。

真理さんが描きためた5冊のスケッチブックを借りて，6枚の絵を選び，絵はがきにして挨拶状に入れた。絵はがきの1枚1枚に，真理さんの言葉が添えられている。かごに盛られた苺の絵には，「人工呼吸器がはずせた時，初めて口にした甘い幸せ」とか，画面いっぱいの向日葵の絵には，「入院中，願いを込めて書きました。元気が出るようにと…」とか。筆者の転職挨拶へ次々と返事が寄せられた。真理さんの絵に勇気づけられ，感動したという反響だ。悲しいことを体験した人や障害者などから，とくに強く寄せられた。真理さんに，この反響を伝えると真理さんは，今度は自分の選んだ絵で，「花の日々」という絵葉書セットを作成した。1日に2〜3時間しか座り続けられず，1枚の絵の完成に10日余りかかってしまう。そうした彼女の創作活動を支えたいと，「久留井真理さんの絵葉書を広める会」も生まれた。

1990年から続いている「はがき通信」という情

注）「広島頸損ネットワーク」の活動の一環として，2002年9月，広島県内にある頸髄損傷の患者にとって関わりの深いと思われる自治体病院（公立病院）と整形外科や脳神経外科を標榜している99床以上の民間病院を対象として（対象病院総数81），切実な課題である医療施設のバリアフリーやMSWの配置，往診の実施状況などの把握を目的にアンケート調査を行った（回答数39）。

報交換誌があり，そうした「はがき通信」やインターネットを通じて知り合った仲間と，顔を合わせて情報交換・交流したいという願いのもとに，1997年に「広島頸損ネットワーク」が結成された。

その会合に参加してみると，懐かしい顔にたくさん出会った。真理さんは負傷直後のリハビリ中の暗い瞳とは別人のように，グループの機関誌編集委員として活発に会議をリードしている。隣には四肢麻痺で起業したクラシック好きのAさんも電動車椅子で加わっている。彼は，真理さんが一生手足の動かないことで悲嘆にくれていた時に，一歩先の在宅生活ぶりを示してくれた人だ。彼は自宅での生活を始めたばかりでしたが，ほんの少し動く右手首を利用して，ベッド上でオーディオを操作して，お気に入りのブラームスを聴かせてくれた。そして，「入院中に思っているほど，家での生活は大変ではなく，案外やっていけるものですよ」と，にこやかに言ったのだ。

当事者の言葉と態度は，何と説得力のあることか。その言葉に勇気づけられた真理さんは，今や周りの障害者たちに勇気を与える存在になっている。

このように，障害者や患者さんたち，当事者同士の触れ合いは，目を見張るものがある。MSWは，この当事者のもつ力に意図的に働きかける。それは，お互いの悩みや苦しみの共有，治療や生活上のさまざまな工夫などの情報交換，それに，社会的活動から得られる存在感など，その力が大きいからだ。

MSWは，病気や障害にあって悲嘆の最中にある患者に，最初に必要な情報を提供しケアをしてゆく存在だ。患者の潜在的な力に働きかけ，自らの力で歩んでいけるよう，あらゆる支援を試みる。そしてその後も患者に必要な時にサポートをし，継続的にケアをしてゆく。そのサポーターはひとりのMSWだけではなく，真理さんの例のように複数のMSWが担う時代になっている。こうした「輪になって支える」感を表しているものとして，本書の表紙にも，彼女の絵を掲載している。

MSWの関わり2
地域で暮らす患者のサポーターとしてのMSW

安芸太田病院 地域医療支援室 MSW　**藤田花緒里**

地域によって質も量も異なり点在する医療福祉サービスを，MSWは結びつける。MSWは，サービス利用開始前・利用中も含めて，その人らしく生きていくための安定したサービスがプログラムされるように働きかける。そのためMSWは，患者・家族と一緒になって関係機関とのコミュニケーションを図る。

久留井さんは「地域の障害者・高齢者の生活向上のサポートにつながるような存在になりたい」との強い思いを持ち続けている。積極的に行動し，さまざまな人とのネットワークを広げている。そのパワーに押されながら，当院MSW支援として，日々の生活を心身ともに安定して保てることを目標にしている。絵の制作や患者会など社会活動を通じて，久留井さんが自己実現しやすい環境整備を心がけて，サービス機関との調整や心理的サポートを行っている。

在宅生活を支える大きな柱の1つである障害者福祉制度は長い間措置制度であった。久留井さんが在宅生活を始めたのは措置制度の時代であり，実態に応じた医療福祉サービスの質や量のあり方について行政機関と協議を重ねた。しかし2003年4月支援費制度，2006年4月障害者自立支援法成立と，制度があわただしく変わり，事業所との契約形態となった。そのため医療福祉サービスのあり方について，久留井さんと家族を交えて関係機関との話し合いの場を設け，納得が得られる支援プログラムを調整した。また久留井さんのライフワークとなっている絵はがきやカレンダーの販売に関して，地元の作業所と協同するための調整役などを担っている。

かつて「広島頸損ネットワーク」と協同して，医療福祉サービスの実態調査を行った。そのように今後も地域の患者のニーズに主体をおきながら，ともに医療福祉サービスの向上のために力を尽くしたい。

総論 2 　わが国における MSW の現状と課題

MSW の働きとは
その足跡と今，そして課題

兵庫大学健康科学部看護学科 教授　竹内一夫

足跡から見る支援の視点と，専門性の拡大

　わが国で医療ソーシャルワーカー（以下，MSW と略す）の業務が，初めて公的に取り上げられたのは，第 2 次世界大戦の敗戦から 2 年経った 1947 年 9 月に GHQ（連合軍総司令部）の指導で成立した保健所法によってであった。当時の保健所の業務が 11 項目取り上げられる中，第 6 項目に「公共医療事業（Medical Social Service）」として記載されたのがそれであった。これに伴い各地のモデル保健所に MSW が配置され，東京で講習会が行われたのであった。その約 20 年後，私が 1968 年に総合病院で MSW としての仕事を始めた時に，新人の私が配属されたところは医療社会事業部であり，英語の表記もまだ Department of Medical Social Service であった。大学の科目名が社会事業から社会福祉事業へ変更されたのが 1981 年であり，わが国の戦後しばらくの社会事業の対象は，貧困者対策・障害者対策・孤児対策などを中心とした貧困対策という認識が強かったことがうかがえる。

　この保健所法の施行にあたり厚生省が編纂した『保健所運営指針』では，MSW の職務内容を次の 5 点にまとめている。
①患者およびその家族に対して彼らの当面している医学的，社会的な困難および理由を了解せしめること。（注：患者・家族の自己理解の促進への援助）
②医師または治療に携わる人々の用に供するため，患者および彼の置かれている環境の事情について，知識および理解を手に入れること。（注：患者・家族の環境についての情報収集と医療関係者への情報提供）
③患者を指導して共同社会の提供する各種の便益を最も適切に利用せしめること。（注：社会資源の有効活用）
④医師の採択した治療方針の実行を計画的に援助すること。（注：療養支援）
⑤連絡（注：説明では，保健所内外に対して保健・医療・福祉機関活用のための情報提供と患者紹介，関連施設との連絡調整を含んでいる）。

　ケースワークを援助技法の中心において，これらの業務内容を遂行していくことが当初の MSW には要請されていたのである。職名としてケースワーカーが用いられた。医療機関に導入されていった MSW もケースワーカーと呼ばれ，長らくその時代が続いた。

　蔓延する結核，さまざまな感染症への対応，経済困窮者への支援などが求められていたが，それに対応する社会資源や，資料資源が欠乏する中での支援に MSW が四苦八苦して対応した時代が続いた。

　高度経済成長に入っていった 1960 年代には，リハビリテーション医療の発展や，医療の高度専門分化が生じてきた。一方で社会保障の充実，医療費の自己負担率の減少，各種公費負担医療の充実などとともに，高齢者医療の無料化によって，医療資源の利用の偏りが高齢者に起こり，MSW は高齢者の退院支援や転院支援に多くの時間を取られることにもなった。また医療を取り巻く諸科学のめざましい進歩による，医療技術の進歩・発展と，医療の専門分化が進み，医療の質が問われ

るようになってきた。一方人口の高齢化や飽食などによる生活習慣病の増加がみられ，MSWの所属する医療機関が提供する医療の内容によって，対象とする患者層が変わり，MSWの業務内容にも大きな影響を与えるようになってきた。患者会や家族会などのセルフヘルプグループへの支援などが必要とされ，グループへの支援や，家族や患者を取り巻く地域や，関連機関への支援も必要とされるようになってきた。

またその後，人間工学・臨床心理学・行動心理学・コミュニケーション学などのソーシャルワークを取り巻く周辺科学の進歩もめざましく，それらからの影響を受け援助技術のレパートリーの増加と支援の質に関する深みをもたらすことになった。1900年代の終わりから2000年代の初めにかけては，重複し重層したニーズへの対応方法としてのケアマネジメントや，モチベーションの低い利用者への支援の有効化や，忙しい現代社会の中で短期間に支援効果を上げるための方法が種々開発されるに至り，MSWも自らの支援を有効化していくために，いくつもの援助技術のレパートリーを持ち，その中で利用者の問題に最適の方法を提供できる力量が求められてきている。

医療機関の特性と医療ソーシャルワーク援助

社会福祉施設あるいは機関での援助と医療機関での援助が大きく異なる点は，社会福祉施設・機関が，人々の生活支援をその第一義的な援助目的に置くのに対し，医療機関は患者の生命活動の維持とその支援を第一義的な目的にすることにある。すなわち社会福祉施設で第一義的な支援とされる患者・家族の生活支援や，療養を妨げる諸問題解決への支援を目的としたソーシャルワーク援助は，医療機関では第二義的なものと位置づけられるがゆえに，その業務は保険点数化されていない。患者や家族も以前は，地域との関わりがあり，家族間の絆も強く，医療機関には第一義的な支援である治療のみを求めていたし，それで満足できていたのである。

しかし社会は複雑化し，人々のつながりは希薄になり，地域の保育力，介護力が減退してくるに従って，人々の療養環境の整備が必要とされるようになってきたのである。さらに，診断，治療が高度化し，複雑化してきた医療環境の中で，患者や家族が，自らの意思をしっかり表明し，自ら治療や検査の方向性を決定していくことは決して容易なことではなく，医療システムと患者・家族システムの調整を図り，情報の共有化をサポートするような援助がますます重要になってきている。さらにまた慢性疾患，生活習慣病の増加に伴って，在宅での継続的な療養や生活支援を必要とする患者が増加し，院内支援に留まることなく，在宅療養の支援も必要とされるようになってきた。現在の医療機関でこれを主に担うのが，MSWなのである。

いまや医療ソーシャルワーク援助は医療の継続性を支える重要なパートであり，同時に患者家族の生活の質の確保に関わる重要な役割を期待されるようになってきたのである。

MSWの役割と，患者・家族の生活向上への貢献

現状の医療機関の中で，MSWが果たすべき役割をまとめると，以下のようになろう。

1．医療機関を中心にした役割

①医療システムと人・人と人・人とサービスを結びつけるネットワークの形成（ネットワーカー）

②利用者や関わる専門職がうまく他のシステムの機能，サービスを利用し，問題解決していけるようにマネジメントを行う（マネジャー，コーディネーター）

③利用者の問題解決のために，利用者をはじめ，関わる各システムの機能を変化させる（チェンジ・エージェント）

④問題解決のための知識や技術を，利用者をはじめ利用者の問題解決に取り組む人々に教授する（チューター，エデュケーター）

2. 医療チーム内での役割(援助者，調整者)

①患者の病気や入院，療養がもたらす顕在的，または潜在的な生活を脅かすような変化に対処するための援助(援助者，支援者)
②治療を進めていくために必要な情報の共有と，相互理解のために，患者，家族，医療チーム間でのコミュニケーションを促進するための援助(コミュニケーター)
③患者や家族が病気に対処できるようなカウンセリングなどによる支援(エンパワメント)
④患者に社会資源(制度やマンパワー)についての情報を提供・紹介し，その適切な利用に取り組めるような支援(情報提供者)
⑤実際的で安定したサービス手配への援助(手配者)
⑥患者や家族が自ら必要とする継続的なケアのために，自ら退院計画，在宅療養計画を組み立てることができるようになるための支援や援助(セルフケアプラン作成支援)

MSWがこれらの役割を果たすことは，医療機関内の各専門職の支援の効果・効率を高め，結果として医療機関の社会的評価の向上を生む。また，患者，家族を広義の医療チームメンバーとして位置づけ，これを動かしていくことは，患者・家族のパワーと自立性を高め，在宅医療への円滑な復帰を促進することとなる。

これらの動きは，いま医療機関が厚生労働省から絶対的な命題として到達することを義務づけられている，平均在院日数の短縮と，患者・家族へのサービスの質の向上という，一見，相矛盾するように見える2つの事柄を，達成することにつながるのである。またこれらの働きは患者や家族のエンパワメントにもなり，自己決定力を高め，彼らの生活の質の向上に貢献することにもなる。

MSWは病院の財政に貢献しないのか

MSWの活動が適切に評価されてこなかった理由を大別すると，次の2つになる。

1. 診療報酬との関わり

まず第1は，診療報酬との関わりである。残念ながら，医療ソーシャルワーク業務が単独で，診療報酬点数表に収載されたことはこれまで一度もない。

MSWの業務が医療機関のサービスであり，病院収入に貢献しない部門であるといわれる理由の1つはここにあるのだが，本当にMSWは病院の経済活動にまったく貢献しないのであろうか？

筆者はそうは思っていない。本来入院期間は患者にとって，また家族にとっても，短ければ短いほうが精神的にも，肉体的にも，社会的にも，経済的にも望ましいはずである。また医療機関にとっても，逓減制の導入されているわが国の健康保険制度下では，入院期間が長くなれば長くなるほど，一患者あたりの収入は減少する。短期集中型で治療を終了したほうが，期間単位当たりの収入は高くなる。したがって本来入院期間の短縮化は患者にとっても総治療費は安くなり，医療機関にとっても収入増が見込まれ，両者の利益は一致するはずなのである。

MSWが，診断と治療に関わる適切な情報を取得し，利用者の希望を明確にし，治療方針と利用者の希望に離齟がないように現実的な調整を行うこと，また，利用者が自らの健康回復のために積極的に取り組めるように支援することができるならば，入院期間の短縮は間違いなく進められるし，ベッドの回転率，稼働率が向上し，医療機関としても，いつでも診療を引き受けることができ，その結果，必要なときにいつでも必要な医療を受けられる病院という評価を患者や家族から得ることにつながっていく。

このような入院期間の短縮化と，効率的な病床管理は医療機関の経営効率を高め，合理的また適正な方法での収入増につながる。もちろん病床管理の効率化はMSWが単独でなせることではないが，家族の受け入れ体制や，地域の関連施設との連携を図ることで，結果としてこれに大きく貢献できる事柄であり，このような活動は，MSWが経済活動に貢献しない部門という捉えられ方から脱皮できる突破口となるものであると考える。

2. 一医療機関あたりのMSWの数

第2の理由として挙げられるのは、一医療機関あたりに雇用されているMSWの数である。

わが国の病院の総病床数とMSWの総数との比率を計算すると、病床数100床あたり0.74人のMSWが雇用されていることとなる（厚生労働省統計情報部『平成22年病院報告』）。現実には複数のMSWを雇用している医療機関も増加はしてきているが、それでも他の医療関係職種と比べ、圧倒的に少数の担当者で、多くの患者や家族に対応している職種である。

先の『病院報告』から、MSW1名あたりの患者数を計算すると、入院患者135.4人程度に1名のMSWということになる。1974（昭和49）年に無料低額診療所のMSWの配置基準として200床あたり1名という基準が示されたが、それから現在まで、医療の状況や社会的・経済的状況も変化しているにもかかわらず、また、他の専門職の配置状況が増加してきたにもかからず、MSWの配置状況だけは変化してこなかった。さらに患者135.4床に対しMSW1名という数字は、1988（昭和63）年に規定された老人保健施設のMSWの配置基準である100床あたり1名という基準があるが、それすら、いまだ一般病院では確保できていない状況を示していることになる。実際の業務ではこれに外来患者への対応が加わるわけで、MSWの業務実態は超過密な状況にあることが浮き彫りになる。

地域社会の人間関係の疎遠化、また、地域の福祉力の低下が取り上げられ、これへの対応が在宅医療や在宅社会福祉を推進していくために不可欠であるという指摘が国からなされて久しい。患者や家族の問題への対処能力も、このような地域社会の変化に比例して減退してきている。このような状況の中で、現場のMSWは退院計画の支援や、転院準備のための支援に、患者や家族の要求に圧倒されつつ、活動しているのが現状である。このように極端に少数の専門職の取り組みであるにもかかわらず、その効果が認められてきているからこそ、毎年少しずつでもその就労者数を伸ばしてきたといえよう。もしこの数が圧倒的に増加されるならば、MSWの業務の有効性が、ますます明確に示されることとなろう。数が少ないがゆえに、個々のMSWが家族の調整や環境調整に取り組み、その結果として平均在院日数の減少に貢献し、病院の増収に貢献することがあっても、全体の数字に見える形で、その活動を反映することが難しい。

数の増加と保険の点数化がなされれば、現状でもMSWの医療機関への貢献は十分に示すことができるのである。

新たな国の動きとMSW

1. 地域連携拠点設置の動き

2011年10月31日の週刊福祉新聞に「医療と介護の連携拠点必要、調整役にMSWなど浮上」という見出しで、中央社会保険医療協議会（中医協）と社会保障審議会介護給付費分科会（社保審分科会）が、今年度実施される診療報酬・介護報酬の同時改定に向けた打合せ会を開き、地域ごとに医療と介護の連携拠点（ハブ）が必要との意見の一致を見た。また、連携拠点でのネットワーク構築を担う人材として、介護支援専門員の資格を持つ看護師などとMSWが取り上げられたという報道があった。

このことは突如として起こった出来事ではなく、すでに厚労省のプロジェクトとして動いていたものであり、地域医療を有効に、効果的に進めていくための検証事業といえるものである。

ここでいう地域包括ケアとは、国民健康保険法に基づく保健事業の実施等に関する指針（2004年7月30日厚生労働省告示第307号）」では、地域における住民のQOLを向上させるため、保健医療の連携および統合を図る地域包括ケアシステム（地域の保健、医療および福祉の関係者が連携、協力して、住民のニーズに応じた一体的なサービスを行うしくみをいう）と規定。また、地域包括ケア研究会報告書（～今後の検討のための論点整理～ 2010年5月厚生労働省）では、『地域包括ケアシステムは、「ニーズに応じた住宅が提供されることを基本としたうえで、生活上の安全・安

心・健康を確保するために，医療や介護のみならず，福祉サービスを含めたさまざまな生活支援サービスが日常生活の場（日常生活圏域）で適切に提供できるような地域での体制」と定義を提案，その際，地域包括ケア圏域については，「おおむね30分以内に駆けつけられる圏域」を理想的な圏域として定義し，具体的には，中学校区を基本とすることとしてはどうか。』と提案している。

このようなしくみは，すでに2006年になされた介護保険の改正で創設されていた，地域包括支援センターに見ることができる。

この地域包括支援センターは，地域住民の心身の健康維持や生活の安定，保健・福祉・医療の向上，財産管理，虐待防止などさまざまな課題に対して，地域における総合的なマネジメントを担い，課題解決に向けた取組みを実践していくことをその主な業務として創設された機関であり，その役割は，地域包括医療・ケアの推進ということであり，中学校区を1つの単位として全国で5,000か所程度整備する予定でスタートした。配置専門職は保健師（介護予防マネジメント担当），社会福祉士（総合相談窓口担当），主任介護支援専門員〔包括的，継続的なマネジメント，地域の介護支援専門員の支援（困難事例）対応〕の3職種とされた。

2. 在宅医療連携拠点と地域包括支援センター

上記の両者を対比してみると，非常によく似た組織である。なぜ既存の地域包括支援センターでは，この役割が果たせなかったのであろう。

現行の地域包括支援センターに配置される介護支援専門員では，出身専門母体が多岐にわたり，支援の視点を統一して事に当たることが困難であること。また支援も公正・公平・中立にと規定されても，所属は公立から私立にわたり，その結果，サービス利用側，また医療機関や福祉機関の専門職からも，利益誘導型支援が多々見られるということを聞く。地域包括支援センターはこれまでの居宅介護支援事業所や基幹型在介の問題点をクリアし，地域の介護支援専門員へのスーパービジョン機能，困難事例への対処ということをめざ

して設置されたわけであるが，これすら，地方自治体が，自前ですべてを整備できる体力がなく，現に国も法人に委託して対応することも認めている。

介護保険では介護支援専門員と，かかりつけ医との連携強化を図るために，介護保険での医療連携加算，医療保険での介護支援連携指導料が設置はされてきたが，それぞれ相互のシステムのコーディネート，関連する各システムの情報の共有と共有情報の管理など，地域連携システムを動かしていくシステム，これらの管理運営のための費用的手立てがなされていなかったということも各システムの連携を阻んできた問題としてあげられている。

3. 地域包括連携拠点をMSW

地域包括ケア連携拠点設置の動きは，これまでの問題点をふまえ，これらの連携とそのためのネットワーク構築を評価することをふまえて検討されている。厚労省はすでに本格実施に向けてのプレテストの意味を持たせてであろうが，連携に係る実施上の問題抽出を課して，2011年度にすでに全国10か所でこの拠点事業を開始している。2011年度の在宅医療連携拠点事業では，在宅医療を提供する医療機関等を連携拠点として，医師・歯科医師・看護師・薬剤師・社会福祉士などの他職種協働による在宅医療の支援体制を構築し，地域における包括的かつ継続的な在宅医療の提供をめざすものとし，今後の政策立案や均てん化などに資するものとしている。必須の事業としては次の3点である。
①他職種連携の課題に対する解決策の抽出。
②在宅医療従事者の負担軽減の支援。
③効率的な医療提供のための他職種との連携。

MSWはここに位置づけされているのである。期待されている業務内容は，以下のような内容である。

「拠点は地域の医療・福祉・保健資源の機能把握等をし，拠点に配置された介護支援専門員の資格を持つ看護師等とMSWが，地域包括支援センター等と連携しながら，医療・福祉・保健にま

たがるさまざまな支援を包括的かつ継続的に提供するよう関係機関に働きかけを行う。」とされ，その活動内容は，地域包括支援センターや居宅介護支援事業所，地域の医療機関や福祉機関等に出向き（アウトリーチ），訪問支援や助言を行う。さらに，地域の医療・福祉資源の量・質に関する適正化に向けて，不足するものに関しては代替え資源の開拓等，他職種連携下での提供される支援の質の担保等に関する活動するものとされている。

ここで示されている業務の多くは，われわれMSWが，これまで医療機関で，患者・家族の入院や外来治療に関わる療養生活を支えるために取り組んできた業務である。これらに必要とされるMSWの専門性は1947年から，今日に至るまでの長い道のりにおいて，私たちの先達が築いてきてくれたのであるが，それらをあげてみると，MSWが果たしてきた院内外でのコーディネート機能であり，未整備な社会資源の開発機能であり，患者の権利擁護機能であり，多職種連携による医療サービス提供のための情報収集と，情報提供機能であるといえる。

これらの検討から言えることは，在宅医療であり，在宅福祉であり，これらを必要とされる状況は，人々の福利（Well Being）を実現するための構成要素が欠けているか，不足している状況であり，これの改善には，医療・福祉いずれのサービスの調整にも即時対応できる専門職の存在が不可欠となる。すなわちMSWはここに存在できる専門職なのである。

4．介入と処遇計画での必須項目

21世紀の重要課題である人々のノーマライゼーションの実現と，それによる人々の福利（Well-Being）を充足していくためには，医療と福祉（介護を含め）が十分な連携を組み，先に述べた広義の医療チームによる問題解決に取り組んでいくことが不可欠な要素となる。

この際には，全米ソーシャルワーカー協会（NASW）が2005年に出した医療領域でのソーシャルワーク実践基準の第7基準介入と処遇計画で示唆されていることが，MSWの今後の実践に重要な示唆を与えてくれるものと考える。介入と処遇計画には次のものが含まれている。

①アセスメントの過程で確認できたことへの対処戦略。
②情報の提供，社会資源の紹介，教育。
③個人，家族，グループへのカウンセリング。
④職業カウンセリング，教育カウンセリング，心理的支援のカウンセリング。
⑤心理教育的支援グループの形成と支援。
⑥経済的問題への相談，支援。
⑦ケースマネジメントの実施。
⑧退院，退所計画。
⑨学際的ケア計画と学際的な共同。
⑩クライエントとシステムの権利擁護。
⑪支援の対象と到達目標。

支援にあたって，これらのことがMSWと利用者との間で話し合われ，また，支援に当たるMSWから，何が必要と専門的には考えるかが提示され，支援の方向性と方法が明確に決定されていくということが必要とされる。

MSWに課せられる今後の課題

1．論拠を示すこと

わが国の医療では，すでに第4次の医療法改正で治療計画，退院計画の提供が必要とされているし，看護もそれぞれの看護計画を作成し，患者に提供している。第5次の医療法改正では，第4次での情報開示と情報提供に加え，公益性の再構築と，医療法人の非営利性が取り上げられた。

今後の医療はこれらを受けて進めていくわけで，MSWの支援もこの流れに合わせて調整していく必要がある。その努力があって医療職といわれる専門職から，仕事の進め方がEBM(evidence based medicine；論拠に基づいた医療)の流れに沿う状況になった時，初めて医療チームに専門職として本格的に受け入れられるのであろう。

このEBMの志向性である，「論拠に基づいた」MSWの支援を実現していくためには，まず支援がありきではなく，支援のもととなる，アセスメ

ントが，いかに有効で，利用者の真実にいかに肉薄したものであるかが問われるのである。いま世の中はポジティブアセスメントということが強調されている。自立的な生活を支援していき，利用者の自己決定力を高め，自己実現に向けた支援を構成していくには，疾病を抱えた利用者，その家族の支援と，そうでない場合と，決定的に事をわきまえてアセスメントに取り組まなければならない。それは生活や療養と，その生命を阻害する，環境・支援・疾病の予後・薬や治療の苦痛など，患者や家族が生きていくことをしづらくしていく要因の徹底的なアセスメントなくして，患者や家族の真のアセスメントはあり得ないからである。

　医療現場では生活をしづらくしている要因の軽減と解消がなければ，本人や家族の持てる能力を最大限に活用することができないからである。ターミナルケアで，ペインコントロールが重要な役割を果たすのは，この典型であろう。

　患者・家族の問題を全人格的に，科学的な裏づけを基に評価できる力量が重要なポイントとなる。これが論拠に基づいたアセスメント（EBA）である。これがあって初めて，医療チーム・看護チームと同じ土俵で，患者・家族への支援が検討できるようになり，専門職連携が組めるようになるのである。

2．連携のための教育の必要性

　さらに，このような連携を阻む原因の根源の1つが，医療に関わるさまざまな職種は独自のプロセスで養成されていることであり，これが臨床現場における協働を起こしにくくしているという指摘である。イギリスをはじめ諸外国では，すでにIPE（inter professional education；多専門職連携教育）が行われている。わが国でも先行的な研究と実践が行われつつある。今後MSW自らが大きな政策上の流れに沿って自己研鑽に励むとともに，教育制度として，全人格的に人を見るとはどういうことかを学べる環境整備が必要であるが，先に述べた地域医療推進の連携拠点事業などが，改めて多専門職連携教育の必要性を政策的に引き出していく発火剤になっていくのではと期待するものであるが，同時にMSWの団体としても，また1個人のMSWとしても，自らの養成教育の問題点を見据え，その改善に取り組んでいくことが，われわれがサービスを提供する患者や，家族への専門職としての責任として課せられているともいえよう。

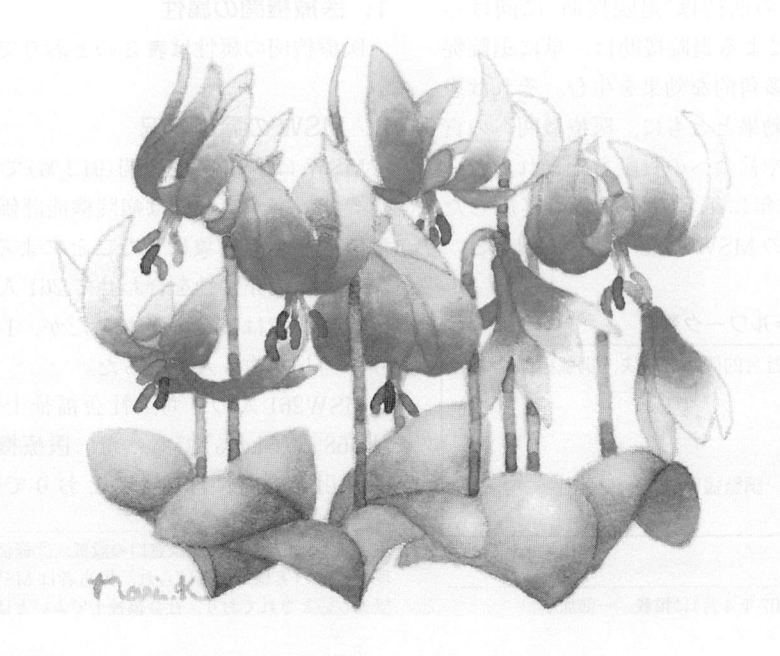

総論 3 患者と医療機関の期待に応えるMSW
MSW雇用ニーズと退院援助
101事例の援助効果をもとに

国際医療福祉大学 医療福祉学部 准教授　小嶋章吾

医療ソーシャルワーカー業務指針と退院援助

　医療ソーシャルワーカー(MSW)は，入院医療・在宅医療のいずれにおいても患者の療養生活の支援にとって重要な役割を演じている。

　現状では精神保健福祉分野のみ精神保健福祉士(PSW)が制度化され，MSW全体をカバーする資格制度が未整備のため，社会福祉士資格で代替されることが少なくない。だが，MSWには少なくとも『医療ソーシャルワーカー業務指針』が示す，6つの業務の展開が求められている(表1)。

　とりわけ医療機関の機能分化と在院日数短縮への圧力のもとで，転院や在宅医療への移行といった"移動を伴った医療"が不可避となっている現状においてMSWへの期待は"退院援助"に向けられている。MSWによる退院援助は，単に退院促進にとどまらない多角的な効果を生む。それは患者・家族への援助効果とともに，医療機関への貢献，さらには地域や社会への貢献も含まれる。

　本項では，2006年に筆者も参加して実施した医療機関経営者へのMSWの雇用ニーズ調査と，MSWへの退院援助事例調査という，2つの調査研究結果をもとに，MSWによる"退院援助"とその多角的な援助効果が，医療機関の期待にいかに合致しているかを提示する。

MSWの雇用ニーズ調査—求められるのは専門性

　『社会福祉事業所等における社会福祉士の雇用及び採用条件についての実態調査』は，日本社会福祉士養成校協会が2006年3月に実施したもので，調査対象は日本医療機能評価機構[注1]において認定された1,916医療機関で，479か所を無作為抽出し，法人代表者に対してアンケート調査を行った。有効回答票は101票(21.1％)であった。

1．医療機関の属性
　医療機関の属性は表2のとおりであった。

2．MSWの雇用状況
　MSWは，92医療機関(91.1％)で配置されていた。配置率が高いのは病院機能評価を受審した医療機関を調査対象にしたことによる。MSWの総数は常勤・非常勤を合わせて261人であった。病床規模別では表3のとおりだが，1医療機関あたり平均して約3人であった。

　MSW261人のうち，社会福祉士資格取得者数は168人(64.4％)であった。医療機関側のMSWの採用上の要件は表4のとおりであるが，現行

表1　医療ソーシャルワーク業務

①療養中の心理的・社会的問題の解決，調整援助
②退院援助
③社会復帰援助
④受診・受療援助
⑤経済的問題の解決，調整援助
⑥地域活動

注) 病院：66巻4号(2007年4月)に掲載。一部加筆。

注1) 評価項目に，①相談窓口の設置，②経済的・社会的・心理的相談の実施，が掲げられ，担当者はMSW，PSWなどが望ましいとされており，社会福祉士でよいとはされていない。

表2　医療機関の属性
設立主体

個人または医療法人	55	54.5%
公立	24	23.8%
その他の法人	22	21.8%

種別（複数回答）

特定機能病院	4	4.0%
第3次救急指定病院	9	8.9%
地域医療支援病院	11	10.9%
緩和ケア病棟	8	7.9%
療養病床	43	42.6%
回復期リハビリテーション病棟	18	7.8%
無回答	32	31.7%

表3　病床規模別のMSW数／1医療機関

病床規模	医療機関数	MSW数	平均
50床以下	4	9人	2.3人
51〜200	29	63人	2.2人
201〜500	41	134人	3.3人
501床以上	15	55人	3.7人

表4　採用上の資格要件

社会福祉士	63	62.4%
採用の要件に資格は不問	17	16.8%

採用上重視する考え方（複数回答）

ソーシャルワークの理解	94	93.1%
制度や法令の理解	93	92.1%
医療従事者としての倫理観や価値観	92	91.1%
医学・医療の知識	84	83.2%

表5　新規配置・増員の困難要因（複数回答）

人件費が増える	29	28.7%
診療報酬上の位置づけがない	44	43.6%
MSWの国家資格がない	7	6.9%
社会福祉士資格では医療機関に位置づけられない	6	5.9%
その他	20	19.8%

の社会福祉士資格の有無よりもむしろ専門性の習得状況が重視されているように思われる。

現行の社会福祉士養成課程でMSWの専門性を担保するには，次のような限界性がある。

①医学・医療の基礎的な知識については「人体の構造と機能および疾病」や「保健医療サービス」の科目でカバーできるとしても，医療福祉論などの科目がないために，傷病者という対象者理解や療養上の生活問題の知識の習得には十分ではない。

②看護師の養成教育課程に位置づけられているような医療関係法規を学ぶ科目がない。

③ソーシャルワークの倫理・価値を学ぶことはできるが，生命倫理など保健医療分野で重要な内容は含まれていない。

④実践的な力量を習得するには180時間の実習では不十分[注2]。

MSWの専門性も担保した養成課程の整備が今後の課題である。

今後のMSWの新規配置・増員計画がある医療機関35（34.6％），計画がない医療機関52（60.4％）などとなっている。新規配置・増員計画が困難だとする要因を見ると，表5のとおりであった。

その他には18件の自由記述があり，そのうち16件が現員体制で充足しているとしている。他の2件は事務職としての採用しかない，診療報酬改定によっても新たな人件費支出が困難というものであった。診療報酬上の位置づけについては，2006年4月の診療報酬改定で，社会福祉士が一部の診療報酬に位置づけられたが，「新たな人件費支出が困難」という課題を解消するものではなく，医療機関がMSWを配置する経済的後押しには不十分といえる。

3. 医療ソーシャルワーク業務への医療機関の期待

表6に見られるように[注3]，すべての業務について期待率は過半数に及んでいる。医療機関が求めている専門職は，単なる社会福祉士資格取得者

注2）看護師養成課程の1,000時間以上に及ぶ実習時間にはとうてい及ばない。
注3）表題は，引用元の報告書では，「社会福祉士への期待」となっているが，これら15項目は，『医療ソーシャルワーカー業務指針』に掲げられた6大業務のもとに列挙されている28の小項目の中から，医療機関にとってとくに期待されていると考えられる業務として選択したものであるから，ここでは表題を，「医療機関のMSW業務への期待」と言い換えている。

表6 医療機関の MSW 業務への期待（複数回答）注3）

	期待する業務内容	%
A 患者・家族	転院や在宅医療に伴う患者，家族の不安(1)	93.1
	医療費や生活費の困難	88.1
	受診・入院・在宅療養に伴う心理面・生活面への不安(1)	87.1
	退院後の生活の場や療養の場の確保(2)	86.1
	地域医療との連携(3)	85.1
	医療上の指導を受け入れない患者の心理面・生活面の情報収集	79.2
B 医療機関	社会復帰を円滑に進めるための関係機関との調整	78.2
	患者・家族からの苦情への対応	75.2
	療養に伴う家族関係の葛藤の解決	75.2
	療養中の家事，育児，教育，就労などの困難	72.3
C 地域社会	患者の死による家族の精神的苦痛の軽減・克服や，生活の再設計	68.3
	患者会や家族会の育成・支援	62.4
D その他	地域のボランティアの育成・支援	57.4
	患者同士や患者と家族と職員との人間関係調整	56.4
	復職や復学のため，患者の職場や学校との調整	56.4

表7 援助開始時の年齢

40歳未満	10人	9.9%
40歳以上65歳未満	38人	37.6%
65歳以上	49人	48.5%
無回答	4人	4.0%
家族構成		
単身者	29人	28.7%
夫婦のみ世帯	19人	18.8%

ではなく，こうした MSW 業務を展開できるような社会福祉士を求めていることは明白である。

退院援助事例調査—発揮できる多角的な援助効果

『わが国の在宅医療における医療ソーシャルワーカー実践事例の調査研究—医療ソーシャルワーカーの国家資格化と養成カリキュラムのあり方を求めて』は，在宅医療助成勇美記念財団の研究助成を受け，2005年10月〜2006年6月にかけて実施した。全国の任意の MSW250人に，退院援助に関わる事例の記述とその効果に対する自己評価を求め，101の退院援助事例を収集した。

1．患者の属性

患者の性別は，男性60人(59.4%)，女性37人(36.6%)，無回答4人(4.0%)であった。

40歳未満の中には，5人の児童が含まれ，援助対象は小児から高齢者まで幅広い（表7）。単身者など，在宅療養にとって脆弱な家庭環境にあると思われる患者が，半数近くを占めていた。

2．援助効果から見た事例分析
1）援助効果の自己評価

表8は，取り上げた事例について，MSW が関わることで，患者・家族，医療機関，地域社会などに対してどのような効果をもたらしたかについて，17項目を掲げ，回答者の自己評価で「かなりあった」とする件数を抽出した。表8から，「①患者が安心して療養生活を送れるようになった」，「②患者への適切な医療が継続・確保された」，「⑧職種間連携，チーム医療の実施がスムーズになった」，「⑨治療計画・退院計画がスムーズに遂行された」，「⑫地域の福祉関係者の連携がスムーズになった」などの項目が高位であった。

2）多角的な援助効果を示す事例

次に101事例の中から，多角的な援助効果を示す一事例を紹介する（表9）。

3）MSW 業務と援助効果

取り上げた退院援助事例をもとに，個人・家族への援助効果，医療機関への貢献，地域社会や社会への貢献という観点から整理すると図1のようになる。

第1に，ソーシャルワーク面接（ソリューション・フォーカスト・アプローチなど）によって，自己効力感の向上や自立生活への意欲を喚起し，リハビリテーションへの意欲向上につながった。第2に社会資源の活用などにより，患者・家族の

表8 援助効果が「かなりあった」事例件数（複数回答）

	援助効果	件数	%
A 患者・家族	①患者が安心して療養生活を送れるようになった(1)	59	58.4
	②患者への適切な医療が継続・確保された(2)	66	65.3
	③医療費の自己負担が軽減した	27	26.7
	④家族が安心して患者と関われるようになった	38	37.6
	⑤家族が疲弊状態から解放された	21	20.8
	⑥患者・家族が社会参加できるようになった	28	27.7
	⑦その他	10	9.9
B 医療機関	⑧職種間連携，チーム医療の実施がスムーズになった(3)	58	57.4
	⑨治療計画・退院計画がスムーズに遂行された	52	51.5
	⑩病診連携の実現・強化につながった	23	22.8
	⑪その他	2	2.0
C 地域社会	⑫地域の福祉関係者の連携がスムーズになった(3)	46	45.5
	⑬地域の「生活力」「福祉力」が強化された	23	22.8
	⑭その他	1	1.0
D その他	⑮多様な社会資源の活用・拡充・開発につながった	33	32.7
	⑯医療費全体の軽減につながった	25	24.8
	⑰その他	2	2.0

安心感の向上につながった。第3にネットワーキングやコミュニティワークにより在宅療養環境の整備につながった。これらにより総じて治療・退院計画の円滑な遂行につながり，患者・家族の社会参加の促進，適切な医療の確保・継続，医療費全体の軽減に貢献できたと考えられる。またMSWは，このような事例をもとに社会へ提言する使命を担っている。

4）援助効果と医療機関の期待の一致

ここで援助効果（表8）を，MSW業務に対する医療機関の期待（表6）との関係で見てみよう。と

注4）本事例は，早良病院（福岡県）の医療相談室阿比留典子氏より寄せられた事例を個人情報保護法に則り，当事者の了解を得たうえで，必要な修正を施したものである。

表9 事例 転院から在宅医療への転換を図り，在宅療養環境整備により安心して退院することができた事例 注4）

Aさんは57歳，男性，脳内出血後の片麻痺。転職を繰り返した後の失業時の発症。当初リハビリへの意欲が持てず，療養型病院への転院が予定されていた。兄弟からの仕送りは入院中だけの援助が限界となった。

MSWは，「家族に迷惑をかけたくない」というAさんの気持ちを尊重しながら面接を重ね，ソリューション・フォーカスト・アプローチによって，退院後の生活イメージの形成と自立への意思を引き出した⑦※。その結果，リハビリへの意欲が見られるようになり⑨，生活保護申請により経済的な自立を希望するようになった③。福祉事務所やケアマネジャーとも連携しながら⑫，在宅福祉サービス利用を図り，自宅への退院をめざすことになった⑯。この頃より，トラブルの多かった病棟生活も適応できるようになった①。リハビリ担当者とは住宅改修のための家屋調査を行い⑧，看護師には内服管理の指導を依頼した⑧。賃貸住宅業者には生活保護の基準内での契約を依頼し，福祉用具・住宅改修業者には退院までの期日内での環境整備を依頼した⑫。

退院後は通所リハへの来院時に様子を聞き，Aさんの自信を強化するとともに⑦，「自宅で入浴したい」との希望がケアプラン修正に反映されるよう調整した⑫。次第に前向きな生活を送れるようになり，散髪に外出したいとの意欲も生まれ⑥，理容店スタッフによるボランティアでの送迎を得ることができるなど⑬，以後，兄弟も安心してAさんを見守れることができるようになり④，Aさん自身も安心して在宅での療養生活を送っている。

※事例中の番号は，表8に掲げた援助効果の項目を示す。

表10

①患者・家族が安心して療養や家族看護・介護に専念できるようになった。
②適切な医療の提供や療養の場の選択につながった。
③地域の医療・福祉の連携の強化につながった。

くに2つの表中に，(1)〜(3)で対比的に示している項目を要約すれば，表10のようになる。

これら3点では，医療機関によるMSWへの期待の高い項目と，MSW援助効果が高い項目とが一致していることがわかった。

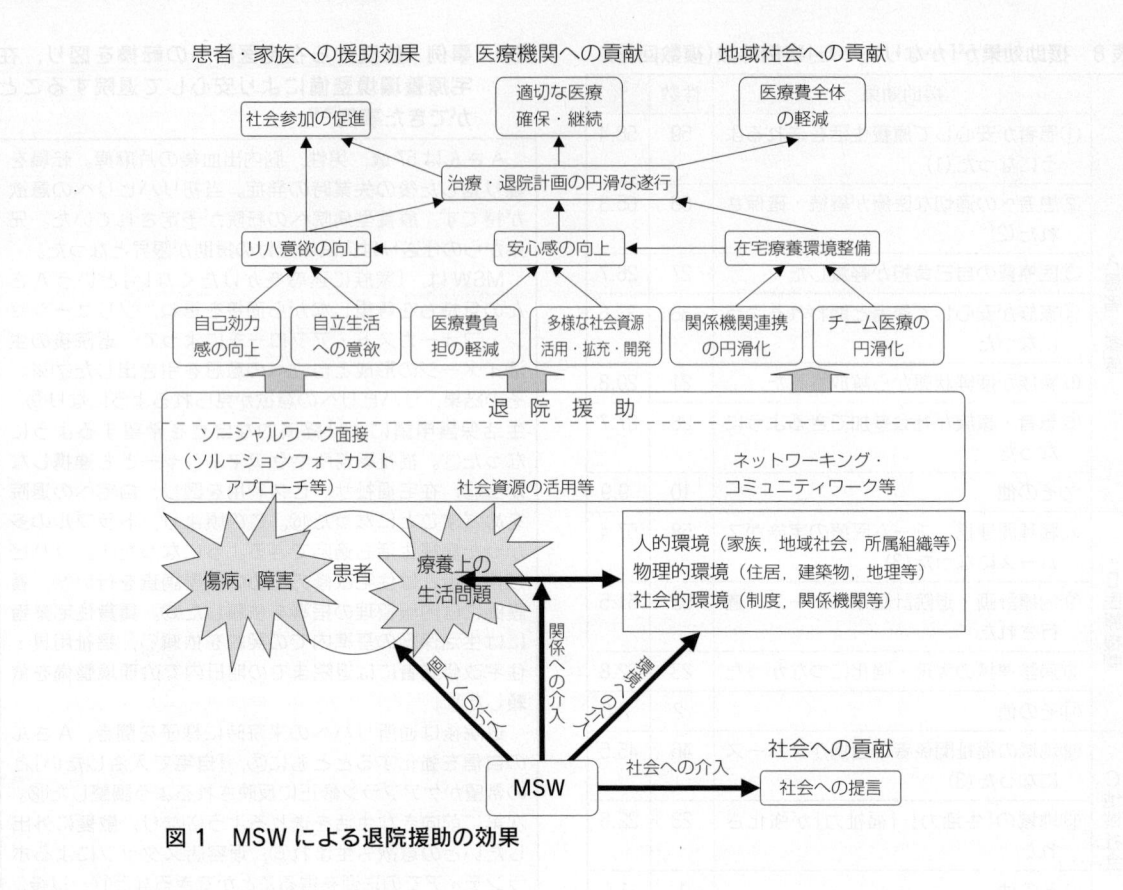

図1 MSWによる退院援助の効果

MSWの専門性習得を卒後研修に委ねたままで患者援助を任せられるか？

　MSWには以上のような専門性が求められているが，現状の社会福祉士養成課程では必ずしも十分ではない。2006年4月より，社会福祉士養成課程において，医療機関が実習施設として追加されたが，厚生労働省は医療機関での実習はあくまでも社会福祉士養成のためであって，MSW養成のためではないと明記している[注5]。そのため福祉系大学の中にはMSW実習を任意に実施しているところもある。また，2009年4月より保健医療サービスの科目が追加されたが，保健医療分野における福祉論，言うならば医療福祉論に相当する内容とは言いがたい。医療福祉論やMSW実習を履修しないままMSWとして就労することは，MSW自身にとっても，医療現場，ひいては患者にとっても有益ではないだろう。

　児童・障害者・高齢者等の福祉施設への実習前には，当該分野の福祉論を履修することが当然視されていることと比べると，著しくバランスを欠く。

　医療現場において，社会福祉士を採用後に研修を受けさせて初めてMSWとしての専門性を発揮できるようになるまで待っている猶予はないだろう。他の医療専門職とまったく同じく，最低限の専門性は実践現場に出る前の養成課程の中で習得されるべきであると考えるのは至極当然のことではないだろうか。

　筆者の個人的見解であるが，ちょうど看護師と保健師の関係のように，社会福祉士にプラスアルファの専門性を上乗せしたようなMSWの資格制度化も考えられるのではないかと思う。

注5）こうした点の考察は，横山豊治「医療ソーシャルワーカーと社会福祉士制度との整合性に関する一考察」『医療と福祉』No.80, 2006年, 80-84頁, に詳しい。

第 II 部

医療ソーシャルワーク支援論

医療ソーシャルワーク支援論 概説

1章　支援方法論
　1 個人への働きかけ・ケースワーク
　2 退院援助
　3 地域連携ネットワークシステムの構築
　4 MSW のソーシャルアクション

2章　利用者の状態別支援方法
　1 がん患者と家族への支援
　2 リハビリテーションをめぐる MSW の働き
　3 難病・障害者への支援
　4 子どもへの支援

II部 ＊医療ソーシャルワーク支援論＊
概説

兵庫大学 生涯福祉学部 社会福祉学科 教授　村上須賀子

医療ソーシャルワークの視点

　支援を組み立てる時のソーシャルワークの視点はエコロジカル（生態的）視点である。個人（患者）と環境（家族・病院・地域・社会制度）を一体的に捉える視点から問題を把握し，その解決のための支援は「個人と環境の両方に働きかける」とする方法論である。

　人も他の生物体と同じく，諸々の環境の中で生きている。個人を取り巻く環境で，その養分として直接的な影響を及ぼすシステムとして養育システムがある。最も影響が大きい養分になるものは家族である。その家族を含めて友人関係や近隣など，おおよそ中学校区程度の範囲を「地域」という養育システムとして捉える。養育システムはまた，国・地方自治体など，政治・経済などの社会システムという環境に包含されている。個人の生活はこれら養育システム・社会システムに影響されるが，また，これら環境に影響を与える存在でもある（図1）。

　この「環境に影響を与える存在でもある」という「個人と環境とのダイナミックな相互作用」があるとの認識は重要である。個人は環境に左右されて生きるのみの存在ではなく，働きかけによって環境を変えうるのだという認識である。だからこそ，この個人と環境の平面図は固定したものではなく刻一刻と変化する。これは「歴史的な変化の中に生きる人，また人が歴史を創る」という人間観である。

　問題解決を志向するソーシャルワーカーは単に個人にフォーカスするだけではなく，環境にも働きかけることを任務とすることになる。

　この実践指針は医療分野の医師や看護師，コメディカルスタッフなど，他の専門職とは異なる介入パラダイムである。異なる視点があるからこそ，その存在や機能に価値があるといえる。

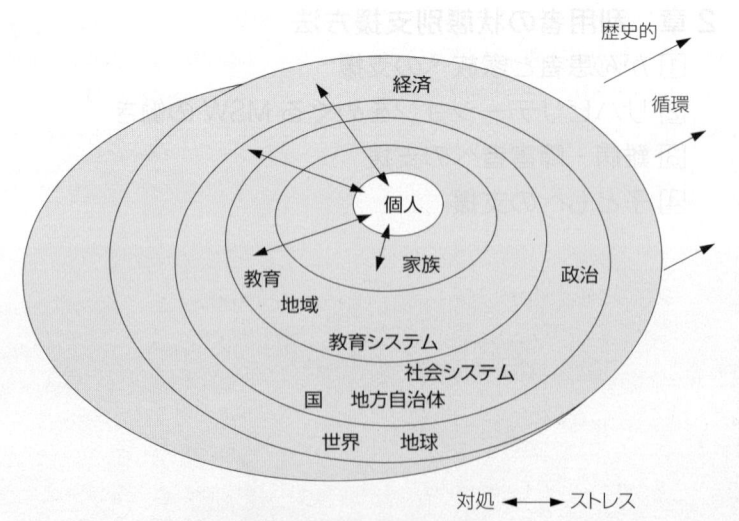

図1　エコロジカル視点のフレームワーク

1章 支援方法論

兵庫大学 生涯福祉学部 社会福祉学科 教授　**村上須賀子**

ソーシャルワーク・スキルとその構造

ソーシャルワークの視点から問題解決に取り組む時，あらゆるソーシャルワーク・スキルを駆使する。ソーシャルワーク・スキルには，伝統的なケースワーク，グループワーク，コミュニティーワーク，ケアマネジメント，ネットワーキング，ソーシャルアクションなどがあり，近年ではソリューション・フォーカス・アプローチなど新たな手法が開発されている。

個々の事例が示しているように，これらをばらばらに活用するのではなく，それらを統合し駆使して支援に取り組むのである。支援方法の関連と統合構造を第I部の久留井真理さんを例に図示してみた（図1）。

まず，駆動は個人（患者または家族）からの問題表出である。インテーク面接から始まる。病気や障害にみまわれるのは，誰の身にも，突然である。悲運を恨んだり，打ちひしがれる患者や家族とその悲嘆をともに感じる過程が，面接の入り口にあるだろう。この際の共感的理解は，「わたしだったらどうだろう」と壊れたレコードが頭の中を回転しているように，自分に問いかけ続けながら来談者の語りを傾聴することにある。

継続した面接では今後の生活再建の姿の明確化であったり介護者をめぐる家族間の調整など，信頼関係を築きながら情報収集も進めていく。何より心砕くのは利用者の潜在的な力に対するエンパワメントの働きかけである。困難な状況で生きていくのは利用者自身である。久留井真理さん自身が強くなれるようあらゆる働きかけを行う。先輩患者や仲間につなげるピアカウンセリング，当事者グループの紹介などである。

自宅での生活を獲得するには医療サービスと福祉サービスを統合して利用するための医療福祉アセスメントを要する。このアセスメントのもとに社会資源の最大限活用があり，カンファレンスがある。モニタリング，修正ケアプランなど，ケアマネジメントが継続する中で地域の社会資源不足へのソーシャルアクションによる社会資源開発創

久留井真理さんの支援の過程と関連スキル →

| 受傷 ⇨ 入院　治療　　　　⇨　　　　退院計画 ⇨ 退院　地域サポート体制作り |
| 発症　　　　障害受容 |

ケースワーク　傾聴（共感，受容，明確化）・医療福祉アセスメント
　　　　　　　情報収集・家族調整・エンパワメント
ケアマネジメント　　　カンファレンス（院内）　社会資源活用
地域ネットワーキング　　　　　　　　　　　　地域サポートカンファレンス
　　　　　　　　　　　　　　　　　　　　　モニタリング　修正ケアプラン
グループワーク　　　　ピアカウンセリング　当事者グループ　頸損ネットワーク活動
コミュニティワーク　　　ソーシャルアクション　　　　　　社会資源の創造
面接技法・記録法 ‖‖‖‖‖‖‖‖‖‖‖‖‖‖‖‖‖‖‖‖‖‖‖‖‖‖‖‖‖‖‖‖‖‖‖

図1　支援方法の関連と統合構造

造が繰り返され，より久留井さんらしい生活が実現していく。これらのスキルは単線的に配列されるわけではなく，常に久留井さんの自己決定を面接で確認しつつ，心理的サポートも継続しつつ進むのである。各スキルを行きつ戻りつ，らせん的に活用することになる。

以下の事例群でこれらのさまざまなバリエーションが展開していることであろう。

業務の実際

医療ソーシャルワーカー（MSW）の業務内容は，厚生労働省健康局「医療ソーシャルワーカー業務指針」に基準は示され，その「業務の範囲」として，「退院援助」，「療養中の心理的・社会的問題の解決，調整援助」，「社会復帰援助」，「受診・受療援助」，「経済的問題の解決，調整援助」，「地域活動」と定めている。

「患者を環境の中の人」として捉えれば，業務基準はあるものの，その業務の実際は環境の変化，つまり医療環境の変化とともに変遷する。医療改革が推進され，病院の機能分化，在院日数の短縮化が図られ，その結果，MSWの業務のウエイトは「退院援助」退院・転院支援に関わる業務にシフトされてきた。「患者に適した医療を保障する」という業務である。

しかし，在院日数の短縮化という目標には，MSW個々の努力だけでなく，他の医療スタッフとの連携，病院全体としての退院に向けたシステム作りの創設が必須である。

さらに，「退院援助」で在宅生活を構築支援する際，在宅療養環境が整っていない現状において，地域連携ネットワークシステム作りも必須である。こうした環境への働きかけは，本書の各事例での先駆的実践にワーカーの孤軍奮闘ぶりが読み取れる。

地域のサービス供給源開発など，包括的な充実を達成するチェンジ・エージェントとして，より環境への働きかけを重視した実践モデルの構築が現場から早急に求められている。

1章 支援方法論

① 個人の働きかけ・ケースワーク

患者・家族の態度・行動変容をもたらす心理社会的アプローチ

市立岸和田市民病院MSW　和田光徳

　MSWにとって患者の家族とは，患者の治療のために医療側に協力するだけの存在ではない。家族を患者の背景とは捉えないのである。同様に，患者の"こころ"の内にあるものも，患者を取り巻く人々たちとの絶え間ない相互交流による，同時一体的な結果にあると考える。したがって表面上の表現が同様に見えても，表現するに至った"こころ"の内にあるものは，人それぞれ生まれ育ってきた相互交流の結果であり，1人ひとり違うものである。1人ひとり違うから，望む結果に向けての「関わり方」も，1人ひとり異なる。

手術を拒否した2つの事例への対照的な関わり方

　表面上の表現が「手術を拒否する」となって，MSWに紹介されてきた2人の患者について，MSWがとった「関わり方」が，全く正反対と見えるケースをもとに，MSWの心理社会的アプローチの効果を説明する。

事例1　「手術を受けるわけには，いかんのや」

1．現病歴と紹介経緯

　53歳，男性Aさん（1人暮らし）。胆石の治療のため入院中，偶然早期胃がんが発見されるが，主治医，看護師らの強い説得にもかかわらず，手術を拒否した。患者自筆の誓約書を提出させ，自己退院目前の事態となっていたが，主治医の倫理的判断によりMSWへ依頼となった。

2．心理社会的状況と「手術を拒否する」理由

　職業は自称「電器屋」であるが，粗大ゴミから不要の電化製品を引き取ってきては修理し，外国船籍の停泊する港で外国人に売りさばいていた。婚姻歴はなく，中学校卒業と同時に家を出たため，兄弟とは疎遠である（後日，姉と連絡を取り合うことになるが，Aさんのアルコール依存症の問題から，15年来絶縁状態ということであった）。
　胆石の治療のみの予定で入院してきたAさんは，1年程前の交通事故の示談交渉を控えており，「自分自身の手で決着をつけなければ死んでも死にきれない。万が一，手術が失敗して死ぬようなことがあれば悔やみきれない。迷惑をかけてきた姉たちにも，また後始末で迷惑をかけるようなことになってしまう」といった訴えであった。

3．心理社会的アプローチに基づくMSWの「関わり方」

　MSWは，手術を受けるよう強くAさんを「説得」した。

4．結果

　Aさんは誓約書を撤回し，早期胃がんに対して手術を受けた。

事例2　「手術を押しつける気ですか！」

1．現病歴と紹介経緯

　33歳，女性Bさん（母親との2人暮らし）。胆管がんの強い疑いのため摘出術を内科担当医より

注）病院：68巻2号（2009年2月）に掲載。

勧められるが拒否し，家庭的に事情がありそうだということで内科担当医より MSW に依頼された。

2．心理社会的状況と「手術を拒否する」理由

アルツハイマー型認知症の 63 歳の母親と暮らしている。生計は父親の遺族年金と預貯金の取り崩しで立てている。8 年程前に母親が発症，迷子になりだした 3 年前より会社を退職し，母親の介護に専念している。母親の主治医からは，「だいたい 10 年で寝たきりか死亡する。7〜8 年で娘もわからなくなるかもしれない」と説明され，病状は確かに医師の説明通り進んでいる。

「私には私の命より，まだ私を娘と記憶することのできる母との残された時間が大事なんです」と MSW に挑戦的に話し始めた。胆管がんの強い疑いについてはすでに，他院でも同様の指摘を受けていたようであった。この病院の受診はセカンド・オピニオンのつもりで来たと言う。他院の主治医（外科医）は「1 か月に 1 回，腹部エコーをしてチェックしていきましょう」と言ってくれた。それなのに，この病院はすぐに手術したほうがいいというのは，余りにも私の事情も考えないベルトコンベア式の医療ではないか，と主張した。

3．心理社会的アプローチに基づく MSW の「関わり方」

MSW は「この部屋（相談室）は貴女を手術するよう，説得する場所ではありません」とオリエンテーションした。

4．結果

その後，B さん自身で母親の短期施設入所を手配し，相談から 2 か月後，相談を継続した MSW の病院で手術を受けた。

対照的な「関わり方」の理由

MSW が介入したことによって望まれる変化は，A さん，B さんとも，標準医療の治療法選択として，手術を現実的に受け入れていくという態度変容である。この態度変容を促すために，MSW は A さんに対しては「説得」し，B さんに対しては説得しなかった。

意図する変化は同じでも，全く対照的とも見える「関わり方」を，なぜ選んだのか。それは A さん，B さんの自我機能の評価の違いによる。

ソーシャルワークはその理論形成の歴史的過程において，精神分析や自我心理学の考え方に多分に影響を受けた時期があった。MSW は，相互交流の結果である"その人らしさ"を見極めるのに，「自我機能」という分析的な概念を利用している。人が成熟した"おとな"として心理社会的機能を遂行するには，この自我機能の発達とバランスが重要と考えられている。

Woods & Hollis によれば，自我機能として以下の 7 つを挙げている。
①現実吟味能力
②動因，感情，衝動性の調整と調節
③対象関係
④思考過程
⑤自律機能
⑥総合性と統合機能
⑦達成能力

これらの自我機能をアセスメントしたとき，A さんは"自分らしい表現"をしてはいるが，「選んでいるようで選んでいない」と考えられた。その生活ぶりやこれまでの人間関係からは，建設的に問題を 1 人で解決するには困難が予想された。だから A さんには，MSW の自我機能を貸し出すように，情緒的交流の中で寄り添いながら"説得（心理的に密着した提案）"した。

逆に B さんは，これまでの B さんの選び方や行動力からすると，"B さんらしくない表現"であり，選ぶ力のある人なのに，一時混乱している状態と考えられた。混乱している B さんにはあえて説得という対決姿勢をとらず，B さん本来の選ぶ力が発揮できるよう，混乱する気持ちを吐き出し，状況を整理することを話し合いの中心とした。

このように，人は関わることで，あるいは関わり方で変化する。単純な意思表明を捉えて自己決

定・自己責任とするほうが，今の時代には安全策かもしれない。しかし，それぞれの医師がMSWに依頼してきたゆえん——生命と人間福祉への真摯な姿勢が，医療を医療たらしめているのではないだろうか。

心理社会療法と医療機関連携

さて，本節の軸となるテーマの1つが「連携」である。現在の医療提供体制の基盤である医療機関連携は，ともすれば患者・家族にとって消極的選択として転院や在宅医療を押しつける可能性がある。しかし，態度・行動変容をもたらすMSWの心理社会的アプローチは，連携による転院や在宅医療を，患者・家族自らが主体的な選択としながら，自らの生きる力を発揮できるよう支援することができる。

事例3 「納得した医療が受けられて，よかった！」

1．現病歴と紹介経緯
78歳，女性Cさん（長女家族と同居）。肺がんターミナル期。初診時，すでに積極的な治療対象とは言えず，本人，長女も治療を望まなかった。主治医より緩和ケア病院への転院調整目的で，MSWに紹介された。

2．長女の心理社会的状況
長女の夫が3年前に喉頭がんの手術を受け，声を失っていた。長女自身も5年前に子宮がんの手術を受けていた。夫婦で割烹料理屋を営んでいたが，長女の夫の手術以後は，店も縮小せざるを得ず，長女がパートをかけもちして家計を支えていた。看護学生である長女の娘は，経済的な問題や長女の体力的なことを考えると「母がつぶれてしまう」と在宅ケアには反対していた。主治医との数度の話し合いでは，家庭的，経済的事情で在宅ケアは困難という結論となった。

3．心理社会的アプローチに基づくMSWの「関わり方」
MSWとの最初の面談では，主治医との話し合いの結果と同様に，「在宅ケアは難しい」と長女は答えた。そこで，緩和ケア病棟など転院先となる病院機能を説明した。しかし，表面上の転院に向けての会話とは裏腹に，長女の揺れる思いが伝わってきた。「在宅ケアは難しいとは伺いましたが，難しくさせている，いろいろな条件はひとまず置いて，あなた自身のお気持ちはどうですか？」とMSWはあえて切り出した。

4．結　果
「最初からあきらめるのではなく，実現に向けて前向きに働きかけること」，それが「自分らしい決め方」として，長女は在宅ケアへの気持ちが確信となった。依頼当初の転院調整から，在宅緩和ケアへ退院支援計画が変更となった。

長女は，夫，娘との家族会議，職場との調整を経て，在宅ホスピスを実践する開業医により，在宅ケアを実現させた。「家に帰ろう」という長女の言葉に，「家に帰るなら，あんたらに世話かけんようにせんと」と応え，見違えるほど意欲的になったCさんは，病室で歩行訓練を始めた。病院では愚痴ひとつ言わず点滴を受けていたCさんだったが，在宅ケア開始後，穏やかではあるが一切の点滴を拒否された。ひと月足らずであったが，長女の腕の中で看取られたと開業医と長女から連絡があった。

後日，MSWの元へ，長女が挨拶に来た。「納得した医療を受けることができてよかった。もし，私のように在宅ケアを迷っている家族がいたら，ぜひ背中を押してあげてほしい」と言われた。

自己決定と「納得する医療」

このケースでは，当初転院を前提に話が進められていたものが，心理社会的アプローチの結果，在宅緩和ケアに方針を変更したものである。主治医との話し合いでは，長女は転院と決めていたのだから，連携業務としては具体的な病院提示をし

て，退院に素早く結びつける関わり方もある。家庭の事情に入らず「急性期医療の対象ではない」という機能連携の論理だけで退院を迫るほうが，医療機関としては関わりやすいかもしれない。しかしMSWは，結論を急がず，Cさんの気持ち，長女自身の思いを整理する目的で，心理社会的アプローチを進めた。

長女は，これまでも幾多の困難を乗り越え，家庭を支えてきた人である。これまでの人生の選び方は，決して受け身ではなく，自律機能と達成能力に高い自我機能を備えている人と考えられた。困難な条件に働きかけることなく，受け身に「在宅ケアは難しい」と答えた長女は，本当の意味で「納得」はしていなかった。ソーシャルワークは，人と，その人が暮らしている環境（情緒的交流を含む）の両方を，光と影のように，どちらか一方が存在をなくすと，他方も存在しえないものとして取り扱う。これを「同時一体性(simultaneous)」という。

自己決定(self-determination)とは，周囲との同時一体性の中に存在する。そして，その自己決定とは，"自分らしさ（自己指向：self-direction)"と調和してこそ，意味をなす。

家に帰りたいが家族の負担を考えると言い出せないCさん，Cさんの病状を現実的には受け入れがたい長女の気持ち，在宅での看取りへの不安，自分の体力・精神力の心配，妻（長女）をいたわる夫や娘の心づかい，介護のため休職すれば復職の保証のない身分，収入が減ることへの生活不安——機能連携上の退院は，患者・家族の"こころ"と環境の同時一体性の中にある。MSWの心理社会療法は，患者・家族が主体的に生きる力となる態度・行動変容を引き出す。そして，それは確実に「納得する医療」を実現させている。

倫理的配慮：事例については，掲載の許可をいただくとともに，個人を特定できないよう改変した。

▶MSWと協働して◀
地域がん診療拠点病院におけるMSWの役割

市立岸和田市民病院 呼吸器外科部長　川島正裕

当院は病床数400床，平均在院13.5日の急性期病院で地域の救急医療の一翼を担い，一方で地域がん診療拠点病院としてがん診療にも積極的に携わっている。脳・頭頸部・乳腺・肺・胆肝膵・食道・胃・大腸・泌尿器・血液などの悪性腫瘍を対象に，手術・化学療法・放射線療法を駆使し集学的治療に取り組んでいる。早期発見により完治される方，初診時すでに進行期で完治は望めない方，加療後再発される方と患者の病状はさまざまでそれぞれにふさわしい対応が求められる。

積極的治療の継続が困難となった場合，患者や家族にとって限られた時間の過ごし方が非常に重要となる。いわゆる治療(cure)からケア(care)へのギアチェンジは医療者側からの見方であり，患者・家族にとってなかなか受け入れ難い現実である。がん対策基本法の施行によりがん治療の早期からの身体とこころの緩和が提唱されているが突然のギアチェンジは「主治医から見放されるのではなか…」という不安を抱く結果にもなるため，説明する医療者側にとっても大きなストレスになりうる。

地域性のある終末期の選択

終末期の療養場所の選択は重要だが，当院での長期継続療養は現実的に困難なことが多くデリケートな問題であり，選択肢として一般病棟またはホスピス・緩和病棟への転院，自宅での在宅療養があげられる。当院では多くの場合この段階からMSWに今後の方向性の調整をお願いしている。MSWとの面談では患者と家族それぞれの希望の再聴取，家族背景やマンパワーの確認が行われ，時には患者・家族双方の考えの相違，不安，不満，怒りなども浮かび上がる。これら情報をもとに利用可能な医療資源が整理され，患者・家族にとってよりふさわしいと考えられる療養場所が提案される。われわれの気が付かないところで本文のように心理社会療法の手法が駆使されることに畏敬の念を抱く。

岸和田は多くの方がだんじり祭りを連想されるが，祭礼を中心に家族や近隣の強い絆で結ばれた地域である。MSWの入念な調整により当初困難と思われていた在宅療養がスムーズに行われた事例はこれまでにも多くみられた。

市内には緩和ケア病棟を併設する病院や在宅緩和ケアに熱心な在宅療養支援診療所，訪問看護ステーションが活動され比較的恵まれた環境にある。一方，2次医療圏全体に目を向けると医療崩壊の影響もあり各地域での医療リソースの格差が見られ，行政を含めた真剣かつ早急な対応が強く望まれる。われわれにとってMSWは患者・家族ならびに当院と地域医療機関との橋渡しとして，なくてはならない存在である。

1章 支援方法論
① 個人の働きかけ・ケースワーク

当事者の力を強化するMSWの関わり
頸椎損傷患者の社会復帰（復学）支援

執筆時：関西労災病院　医療連携総合センターMSW　**松山拓也**

MSWの位置づけ

　当院では2011年度より「よろず相談プラザ」を改称して「医療連携総合センター」が設置された。入院受付や地域連携，在宅調整，医療相談などの機能がオープンスペースの同一事務所内に集約され，患者の相談対応がワンストップで行えるようになった。同センターには，地域がん診療連携拠点病院の機能も併設されている。患者への介入については，医師，看護師から出される依頼箋が主なきっかけとなり，担当者が振り分けられ，病棟にて医師，看護師と打ち合わせをする。

事例

　男性，17歳（高校2年生）。本人，両親，姉の4人家族。
　2008年，通学時の交通事故により受傷。受傷時は患者の地元・静岡県の病院に搬送され，受傷3日後に気管切開，人工呼吸器を導入，およそ3か月半後に関西労災病院へ転院してきた。
　患者は幼少時より野球に打ち込み，高校生活でも野球部で甲子園をめざし日夜練習に打ち込んでいた。自宅復帰をめざし，気管切開孔の閉鎖，ADLの向上，非侵襲的陽圧換気法の導入を目的に，当院への入院となった。

注）病院：70巻7号（2011年7月）に掲載。

MSWによる支援の流れ

1．支援初期

　2009年2月中ごろ入院。医師より入院して2週間後に両親に対して病状の説明が行われ，その1週間後には本人に対して行われた。その時初めて，本人，両親ともに大きな改善が難しいことを知ることとなった（この2度の病状説明にはMSWは同席せず）。
　3月終盤に依頼がありMSWが介入。介入の依頼が出てすぐに主治医，担当看護師とMSWで相談のうえ，おおまかな退院目標を設定。今回の事例では，退院目標は3か月半後に設定された。前述の打合せの後，担当看護師・MSWが母親と今後について相談をした。父親は静岡に残って仕事をしながら各種手続きなどを行い，母親と姉がこちらに残り，本人のサポートを行っていくこととなった。
　数日後，本人・両親・主治医・担当看護師・リハビリスタッフ・MSWによる全体カンファレンスを行った。今後，段階的に気管切開を閉鎖し，自発呼吸を少しでも増やして非侵襲的陽圧換気法の導入を行うこと，並行して社会福祉制度を利用して自宅の改修やサービス調整を行うことが確認された。また，本人・家族から，復学し同学年で卒業する目標もここで表出した。
　身体障害者手帳の申請は4月初旬のこの時期に，家族にしてもらった。

2．支援中期

　4月終盤，在宅生活に必要な福祉用具を，本

人・家族・医師・担当看護師・リハビリスタッフ・MSWで選定。自宅が3階建てであるため，エレベーターを設置し，浴場を1階へ移動すること，バリアフリー化することも決定した。5月の初旬には住宅改修が着工された。なお，業者の選定は当院に転院してくる前に父親が行っていた。

この間に行政と連絡を取り，人工呼吸器装着者の在宅生活ケア介護経験のあるホームヘルパー事業所，同様に看護経験のある訪問看護師を探して打診。静岡にいる父親に交渉してもらった。

5月下旬には訪問看護師との調整で往診医を選定。吸引や人工呼吸器の取り扱いなど，家族への看護指導も始めた。自立支援法の申請はこの時期に家族が行った。

また，この間，復学についての調整も行い，学校より教頭をはじめ教員数人に来院いただき，主治医も含めて学校生活を送るうえの必要事項，対応について相談した。学校側の来院による復学相談は2度行った。

3. 支援終期

6月24日を退院日と決定。6月の第2週に，母親が病院に宿泊して実際に1人で介護を行ってみる試験宿泊を実施した。この際，利用予定である福祉用具のデモ機を病院に搬入し，できる限り自宅での状況と同じものになるよう調整した。

住宅改修の完成が近づき，福祉用具の自宅搬入日についても調整した。静岡までの帰路については新幹線を利用することにしたため，JR各社と連絡し，多目的室の利用，医療機器使用の申請，乗車車両の調整を行った。

車椅子については，本人，家族，業者と主治医，リハビリスタッフと相談のうえ，オーダーメイドの車椅子を当面利用することとなった。本人の希望から，週末には看護師付添いで甲子園球場への試験外出を行った。ケアプランも家族と相談のうえ作成し，行政と交渉した。退院時には主治医，担当看護師も同行するため，その交通手段や，現地での訪問看護師や往診医との打合せも調整し，6月24日に退院した。

本人との関わり

1. 患者の変化

患者は当初，食事介助は母親でなければ受け付けず，時には看護師に声を荒げることもあった。そして，どこか投げやりなところが多々見られ，さまざまな事柄について家族に任せて，自分が決めることをしない場面が何度も見られた。

そこでMSWは介入から3週間程経った頃に，結論が出なかったとしても，自分で考え，それを言葉にして伝えてもらいたいと求めた。それ以降，決定まではせずとも，自分の考えを口に出す機会が増えた。リハビリが進んで，気管切開孔も閉鎖し，見た目にも変化が表れるころには，本人も声を荒げることもなく，食事介助も看護師による介助を受け入れられるようになった。

退院日は，本人の所属していた野球部の最後の大会に向けての壮行会に参加できるように設定した。入院中，はっきりとした意思を示すことが少なかったが，こと野球に関する事柄については明確な主張があったため，それを退院へのモチベーションとした。復学についての希望も強かった。たった半年で全く変わってしまった自分の体を，友人たちがどのように受け止めるかという不安も口にはしていたが，それよりも今の自分であっても受け止めてもらえるのではないかとの思いのほうが勝っていたようであった。「今の状態になった自分が，チームメイトにできることは応援のみだ。だからこそ壮行会には必ず出席したい」という言葉があり，退院が近づくにつれて，無気力な時期を乗り越え，一番大切な事柄について，自分の気持ちを表出できるようになっていた。

2. 患者との関わりを振り返って

今回の事例では，年齢や事故後間もない時期であるにもかかわらず，辛い質問をしたり難しい決断を迫ったりすることも多々あったと思う。それでも，この患者であれば考えることができるだろうと感じてそれを求めた。事故により首から下が動かせず，呼吸も自分の力ではできない状況で

あったが，本人は日常生活に戻ることを望み，そのための努力をした。その姿には尊敬の念さえ抱くこともあった。

在宅調整のために必要な話し合いを何度も行ったが，いま振り返ってみると，頭に浮かぶのはそのような話し合いよりも，それとは全く関係ない場面での会話である。事故の話をすることはなかった。本人は「家に帰ってからは〜」，「学校に行ったら〜」という話をした。それは，障害受容ができていなかったからなのか，辛い思いを隠し，見ないようにしていたのかはわからないが。本人は前を向こうとしていたと思う。

当事者の力を強化する関わり

今回の支援でとくに気をつけたのは，極力MSWが主導し決定しないことであった。地域での往診医や訪問看護師は地域間のつながりから選ぶようにし，MSWは選択肢を探し提示し，直接の交渉は家族に行ってもらうようにした。行政との交渉や現地での業者との交渉についても同様である。退院後の生活を考えると，状況に応じて当事者自身が対応しなければならない場面が多々出てくるからである。自宅へ帰るまでに，いかに家族と地域，行政とのつながりを作っておくかが大切であり，本人を中心とした支援の輪を最低限作り，後は必要に応じてその輪を広げられるようにと考えた。そのための，医療面，介護面，社会福祉制度などに関して，それぞれ相談窓口を退院までに確立した。

病院の中でしか関われないMSWのできることは限られている。限られた関わりの中で，いかにサービスを充実させるかよりも，いかに当事者自身が必要な環境を作る力を獲得していくかを，サポートすることがMSWの役割であろう。できないことを患者自身・家族の中で明確にし，どのような支援の輪を作ればよいか考え，院内外のさまざまな職種をつなぎ，さまざまな機関と連携することが，MSWの重要な役割であると考える。極端な話，どうすればMSWを必要としない環境設定ができるかを思い描きつつ，関わるように心がけた。

今後の支援に向けて

退院日が近づくにつれ，必要な調整が抜けていないか，もう少し詰めておく点はないかという不安も出てきたが，それまで不安はできるだけ表出しないようにしていた。だが，その不安を先輩MSWに伝えた際に，「その思いを一度家族にも伝えてみては？」と言われて，父親と話をしたところ，父親も同様の気持ちであったことがわかった。それまで父親は前向きな発言をしていて，当院への転院前にも自分たちで住宅改修業者を選定したり，保険会社との交渉を行ったりしていたので，家族の力はしっかりしているように感じていた。父親との会話から，これまで家族の不安な気持ちを十分に汲み取ることができていなかったということがわかった。

その時，自分が前向きな支援を行うことを気にし過ぎるあまり，弱気を見せない態度をとっていたことに気がついた。支援者自身が自らの不安から目をそらしたり隠そうとしたりすれば，当事者もその不安を表出しづらいであろう。当然のことながら患者本人や家族が思いを表出しやすいように支援することが重要である。患者・家族のその時々の思いに寄り添う，共感することの大切さと難しさを改めて実感した。

生活者の視点

MSW自身の援助は，患者の性格や生活歴なども包括した「生活者」の視点で行う。1人の患者に対して，医療，看護，介護，リハビリ，行政や地域など，さまざまな立場の人間が関わっているが，それぞれの立場を理解し，患者・家族の立場を代弁して提案や調整を行うのがMSWの役割である。MSWの仕事は，具体的には，各部署への定期的な声かけ，要所での医療者カンファレンスの調整，目標統一，達成度の確認，情報共有などを図るための院内外の連携調整などである。そして，患者・家族との面談の中で，実際に何が必

要かを確認し，提供可能なサービスを提示し，患者が選択するのを援助するのである．

退院後

退院後，試験的な登校を何度か行った後，毎日ではなかったが母親付き添いのもと復学の希望は叶えられた．入院期間の休学があったために同級生との卒業は難しかったが，本人や家族が望んでいたこれまでと変わらない生活の一端が得られたものと私は信じている．所属の野球部は，甲子園出場は叶わなかったが彼をチームメイトの一員として加わり，最後まで戦い抜いたと，後ほど父親から聞いた．10代という多感な時期に受傷し，大きな障害も残り，これから先，大変なこともあるだろうが，これまで築いてきた家族や友人たちとの関わりが彼を支え，本人らしい生活が送れることを願っている．退院から半年以上経ったころ一度来院してきた彼に会った．少し体重が増えていた彼は，以前より自然な笑顔であった．

▶MSWと協働して◀
MSWは欠くべからざる存在

関西労災病院リハビリテーション科医師*) **土岐明子**

リハビリテーションの目的には，機能回復以外に，どんな障害を持ってもその人らしく社会復帰することが挙げられる．今回の患者のように事故で突然障害を負ってしまった場合，まずは最善の機能回復のための医療を受ける．しかしながら完全な機能回復は難しい場合も多い．障害とともに新たな生き方を再構築していくことになる．

当事者である患者や家族は，受傷から新たな日常生活の再スタートの間に，さまざまな葛藤，精神的な混乱を経験していく．また現在の医療制度，福祉制度についての情報はマスコミなどによって氾濫しているが，大変複雑で，この時期の当事者が的確に取捨選択していくことは並大抵のことではない．以前のように身体の治療が終わり安定してから退院へ向けての準備を始めるといったような長期の入院も現在の医療制度下では難しくなっている．初めてのことばかりに日々戸惑いながら身体の治療を受け，並行して社会復帰の準備もしていかなければならない．

一方，医療者である私たちも院内の他職種と連携し治療を行い，かつ，患者・家族への十分な説明と精神的なフォローを行いながら彼らが主体的に治療に参加できるようにする．また現状の社会制度を踏まえた生活の再構築のため，地域のかかりつけ医をはじめとする医療職，福祉職，福祉機器や家屋改修のための業者，職場や学校などと患者の身体状況を共有しながら連携を取っていく．できる限りのことはしたいと思いつつ，十分な手間と時間をかけられず，誤解を招いたり，良好な関係を築くことができなかったりもする．

とても主治医や担当看護師が1つひとつ連絡をとってやっていくレベルではない．限られた時間で，最良の医療，サービスを提供しようとする時，MSWは欠くことのできない重要なパートナーなのである．私は，今回のような患者を受け持つと決まるとまず彼らのところへ向かう．治療方針を示し，それに合わせてかゆいところに手が届くように完璧にフォローしてもらうためである．ここで初めて存分に医療を行うことができる．

常日頃から彼らの働きぶりには満足しているが，今回のレポートを見て驚いた．当事者の力を強化する関わりを心がけていた点だ．そんなことまで考えて動いていたのか．私は，どんな障害を持つことになったとしても人は必ず立ち直り，主体的に行動するようになると以前から感じていたが，それは彼らの関わりがあったからかもしれない．これからも彼らの専門性を十分に発揮してもらい，お互い切磋琢磨しながらタッグを組んでいきたい．

*)所属は執筆時．現在：大阪府立急性期・総合医療センター・リハビリテーション科医師．

1章 支援方法論

1 個人の働きかけ・ケースワーク

退院援助と受診受療援助
ソリューションフォーカスの視点から

執筆時：早良病院医療社会福祉部長・リハビリテーション部長　**大垣京子**

　早良病院は，新しい高層マンション，新しい一戸建ての住宅地域にまざって古い町並みが残っている地区に位置している。当院を利用する患者は，約70％が福岡市の西部地区（西区，早良区）に住んでいる人たちである。

　早良病院は，内科が充実していることもあって，さまざまな疾患を合併症に持つ患者がリハビリテーション治療のために紹介されてくる。急性期の医療機関から短期に転院してくることもあって，患者は，病気の今後もさることながら，生活，医療費，残された家族のことなど，問題が山積したままである。MSWへの依頼は，リハビリテーション（以下，リハビリ）を行う患者については，理学療法士らの処方と同時になされるために，入院当初からの援助開始となる。そうでない患者に対しては，医師からの依頼書によって援助を開始するしくみになっている。このことが，入院初期の段階で本人や家族にMSWが面談を行うことを可能にしている。筆者は，これまでの経験から，MSWが早い段階で患者や家族と接触することが，入院中はもちろん退院後にも何か問題が生じた時に，患者や家族がMSWを利用しやすくなることと認識している。

　今回，退院援助と受診受療援助の2つの事例を提示する。

事例1

　Aさんは64歳の女性。1人暮らしで，住居は5階建てのアパートの2階である。

　Aさんは，トイレで倒れているところを発見され，救急病院に搬送された。脳梗塞であった。右半身が麻痺し，救命センターで意識のない日々が続いた。Aさんの1人息子は関西で仕事をしていたが母親の急病を知って帰郷した。短い滞在期間で，生活保護の手続き，ガスや水道を止めるなどの処理を済ませて関西に戻っていった。当院に転院する時は，息子も同伴し，今後のことについては，「家賃は保護費から自分が支払う，今後については一緒に話し合って決めたい」と，話していた。転院時，Aさんは食事は経鼻栄養，更衣や移動はすべて全介助で，構音障害のため言いたいことをはっきり言えない状態であった。

　入院後，3か月目のリハビリカンファレンスでは，今後の見通しについて自宅復帰は難しいという意見が多数であった。その理由として，2階に住んでいるがエレベータがなく階段であることと，転倒のおそれがあるため見守りが欠かせないことがあげられた。Aさんは，今後のことを息子と話し合おうとして連絡をするが，「帰郷する」というだけで，実際は帰ってこないということが繰り返された。その頃，家賃の滞納が分かり，Aさんは，息子に対して不信感を抱いただけでなく，家賃の支払いをどうしたらいいのか分からず戸惑っていた。しかもまだ構音障害は改善されておらず，不動産業者との交渉は難しかった。

　MSWは，親子関係を重視し，Aさんが息子のことを悪く言いそうになるたびに，何度も救急病院にきて経済的負担がかかったであろうこと，不景気な時なので関西で事業をするのは大変だろうと，Aさんが息子のことを悪く思わないですむように気を配った。Aさんは，「息子は自分を見

注）病院：66巻10号（2007年10月）に掲載．一部加筆．

捨てたのではなく，したくてもできないのだ」と理解しはじめ，現実に対応するようになった。具体的には，生活保護費を直接自分で受け取って家賃の滞納分を支払っていこうと考え，さらに，これからの生活の場をどのようにして見つけるのか，と考えられるようになった。このことは退院してからの2人の関係によい結果をもたらした。

MSWは，Aさんの意向を受けて，まず，福祉事務所に事情を説明し，登録通帳を変更することにした。MSWは，地域の郵便局に車椅子に乗ったAさんを介助しながら出向き，どのようにしたら保護費がAさんの手元に来るようになるかを局員に相談した。ていねいな対応の結果，さまざまな手続きを経て通帳の紛失届けを出し，新しい通帳を手に入れるまでは出し入れができないようにした。家賃の滞納については，MSWはAさんが不動産業者と交渉する際に自分の考えを主張できるように支援し，月々の支払いに少しずつ足していくことで合意を得た。Aさんは，種々の判断をする時にMSWに委ねがちであったが，MSWは「本人の代わりに考えたり，判断したり，行動する」ことがないように気をつけた。この姿勢は，Aさんが問題を1つ1つ自分の力で解決の方向へ持っていくことに役立った。このことは，Aさんがお金を返すには施設よりアパートの1人暮らしのほうがいい，と考え始めたことからも分かる。

入院4か月目，MSWは，Aさんの希望で施設を探す一方，NPOの力を借りて保証人の要らない介護つきのアパートを探し始めた。しかし，そのようなアパートはAさんのADL，経費などを考えると無理があった。そのためAさんは，自分のアパートに帰ることを強く望むようになった。スタッフも自宅に帰るほうが現実的な選択だと考えるようになり，自宅訪問をすることにした。1回目の訪問の結果，スタッフは階段昇降が自宅復帰の鍵になると判断し，階段昇降をリハビリテーションの最低限の目標にした。この段階でMSWは，Aさんが生活に「何が不足しているか」ということよりも，「何があれば何とかやっていけるのか」を，考えられるように支援した。Aさ

んは，自宅に帰る可能性が見えただけでなく，「何があればよいか」を自分で具体的に考えられるようになったことで，リハビリに対して意欲的になっていった。2回目の自宅訪問では，リハビリスタッフに加え，ケアマネージャー・福祉事務所ケースワーカー・福祉用具業者・訪問介護サービス提供責任者・不動産業者なども参加し，階段昇降を含めて日常生活が可能かどうかの確認を行い，ケアプランを検討した。

入院して6か月後，Aさんは自宅に帰ることができた。その時には今まで来なかった息子も来院し，自宅の清掃を手伝ったりしたという。退院後，Aさんは当院の通所リハビリを利用し，1年後に，延滞家賃は完済したとMSWに知らせにきた。現在，息子からは2週間に1度，「元気か」という安否確認の電話があるという。

事例2

Bさんは83歳の男性。脳梗塞発症後1か月目にリハビリテーションを行うために当院に転院してきた。麻痺は軽い。妻と2人暮らしだが，毎日，近くにいる娘たち2人が食事の用意をしたり，いろいろな世話をしたりしている。入院前から，Bさんは，体が不自由になりがちであったために，Bさんは「死んだほうがいい」などと話したりしていたようである。入院中はこれに加えて不眠もあったため精神科を受診し，内服薬が出ていた。Bさんは麻痺が軽いこともあって「早く退院したい」と強く希望した。娘たちもそのほうがよいと判断し，2週間後に退院をした。娘らは，前にも増して実家に顔を出すようにすると話していた。MSWは，娘たちが働いていることもあって介護は容易ではないと考え，介護保険などを利用することもできると説明したが，娘たちは「まだいい。両親は家に他の人が入るのを好まないといっているし，自分たちがまだ何とかできる」という考えであった。

退院後，1か月経って次女が父親の担当であったMSWを訪れてきた。次女は「父親が動けなくなった。しゃべっていることも分からない。本が

あれほど好きだったのに，本も読まない。介護が難しい。すぐに入れる施設を探してほしい。」と切羽詰った様子であった。次女の訴えを整理すると，次女は気づいていなかったが，精神科の薬が変更された時と患者の動きが悪くなった時期とは一致するようであった。そこでMSWは，次女の同意を得たうえで，精神科医に，このことだけでなく入院中の経緯，家族の介護に対する考え方，生活の内容を報告した。その結果，家族面談が行われ，内服薬の中止指示が出され，次の日には，薬を調整するために入院することになった。Bさんは約2週間で退院。現在は，以前の元気さを取り戻し，在宅生活を続けている。

2つの事例から

1. 自立を損なわない援助

事例1では，リハビリテーション治療を受けた患者の退院援助の経過を示した。援助は，経済的問題から派生する関係調整と，自立を損なわない自己決定を可能にすることを内容とした。入院初期，MSWは，「本人の代わりに考えたり，判断をしたり，行動する」ことをせず，Aさんが，不自由ながらも自ら周りの人々と交渉し，自分の納得のいく，無理のない方法を，見つけることができるように支援した。また，MSWは，Aさんの体が不自由になったことで「できないこと探し」をすることなく，今までの生活を基盤にして「何があればよいか」という姿勢を持つように支援した。悲観的になりやすい状況にもかかわらず，「できるところからやっていく」，「不足に注目しない心構え」は，Aさんを力づけた。

さらに，地域の機関との連携も重要であった。NPOの不動産部門・郵便局・福祉事務所・訪問介護ステーション・ケアマネージャー・滞納を請求していた不動産業者などとの協力・連携がなければ，自宅へ円滑に帰ることはできなかった。

2. 受診受療援助

事例2では，MSWの業務の1つである受診受療援助の重要性を示した。MSWが行う受診受療

表1 生活支援が受診受療援助になる時の流れ

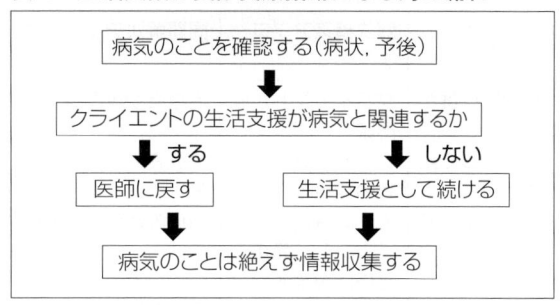

```
  病気のことを確認する(病状, 予後)
           ↓
  クライエントの生活支援が病気と関連するか
    ↓ する           ↓ しない
  医師に戻す        生活支援として続ける
           ↓
  病気のことは絶えず情報収集する
```

援助の特徴は，患者や家族を生活人として理解をしたうえで身体的理解を行うことにある。この事例においても，MSWが家族からの「今すぐに入れる施設を紹介してほしい」という訴えを整理し，身体的状況を理解し，精神科医につなぐことで入院治療をすることになった。家族は当事者であるために，なかなか客観的な判断をすることが難しい。このような時にこそ，MSWは，冷静に，どのような変化があるのか，いつからなのか，という身体的情報を家族から聞き出す必要がある。このような情報は，主治医が治療を行ううえで重要なものとなる。

生活支援が受診受療援助になる時の流れを**表1**に示した。

MSWのコミュニケーション技法

1. 生活者としての支援

MSWはクライエントを支援する時，病気の人としてだけではなく，生活者として理解する。では生活者としての理解とはどういうことだろうか。私たちは生きていく過程の中で，何を大切にしたいか，何をしたくないか，お金の使い方など，さまざまな出来事を決めなくてはいけない時の価値基準，つまり価値観を作り上げていく。その価値観を理解することで生活の支援は可能になってくる。

生活者としての支援において，MSWは社会資源や医療の状況の情報に長けているため，早すぎる助言や指示などで，クライエントの自立心や自己決定を損なうことがある。あたかもクライエン

表2 コミュニケーションの過程

	解決構築アプローチ	問題解決アプローチ
専門家は誰か	クライエントが専門家	治療者が専門家
何に沿って話すか	クライエントの思考の枠組み	治療者の思考の枠組み
責任について	人生の責任はクライエント。面接の責任はMSW	治療の責任は治療者
問題について	生活にどのように影響しているか	原因を探り，分析する
解決には	何があればよいか	何が足りないか

トの生活についてもMSWが専門家で「自分の言うとおりにすれば大丈夫」と考えやすい。そのような過ちをおかさないためには，どのようなコミュニケーションが有効だろうか。

その前に，MSWのコミュニケーションについてふれたい。MSWの支援には，いわゆる医学モデルによる原因追求を有効に行うためのアセスメントに必要なコミュニケーション・それに基づく支援・助言・治療を有効化するためのコミュニケーションも必要であることを言わなければならない。受診受療援助の事例でも示したが，医学知識は，スタッフとの連携における共通言語としても重要である。

2. 解決構築のコミュニケーション

では，クライエントの自立や自己決定を尊重するためにはどのようなコミュニケーションが有効だろうか。ここでは，簡単に解決構築(SFA)のコミュニケーションについて述べる。SFAの面接では，まず，クライエントが，今と違う，どのような生活をしたいと望んでいるか，というゴールを描く手助けをする。その後，彼らの今までの工夫，うまくいった行動や考えを引き出し，ゴールに近づくための身近な目標を作り，そのためには何が必要かなどを一緒に考えていく。この時に社会資源の活用を行うことが多いが，これら一連のことを，MSWが考えるのではなく，クライエントが考えることができるように支援する。立場としては教えてもらう，つまり，MSWはクライエントのことを「知らない姿勢」で支援することから始まるのである。クライエントの多くは病気や障害が突然のことで混乱していて，彼らの能力や長所を忘れていたり，思いつかないことが多い。その状況でクライエントが「今まで行えていたこと」，「今からもできること」，「今からできること」，「支援があればできること」を整理していくためのコミュニケーションが必要である。「どのようにしてこの危機を乗り越えてきたのか」，「どのような工夫をしているのか」，「うまくいった時のこと」などの問いかけは，「知らない姿勢」である。

このコミュニケーションは，クライエントにとってなじみの少ないものである。だからこそ，MSWは専門家としての対応が望まれる。MSWは，クライエントに寄り添い，クライエント自らが，自分の力，環境や資源の力を解決に向けて活用できる力を引き出すコミュニケーション能力を必要とする。

表2は，MSWがクライエントに対して，どのような心構えでコミュニケーションを作り上げていくかを示している。

おわりに

病院が地域に根ざした存在であるためには，患者が病院と家庭を「行ったり来たりする」形が取らなければばならない。もとより，近くにあるからといって，患者が無条件に病院を利用するとういものではない。そうなるためには，その病院は自分の「病気を含めた生活」を「気遣ってくれる病院」という患者側の認識がなければならない。患者や家族から「病気を含めた生活」を「気遣ってくれる病院」であるという信頼を得てはじめて，病院は地域で生き残れるのである。そのような信頼を得るうえで，病院の中で生活支援に当たるMSWが果す役割は大きい。

MSWは社会資源に精通するだけでなく，患者の身体的状況および予後の理解を可能にするだけの保健・医療知識を持っていなければならない。また先に取り上げたコミュニケーションの技法に

精通することも重要である。しかし，現状では，MSWがそのような能力を備えるには，日々の業務をこなしながら自己研鑽に励むしかない。しかしこれには限界があり，筆者は患者や家族のため，地域医療のために，国の政策によるMSW教育の整備を期待するものである。患者が病院と家庭を「行ったり来たりできる」病院を作るために，である。

▶MSWと協働して◀
期待されるMSWの役割

福岡逓信病院 副院長　渋谷恒文

医師という職業柄，これまでに大学病院を含めて多くの病院をローテートしてきた。その経験から，70～80年代は医師・看護師など医療関係者にはMSWというものがほとんど認識されていなかった時代であり，地域連携に興味を示さなかった大学でこの時代を過ごした人は，MSWの役割を認識することはなかったと思う。

私がMSWの働きを初めて認識したのが，1982年より1年あまり勤務した早良病院であった。この時，医師と患者とのコミュニケーションの緩衝役として，また患者が医師に直接言えない家庭の事情など，MSWの大垣氏を通して伝えられ，診療に役に立ったことは数知れない。

ある知的障害者の患者がアルコール性肝障害で通院していた。夫は暴力団員で，刑務所に出入りしており，患者にアルコールを強要し覚醒剤も使われていたようだ。アルコール依存症にされ，通院しながらも夫から離れることができないこと，家庭環境と病気の関係を理解し，患者を何とか救ってやることができればと伝えられた。医療を実践するからには，ここまで患者の家庭，医学的問題を知って治療に当たるべきことなのだと教育を受けた。

時代は高度経済成長からバブル時代，低成長時代を経て医療費総抑制の時代に突入し社会と医療の矛盾は拡大し，MSWの役割は一層重要となった。

私が勤務したある病院は，元々職員の福利施設としての病院で，事務管理部門は病院業務，経営に関して知識のない親会社からの派遣職員であり，医療の問題が理解できないまま数年単位でローテートしていた。このような所ではMSWにはさらに過大，かつ多彩な負担がかかっており，私は，MSWが病院のコメディカルの中で最も重要な職種と思った。気づいた業務だけでも，次のような重要な業務をあまりに多く背負っていた。

①療養病床入院前に，患者家族への療養病床の役割と限界の説明のコーディネート。
②さまざまな問題を抱えた患者の退院支援業務。
③患者・家族や本人からの医師への苦情の窓口。
④前方連携のスタッフとしての仕事。
⑤レセプト作成など医事課事務職員としての業務。

しかし，一般にはMSWにそれ相当の病院内または社会的地位が与えられているのであろうか？　私の経験から言わせてもらうと，経営者がMSWの重要性を認識し，MSWに本来の業務を与えている病院はいわゆる勝ち組病院であり，一方，その重要性を認識していない病院では，経営者にはMSWとは庶務係程度の認識しかなく，設立母体や規模にかかわらず負け組病院である。

私は以前より病院を変わるとまずMSWを訪ねて話を聞き，病院の置かれた，地域での役割や，病院がMSWに何を期待しているのかを掴み，病院のあり方を考えてきた。

すでに連携医療が病院の命運を決め，予防，介護が一層重要となった時代にあっては，医療と社会の橋渡しのできる有能なMSWの責任は重大である。その事が理解できず，MSWに対して旧態依然の対応しかできない病院は，早晩医療の世界から退場することになると認識している。

1章 支援方法論

2 退院援助

在宅支援におけるMSWの役割

亀田総合病院 地域医療支援部 総合相談室 副室長　鎌田喜子

急性期病院における退院支援とは

　当院の位置する千葉県・安房地域には，中小規模病院はいくつかあるが，第3次救急を行っている病院は他になく，隣の第3次救急病院までは車で1時間半かかる。したがって，救命病院としての当院の地域住民に対する責任は重い。

　この地域で第3次救急の使命を全うするためには，ベッドコントロールがポイントとなる。入院期間は短いほうがよいに越したことはないが，ただ短くするのなら医師に退院の采配を任せればよい。しかし，再入院を避け，医療サービスを向上させるためには，治療の終了だけで退院を決めるのではなく，在宅での生活までを視野に入れた退院支援を行い，できるだけ安心の伴った退院をめざすことが必要であり，これが本当の意味での入院期間を短くすることにつながると信じている。

　当院では，療養型病院，施設への転院よりも自宅退院のほうが，入院期間が短い。病院や施設への転院は診療情報提供書の準備や判定会，家族面談のうえで受け入れの可否が決まり，さらに空き待ちが数週間から数か月かかるからである。一方，自宅退院は，家族指導がとくに必要なければ物理的な準備だけで，数日で可能である。したがって在宅医療や介護サービスを適切に結びつけ，安全な自宅退院をいかに増やせるかが鍵となる。

　1999年にMSWとケアマネジャーによって総合相談室を開設した際，「亀田病院を退院したその日から，困る人が1人もいないように支援する」こと，そして「退院後も継続して生活を支援する」部署をめざした。ADL障害のある人がそのまま退院してしまえば，介護サービスにつながるまでには多数の地域の人手とたくさんの時間を要する。その間に褥瘡ができたり，病状が悪化したり，本人や家族はとても苦労し，悲惨な経験から「もう家での生活は絶対無理」となる可能性が高くなる。

　もし，入院中から要介護者に取りこぼしなく介入し，自宅へ帰すことができれば，入院期間は短くなり，自宅で療養生活を送れる人も増えるだろうと考えた。そこで，ある1週間，退院する全患者にインタビューし，ADL障害がある患者がどのくらいいるかを調査した結果，退院患者全体の3分の1であった。その方々すべてに関わるのに必要なMSWを試算すると15〜20人が必要と推測された。

　MSWは在宅医療や介護サービスが必要な人を見つけ，退院準備のタイミングを図りながら，スピーディーに退院へと導く役割を担う。経営者と

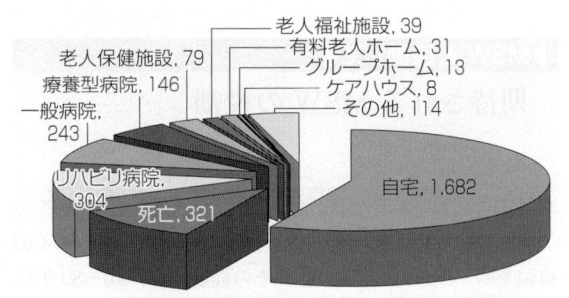

図1　総合相談室が関与した入院患者の転帰先（2010年度）（N=2,980）

老人福祉施設, 39
有料老人ホーム, 31
老人保健施設, 79
グループホーム, 13
療養型病院, 146
ケアハウス, 8
一般病院, 243
その他, 114
リハビリ病院, 304
死亡, 321
自宅, 1,682

注）病院：71巻5号（2012年5月）に掲載。

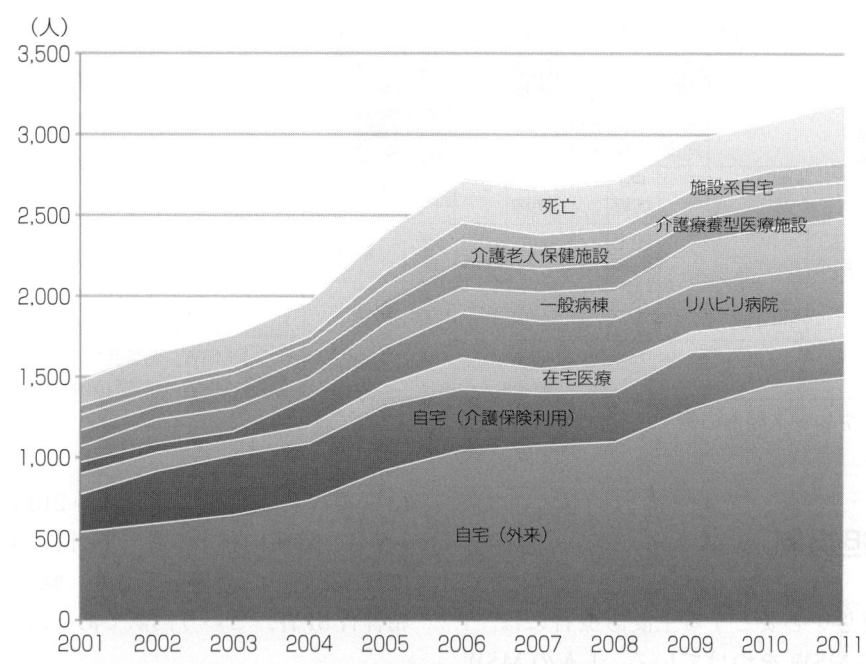

図2　総合相談室が関与した入院患者の転帰先別の年次推移

しては病床稼働率と在宅医療や在宅サービスの利用率を上げ，よい医療サービスとして地域に貢献することと，MSWを雇うコストを天秤にかけることになる。MSWを雇うことを選んでくれた経営陣の期待に応えたい。

2010年度に総合相談室が関わって退院した患者は2,980件。そのうち，自宅退院は1,682件（56%）で最も多い（図1）。そのうち，当院の在宅医療・訪問看護につなげたケースは117件，当院以外の訪問看護ステーションへは30件，他院の訪問診療へつなげたのは30件であった。また，当院ケアマネジャーとつながっているケースは86件，当院外のケアマネジャーとは98件であった。自宅以外への退院は147か所の病院や施設にわたっていた。

なお，過去10年間の入院患者の転帰先の推移を図2に示す。

地域医療支援部のチーム力

地域医療支援部は総合相談室と在宅医療チームの混合組織であり，広いオフィスを共有している。そのオフィスには同系列のヘルパー事業所もあり，在宅療養を丸ごと支援する体制をとっている。総合相談室はMSWと退院支援看護師，ケアマネジャーで構成されている。

患者の入院にあたっては，まずMSWが関わり，時には混乱した家族と退院先を決めるところから介入する。短い予後を自宅で看取りたいと希望し，1日で準備をして退院することもあれば，長い在宅療養で入退院を繰り返し，転院となるケースなど，さまざまである。その際，当院のケアマネジャーは要介護度3～5が50%以上を占める特定事業所であり，介護度の重い人と契約をする役割を担っていることも力となる。

さらに当院の在宅医療スタッフには医師，看護師だけでなく管理栄養士や理学療法士もいる。人工呼吸器を装着している人の吸引手技は訪問看護師がヘルパーに指導できる。嚥下機能に合わせた嚥下食の作り方は管理栄養士が家族だけでなく，ヘルパーに指導したり，定期訪問で再評価し，栄養剤や食形態の工夫をする。また，理学療法士が継続して訪問リハビリに行く。最期までできる限りの支援をする在宅医療チームである。

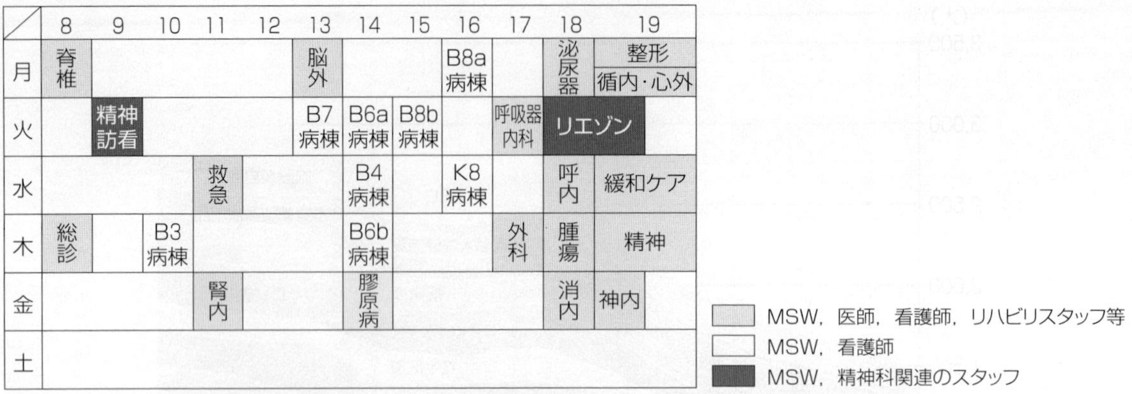

	8	9	10	11	12	13	14	15	16	17	18	19
月	脊椎					脳外			B8a病棟		泌尿器	整形 循内・心外
火		精神訪看				B7病棟	B6a病棟	B8b病棟		呼吸器内科	リエゾン	
水			救急			B4病棟		K8病棟		呼内	緩和ケア	
木	総診	B3病棟				B6b病棟			外科	腫瘍	精神	
金			腎内			膠原病				消内	神内	
土												

□ MSW，医師，看護師，リハビリスタッフ等
□ MSW，看護師
■ MSW，精神科関連のスタッフ

図3 カンファレンス開催の例

MSWは担当制

　MSWの関与を必要とする主要診療科には，1～2人の担当MSWをつけている．1人のMSWが1～2科を受け持つ形である．例えば，あるMSWは神経内科のみ，別のMSWは脳神経外科と救急科担当というような具合である．担当を決めることで，他のスタッフからも連絡をとりやすくしている．

　そして，介入すべき患者を見落とさないようカンファレンスで情報を集める．その数，週に27回．MSWと病棟看護師と2職種だけで行うものや，医師・病棟看護師・リハビリスタッフ・栄養士・薬剤師などが合同で行うものもあり，そこでは方針決定もする（図3）．担当科の他スタッフと定期的に顔を合わせることはチーム意識が培われる効果もある．

　退院支援看護師は病棟担当制でMSWと協働し，医療依存度の高い患者，つまり医療処置のある人に関わっている．病棟看護師とは病状や処置，家族指導などのやりとりを行い，訪問看護師や転院先の看護師とは詳細な情報交換や，通院時の外来での機材の調達などの細かい配慮まで行い，スムーズに安心して退院できるようつないでいる．

　MSWが退院支援に関わった患者を診療科ごとに見ると，2010年度の2,980件のうち，神経内科342件，消化器内科282件，総合診療科278件，循環器内科255件，整形外科215件，腫瘍内科147件，腎臓内科146件，脳外科142件，呼吸器内科138件，一般外科110件，救急救命科84件，精神科81件，という内訳であった．

MSWが関与する対象とは

　MSWが関与する対象は，次の3つである．
①入院前よりADLが低下しそうな人．
②状態が変わらなくても，今までの生活に介護サービスが必要だったのに導入していなかった人．
③今は問題なさそうに見えるが，病気の進行が予測でき，近い将来，介護が必要になる人．

　これらの人々に着眼し，直ちに介入したり，介入のタイミングを見計らいながら観察することもある．

　①は脳梗塞や大腿骨頸部骨折，肺炎などでの患者で，ほとんど高齢者であり，介護保険適用になる人が多い．介護保険サービスを利用して家に帰すにはタイミングよく準備を進める必要があり，医師のみならず，リハビリスタッフや病棟看護師との情報交換や予後予測が重要となる．回復期リハビリ病院へ転院になる場合も多い．

　②は入院時にすでに褥瘡ができていた患者や，救急に運ばれた際に家族が「もう家では看られません」と明言するような患者に着目する．

　③はとくにがんの患者や神経難病の患者が多い．今は歩行可能で，介護保険にも該当しなさそ

うに見えるが，医師は1週間後には動けなくなると予測している場合もある。このような患者が何のサポート情報もないまま退院すると，ある日突然動けなくなっても主治医に電話してよいか躊躇する。次回の予約外来日を待ち，本人は移動できないので家族のみ受診し，そこで医師は惨状を初めて聞くことになる。

しかし，入院前に医師から話をしてもらい，介護保険を申請し，ケアマネジャーと契約しておけば，直ちに介護ベッドやエアマットが用意でき，訪問看護師に定期的に訪問・観察してもらっておけば，急変時は迷うことなく第一報を訪問看護師にし，指示をもらえる。こうしたことを伝えると，家族はかなり安心し，患者を住み慣れた家に帰すことができるようになる。

社会資源を「知る」ことが「帰れる」ことにつながる

家族は社会資源を知らないことが多いので，「知る」ことでその一家の将来が変わる。多くの家族は今まで生活してきた環境のまま，ADL障害を持った患者を連れ帰ることをイメージしている。「もう自宅生活は無理」と判断するのも無理はない。また，医師から「転院」と言われれば，その選択肢しかないと思い込んでいることもある。相談室でいろいろな社会資源を知り，家へ帰るという選択肢が生じれば，それを選ぶ家族もいる。人によっては経済的事情で転院が叶わず，自宅退院を選ぶ場合もある。

そして，MSWが「知る」ことも大切である。たとえば，当院のケアマネジャーや訪問看護，ヘルパーが関わっていたケースで，重度要介護状態の高齢夫婦が本人たちの強い希望でヘルパーに3食を委ねて生活し，胃瘻になってもなお自宅生活を継続していた。普通であればこのような条件下での2人暮らしは，医療者誰もが無理だと判断するであろう。MSWがこのような実績を知ることで，まず，在宅生活可能な範囲のイメージが広がる。そして，家族に在宅サービスのチーム力を知らせることで，家族も無理だと思っていた家での生活が可能に変わることが多々ある。

また，地域の社会資源を顔の見える関係で，MSWが「知る」ことも重要な意味がある。ケアマネジャーや訪問看護ステーション，医療機関や施設の職員の，職種や開設した心意気，業務内容や実績などを知ることで，教科書的なサービス内容だけでなく，活用のイメージがぐっと広がる。

MSWはそれらの情報を統合し，家族の看たいという気持ち，患者の帰りたいという気持ちを大切にし，家族の介護力，本人の病状，経済力などと，当院の在宅チームの力とこの地域の社会資源を合わせて，安全な生活に至るかをアセスメントし，家族とケアマネジャーとともにサービスの組立てを考えていく。こうすることによって自宅退院が可能になっていく。

MSWの地域訪問

当院ケアマネジャーにつないだケースの初回訪問時に同行させてもらうことがある。安房地域は人口が少なく高齢者の占める割合は30％を超している。地理的には低山が大半を占め，人々は海沿いや川沿い，または山の中にぽつんと住んでいる場合が多い。車なしでは生活できず，軽自動車のほうが便利な地域である。ケアマネジャーも訪問看護師も往診も一度出かけると，目的地に着くまで30分～1時間，それからさらに数件を訪問することが通常である。

MSWは地元出身者でない者が多く，患者宅への交通のアクセス，その地域の産業や土地柄，隣家までの距離，古い家屋の寒さなどを知らない。百聞は一見にしかず。実際に訪問し，何より家にいる時の患者・家族の顔（表情）も見て，入院中の面接室でのアセスメントがいかなるものだったかを検証するチャンスとしている。

啓　発

MSWの介入が必要であることを医師や看護師，リハビリスタッフにも知ってもらい，「このような時にはMSWに依頼してほしい」と常に啓

発しないと見落としが生じてしまう。医師に対しては，研修医が必ず通る総合診療教育部で，2か月7回1クールで講義をしている。内容はソーシャルワーク業務や，介護保険の概要，介護保険主治医意見書記載の留意点，地域の療養型病院や介護保険施設の種類や特徴，医療費を軽減する制度や診断書記載の意味，訪問看護についてなどである。講師はMSWやケアマネジャー，訪問看護師である。病棟看護師に対しても，介護保険のしくみやサービス種類・施設などの病棟に関係することを講義している。

今 後

当院がこの地域で果たしてきた救急病院としての役割が危機に瀕している。高齢者世帯がますます増加する近い将来はどうなるだろうか。

都市部での高齢人口の激増に伴い，それらの地域からの流入患者も増加してくる。今後はさらに高齢化が進み，介護者も要介護状態になり，サービスの需要と供給が崩れると自宅への退院が困難になるだろう。さらなる公的施設の増設は期待できず，また高齢者専用賃貸住宅が数多く建築されても経済的負担から入居できない人が数多くいる。在宅医療のみならず，近隣の一般病院，療養型病院，介護保険施設などともこの地域の近い将来を見据えて，顔の見える関係で考えていくことも重要であろう。

ますます厳しさを増す環境の中で本人の希望を引き出し，家族との間を調整し，より良い人生の再スタートをできるだけ多くの患者に切ってもらうためにも，急性期病院でのMSWの役割はより重要になっていく。

▶MSWと協働して◀

急性期病院のMSWこそ，高齢人口爆発へ対応できる鍵

亀田総合病院 在宅医療部部長　**小野沢 滋**

在宅医療の推進が叫ばれて久しいが思うように世間に浸透していない，もしくは患者の数が横ばいという状況が見られる。新宿区などではすでに在宅医療を行う医療機関は飽和状態にあるとも言われている。果たしてそうだろうか。また，現在の対策は主に受け入れ側の充実を主眼にしているが，果たしてそれだけで十分なのだろうか。

私たちの在宅医療事業部は1993年から病院付属の訪問診療部隊として看護師・医師のチームで主に重症者を対象に在宅医療を提供してきた。1999年，介護保険導入の前年，患者数は約110人，その後，戦略的に退院支援を行うMSWを増員し，急速に在宅医療の患者数は増加し，ピーク時で約230人を数えた。ほぼ全員が私たちの病院の退院患者で，かつ，要介護度は3以上，寝たきりの人もしくは各疾患の終末期にあって，密な医療を必要とする患者である。

本文にもあるように，亀田総合病院の総合相談室では「必要な患者全員を把握する」ということは至上命題である。そのために人員を確保し，退院支援を要介護状態の患者や終末期にある患者全員に提供することをめざして運営されている。退院後の要介護者全員を早い時期に把握することは，できるだけ本人の意向に沿った退院先を早期に確保するためには大前提となる。

そこでは，本人の自宅に帰りたいという希望を最大限に尊重し，そのために家族との調整を早期から図る努力をしている。これは，本人の希望を叶えるのみならず，病床を有効に稼働するためには必須の事項である。図4にあるように療養型病床へ転院する場合，その他の転帰先に比べ明らかに在院日数が増加する。また，退院候補者の中で自宅への退院を希望する人をいかに増やすかが非常に重要で，これはクリティカルパスなどのシステムだけでは不可能であり，人手をもって行うしかない。なぜなら人の「心の中」へのアプローチを必要とするからである。

少なくとも，亀田総合病院の経験からは，数人の退院支援部隊で自宅退院が可能な患者をきちんと拾い上げることは不可能であった。

現在，多くの病院で，地域連携室や，退院支援室などの部署が設けられ，MSWや看護師が常駐していることと思う。しかし，10人以上の部隊を抱えている病院は数えるほどしかないのではないだろうか。現在，亀田総合病院の総合相談室で関わっている1年間の患者数は入院患者だけで約3,200人，これを数人のスタッフできちんと支援することは不可能である。私の直感では，多くの病院で現在も私たちの病院が10年前にそうであったように（本文の図2参照），各種サービスを利用すれば自宅退院可能な患者が，

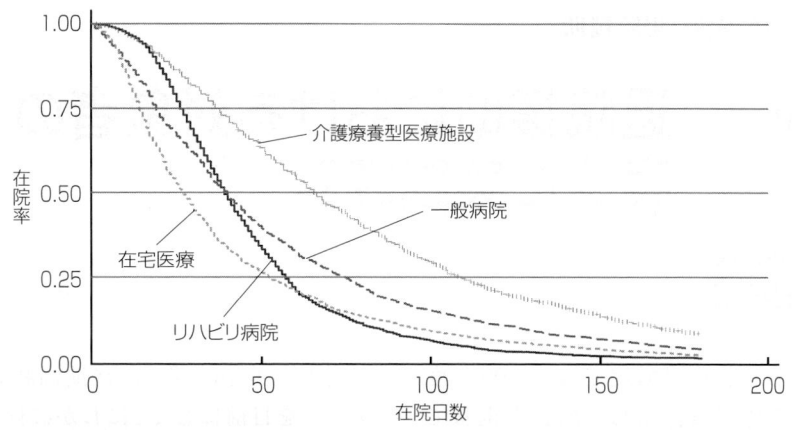

図 4　転帰先別の在院日数（カプランマイヤー法で作成）

施設や療養型病院への転院候補となっている可能性が高い。これらの患者と家族が自宅退院を選択肢とするためには，人手をかけたていねいな説明と話し合いの時間が必要なのである。そして，それにかかる費用はおそらく在宅医療の点数を高額化したり，病床を増やしたりするよりもはるかに安価で，在宅療養の需要を顕在化させるためには非常に有効だと考えている。

今後10年で，首都圏では驚くべきスピードと規模で高齢化が進み，病を得て，要介護状態となった多くの高齢者が現在の2倍程度の数で街にあふれることになる。そして，現在でも十分とは言えない施設や病床の不足は，今は全くそんなことに関心のない一般の人の生活にも影響を与え，大きな問題となろう。この未曾有の出来事に私たちは今後10年間，全力で取り組まなければならない。その中で，大きな役割を果たさなければならないにもかかわらず，非常にお粗末な対策しかなされていないのが，退院支援を行うスタッフの充実である。このことなしに，高齢人口の爆発の只中に置かれた急性期病院が十全に機能することはあり得ないと言ってもよいだろう。早急な対策が望まれる。

1章 支援方法論

② 退院援助

退院援助における対象者の実態と実践課題

小牧市民病院MSW　**村上武敏**

　筆者が勤務する小牧市民病院では，2000年度に初めてMSWを専門職採用し，増員を重ねて2008年度には常勤4名体制になった。こうした増員の背景には，筆者が相談業務の傍らで2000年就任当初より手がけてきた退院援助のシステム作りが着実に実を結んできたことがあり，MSWが存在することが患者にとっても病院にとっても有益だと評価されたものと考えられる。いまや退院援助は，当院に限らず実態としてMSWの中心的業務である。

　そのため多くのMSWが，よりよい退院援助をめざして研究を積み重ねてきているのであるが，退院援助の対象がいまだ明確にされないままに方法論のみが先行してしまった感がある。筆者が危惧するのは，対象の実像をふまえない方法論でMSWが道を誤ることである。

　本項では，退院援助事例の分析によって患者および家族の生活を総合的に理解することに努めた。実践課題は，そこからおのずと生まれてくるものと考えているからである。

実態調査と退院援助事例の概要

　本調査は，2008年3月21日～4月30日の間にMSWに退院援助依頼があった事例を対象にした。この間に退院援助依頼があったのは113例であるが，うち3例については十分な情報が得られず，残る110例を分析の対象とし，次項以降ではそれらの生活実態について明らかにしたい。

注）病院：初出は67巻8号（2008年8月）に掲載。内容は一部改変した。

　調査の実施時期は，後期高齢者医療制度のスタートを目前にして，にわかに行政機関の広報が盛んになった時期である。背景に新自由主義が垣間見えるこの制度改革に，筆者が危機感を覚えた時期であった。

　調査の対象となった110事例を概観すると，退院援助依頼がMSWへの相談依頼全体に占める割合は39％で，その依頼主の89％が医師であった。このように退院援助において依頼主の大半が医師であるのは，生活問題が顕在化し患者や家族が退院をめぐって問題に直面する前に，医師がその問題を予見し依頼しているためであり，これは在院日数の短縮化に伴う傾向である。

　また，傷病名で多いのは骨折と脳卒中で，それぞれ28例（25％），27例（25％）であった。転帰は，自宅退院39例（35％），転院62例（56％），施設入所6例（5％），死亡3例（3％）という結果であった。

身体状況と家族状況

　調査対象事例の世帯類型をみると，「単身世帯」が30例と最も多く，全体の27％を占めている。「夫婦のみ世帯」も24例（22％）あり，退院援助依頼のおよそ半数は，この「単身世帯」と「夫婦のみ世帯」が占めていることになる。

　また，ADL（日常生活動作）を見ると，**表1**のとおり排泄に介助を要するものが73例（66％），そのうち全介助のものも36例（33％）あり，退院援助事例の多くに重度の障害が見られる。その一方で，こうした重度の障害を抱えたものの家族を見ると，世帯内に十分な条件を有する介護者が存

表1 退院時のADLおよびIADL

ADL/IADL 世帯類型	自立 IADL	自立 ADL	一部介助 排泄自立	一部介助 排泄介助	全介助	計
単身	2	8	6	5	9	30
夫婦のみ	0	0	12	6	6	24
子と同居	0	1	6	25	21	53
その他	0	0	2	1	0	3
計(%)	2(2%)	9(8%)	26(24%)	37(34%)	36(33%)	110(100%)

表2 十分な条件を有する介護者の有無

介護者 世帯類型	あり	なし	計
単身	0	30	30
夫婦のみ	4	20	24
子と同居	15	38	53
その他	1	2	3
計(%)	20(18%)	90(82%)	110(100%)

表3 本人(＋配偶者)月収

月収 世帯類型	生活保護基準以下	生活保護基準を超え14割未満	生活保護基準の14割以上	計
単身	17	1	12	30
夫婦のみ	0	2	22	24
子と同居	9	7	37	53
その他	2	1	0	3
計	28(25%)	11(10%)	71(65%)	110(100%)

在する世帯は表2のとおり，わずか20例(18%)であった。ここでいう，十分な条件を有する介護者とは，75歳以上のもの，定期的に通院を要する疾病に罹患するもの，障害者や要介護者，本人以外の要介護者の介護を担っているもの，さらに就労しているものを除外したうえで，なお介護者が存在する世帯である。

例えば「夫婦のみ世帯」の世帯内の介護者，すなわち配偶者についてみると，24例中10例が75歳以上であり，これと重なるように介護者である家族自身が定期的な通院を要する病気を抱える事例が10例あった。循環器疾患で入院していた80代の男性の事例を見ると，入院後に認知症が悪化して徘徊がみられる状態にあるが，唯一の介護者である妻は83歳で，しかも心筋梗塞の既往がある。このような事例を除いて，十分な条件を有する介護者が存在する世帯はわずかに4例であった。

それでは「子と同居世帯」は十分な介護の条件を有するかというと，これも配偶者が高齢かつ子夫婦が共働きなど，十分な条件を有するのは53例中15例にすぎない。自宅での介護となれば子夫婦の就労に影響し，これまでの生活水準を維持できなくなる可能性がある。

経済状況と住宅状況

調査対象事例の経済状況は表3のとおりである。本人，もしくは配偶者がいれば夫婦の月収が生活保護基準以下のものが28例(25%)。生活保護基準の14割未満になると，さらに11例増えて39例(35%)にもなる。また，持ち家率は72例(65%)であった。とくに「単身世帯」においては30例中，実際に生活保護を受給している9例(入院前より受給6名，入院後受給3名)を含めて17例が生活保護基準以下の月収での生活を余儀なくされている。持ち家率はわずかに20%であった。

また「夫婦のみ世帯」は経済的には比較的安定しているが，「子と同居世帯」の本人もしくは夫婦では53例中9例が生活保護基準以下の月収，これらを含めて16例が生活保護基準の14割未満の月収であった。この中には低収入ゆえにやむにやまれぬ状況で同居に至ったものもあり[1]，すでに子世帯が負ってきた経済的負担に介護問題が加わることで，子世帯の負担はますます拡大していくことになる。前述したとおり，子夫婦の多くが就労している現実がある。子夫婦のいずれかが仕事を辞めて介護するにせよ，施設入所を進めるにせよ，子世帯の経済的負担と介護負担は確実に膨らんでいくことになる。

---

1) 川上昌子は別居後同居という概念を提示した。川上昌子：都市高齢者の実態．学文社，1997．

表4　生活問題の重層状況　　　　　　　　　　　　　　　　　　　　　　　　　　　（　）内は%

介護者	本人＋(配偶者)の月収入 ADL・IADL	生活保護基準の14割未満 借家	持家	小計	生活保護基準の14割以上 借家	持家	小計	計
世帯内に十分な介護者なし	全介助	6(5%)	6(5%)	12(11%)	5(5%)	11(10%)	16(15%)	28(25%)
	一部介助	13(12%)	6(5%)	19(17%)	11(10%)	30(27%)	41(37%)	60(55%)
	自立	2(2%)	0(0%)	2(2%)	0(0%)	0(0%)	0(0%)	2(2%)
世帯内に十分な介護者あり	全介助	0(0%)	3(3%)	3(3%)	0(0%)	5(5%)	5(5%)	8(7%)
	一部介助	0(0%)	3(3%)	3(3%)	1(1%)	8(7%)	9(8%)	12(11%)
	自立	0(0%)	0(0%)	0(0%)	0(0%)	0(0%)	0(0%)	0(0%)
計		21(19%)	18(16%)	39(35%)	17(15%)	54(49%)	71(65%)	110(100%)

退院援助の対象者の実態

これまで退院援助の対象者について，身体・家族・経済の主に3つの視点で事例分析を行ってきた。それを要約すると次のようになる。
①援助対象者の多くが重度の障害を抱えている。
②十分な条件を有する介護者を確保できる世帯はわずかである。
③経済的に困窮している世帯が少なくない。

そして，さらに表4をみると，それらの問題が二重にも三重にも重なっているのがわかる。疾病と貧困の悪循環と言われてきたように，病気や障害は経済状況や家族状況に連鎖的に影響し重層的に生活問題を引き起こしていくのであるが[2]，このように幾重にも問題を抱えたものの中には，不安定な就労形態に規定されて，不安定な経済状況や居住形態，さらに脆弱な家族関係となっていくなど入院前から問題を抱えていた，またはその素地が形成されていたと思われるものが多い。

歩行障害をきたして入院していた50代の男性は，青年期に精神病を患ったこと，さらにその後，入退院を繰り返す中で度重なる転職を余儀なくされたために収入が安定せず，住居を所有することも，結婚し，家庭を築くことも適わず現在に至っている。このようにもともと幾重にも問題を抱え込んで低い社会階層にあるものが，病気や障害によりさらに生活全体を低下させて困難な状況に陥る事例があちこちに見られる。労働そして経済的問題が住宅や家族の問題とあいまって介護問題の素地を形成しているために，心身に障害を負って介護サービスが必要になっても，そもそもの経済的問題により，そのサービスを十分に購入できないという今日の社会保障制度の構造的矛盾に直面するものも少なくない。

このように，心身に障害を抱えているにもかかわらず世帯内に十分な条件を有する介護者がなく，かといって十分な介護サービスを購入するだけの収入が得られていないと思われるものが3割弱存在する。

退院援助はどのように展開されるべきか

以上の事例分析から，退院援助の対象者が身体・家族・経済などにわたる重層的な問題を抱えていることが理解できた。そうであれば，MSWによる退院援助の対象は，退院問題となって表れるそのような重層的な生活問題であると言えよう。したがって退院援助の方法もまた，そのような重層的な生活問題を捉えうる総合的なアセスメントが不可欠になる。

大野勇夫は生活を正しく捉える枠組みを「歴史的構造的」と表現したが[3]，退院援助の対象者の

---

2) 大野勇夫は疾病を抱えるということが生活内容全体を低下させることを指摘，格差の重層化と表現した．大野勇夫：新医療福祉論．ミネルヴァ，1998．
3) 大野勇夫は生活論に基づくアセスメントとして「生活アセスメント」を提唱した．大野勇夫：福祉・介護に求められる生活アセスメント．生活アセスメント研究会(編)，中央法規，2007．

実態は、まさしくそのような枠組みをもつ総合的なアセスメントの必要を示すものであった。そして、そのようにして私たちが対象を正しく理解しようとしたとき、もはや対象者が抱える生活問題は個人の責任でも家族が背負いきれるものでもなく、事例が示したとおり、社会的な解決が要請されるべき事柄であることに気づかされるのである。

おわりに

ところで、退院援助の対象者は、退院問題の陰でこうした重層的な生活問題を抱えているために、その解決に当たるMSWの援助も当然、ある程度の時間を要することになる。しかし、MSWによる援助がなければ、こうした患者が社会的理由で病院にとどまり、平均在院日数をさらに押し上げることになるのは間違いない。

例えば調査対象事例においてホームレス状態にあった2人の男性について、MSWの援助でそれぞれに借家を確保し、生活保護制度の利用により退院後の最低限度の生活の保障とともに、糖尿病とその合併症などの治療の継続を可能にしたのであるが、入院日より援助を開始したものの入院期間はそれぞれに37日と57日を費やしている。しかし、入院治療の必要がなくなり社会的入院と呼べるような期間は、1人が12日、もう一方も21日であった。社会的入院を必要としたのは、わずかこれだけの日数。それで病院は「患者の治療と健康の維持・増進」という医療の目的を達成し、社会的責任を果たすことになる。

ともあれMSWは、このように傷病を伴う重層的な問題を抱えて、人間らしい暮らしや健康の維持が危ぶまれる患者の生活の条件をすみやかに整えることで、医療の目的を達成するための基盤を作り、また同時に、社会的入院を最小限度にとどめて経営面でも病院に大きく貢献していると言えるであろう。

社会福祉および社会保障の著しい後退により、傷病に苦しむ患者の生活が広くおびやかされている中で、しかるべきMSWを配置することは病院の社会的責務であり、この厳しい医療制度改革を健全に乗り切るための必要条件であると考えるのである。

1章 支援方法論 ②退院援助

療養型病院におけるMSWの働き

執筆時：医療法人双山会 森岳温泉病院 医療相談室　岩村庄英

当院の療養病床の特徴

　入院患者のほとんどは，一般病院での急性期や回復期の治療を終えて，慢性期の治療あるいは長期療養を目的として入院している。疾病としては脳出血・脳梗塞などの脳血管疾患の割合が高く，約6割を占めている。その多くが片麻痺など何らかの身体障害を生じ，失語症・構音障害などの言語障害を合併症として持つ患者が10％程度含まれる。また，骨折などの整形外科的治療を要する患者が14％，脳血管性認知症関連が5％程度となっている。

入院までの経過

　療養病床の入院患者は急性期・回復期の治療を経て，その間に退院へ向けた相談援助を経験し，それでもなお「療養病床での療養が必要」として入院してきている。最初から，長期の入院・療養を目的として入院してくる患者にとっては，療養病床への入院が1つのゴールであり，そこから先の「退院後の生活」について明確なイメージを持っていない人も多い。中には「ずっと入院できる病院」として紹介された人もいる。
　一般病院では在院日数短縮が進められ，発症から転院までの期間が短くなり，ようやく病状が落ち着いたところですぐに紹介されてくることも増えてきた。したがって，退院後の生活に対する十分な準備・援助がなされないまま転入院してくる

ことも多い。同時に，気管切開・胃瘻造設など医療依存度が高く重度の状態の人も増えている。
　対象とする患者層が重度化するに従い，リハビリを行って自宅復帰をめざせる人と，初めからずっと入院することを目標にする人との違いがはっきりしてきている。
　MSWの業務としては，早い時期にそうした患者や家族の「今後の生活」に対する意向を確認しながら，医学的な見通しを医療スタッフと確認しつつ，適切な時期に必要な援助が行えるようコーディネートすることが求められる。

リハビリの個別対応をめざして

　最初は「リハビリをして少しでもよくなってくれれば」と機能回復に期待して（一般病院のように）3か月程度の入院のつもりで転院してきた事例でも，今後の本人の回復ゴールが明らかになるにつれて「やはり在宅での生活は無理」との結論になることがある。とくに高齢者にはその傾向が強い。「前の病院は3か月で出されたが，この病院にはいつまで置いてくれるのか」という不安が表現され，「リハビリを続けること」という目的が「入院を続けること」へと変化する。
　一方，治療・リハビリの結果として大きな機能回復はなかったものの，在宅へ移行できたケースもある。60代男性，妻，母，次女との4人暮らし。本人以外は女性ばかり3世代の家族である。「もう少しよくなれば自宅へ」との思いから，脳卒中発症後2年以上リハビリを続けたが希望するほどには回復できず，重度の右麻痺と言語障害が残った。突然の発症で生活の柱を失った妻は，生

注）病院：66巻7号（2007年7月）に掲載。

表 1　療養病床に関する医療・介護保険制度の主な改定

2005 年 10 月	（介護）食費・居住費自己負担導入
2006 年 4 月	疾患別リハビリ導入（日数制限），医療報酬改定（療養病床の評価引き下げ）
2006 年 7 月	医療区分・ADL 区分による患者分類の導入
2006 年 10 月	食費・居住費自己負担導入

活のすべてを自分が背負い込むことに不安が大きく，リハビリの継続に期待が強かった。MSW は今後のさらなる機能向上は難しいこと，現在の状態を基に今後の生活を考える時期であることを，治療スタッフとともに何度も家族と話し合った。身障者福祉制度で本人用車椅子・補装具を用意。介護保険制度を中心にトイレや段差解消などの住宅改修を行い，介護用ベッドなど福祉用具を手配。地域のケアマネジャーには在宅でのケアプランを依頼。家族には身体的負担の少ない安全な介護方法を理学療法士から指導してもらい，数回の試験的外泊を経て，自宅退院へとつながった。初めは家族の心理支持的援助が多かったが，時間をかけて少しずつ環境を整えていく中で，在宅生活で必要な知識や工夫を身につけ，不安を解消することができたように思われる。

　冬季の気候が厳しい当地方では，冬期間の在宅生活下での機能低下を懸念して，暖かい環境で運動（慢性期リハビリ）ができる生活を求め「越冬入院」を希望する患者・家族が多い。しかし，2005・2006 年度内の短期間に繰り返された介護・医療制度改定により，それも難しくなった。関連する改定の主なものは表 1 の通りである。

　2006 年 4 月には診療報酬面で療養病床の評価引き下げが行われた。同時期に「疾患別リハビリテーション」が導入され，実施可能な日数の上限が設定された。機能の向上が見込めない患者に対し漫然とリハビリを続けることは，それ自体が目的化し「リハビリのための人生」となってしまうことがあるので避けなければいけないと説明されている。しかし，機能維持のために必要なリハビリまで一括して終了することには疑問がある。実際に，疾患別リハビリに規定された日数を経過しても機能向上が見られないとの判断でリハビリを終了したところ，拘縮が悪化したためリハビリを再開した患者もいる。

　このような個別患者への対応のため，医療保険病棟では週 2 回，介護保険病棟では週 1 回の割合でケースカンファレンスを開催している。方針検討には医療に関する情報の他，MSW からの患者・家族の社会生活に関わる情報が必要で MSW の存在は欠かせない。会議は MSW の司会で進められ，医師を初めとする各スタッフの意見調整には医療に関する知識の他に会議のコーディネート能力も求められる。各専門職が関わるそれぞれの医療場面によって，患者や家族の意向の表現に微妙なズレがあり，「相反する意向」を情報として把握している場合がある。そうした各専門職の視点の違いから現状認識が咬み合わず，医療チームとして方針の統一が図れないことがある。当院で提供できる治療の内容，療養病床として取るべき役割，今後の治療効果見込み，患者側の希望・負担，医療制度上の規制など，多くの要素を短時間で検討し方向を決めていかなくてはならない。それゆえ，幅広い知識と判断力，適切なコミュニケーション能力が求められる。MSW は患者・家族への「側面的な援助」の実践が求められるので，カンファレンスで検討された医学的な見込みを基に，患者家族に今後の生活再構築に必要な情報提供を行い，自己決定を促す役割が期待される。

入院費用自己負担の増加への対応

　当院では入院患者の 8 割以上が身体障害者手帳受給者であり，福祉医療の対象者である。入院費用自己負担は，従来は食費の一部負担（食材料費相当）のみであった。しかし「医療区分」の導入により，療養病床に入院していて老人保健法の対象者かつ医療区分 1（軽度）の人については，居住費（部屋代・光熱費）と食費の自己負担が発生することとなり，実際の負担額は 2 倍以上になった。

　疾患名の違いにより医療区分が変わり，結果として自己負担額が変わることがある。そうした人には，わかりやすく制度の説明を行うことで，理解を得る努力をしている。また，所得による自己

表2　入院患者の退院先

退院先	2005年度	2006年度
他院	21%	26%
介護保険3施設	10%	8%
生活施設(グループホーム等)	4%	3%
自宅	52%	48%
死亡	13%	15%

負担額の上限など，自己負担減額のために各種制度を具体的に紹介しながら，患者家族が行政とのつながりを強め，自分が使える社会資源の拡大ができるよう相談援助を行っている。

退院支援のジレンマ

当院の平均在院日数は，2005年度で468日，2006年度378日となっている。2006年度の日数短縮には，自己負担増の影響が大きい。在院期間別の構成比率では，3か月未満と1年以上が多く，二極化が見られる。

次に退院先についてだが，退院患者の約半数が自宅への退院を果たしている(表2)。一方では退院先として希望の多い介護保険施設への入所が10%程度に留まっている。地域内の特別養護老人ホームでは各々130人以上の待機者があり，年間の新規入所者は数名から10数名である。したがって入所までの待機期間が長く，入所できるまでの入院継続を希望する患者が多い。病院側としても待たざるを得ない状況となる。

その間，リハビリの継続により，機能向上・ADL自立度の向上が見られ，要介護度が軽度化し，結果として希望する特養には入所できなくなるという事態も生じる。しかし，それでも自宅退院は希望せず，入院が継続されるというジレンマに陥ることがある。

「施設から『順番が来た』と連絡があったが，病院にいるよりも費用が高いので断っておいた」と後から報告する家族。「施設に入れるより，病院にいるほうが安心」，「施設に入れるのは遠くにいる兄弟たちが賛成しない」，「周りの目があるので『施設』ではなく『病院』というところに置きたい」など，さまざまな理由で入院継続を希望する家族がいる。しかし，本人・家族がともに退院を望まないからといって漫然と入院を継続するわけにはいかない。

療養病床の機能と他院・施設との役割分担を明確にしながら，患者・家族の希望に沿う形でのMSWの調整能力がますます求められる。

療養病床の転換に対応して

厚生労働省では，現在医療保険適用25万床，介護保険適用13万床ある療養病床について，その再編成を進めている。この状況の中，2006年4月に当地域の中核病院である総合病院と医師会病院にこれまで各1名であったMSWがそれぞれ2名ずつ増員された。いずれも「医療連携室」への増員であった。外来受診の予約や退院後の介護保険サービスの手配窓口の紹介など，対応窓口が一本化され，利用しやすくなった。またMSW相互の情報提供がスムーズになり，診療情報提供書などの文書だけでは伝わりにくい，患者の生活に関する具体的な情報も伝わりやすくなった。

当院でも同時期に1名増員され，個別相談の対応がきめ細かくなされるようになった。今後はさらに地域内での交流・連携を強化していきたい。

1989年医療相談室が開設された頃は，当地域にはMSWが2，3名しか居らず個別の活動をしていた。その後，当院ではリハビリのスタッフとともに活動する中で，「病院の福祉の人」として少しずつその存在が知られるようになってきた。介護保険制度が始まる前から，家屋改修のプランニングや福祉用具の利用，施設利用の紹介相談などを通して，社会復帰へ向けての支援を続けてきた。近年，福祉に関する相談はもちろんのこと，「どこに相談したらいいのかわからないことは相談室へ」という流れができつつある。

また，2009年7月には，介護保険病棟が回復期リハビリ病棟に転換され，MSWが3名に増員されている。

医療と福祉をつなぐ役割の重要性を再認識し，地域の社会資源との連携を強化しながら，患者・家族の生活力を支える一翼を担いたい。

1章 支援方法論

2 退院援助

チーム医療における MSW・ケアマネジャーの役割
在宅で看取った事例をもとに

三原赤十字病院 地域医療連携課 MSW　**柳迫三寛**

患者の一言

「しっかり勉強しろよ。お前ができるようになるまで待ってやるから…」。

これは，筆者が退院援助について真剣に考えるきっかけとなった，患者の言葉である。それはMSW として就職して3年を迎えようとしていた時のこと。胃がんの再発で終末期の男性患者の言葉だった。

この患者と家族は，自宅での生活を希望していた。患者は，疼痛コントロールとIVH（中心静脈栄養）管理などの医療的管理が必要であり，歩行が困難でベッド上での生活が中心であった。筆者は，初めてがん患者の退院援助に関わった。がん終末期の状況が患者や家族の生活に与える影響なども詳細にわからない状況で，ケアマネジャーとともに援助を行っていた。この患者は，おぼつかない筆者の関わりをずっと見守ってくれていたのである。

がん終末期では患者の状態は日に日に変化していく。その退院援助は医療の確保や介護の問題，生活環境への問題などに対して，援助のスピードと確実性が重要な鍵となる。そのため，終末期のがん患者への退院援助は，院内チームと在宅チームの十分な連携のもとに行われる必要がある。

注) 病院：67巻7号(2008年7月)に掲載。

退院援助のシステム—緩和ケア支援システム

当院での緩和ケアの取組みは，2005年度よりスタートした。院内の多職種による「緩和ケア推進委員会」と三原市医師会員や院内のスタッフを委員とする「緩和ケアシステム推進委員会」の2つの委員会と，現場スタッフで構成する「緩和ケア推進チーム」の三組織を立ち上げた。これらの委員会は，地域から当院への在宅緩和ケアへの期待もあり，在宅緩和ケアの実践に向けて，チーム医療を重視した退院援助システムとして「緩和ケア支援システム」を作成した（図1）。

緩和ケア支援システムの作成に当たり，各職種の役割の再確認と，チーム医療の問題点を検討することから始めた。院内連携の問題点として，各職種間での役割が不明確であること，各職種間で患者・家族に関する情報が分散化していることが挙がった。また，院外連携では，スムーズな連携を図るため，病院内外で標準化された退院援助システムの必要性と医療的側面と心理社会的側面を含めた患者情報の共有方法について確認した。これらの問題点をふまえ，院内チームと在宅チームの共通のツールである緩和ケア支援システムを作成した。

緩和ケア支援システムの運用により，患者情報の集約と退院援助における患者・家族指導の充実，在宅チームとの連携が密に行われるようになった。また，緩和ケア支援システムでは，在宅チームが退院後の生活の様子や，当院での退院援助のあり方などをアンケート形式で報告するよう

50　1章　支援方法論

図1　緩和ケアシステム様式①（システムは様式①〜⑧で構成）

にしたことで、退院援助内容の振り返りが可能となり、より質の高い退院援助が提供できるよう体制整備が行われた。

事例

患者：Tさん，70歳代，男性
病名：直腸がん（脳転移・肺転移あり）
入院までの経過：約1年前に直腸がんの診断にて手術（人工肛門の造設）を行う。手術以後，外来にて抗がん剤治療を継続していたが，同年末に転移性脳腫瘍を認め，近医にて放射線治療を行った。しかし，徐々に病状が悪化し食事摂取困難となり，がん性疼痛も認めたため入院加療を要した。
家族構成：Tさん（会社を定年退職）・妻（専業主婦）・長男・長女の4人家族。長男・長女はそれぞれ結婚し独立している。家族関係は良好で，Tさんの介護に協力的である。

1.「家に連れて帰ってあげたい」―自己決定への支援

Tさんは，以前より自宅での生活を希望しており，入院後すぐその意思を伝えていた。しかし，徐々に病状が悪化し，IVHによる栄養管理と，麻薬による疼痛コントロールや脳転移による異常行動を認め，ベッド上での生活を余儀なくされていた。そのため，妻は自宅での生活に不安を感じていた。

MSWは本人・妻との面接を行い，Tさんの退院への想いと妻の退院に対する不安を確認した。妻との面接においては，不安の強さとともに自宅に退院させてあげたいとの想いを知ることができた。緩和ケア支援システムによる退院援助を行うこととした。

MSWは，妻との面接を数回繰り返し，在宅医療の提供体制（24時間サポート体制での訪問診療や訪問看護ステーションによる支援）や介護保険サービスでの介護力を補うことができることなどを伝えた。また，院内チームでは，在宅管理が可能な医療処置方法の確認や介護方法についてカンファレンスで検討を行い，チームでの退院援助を開始した。

妻の介護への不安に対しては，看護師が意図的に家族とともにケアを行うことで，不安の解消を図っていった。チームでの関わりから数日後，妻はMSWに次のように伝えた。「Tは，家にいる時が一番よい顔をしていた。このような状態になって，家で一緒にいることは不安だけど，Tも家に帰りたいだろうし，自分も帰らせてあげたいと思う。いろいろな人へ迷惑をかけるけど家に連れて帰ってあげたい」。病院内チームによる自己決定への支援ができた瞬間であった。

2. 病院内チームによる連携

妻からの申し出の後，院内チームによるカンファレンスを行い，在宅チームに継続ケアとして依頼する内容と必要な医療材料や介護用品などについて検討を行った。また，各スタッフより処置内容や介護方法，内服管理などについて問題点が提起され，妻への介護指導における支援計画を作成し，取り組んだ。

MSWは妻との面接を継続し，家族指導が行われる経過で妻の受け取り方，介護への負担感が増していないかなど精神的サポートを行うとともに，介護への理解と力量を観察していった。妻との面接において，指導内容への理解が十分でないこと，自宅では病院内と同じ方法ではケアを継続することは困難であることを察することができたため，関係スタッフへ伝え，再計画作成のうえでの再指導を要請した。

3. 在宅チームとの連携
1）かかりつけ医との連携

在宅チームの形成は，かかりつけ医を探すことから始まった。MSWは，院内チームによるカンファレンスで退院後必要な医療処置およびケア内容，必要材料などの確認を行い，患者の日常生活能力を評価した継続援助依頼表を作成し，Tさんの自宅近くの在宅療養支援診療所へ往診依頼を行った。そうしたところ，かかりつけ医よりリザーバー針の交換方法に不安があると相談があり，当院主治医との共同指導を調整した。

2）訪問看護ステーションとの連携

MSWは，Tさんの自宅近くで必要なケアの提供が可能な訪問看護ステーションを選定し，継続援助依頼票により訪問看護の実施を依頼した。また，訪問看護ステーションへ病院への訪問を依頼し，Tさんと妻との信頼関係の形成を図るとともに，輸液ポンプの扱い方など必要なケアについて，看護師と共同指導ができるよう調整を行った。

3）ケアマネジャーとの連携

MSWは妻との面接により，医療依存度の高さや急変時の対応などへの不安を確認していたため，看護師を基礎資格に持つケアマネジャーを妻へ紹介し，ケアマネジャーとともに自宅での生活について相談を行った。MSWは，在宅での支援体制が具体化されるにつれ，ケアマネジャーとTさん・妻との信頼関係が形成されてきたため，在宅療養に関する相談の中心をケアマネジャーが行えるよう，院内チームおよび在宅チームへの働きかけを行った。

4）退院時カンファレンスの実施

在宅チームの形成を行い，退院時カンファレンスを開催した。退院時カンファレンスでは，妻と院内チームおよび在宅チームが一堂に会し，退院後も必要なケアが継続的に提供されるよう各スタッフでの情報共有を図った。

情報の共有化は，Tさんや妻の在宅退院への想いを各スタッフが共有することから始まった。MSWがTさんや妻の思いを妻へ質問することにより引き出し，その思いに沿った支援方法が協議された。在宅での生活支援については，在宅チームのコーディネーターを担うケアマネジャーが中心となって協議した。

4. 住み慣れたわが家での生活

退院時カンファレンスの終了後，院内チームと在宅チームによる共同指導を行い在宅退院となった。

在宅では，Tさんの状況が徐々に悪化する中で，ケアマネジャーを中心に情報の集約と家族の精神的サポートを行った。また，介護については，入院中に行った指導内容に沿って在宅チームが再指導を行った。その際に確認できた問題点などは，MSWを通じて院内チームへ報告した。そして，退院後2か月Tさんは家族に見送られながら自宅で最期を迎えた。

おわりに

患者や家族が住み慣れた自宅で生活するためには，入院時から退院後の生活までを見越した支援が必要である。その支援は，病院や在宅サービスの提供機関だけでの対応では不十分である。求められるものは，組織や機関の垣根を越えた連携体制である。このシームレスな連携体制を構築するために，各チームおよびチーム間のコーディネートを行うMSWやケアマネジャーの役割はきわめて重要である。

また，コーディネーターを担うMSWとケアマネジャーが情報を共有することで，入院中は気づくことのできなかった課題や問題点を知る機会となり，疾患が生活に及ぼす影響を再確認することができる。病院という閉鎖された環境において，各スタッフがその影響を考えた適切な患者・家族支援を行うことは，在宅退院を支援するうえできわめて重要である。

1章 支援方法論

2 退院援助

MSWによる転院支援の有効性

東邦大学医療センター大橋病院 MSW 立石昌子

筆者の勤務している病院は，大学病院として臨床教育，研究および急性期の治療を目的とした医療機関である。

当院のソーシャルワーカー室は，中央施設系として放射線部・各種検査部門などと一緒にコ・メディカル部門に位置づけられ，ソーシャルワーク業務に専従できている。

業務範囲を問題別にみると，
①退院支援—自宅退院の支援，転院支援
②経済的問題への支援
③制度利用に関する支援
④家族関係の支援
⑤療養上の心理・社会的問題の支援（地域生活支援・受療上の問題）

のようになっており，ほぼ業務指針に則ったものである。業務によって医事課・リハビリテーション科・各種診療科・看護部・病診連携室などとの院内連携を行っている。

この中で，退院支援は多くの急性期病院と同様MSWの中心的業務となっている。①病院の経営的側面から，②急性期病院の役割を果たし，より多くの救急患者を受け入れるために，③より多くの臨床教育と研究を行うなどの目的により，患者の入院日数が一定以下になるように，退院支援はMSWに期待されている役割である。

急性期病院におけるソーシャルワーク支援

1．支援上の特徴

急性期病院では，とくに入院患者に対する支援を行う場合の支援期間は短期間となる。利用者も，急に病気になったことによる危機的な状況にあり，対処能力が一時的に低下しているという特徴が見られる。このため急性期病院で関わっている間に支援し解決することが可能な課題は制約される。このような状況の中で支援を行うには，利用者の抱える課題に優先順位をつけ，緊急性の高い課題に対し支援を行っていく必要がある。

今日の医療では，それぞれの医療機関が機能を専門分化させ，相互に連携しながら医療を提供し，患者が状況に適した治療・療養の場に移動しながらサービス提供を受けている。このような医療のあり方において，治療の継続を目的とした支援で第1に優先されるソーシャルワークの課題は，「次の治療が提供される場へ適切に移動していくこと」となる。この典型例が，脳卒中や大腿骨頸部骨折における回復期リハビリ病院への転院である。回復期リハビリ病院の利用に関しては，診療報酬上の条件があるため，条件を満たしていることが前提になる。そのため，このように所属医療機関と機能が異なる医療機関に関する診療報酬上の規定についても，MSWは熟知している必要がある。

2．「移動型医療」における転院支援のプロセス

ここでの現実的な課題は，「適切な」回復期リハビリ病院への転院が可能になることである。回復期リハビリ病院への転院は，治療の一環としてMSWではなく医師が対応している病院もあると聞く。また，当院でも状況により，担当医が直接回復期リハビリ病院の医師と連絡を取り合い，MSWの関与なしに転院を決める場合もある。で

注）病院：68巻8号（2009年8月）に掲載。

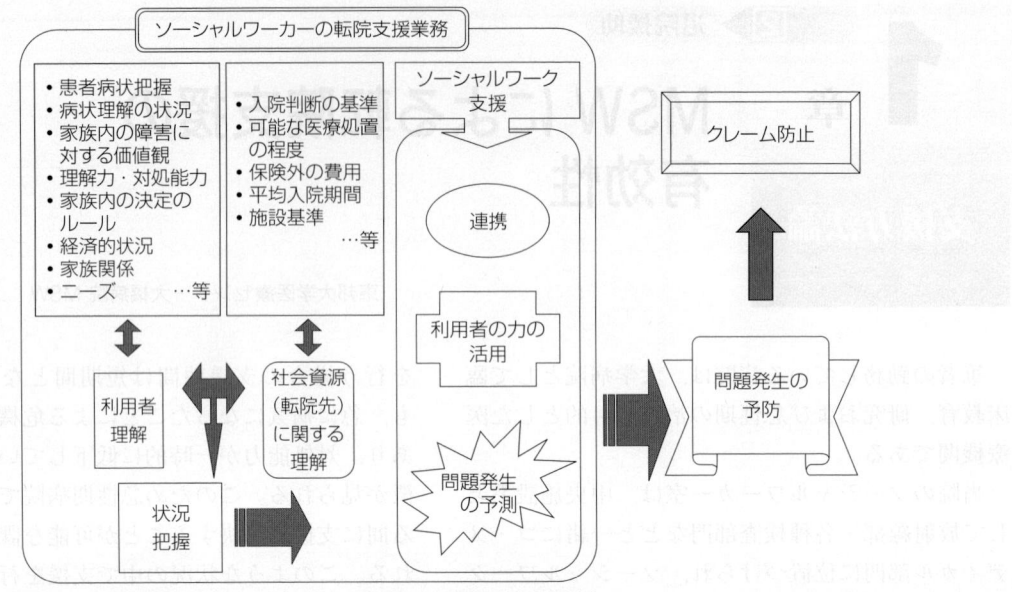

図1 回復期リハビリテーション病院への転院支援の流れ

は，MSWの関与する転院支援との違いは何なのか。

筆者らの行っている支援の流れを図1に示したが，これはソーシャルワーク支援を効果性―問題の発生予防―という視点から捉え直したものである。支援開始のきっかけは「回復期リハビリ病院の紹介」である。まずMSWは，「利用者理解」や転院先の回復期リハビリ病院に関する「社会資源の理解」など，利用者を取り巻く「状況理解」を行う。それらの理解に基づいて，転院に関するソーシャルワーク支援を行う。その結果，「回復期リハビリ病院の利用ができない」という問題発生が回避される。そして「問題発生の予測」を行いながら支援することで，転院してからの問題の発生を予防したり，問題発生の可能性を申し送ることで早期に対処できるよう促すという効果がある。

次の事例は，転院に関する支援を行う中で，転院後に考えられる問題の発生を予測し，事前に対処することで問題発生を予防したものである。

事例

1. 概略

62歳男性：脳梗塞により軽度右麻痺と軽度失語あり

家族構成：患者，妻，長男，長女（別世帯）

依頼経緯は，担当医より「Ⅰリハビリテーション病院（以下，Ⅰ病院）へは医師同士で依頼済みである。入院相談の方法などについて家族に説明してほしい」との依頼であった。

患者の病状としては，リハビリを行うことで大きな障害が残らないことが予測されていた。経済状態は，患者の収入が主たる収入源であったが，休職中は給与収入がなく，国保加入者で所得保障もないため，入院継続中の経済的な問題の発生が予測された。病前は，患者が家庭内の決め事，対外的な交渉などを担っており，妻のその面の能力は低く，長女が妻をサポートしていた。Ⅰ病院への転院に関する説明を行った時に今後の経済的な問題を確認したが，妻は問題ないと答え，Ⅰ病院の入院相談を経て入院予約になっていた。その後医事課から妻が入院費の分割払いを希望していると情報があり，再度確認をした。収入が途絶えて

いることによって妻は経済的な不安が強いこと，患者はインフォーマルなサポートがあるので支払いに問題発生はないと予測していること，しかしインフォーマルなサポートを引き出すための交渉を患者自身が行う必要があることがわかった。早急にI病院のMSWに連絡を取ったところ，リハビリ中はかなりハードなスケジュールとなるため患者には治療に専念してもらう環境を事前に準備したいこと，社会資源の活用に関する手続きは妻が行うことになるため，妻の交渉能力を維持するためにも不安を軽減しておく必要性があることを相互に確認した。そこで，入院時に預かり金として入院費用を支払ってもらうこととし，転院待機中に患者が必要な金額の調達の交渉をし用意してもらうことになった。結果，利用者も安心して治療に専念できることとなった。

2．事例を通して

本事例においての急性期病院のMSWの役割は，転院時の問題発生を予防すること，つまり支障なくリハビリ病院へ転院を支援することと，その後の治療がスムーズに継続されるよう準備の支援を行うことであった。

この事例では転院に関してではなく，回復期リハビリ病院への転院後，経済的な問題をきっかけに「患者が治療に専念できずリハビリ病院がその機能を十分果たせなくなる」，「家族に精神的な余裕がなく，患者のサポートができなくなる」などの問題が発生する可能性が予測できた。転院後に発生する可能性が高い経済的問題とその影響を予測し，転院先のMSWとの連携によって，転院後の問題発生のリスクを回避できたと言える。

転院先を決める際，急性期病院側には「利用者が転院を納得するまで時間を確保できない」という状況がある。また，転院先側には「機能分化により提供できる治療の限界性」，「診療報酬上の規定」などに大別できる。これらのことが，利用者の能力や転院してからの状況などの要因を絡めて複雑となり，問題やクレームを発生させていくと考える。

MSW間における病病連携とは

日々の業務の中でMSWは利用者支援の立場から，実際に即した日常的な連携を他の医療機関と取っている。連携先の医療機関の強みや限界，利用上の注意点などを理解しているからこそ，利用者と連携先の医療機関双方にとってより適している紹介を行うことができ，結果としてスムーズな連携を取ることができる。このことは，医療機関同士の良好な連携を維持していく点からも重要である。

また，利用者にとって転院・退院という課題の達成は，なじみのある環境から新たな環境へ移動していくという不安の高い作業である。近年急性期病院に長期入院ができないことは理解されつつあるものの，利用者の根底にある分離への不安が減少しているわけではない。「移動型医療」が前提とされているだけに，表面化しにくい不安が転院をきっかけにクレームという形で表面化する恐れがある。クレームの予防という病院のリスクマネジメントの視点からも，転院におけるMSWの支援は有効性が高いと筆者は考える。

しかし，クレーム予防の効果が認められるような支援は，個別性が高い支援になる。利用者の状況を理解するための事前準備，利用者の事情を理解し現実との調整のための面接の必要性，利用者の状況に適した病院を選定するための作業，その病院を利用するための調整などの他にも全体状況を把握するために熟慮する時間などが必要である。利用者の状況理解によっては，院内スタッフと調整し，面接を繰り返すなどの支援が加わる。このように，個別支援には一定以上の時間がかかるため，1人のMSWが対応できる量(利用者数)には限界がある。

今後の課題として，対象者の増加に対応するためにはマンパワーを増やすか，スクリーニングなどにより必要性の高い人を利用者としていくか検討する必要性を感じている。

1章 支援方法論
② 退院援助
エビデンスを指向した医療ソーシャルワーク

国家公務員共済組合連合会 名城病院 医療福祉相談部 部長　**小林哲朗**

医療ソーシャルワーク業務の数量化の発想

　相談援助の傍ら，業務の数量化とデータ分析を試みて4年が経過した。「必要で十分な時間を確保した相談援助業務を行う」，「医療ソーシャルワークの業務を的確に伝える」という使命感が今回の研究のきっかけである。個々のケースを通して私たちの仕事を伝えることも可能であり必要ではあるが，さまざまな側面で効率性が追求される医療政策や医療情勢の中では，個別ケースのアセスメントだけではなく，これらのケース全体を俯瞰し，数量化した評価が求められている。このためには日頃の相談業務を従来とは異なった手法で明らかにすることが必要である。つまり，相談業務の客観的な指標の提示が必要な時期を迎えているのである。

全退院患者の状況の把握がMSWマーケティングの第1歩

　図1は当院一般病棟から退院した患者の在院日数である。全退院患者数は6,729人であり，月平均561人が退院している。平均在院日数はこのデータからでは15.7日だが，驚いたことに最多の在院日数は3日で全体の15.4%も占めている。この対象となっているのは狭心症や心筋梗塞などの心臓カテーテル検査，脊柱側弯症や脊柱管狭窄症，頸髄症などの脊髄腔造影，大腸ポリープに対

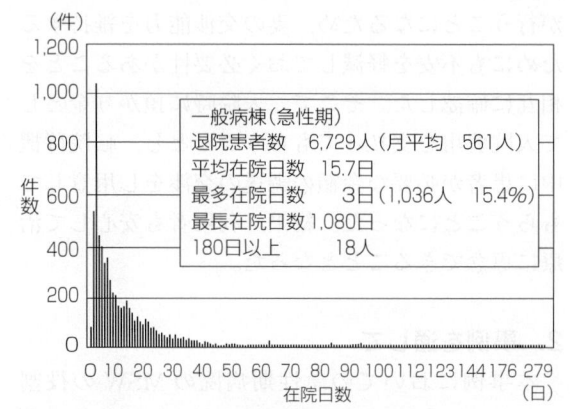

図1　2004年度　退院患者の在院日数
（n=6,729，一般病棟）

一般病棟（急性期）
退院患者数　6,729人（月平均　561人）
平均在院日数　15.7日
最多在院日数　3日（1,036人　15.4%）
最長在院日数　1,080日
180日以上　18人

する大腸ファイバー，尿路結石や腎結石への体外衝撃波腎・尿路結石破砕術，前立腺がんへの前立腺針生検が主だった疾患と検査を含む治療内容であった。基本的にはこれらの患者への退院支援をMSWが行うことはなく，直接的な退院支援の対象にはならない。他方，6か月以上の長期入院患者もわずかに存在し，そのほとんどはMSWへの相談依頼がある。重要なことは個々のケースの在院日数を平均在院日数に近づけることではない。退院支援においては，長期入院患者やその可能性がある患者を把握し，予測することである。このように退院患者の全体の状況を把握すれば，MSWが関与する患者層や守備範囲の検討が可能となる。

退院支援業務の位置づけ

　医療福祉相談室での2004年度の新規ケースは747人（月平均62人）であり，院内のさまざまな

注）病院：65巻9号（2006年9月）に掲載。

表1　在院期間

期間	2003年度 n=134	2004年度 n=222
～7日	6.0%	6.3%
～14日	11.2%	9.5%
～30日	17.2%	32.4%
～60日	27.6%	32.0%
～90日	21.6%	8.6%
91日～	16.4%	11.3%
計	100.0%	100.0%
平均	56日	44日

表2　相談依頼までの期間

期間	2003年度 n=134	2004年度 n=222
～7日	32.8%	37.4%
～14日	13.4%	17.6%
～30日	20.9%	22.1%
～60日	19.4%	17.6%
～90日	6.7%	2.7%
91日～	6.7%	2.7%
計	100.0%	100.0%
平均	31日	22日

表3　退院支援期間

期間	2003年度 n=134	2004年度 n=222
～7日	20.1%	21.6%
～14日	25.4%	22.1%
～30日	23.1%	35.6%
～60日	20.9%	13.5%
～90日	8.2%	4.1%
91日～	2.2%	3.2%
計	100.0%	100.0%
平均	26日	23日

表1～3中の割合(%)は，各期間ごとにみた患者割合。

相談に応じている。そのうち退院支援依頼ケースは356人，48％を占めている。前述の退院患者全数に占める割合は5％程度ということになり，これらを2名のMSWで担当している。相談経過の中で死亡退院となる患者は月平均2人，さらに当院療養病棟を経由せず無事退院できたケースは222人(月平均18.5人)，在宅復帰率は59％，他の医療機関への転院33.8％，施設入所は7.2％である。当院でのMSWの業務のうち，退院支援事例が占める割合は実人数としてはほぼ5割と言えるが，毎日の相談の実感としてはもう少し多いという印象なので実測値と経験値がずれている。データの分析を行うと，2004年度の総相談援助件数は10,442件，その内退院支援が占める件数の割合は67％であるので業務量の感じ方は概ね一致していることがわかる。さらに2004年度の勤務日数は243日であり，所定勤務時間に占める時間は，記録やデータ入力にかかる時間も合わせると57％となり，時間からも同様な結果である。いずれにしても，退院支援に占める割合は少なくはない。

入院および相談依頼，退院支援期間の比較

退院支援を行った222人のケースの平均在院期間は44日であり，在院日数の最多は24日と25日であった。30日以内に約半数が，90日以内に9割の患者が退院することができており，入院の長期化は回避されている。平均在院期間は2003年度より12日減っている(表1)。次に，入院してから退院支援依頼までの期間は，1週間以内の依頼が4割弱，2週間以内では半数を超えている。入院と同時の依頼が増加傾向にあり，依頼までの期間の平均は22日，前年度より9日も早くなっている(表2)。そして，相談依頼から退院までには平均23日を要している。2週間以内は4割強，1か月以内の退院支援で8割の患者が退院できている(表3)。

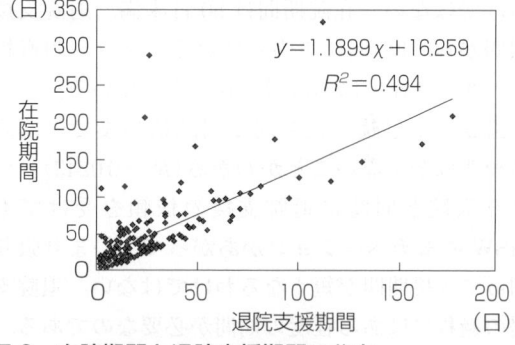

図2　在院期間と退院支援期間の分布
(n=222，急性期病棟死亡退院を除く)

$y = 1.1899x + 16.259$
$R^2 = 0.494$

在院期間・相談依頼までの期間・退院支援期間の分布

まず，在院期間と退院支援期間の関係をみる(図2)。重相関係数は$R^2=0.494$と在院期間と退院支援期間にはある程度の相関関係があるが，必

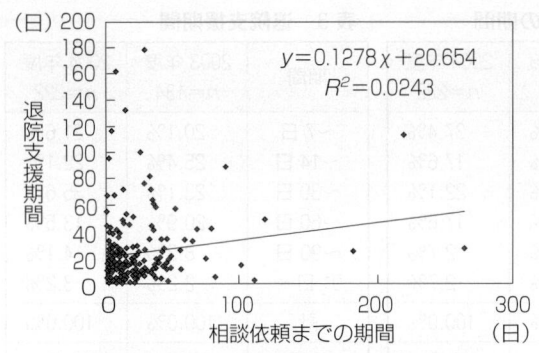

図3 退院支援期間と相談依頼までの期間の分布
($n=222$, 急性期病棟死亡退院を除く)

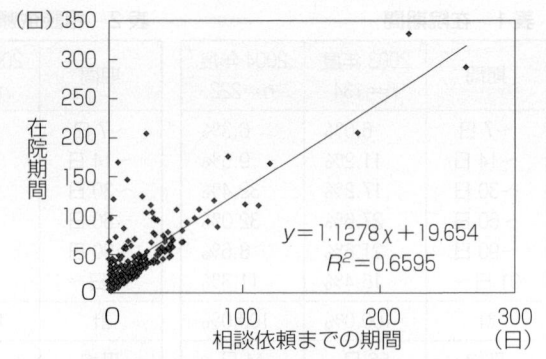

図4 在院期間と相談依頼までの期間の分布
($n=222$, 急性期病棟死亡退院を除く)

ずしも長期入院患者の退院支援期間が長期化するわけではない。在院期間は80日未満, 退院支援期間が60日の間に集中している。グラフの直線は, グラフ枠内にある回帰式を表している。

図3では退院支援期間と相談依頼までの期間の相関は全くないことがわかる($R^2=0.0243$)。つまり入院と同時に退院支援の依頼を受けてもMSWのモチベーションがあがって, つまり張り切って支援期間が短くなるわけではない。退院支援の過程にはある程度の期間が必要なのである。

また在院期間と退院依頼までの期間の相関は比較的高い結果となっている($R^2=0.6595$, 図4)。MSWの関与が必要なケース群に対しては, 相談依頼が早ければその患者の在院期間の短縮化が期待できる。長期入院患者の予測と病床稼動を意識した病院の経営にも, MSWが参加できる指標となりうる。心理・社会的な問題を抱えているケースが必ずしも長期入院となるわけではなく, 相談の依頼が遅ければそれだけ入院が長引くのである。以上から, 社会的な支援が必要な高齢者を早期に発見しMSWにつなげるシステムを創れば, 病院経営へ貢献できると言える。

退院支援業務の数量化と退院支援プログラム

退院支援にはどの位時間を要しているのか。「忙しい」, 「大変」, 「時間がかかる」などの日頃の経験を明らかにすることが必要である。援助時間を方法別に測定し分析を行った。「電話」は患者や家族との電話による相談を意味し, 「面接」は医療福祉相談室内で行った場合, 「訪問」は, 病室のベッドサイドや病棟面接室などでの面接を指す。「協議」は院内では医師や看護師など, 院外ではケアマネジャーや転院先のMSWなどと治療や援助の方向性について, 相互に検討することを指し, 同様に「連絡」は相互に経過や結果のやり取りを行うことを指す。カルテ上の記載内容の確認や転院先の空き状況などを調べることは「調査」である。222人の退院支援に要した総時間は53,300分であった。1回当たりの平均時間および平均回数は表4の通りである。初回面接は50〜60分であるが, 2回目以降の面接や病棟での訪問面接時間などを考えると, 平均値はおおむね経験値と一致している。

退院支援にはある程度の期間や時間が必要であることを述べたが, 以下の計算によって私たちが普段行っている相談援助業務の経験値を情報化し, 援助量や期間を予測して判断する方法を示したい。具体的には目的変数を退院支援期間 y(これが目標)とし, 説明変数 χ_n を相談方法(各方法の件数の累積)として多変量解析を行った。今回の回帰分析では, 以下の回帰式が得られている。

表4 退院支援に要した平均時間および平均回数

	電話	面接	訪問	協議	連絡	調査
平均時間(分)	5.9	38.1	21.1	6.4	5.1	5.2
平均回数(回)	$\chi_1=$1.6	$\chi_2=$2.4	$\chi_3=$2.1	$\chi_4=$6.8	$\chi_5=$8.6	$\chi_6=$1.6

$n=222$　重相関係数 $R^2=0.542$
係数　切片　0.113
　χ_1　電話　−0.171
　χ_2　面接　2.463
　χ_3　訪問　1.113
　χ_4　協議　0.214
　χ_5　連絡　1.599
　χ_6　調査　0.101
回帰式
　$y=-0.171\chi_1+2.463\chi_2+1.113\chi_3+0.214\chi_4+1.599\chi_5+0.101\chi_6+0.113$

退院支援期間(y)と退院支援業務量は，上記の回帰式によって得られ，現在の医療福祉相談室でのスタンダードな退院支援プログラムということができる。前述の方法別の平均回数をこの式に代入すると，退院支援期間 y は23.4日となる。また，相談業務に要する標準時間も平均時間を乗ずることによって得られる(240.1分)。

　電話　1.6回×5.9＝9.4
　面接　2.4回×38.1＝91.3
　訪問　2.1回×21.1＝43.4
　協議　6.8回×6.4＝43.3
　連絡　8.6回×5.1＝44.2
　調査　1.6回×5.2＝8.4
　計　　240.1分(4時間)

つまりこのプログラムを使うと，MSWの行動計画に基づいた退院支援計画が立てられる。逆に退院支援期間の目標を立てれば，必要な相談業務の量(回数)の計画もできる。つまり入院期間が定められた依頼があった場合には，方法と回数のシミュレーションができるのである。

具体的には，以下のように退院支援期間を30日としたシミュレーションをしてみる。相談室での面接を中心とした退院支援の計画モデルである(予測退院支援期間 $y=30.0$ 日)。MSWの行動イメージとしては，週1回の面接と週2回の院内および関係機関との協議，週2回以上の連絡調整をすることである。他の業務との兼ね合いでは，1か月の間にこのケースについては5.5時間をキープすることが要求される。

　電話　2回×5.9＝11.8
　面接　4回×38.1＝152.4
　訪問　2回×21.1＝42.2
　協議　8回×6.4＝51.3
　連絡　10回×5.1＝51.3
　調査　4回×5.2＝20.8
　計　　329.8分(5.5時間)

次は，病棟訪問を中心としたモデルである(予測退院支援期間30.0日)。このプログラムのMSWの行動イメージは，週2回の病棟訪問による患者や家族との面接と週1回の電話相談，院内および院外スタッフとの週2回以上の連絡を行うことである。

相談業務に必要な所要時間は，以下の通りである。

　電話　4回×5.9＝23.6
　面接　2回×38.1＝76.2
　訪問　8回×21.1＝168.8
　協議　3回×6.4＝19.2
　連絡　10回×5.1＝51.3
　調査　2回×5.2＝10.4
　計　　349.6分(5.8時間)

これに，ケース記録やレポートの作成，病棟カルテへの記載，業務統計などの入力の時間を加えると最初の面接中心のプログラムでは9.8時間，訪問中心の場合は10.2時間を要している。つまり，1日8時間，月20日の勤務時間を160時間とし，退院支援のケースを全員30日の期間で行うなら，扱える新規ケースは面接を中心とした場合は16.3人，病棟訪問を中心とした場合は15.7人と試算できる。このように1人のMSWが1か月に対応できる担当ケース数の根拠の提示も可能である。

医療ソーシャルワークには，必要で十分な時間を確保した，心理社会的な背景調査と心理的援助を下敷きとした面接が，重要である。それをふまえたうえでの退院支援こそが有効であると考えている。いずれにしても，患者・家族が安心して納得できる退院支援を行う体制が必要である。

ケースの特徴からみた退院支援の課題

実際に退院支援を行ったケースの193人(87％)が65歳以上であり，対象者の多くが高齢者であ

る。そして1人暮らしや老夫婦，老々介護など世帯人数が2人以下であるケースが66％と多い。高齢者である患者が子どもと同居していても，仕事があればいわゆる昼間独居となり，さらに多くなる。インテーク時の日常生活自立度がA～Cレベルであるのが97％であり，ほとんどが介護認定に該当する状態である。また44％に認知症が認められ，いわゆる歩く痴呆患者の場合に早急な退院支援が必要となったり，ベッドからの転倒の危険予防対策や，家族の協力が不可欠な場合も多い。

疾患は実に多彩であるが，ICD10のベスト3は，S320（腰椎骨折），S720（大腿骨頸部骨折），I639（脳梗塞）であり，大分類では，「損傷，中毒およびその他の外因の影響」，「循環器系の疾患」，「筋骨格系および結合組織の疾患」であった。

ところが，先に示した退院支援プログラムを用いて計算した予測退院支援期間よりも実際の退院支援期間が大幅に長くなっているケースがある。この中の上位20ケースに注視すると，主疾患はさまざまであるが，糖尿病を合併症とするケースは9例あり多いことがわかった。これまでの経験では入院が長期化したり，スムーズな退院支援が困難な病態としては脳梗塞後遺症などのため，寝たきりで気管切開を行い頻回な吸引があったり，経口摂取が困難，胃瘻増設も困難であるようなケースを想定していたので，糖尿病の関与は予想外の結果であった。MRSA感染も同様に6例が該当している。

事例

これら20例のうち最も退院支援期間が長かったケースは178日であり，予測退院支援期間は24日，実に154日も長い結果となっている。このケースの疾患名群は，左足糖尿病性壊疽，下腿切断術後，MRSA感染症であり，他院への転院支援を行った。世帯人数は2人，夫は高齢で夫自身の入院治療が必要であるが拒否をしていたケースである。援助の方法は電話3回，面接9回，訪問10回，協議21回，連絡31回，調査8回，累積相談時間は800分（約13時間20分）を要している。このように，退院支援プログラムを用いると，標準的な退院支援期間から外れているケースも発見することもでき，支援の特性から見てとくに個別的な支援が必要もしくは別な視点からのアプローチが必要なケースとして分類できる。

糖尿病の治療には，食事や運動療法，内服，インスリンなどの管理が生涯，常に必要であり，合併症や主疾患の治療との関連ではさまざまなリスクや本人・家族へのストレスがあるといえる。今回の分析結果から退院支援上の問題を考えると，改めて患者を取り巻く心理・社会的な問題の構造が見えてくる。

自宅への退院支援を行う場合，世帯が独居や老夫婦などで介護力が乏しい状況や，本人に認知症があれば，食事や服薬管理だけを考えても現実的に在宅療養を維持させるのはきわめて困難である。老健施設などの施設や療養病棟への退院支援では，インスリンやスケール法による血糖測定のため入所を断られたりするなど制限が多い。このように生活形態や介護条件，施設条件のハードルが糖尿病のケースには高いと考えられる。経験的には本人の生活管理能力が低下しているため食事が不規則で偏りがあるばかりか，寝たり起きたりの生活のため足の踏み場もないほど部屋が乱雑になっているケースもある。また，従来の家族関係が疎遠なため退院に際して協力が得られなかったり，連絡すら拒否されるケースもある。概して患者本人は問題状況に対して他人事のように振る舞ったり，対人関係との関連で抑うつ的である場合も多い。既往や合併症も含めて糖尿病に罹患しているケースの場合には，退院支援においてはより多角的視点からの医療ソーシャルワークが必要である。

このようにケースの特徴も含めて，疾患ごとの問題の発生（入院）から収束（退院）までの支援過程のモジュールを作ることが必要であろう。

おわりに

早期発見・早期介入の必要性はさまざまな人た

ちから言われているが，今年度は新たな試みとして入院前の外来時に患者・家族との面接を行うことを企画している．具体的には，整形外科の患者の内，手術目的で，65歳以上の世帯人数が2人以下の全ケースである．治療への積極的な関与と，時間的な経過の中で患者・家族の状況にどこまでMSWが責任を持つことができるのかが当面の課題と言える．DPCも本格的に行われる時代において，科学的な根拠に基づいた適切な医療ソーシャルワークが必要な時期を迎えている．これからは疾病による生活障害の類型化と個別退院支援プログラムの開発がキーワードになると考えている．これらのことを，次世代を担う学生と若い医療ソーシャルワーカーにどのように伝えるのか，教育に結びつけるのか課題は多い．入院前から退院までの過程でどのように患者・家族とともに歩むことができるのか，新しいシステム創りの第一歩を踏み出したところである．

▶院長から見たMSW◀
急性期病院におけるMSWの活用

国家公務員共済組合連合会名城病院院長（執筆時）　**早川哲夫**

病院におけるMSWの役割を簡潔に一語で表現すれば，スポーツチームや職場におけるユーティリティプレーヤーであり，各種の催し物におけるコーディネーターといえるであろう．上手に活用すれば，ピンチをしのげるだけでなく，日常の仕事にもゆとりと気配りができるようになると思う．人間関係に円滑さの欠けた現在の日本社会において，病院機能を十二分に発揮させるには欠くことのできない職種である．

当院におけるMSWの主要な業務の1つである退院支援業務を中心に，その働きを検証してみたい．2004年度は222人に退院支援をしている．入院から退院支援依頼までの期間は，入院から1週間以内の依頼が4割弱，半数以上は2週間以内の依頼である．前年度に比べ依頼までの期間は9日早くなった．退院支援者の平均入院期間も前年度より12日減少した．退院支援の依頼が早くなれば入院期間も短縮される．その結果，平均在院日数の短縮，病床稼動の効率化が期待できる．

当院のMSWの業務量の大半を退院支援が占めている．222人の退院支援に要した時間に1人に平均240分である．その内訳は対患者・家族に電話，面接，訪問で145分，60%，院内外との連絡，相談に95分，40%を費やしている．初回面接だけでも50〜60分を必要としている．

このように，よくトレーニングされた専門職であるMSWが十分な時間をかけて，支援すれば，急性期病院の病床も本来の機能を維持でき，回転よく，稼動ができる（当院の現在の在院日数は14〜15日である）．患者・家族にとっても満足度の高い支援が受けられる．

大変残念なことは，この努力に対して診療報酬上の評価がないことである．食うや食わずの貧困の時代ならいざ知らず，世界有数の金持ち国となった現在，政治家はもちろん，国民も，お金の使い方により，それぞれの見識，品性が問われるのではと思う．これからの医療に欠くことのできないものは，医療を行う者と受ける者の間の緊密なコミュニケーションである．ここに十分な資財を注入しないと，せっかくの医薬品も医療技術も効果を発揮できない．科学がどのように発達しても，医療は完全無欠にはなりえない．不確実な医療を満足できる，納得のできる医療に近づけるためには，行う側と受ける側の相互の理解と協力が必要である．MSWはこの欠落した部分を補うことのできる専門職の1つである．納得のできる医療，満足できる医療をめざして，MSWの活用を工夫していきたい．

1章 支援方法論
② 退院援助
生活困窮者（日雇労働者）の生活を支援するMSW

社会福祉法人大阪社会医療センター付属病院 医事課課長代理MSW　**奥村晴彦**

　当院の入院は男性のみで，ほとんどが単身日雇労働者である。入院患者の7割強は簡易宿泊所・野宿・仮設避難所・飯場など，住所が一定していない。保険未加入，あるいは保険があっても自己負担が困難なため行旅病人として生活保護法の適用を受けて入院している。この場合原則的に，退院と同時に生活保護を廃止することが慣例的に行われており，退院後の生活に困る患者が多く，1970（昭和45）年開院当時より相談室のMSW4人が全入院患者の入退院調整に当たっている。とくに最近では，安定した生活を望む患者が増え，退院援助に関わる時間も増大している。

　高齢化と長引く不況から，失業者が急増し，全国的にも野宿者は大きな問題となり，ホームレス支援法など国の対策もなされてきた。全国一野宿者の多いあいりん地域では，1999（平成11）年頃から地域の労働者，簡易宿泊所組合，NPOなど支援者団体による活動の中から，「野宿からアパートでの居宅保護へ」という支援の流れが生まれてきた。時期を同じくして，不況のあおりで簡易宿泊所の利用が減り，経営安定のためアパートへの登録変更がなされるようになり，簡易宿泊所から入居時の敷金・保証人のいらない転用型マンション（福祉マンション）が見られるようになってきた。とくに相談員のいるサポーティブハウスの出現で，生活支援が必要な高齢者や傷病者の居宅保護受給が可能となってきた。

転院を繰り返す73歳の単身高齢患者

　糖尿病の治療で来院していたAさんと出会ったのは，診察終了後に薬を待っている待合室であった。この地区には珍しく背広を着ていたが，不安そうな顔つきだった。「何かお困りのことはありますか？」と声をかけると，「今晩から寝るところがない…」と言葉にされたので，相談室へ招き面接を行う。Aさんは1週間前までT病院に入院していたが無断退院してきて簡易宿泊所に泊まっているが手持ち金もなくなったので，野宿せざるをえないという。事情を聞いてみると，2年間で10か所の病院を転々としていたため今回また転院と聞いて嫌になり退院してきたという。高齢で単身のため退院許可が出てもすぐに生活するところが見つからないため，安易に転院という先延ばしの方法でAさんの生活を決めていたのである。そんなAさんの思いを受け止め，今後の生活設計についての共同作業を開始した。生活と治療継続を考え，「家を借りて暮らしたい」とのAさんの気持ちの自己実現をめざし，居宅生活を支援することになる。

　入院生活が長く高齢でもあり，今後のサポートも必要と思われ，サポーティブハウスのオーナーに連絡して入居相談に行く。見学で気に入った様子であり，その日のうちに入居手続きをとり入居となり，居宅保護申請の手続き支援を行った。その後，同じような境遇の入居者と楽しそうに暮らしているAさんの姿があった。そんなAさんに数か月後ばったりと役所で会ったが，その時の笑顔が忘れられない。

注）病院：66巻2号（2007年2月）に掲載。

それまでの病院では，なぜ治療終了後のAさんの生活を考えることなく病院を転院させるという選択肢をとったのだろうか。

住所不定患者の住居設定支援（居宅保護）への取組み

大阪市では，生活保護裁判や支援団体の活動，厚生労働省からの「ホームレスに対する生活保護の適用について」の通知〔2001（平成13）年〕などを踏まえ，住所不定（行旅病人）の患者が退院する時，自立生活が可能な患者に対して，アパートの敷金支給を認めるようになってきた。患者にとっては，退院後，元のホームレス生活に戻るか，生活保護施設に入所するかの選択肢しかなかったのが，アパートでの居宅保護という選択肢が増えたのである。

1999（平成11）年秋に当地域にサポーティブハウスが開設されて以降（萩之茶屋地区に6か所）の当院の退院事由分類を見ると，約80％の軽快退院の内10％前後は入院をきっかけに住所不定から安定したアパートでの居宅保護につながっている。住居設定後居宅保護（住居不定者が敷金支給を受けて，あるいは福祉マンションに住居を構え生活保護を受ける）は確実に退院支援の重要なポイントになっている（図1）。この背景には，患者自身の生活意欲の向上や「ホームレス自立支援法」の基本方針を受けた生保保護実施機関の変化もある。さらに大きな要因として入院中からMSWが関わり，患者のニーズ把握や病状，生活状況などから今後の生活を創造していくといった協働作業を行うことにより，安定した生活を目標としてきたことが挙げられよう。とくに，対象となる患者に最大限の情報提供をすることが大切であり，それが治療継続につながり，二次疾病の予防にもつながることになる。

また，現在も転院の占める割合が10％程度あるが，これは病院の経済的効率を求めた在院日数調整によるいわゆる社会的転院ではなく，当院で対応できない疾患の治療目的のための転院である。できれば転院という環境変化は，患者にとっ

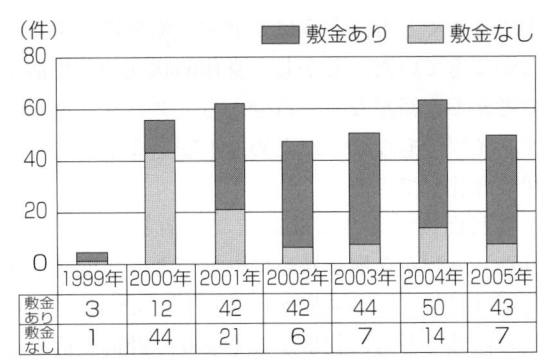

図1　当院の住所不定入院患者の退院後居宅保護申請件数
（1999年秋にサポーティブハウス開設）

	1999年	2000年	2001年	2002年	2003年	2004年	2005年
敷金あり	3	12	42	42	44	50	43
敷金なし	1	44	21	6	7	14	7

て望ましいものではなく，退院先が決まるまで当院で入院生活を継続してもらう必要性を感じており，スタッフにも理解を求め実践している。患者の退院許可を出すのは医師であるが，退院日を決定するのはMSWの役割であるとするシステムを作り，医療の中で生活者の視点をもって判断できるソーシャルワーカーとしての専門性を発揮している。

簡易宿泊所と飯場とを往来し，お金のない時は野宿するという長年の生活パターンから脱し，アパートで定住するに当たっては，食生活・飲酒習慣・金銭管理・服薬管理などの日常生活習慣について，周りの支援が必要である。とくに野宿生活が長い人は，そのニーズが高い。

人間らしく畳で生活できた支援

内科の主治医より「呼吸不全があり野宿している患者がいるので相談してほしい」との依頼があり，Sさんと出会った。当院初診は5年前で，肺結核と診断され結核専門病院へ入院。退院後は肺結核の後遺症のため満足に働くことができず，日雇い労働に従事していることもあり体調と相談しながらの生活であった。そのため安定した生活を送ることはできず，仕事がない時は野宿生活をしており，結果として肺結核で再入院し，肺気腫から呼吸不全となり治療の継続を余儀なくされる。

幸いなことにSさんは無料低額診療施設である当院の存在を知っていたため，無保険で支払い

ができなくとも，どうにか通院治療を継続することができていた．しかし，身体的状況から生活まで考える余裕がなく，自分からアクションを起こすタイプでもなかったため，不安定な生活から病状も悪化してきた．

初回面接でSさんは温和な人柄との印象を受けた．九州から職を探しにやってきて高度経済成長期は景気もよく家族へ仕送りもしていたが，景気の低迷とともに仕事がなくなり，野宿生活を繰り返し体調も悪くなり仕事ができなくなったという．あまり自分の過去のことは語らず，「もういいですわ…，どないしようもないので…」と現状をあきらめている様子であった．主治医より労働不能の診断ができるとの情報も得ていたので居宅での生活を提案した．「そんな簡単にできるのですか…」と不安な表情だったが，「できるのならばぜひお願いしたい」と居宅生活に意欲を見せた．ただ何から何まで世話にはなりたくないという意思もみられた．Sさんの様子から呼吸不全もあり，自分のペースで行動（生活）していくしかなく，短期間であっても施設での集団生活は適応困難であると思われた．また「居宅につなげておしまい」では解決にならないとも判断した．

今後の支援体制を考えて生活支援している個人組織のI氏に支援を依頼し，すぐその日のうちにI氏が面会し支援を開始する．Sさんの生活意欲を理解してもらい居宅探しにすぐさま取りかかる．保証人にもなってもらい，次の日には入居の運びとなる．入居後，生活保護申請をして受理される．入居費用と保護決定までの生活費はI支援者が立て替えるという形で支援してもらう．また，今後の生活のため身体障害者手帳申請と介護保険認定申請を助言するが，当面は自分の力でやれるだけやってみると，がんこな一面もみせるので，見守りながら対応していくことにする．Sさんは寡黙なタイプの患者であった．

笑顔が伝えたソーシャルワーク

3週間後に，Sさんが当院の相談室を訪ねてくる．ちょうど他の患者の面接中であったが，「どうしました」と声をかけると，「保護が決まりました．ありがとうございました」とだけ言って笑顔を見せて退室された．のちほどI支援者から「MSWが面接中にもかかわらず，保護が決まったという報告に，「そうですか，よかったですね」とわが事のように笑顔いっぱいで接してもらったのが嬉しくて報告に来られた」とのことだ．I支援者もSさんのその姿に心動かされて報告してくれたようであった．

敷金を生活保護費からの分割返済で完済し終わった時に，Sさんは「お金を返してほっとした．返済が終わってほっとしたのではなく，自分を信じて援助してくれた人を裏切るような結果にならずにほっとした」と言っていた．医療と生活に関する相談はMSWが，日常生活支援はI支援者が担っていた．

Sさん支援の終結は，訪ねてきた友人に自宅で死亡しているところを発見されたことであった．生活を支援する地域のサポート体制作りのさらなる拡充の必要性を痛感した．

患者とともに歩むMSW

Sさんの思いを共感して「自分で生活していく意思」に対して絆を結んでいく．その時の一瞬の出会いを貴重なものとし，非言語的コミュニケーションも大切にすることを改めて学ばせていただいた．MSWは患者によって育てられるのである．

ホームレス状態にある人は，自己責任だけではなく社会的な背景でそうならざるを得なくなった場合も多く，人間としての個別化を図りながら，社会的存在としての個人を捉えていく必要がある．無料低額診療施設があることで治療が必要な患者に対して迅速に医療提供でき，安心して治療継続できる環境を整えていくことができる．このような福祉医療施設で働くMSWは社会環境にも敏感でなければならない．同時に個々のクライエントには，気づきの大切さと笑顔の価値を認識して，1人の人間として認めることが重要である．

1章 支援方法論

③ 地域連携ネットワークシステムの構築

救命救急センターにおける医療ソーシャルワーク

東京医科大学病院　総合相談・支援センター MSW　**品田雄市**

救命救急センターにおけるMSWの働き

　救命救急センターでは，消防機関からのホットラインで第3次救急対応とされた傷病者が搬送されてくる。ここでの治療は時間との戦いとなり，高度な医療技術と総合診療力が求められ，集学的治療が提供される。こうした中では，患者の社会生活上の課題は一瞬見えにくくなることがある。

　しかし，患者の社会的背景や心理・社会的側面は救命救急治療に確実に影響を及ぼし，ひいては救命救急センター運営にも関わる。それは以下の事柄からも言える。患者の医療費支払い問題や，在院期間の延長は医療収入に影響し，患者・家族の病状理解や今後の生活上の課題が未整理のままでは転院先の選定もままならない。ホームレスの患者に，治療後の生活手段や医療の継続性を担保しなければ救命したことの治療効果が活かせない。また急性薬物中毒などの自殺未遂患者のその後の心理・社会的側面からの支援が不十分となると，同じことが何度も繰り返されてしまう危険性がある。

　MSWは，こうした問題に関わることが期待され，患者・家族への直接支援の中に社会との接点を見出し，解決調整を行っている。

救われたいのちを巡って

1．救われた生命の価値

　救命救急センターに搬送され，初療の後に，センターに入室することとなった患者は，蘇生に成功したとはいえ，集中治療が欠かせない。高度に発達・発展した医療技術や診療力により救命し得た人々であるが，その時点では重度の意識障害や継続的な医療ケアが必要な寝たきり状態の人々が生み出されることとなる。そこにすでに人々（患者・家族）の生活危機が存在している。

　いのちの価値を巡って，2つの側面が見出せる。1つはその人の「存在自体の価値」を問うものと，もう1つは救われたいのちをいかに生きるかという「態度の価値」を問う側面である。いのちは，生物としての人間の生体を維持する。しかし，人間は社会的な存在である。救命され"生かされているいのち"に何らかの社会的意味を見出すことで「価値」を感じることができる。「生かされている」のではなく，「生きている」いのちへと認識を変化することで人間は，いのちの存在と価値を感得することになるのである。

　MSWは，患者とその家族が救命された生命を大切に思い，これからの暮らしと人生を生きることができるよう，社会福祉の視点から支援している。

　救命救急センターをめぐる転院を含めた退院支援や医療費相談，社会復帰への支援に，こうした救われた生命の価値に対するソーシャルワークが活かされている。

注）病院：71巻1号（2012年1月）に掲載。

2. QOL概念におけるlife

一方，医師は生命（いのち）に価値を置く専門職（profession）である。医療におけるQOL（quality of life）概念は周知のところであるが，この時，救われた生命の質に関する患者・家族の主観的価値もまた無視できない。

ある重症患者が運ばれてきた。齢90歳になろうかという高齢者。蘇生に成功し，駆けつけた家族に面会してもらった。家族は，いくつもの医療機器につながれ挿管された様子を目にして「おじいさんは，こうなることは望んでなかった」と漏らした。生命の長さではなく，生命の質を問われる場面である。しかし転院先となる療養型病院は，DNAR（＝do not attempt resuscitation，蘇生に成功することがそう多くない中で，蘇生のための処置を試みないこと）の承諾を事前に求めてくることがある。

家族は，救われた命に戸惑い「望まない延命」を目にしながらも，救命後ただちに行われる転院先の選定では，「叶わない延命」に直面させられている。家族自身も矛盾に満ちた選択を余儀なくされることで混乱する。

MSWは，こうした現実を生きなければならない患者・家族・医療スタッフとともに，lifeの意味を問い続けざるを得ない。それは，生命（いのち）としてのみならず，生活（暮らし）や人生（生涯）としての意味づけと価値を担う実践である。

地域を支える資源としての救命救急センター

1. 地域医療の担い手として

そもそも救命救急センターは，どのように誕生したのであろうか。1977（昭和52）年，増加する交通事故などの外傷患者に対応する自治体の救急活動の受け皿として，厚生省（当時）は，救急医療対策事業を立ち上げ，その重症度・緊急度によって階層的に救急医療機関を整備した。3次救急医療機関としての救命救急センターは設備の整った大規模病院や大学病院などを中心に全国に200か所以上の施設が指定されている。

とくに，救命救急センターが当該地域における重篤な傷病者のための救命の担い手として，地域施設の役割を担わなければならないことは，先の東日本大震災（2011年3月11日発災）の例でも記憶に新しい。しかし，救命し得た重症患者が高度な医療処置の継続が必要なために自宅に帰れず，またそうした重症患者を引き受ける医療機関が希少であるなどの理由から，重症患者が行き場を失い救命救急センターやその母体病院に長く止まっているいわゆる「出口の問題」が発生し，救命救急センターがその使命を果たしづらくなっている現実も指摘される。

2. ネットワークづくりが不可欠

当院は，首都東京の中心部である新宿区に位置し，歌舞伎町という大歓楽街，デパートや映画館など多くの商業施設と，都庁をはじめとする高層ビル群としてのオフィス街を東西に有する新宿駅周辺エリアにある。当地区は先の災害時には10万人近い帰宅困難者と滞留者を出したとも言われている。新宿区では2008年より，首都直下型の地震が東京を襲ったときなどを想定する必要性からこうした事態を予測し，当院を含め駅周辺の商業施設，教育機関，企業などを集め対策会議を開いてきた。

医療ソーシャルワーク部門でも，地元の地域包括支援センターや行政窓口と連携して，避難所などでの医療活動，災害拠点病院としての機能維持を図りつつ，どのように地域ネットワークを作れるか，という視点で会合を持っている。すなわち，個々の発生した患者への生活支援に加えて，「備え」としての防災と社会福祉の視点が活かされている。

地域主体の医療活動とソーシャルワーク

わが国に現存する救命救急センターのほとんどは，母体病院に併設されている。多くのMSWは，母体病院に所属し，全科対応のソーシャルワーク実践を展開した激務に加えて，救命救急セ

ンターにおける支援を兼務している。

　MSWは，救命救急センターでのソーシャルワーク実践として，次の3つのタイプの連携に貢献している。

①プレホスピタルとしての前方連携に始まり，2次救急受け入れ対応の際，その患者・家族が心理・社会的問題を抱えている場合は，他院のMSWや地域の保健福祉機関から相談を受け，院内多部署と連携する。

②救命救急センター入室後の患者には，身元不明・住所不定・無保険・身寄りのない単身者，悪性疾患罹患・遷延性意識障害・脊髄損傷など，今と今後の治療や生活に心理・社会的支援が見込まれる患者・家族に対して，院内外の各関係機関と連携し対応している。

③救命救急医療終了後の転院・退院先についても，院内他科(一般科，リハビリテーション科など)との連携を図りながら救命救急センター医師らと調整を行っている。

　これらの連携のタイプが，それぞれがバラバラに行われるのではなく，一連の連携を統合し，各病院独自の風土や文化を尊重したうえでの地域主体の医療活動となるように取り計らなければならない。

　こうした医療活動の展開にも，ソーシャルワークの技術は応用できるであろう。地域主体の取組みは，すでにそれぞれの地域でも喫緊の課題として検討が進められていく段階にあると思われる。

　医療ソーシャルワークは，救命救急センターにおける社会的な使命である円滑な治療と重症傷病者への高度医療提供などの機能を維持していくために，医療以外の多様なニーズを抱える患者らに対する支援を提供し，救命救急センターでの医療提供がさらに効果的になる環境を作ることができると考える。

　しかしその一方で，多忙な実践現場において危機的状況とさまざまな制約下にある患者・家族と向き合うMSW自身も疲弊している現状もある。救命救急センターの整備要件にMSWの配置が位置づけられることが待たれる。

1章 支援方法論

③ 地域連携ネットワークシステムの構築

在宅へ向けた病病・病診連携のシステム作り

名古屋第二赤十字病院 医療社会事業課長 **黒木信之**

　名古屋第二赤十字病院では，救命救急センターとして急性期病院の推進・地域医療支援病院の取得を目標に病診・病病連携に取り組み，1990年から病診連携を，1998年から病病連携を開始した。医療社会事業課では，連携のための退院援助のシステム化に取り組んできた。その結果，2005年，愛知県では初めて地域医療支援病院として承認された。地域医療支援病院は，地域の開業医を支援して患者へよりよい医療の提供をめざすものである。当院にはこれまで以上に地域の関係機関との連携が求められることになる。

　以下，地域医療支援病院としての医療社会事業課（MSW）の業務と今後の課題について述べる。

問題別担当制導入により，効率化を図る

　当課では，病病連携を開始した1998年から，多様な患者・家族の問題に効率的に対応するために，問題別担当制を始めた。課長以下，5人のMSWを，**表1**のように業務分担している。

　このように問題別の担当制にすることで，病院内・外の関係者から「理解しやすく業務の責任が明確になった」と評価された。また，多様な患者・家族の問題に効率的に対応することができるために，MSWとしても専門性が深まった。毎朝各担当がケースの報告を行い，即応的で効率的な援助を行うために方針を検討している。

表1　MSW 5人の問題別担当制

①救急患者・生活保護患者の担当。その他に，呼吸器カンファレンスおよび回診に参加，業務統計などのデータ管理ホームページ担当。
②医療費・障害年金・一般の福祉サービスの担当。その他に，福祉サービスの院内関係部署とのシステム化，福祉サービスマニュアル作成担当。
③病病連携の担当。その他に神経内科カンファレンス参加，施設入所の援助，病院・施設への訪問と機能評価担当。
④在宅への退院援助の担当。その他に患者宅への訪問，往診医への訪問，居宅介護支援専門員との連携，医療機関への訪問担当。
⑤整形外科病棟の病病連携・リスクマネジメント担当。その他に整形外科カンファレンス参加，病床管理会議への参加，高齢者虐待・児童虐待・八事整形医療連携会事務局担当。

連携のシステム化

1．病病連携について（院外・院内のシステム化）

　1998年から名古屋市医師会のモデルとして近隣の千種区・昭和区の病院14病院と病病連携システムを開始した。病病連携システム運営委員会（各病院の院長または副院長が代表）が開催され，実施要綱，機能公開が検討された。そしてそれらを具体化するために実務検討委員会の設置を決定した。実務検討委員会は，各病院の事務職，看護職，MSWで構成され病病連携を実施するための実際の運用について検討した。

　検討した内容は**表2**のとおりである。

　病病連携の目的は病院が機能に応じて連携し，患者に必要な医療をより適切に提供しながら，地域医療の充実を図ることである。医師会モデルの連携先以外に，連携する病院を拡大するため，当

注）病院：65巻8号（2006年8月）に掲載。一部加筆・修正。

表2 病病連携運用のための検討内容

①担当窓口と運用時間。各施設の担当者と運用時間を調査して一覧表を作成し配布する。
②受ける側の医療機関がどんな患者かわかるような患者情報(患者情報カード)の内容。患者情報カードを作成しFAXで送付する。
③独歩不能な患者の搬送手段と費用。原則は、民間の搬送車を利用し、費用は自己負担とする。
④転院先をどのように選択するか。各施設の機能を公開し、お互いの施設を見学する。

課から地域の病院や介護保険関係施設を訪問し、現在では約50病院および約40施設と連携している。医師から医療社会事業課への依頼箋である患者情報カードは、年間約600件依頼があり年々増加している。病院の機能が年々変化するため効率的な病病連携を行うことを目的に、MSWは定期的に病院を訪問して機能評価を行い、窓口担当者と連携を強化している。

2. 在宅療養のシステム化

病院は、入院している患者にできるだけ早く在宅で生活してもらうことを目的に治療している。在宅で良質な療養生活の確保のために地域の関係機関といかに連携していくかがMSWに求められている。そのためにはMSWが入院中に療養システムを作ることが効率的な退院を可能にする。在宅での良質な医療の提供は、可能なかぎり病院に入院している環境に近い状態を作ることが理想的である。良質な医療の継続には、往診医・訪問看護・居宅介護支援事業所などと連携が必要である。これらのためには入院中に在宅での療養が可能かどうかの医療福祉アセスメントが必要となる。医療福祉アセスメントとは、「MSWが在宅療養前の退院援助を行う時に、患者・家族の思い、患者の社会的状況、患者の医療・看護・介護の課題を明確化し、在宅での療養が可能かどうかを評価するものである」。これは、MSWが退院援助を行う場合、患者・家族の状況を把握し援助方針を検討するのに有効である。

2006年の診療報酬改定で、在宅療養支援診療所が評価された。24時間往診や連絡、他の保険医との連携、緊急入院を受け入れる体制などを整備することが条件となる。このことで今後、医療依存度の高い患者も在宅療養の可能性が広り、看取りのできる患者も増加した。

具体的な取組み──退院時連絡会と地域医療連携パス

1. 退院時連絡会の開催

2002年名古屋市医師会から「名古屋市医師会病診連携システムにおける退院時連絡会の設置について」の要請が各病院長にあった。退院時連絡会開催の目的は、「退院患者およびその家族が安心して在宅療養を迎えられるように、また在宅において保健・医療・福祉にわたる総合的サービスを適切かつ迅速に提供すること」である。

退院時連絡会では退院患者の情報を共有し、患者およびその家族に対する自宅での療養支援に関する検討を行う。退院時連絡会の病院側参加者は、主治医・看護師・MSWで、診療所側は、かかりつけ医および担当看護師などである。また対象者は、退院患者のうち、原則として家庭において療養することを希望し、寝たきりまたはこれに準ずる状態にあり、医療ニーズの高い患者で、病院側の主治医およびスタッフが必要と認めたものである。当課では、年間約20件の退院時連絡会を開催して効率的な退院援助を行っている。

2. 退院時連絡会開催事例

Aさん(65歳, 女性)は肺がんを疑われ入院した。突然夫が来室し、「自宅へ退院したいがどのような準備をしたらよいか」との相談があった。Aさんは、夫との2人暮らしで「自宅で生活できる間は、自宅で暮らしたい」という思いがあった。早速、呼吸器内科のB医師に患者情報カードを依頼した。右肺に肺がんがあり骨転移していた。脳転移とがん性骨髄炎もあり、脊椎と頭部に放射線照射を施行した。疼痛コントロールのために麻薬を使用していた。Aさんは、ベッドから何とかポータブルトイレまでは歩行できた。

MSWが医療福祉アセスメントを行ったところ自宅での療養の課題は、次の5つである。

①夫は会社勤務のため，昼間は誰もいない。
②肺がんのターミナルのために疼痛コントロールが必要である。
③褥瘡の処置が必要である。
④尿道留置カテーテルの交換が必要である。
⑤抗がん剤の継続が必要である。

在宅での療養が可能になるには，①〜⑤の課題をクリアすることが条件となる。①の課題に関しては2人の娘が，結婚して近所に住んでいたので娘たちとヘルパーが時々自宅を訪問して対応することになった。②〜⑤の課題を解決するには，往診医と訪問看護に依頼する必要があった。MSWは②〜⑤までの課題を解決するためには，退院時連絡会の開催が必要と判断し，MSWが往診医・訪問看護・居宅介護支援事業所の担当者との日程を調整して連絡会を開催することになった。当院の主治医・看護師・MSWから患者の病状，看護の内容，医療福祉アセスメントの内容を説明した。退院時連絡会では，抗がん剤・疼痛コントロールを継続していくことが確認された。自宅で最期を看取るとなると，IVHの導入が必要であるが，入院が必要になれば当院で対応することになった。その後，関係機関との調整を進め，自宅での受け入れが可能となり退院となった。

3．地域医療連携パスの取組み

疾患別の医療連携の取組みを始めた。整形外科の医師・薬剤師・看護師・理学療法士・MSWを中心に地域の回復期リハビリテーション病院や診療所に呼びかけて，八事整形医療連携会を創設して2004年から年3回の勉強会を開始した。当連携会は，地域の医療機関の医師・薬剤師・看護師・理学療法士・MSWから世話人を選出し運営している。これまでに2011年9月までに29回の連携会を開催しており，筆者が事務局を務めている。クリティカルパスによる在院日数の短縮のためには地域の回復期リハビリテーション病院や診療所と大腿骨頸部骨折のパス作成が必要である。当連携会では，ワークショップを年1回開催し，共同で地域医療連携パスを作成して見直している。大腿骨頸部骨折の地域医療連携パスは実際に転院先に送付して効果を上げている。八事整形医療連携会の開催により，効率的な連携がスムーズに行われるようになった。2006年4月の診療報酬改定において，大腿骨頸部骨折の地域医療連携パスによる継続した治療が評価され点数が新設された。診療報酬の連携先として登録された病院は37施設になった。これまでに大腿骨頸部骨折の地域連携パスは，年間150名に試行的に活用してきた。2008年からは，脳卒中の連携パスも診療報酬化された。今後，他の疾患別連携パスを作成することにより効率的な連携を行うことが求められている。

おわりに

1．地域の在宅療養ネットワーク作り

患者本位で効率的な連携を行っていくためには，地域の往診医，訪問看護，居宅介護支援事業所等とのネットワーク化が求められている。関係機関が一堂に集まり，お互いの機能をオープンにしながら縦の連携から横の連携まで含めた関係づくりが求められている。

2．地域の介護保険関係施設との連携作り

2000年の介護保険施行後，地域に多くの介護保険関係の施設が増加している。これらの介護施設において，入所者の終末期を看取る施設はほとんどないのが現状である。多くの介護施設では肺炎や老衰など，急な病気に対応できないため，当院の救急病棟に入院する患者が増加している。今後は当院と施設との連携を深めながら，入所者の看取りを含めどのように対応していくのかを今後ともに検討していく必要がある。

2006年度から始まった第5次医療法改正では地域における高齢者生活機能を重視し，介護サービスと連携した在宅医療の充実をめざしている。急性期病院の入院から回復期などを経て在宅での療養を推進している。MSWは患者・家族の多様なニーズを確認し，関係機関と連携しながら在宅サービスの利用や病院，多様な施設も含めた退院援助を進めていくことが求められている。

1章 支援方法論

③ 地域連携ネットワークシステムの構築

地域連携クリニカルパスにおけるMSWの関わり

執筆時：東京都保健医療公社 多摩南部地域病院 医療相談係長　遠藤小百合

当院における地域連携クリニカルパスの導入

　連携パスの導入にあたり，モデルケースとは地域性が違うため，当該地域の特性をふまえた連携パス作成の必要があった。これまで当院が連携してきた回復期リハビリテーション病棟を持つ病院の中でとくに連携実績数が多い3件の病院と，地域の中で同じ急性期機能の大学附属病院に声をかけ，当院の地域医療連携室が事務局となって各病院の医師・看護師・理学療法士・作業療法士・医事課職員・MSWが一堂に会して何度か話し合いを持った。職種ごとの打合せやシミュレーションなどを行いながら，届出が完了して正式に実施されることになった。

　従来の1医療機関完結のクリニカルパスでは，そこから逸脱せずに治療や検査をして退院していける患者は，退院時調整においてはあまりMSWの支援を必要としない人たちである。それが連携パスでは，当然のようにMSWが窓口となることに最初は困惑した。もちろんこれまでもリハビリテーション病院への転院相談を受け，院内外調整を行っているが，連携パスに沿って転院する患者家族にどのような関わりを持つことになるのか，今までよりも在院日数が短縮されることになれば，「追い出される」という印象を強く持たないだろうか，そして患者・病院・地域にMSWの専門性をどのように活用していけるのか，と気負いと不安からのスタートであった。

連携パスの流れとこれまでの経過

　まず手術の説明時に主治医から連携パスについての説明を行う。手術後から3日以内にMSWが面談し，回復期リハビリテーション病院の選択がその時できる人については，その場で連携病院との面談日を決め，種々の調整をする。そして連携病院での面談日もしくは数日後に転院の日が決まる。すぐに連携病院が決められない場合は見学を勧め，本人・家族間で相談してから決めてもらうようにしている。連携パスの患者は，原則手術後2週間で全荷重をめざし，2週間後の転院を可能とする。当初は手術日の3日以内に面談としていたが，手術日当日は必ず家族が来ていることもあり，実験的に手術直後の説明の時に再度主治医より連携パスの説明をし，そのままMSWと面談することを試みた。手術当日は転院の話をすると混乱するのではないかと懸念したが，入院時にその流れを説明しているためか，不安の声もなく，手術をしてリハビリができる状態に回復したのだと捉え，先の見通しが明確になったと安心感を表す患者・家族も多い。

　2006年10月～2007年9月までの連携パス依頼の実績は59件，その内，バリアンス（逸脱）となったケースは18件であった。バリアンスの主な内訳は，次の3つの理由である。
①合併症によりリハビリが不可。
②受傷前の機能回復により当院より直接退院。
③連携病院以外の機関を希望した。

　バリアンスも含めた平均年齢は80.8歳である。バリアンスを除いたケースの平均在院日数は24.8

注）病院：66巻11号（2007年11月）に掲載。

日であった。連携パス導入前の大腿骨頸部骨折患者のみの平均在院日数の統計はないが，MSWが転院で関わった整形外科患者の平均在院日数が約38日であったことと比し，格段に短縮されているのがわかる。

事例

1. 2回の骨折で連携パスを繰り返したAさん

90歳代で1人暮らしをしているAさんは，夜間トイレに行こうとして転倒し，骨折にて入院手術となる。軽度の認知症はあるものの，リハビリは十分できる状態であったため，連携パスの該当患者となった。Aさんには3人の娘がおり，全員ですべての病院へ見学に行き，B病院に決定する。本人・家族ともに転院のことは理解して納得はしたものの，慣れた病院に少しでも長くいたいと希望していたが，リハビリも順調で相談もスムーズであったため，手術後ちょうど2週間で転院となった。

しかしその約2週間後に，急性膵炎で当院内科へ再入院となる。入院した次の日にAさんと家族から，「リハビリが順調に進んでいた時だったので悔しい，回復したらすぐにでも戻ってリハビリの継続ができるようにしてほしい」と，MSWに相談があった。主治医やB病院のMSWと調整をして，幸いにも順調な回復をみせたため，およそ10日後に再転院となった。

その後，B病院で数か月のリハビリをして在宅へ戻ったと報告があってから，約1か月後に再び転倒して対側骨折で当院へ運ばれ手術となる。認知症が進行し，手術をしたことも忘れていたが，リハビリは抵抗なく行っていた。主治医より再度連携パスの依頼があり，本人・家族と面談すると，「先生から手術の経過が順調と聞き，B病院に電話でお願いしてあります」と言う。家族の折衝で，MSWはわずかな調整をしたのみで，Aさんは2週間後にまたB病院へ転院した。数か月後に在宅サービスを整えて退院したと報告がきた。

2. あえてパスからの逸脱をめざしたCさん

60歳代のCさんは，もともと呼吸器疾患があり，在宅酸素療法を導入している患者で，当院の内科に通院していた。身体障害者手帳の取得などでMSWとも以前より関わりのあった人である。転倒し骨折して入院となる。呼吸器疾患のリスクもあったため，手術終了後に主治医より連携パスについての説明がある。

Cさんには精神疾患がある娘がおり，2人暮らしである。本人・娘と面談し，必要であれば転院してリハビリすることは納得され，自宅から一番近い病院を希望された。しかし2人の様子からは入院生活が長くなることに不安があるようであったため，1週間くらい当院でのリハビリの様子を見てから，転院してのリハビリが必要かどうかを再度相談しましょうと提案する。MSWとしても娘の生活力や親子関係を考えると，できるだけ転院ではなく直接退院して1日も早い在宅生活を送ることが望ましいと考えた。

3日後にリハビリを見学し，理学療法士から様子を聞くと，予定より1週間くらい入院を延長してもらうことと，酸素のカートを工夫すれば当院より直接退院も可能な状態であるとのこと。MSWはカンファレンスで主治医・スタッフへ相談した結果，入院を延長して退院をめざすことで方針が決まる。酸素業者に依頼していくつかのカートを試してみたり，この間に介護保険の申請をして在宅で必要なサービスを揃えたりした。何よりCさんが帰りたい一心でリハビリに励んだこともあり，手術から約3週間で杖歩行にて自宅へ退院することができた。

MSWとして大切にすべきこと

大腿骨頸部骨折で入院する患者の多くは80代，90代の高齢者であり，認知症の症状があったり，入院・手術という環境の変化で認知症状が現れたりするケースが多い。そうしたケースは，急性期病院からリハビリ病院や介護老人保健施設へ行くことが多いが，MSWはその先の在宅生活や施設入所，それを受け入れる家族や生活環境を見すえ

た退院支援を行っている。とくに最近は，医療・福祉を取り巻く環境が複雑でわかりにくい。そんな中で，患者・家族が主体的にサービスや療養の場を選択していけるように支援していくのがMSWの役割である。

そのスタンスを崩さずに連携パスでの役割を果たすために，導入に当たって当院MSWとしては，とくに以下の点を心がけることを共通認識とした。
①連携パスの提示をされても，連携パスにのらない選択もあることを保障する。
②連携パスの理解が正確に伝わるように，必ずMSWサイドからも補足説明する。
③他の退院相談同様，ソーシャルワークアセスメントを明確に行う。
④連携パスからバリアンスとなった患者への徹底した相談援助を心がける。
⑤地域医療支援病院としての役割を念頭におく。
⑥患者・家族にとっても，病院間にとってもメリットあるものにしていくことをめざす。

このようなことを心がけながら，上記のような事例を積み重ねてきて，連携パスは，急性期病院から回復期病院へ，回復期病院から在宅などへと送るためだけのツールであってはならないと改めて思う。連携パスを選択する・しないに関係なく，1人の人間を地域でどう支えていくかということの出発点における選択肢の1つではないだろうか。そのために，さまざまな職種や住民が相互に連携しながら，できるだけ同じ地域の中で医療機関や施設を利用し，地域の中で完結，あるいは循環するためのネットワーク作りが不可欠である。

これからの課題

現在多くの病院が連携パスに取り組み始めている。今後の診療報酬の改定では，疾患の拡大が見込まれている。現在当院では，さらに脳血管疾患の連携パスに取り組む準備をしている。

連携パスは有効な選択肢の1つとなりつつあるが，しかし，単身者でキーパーソンがいない人，抗がん剤などの高額な薬を使っている人，生活保護を受けている人など，その社会的背景により，希望する連携病院を選べない人たちがいることも現実である。MSWはその社会的な支援をしていくことは言うまでもないが，それを当然とするのではなく，多くの人が選べる選択肢として連携機関に働きかけて，よりよいものにしていくことも役割であると感じている。

1章 支援方法論

③ 地域連携ネットワークシステムの構築

地域連携でのMSWの役割

熊本機能病院 地域ケア支援センター 副センター長　**加来克幸**

熊本における地域完結型診療体制の動き

　熊本機能病院(以下，当院)がある熊本市(2次医療圏約73万4千人)では，脳卒中に対する診療体制に特色があり，地域完結型診療体制(熊本方式)として引き合いに出されることが多い。それは，地域的，歴史的な背景の中複数の急性期専門病院とそれを取り巻く複数のリハビリテーション体制が整った病院(以下，リハ専門病院)，さらに退院後，在宅サービスや施設サービスに至るまで，地域全体で共通の目標を持ち，支援体制に向けての連携パスが運用されているからである。

　熊本では図1に示すように，熊本脳卒中ネットワークとして，急性期病院とリハ専門病院との間に1995年以降，病病(診)連携において「脳血管疾患の障害を考える会」や2003年「回復・維持期リハを考える会」などが発足している。近年では，診療報酬上，熊本市では，国立病院機構熊本医療センターを中心に2006年より大腿骨頸部骨折の地域連携クリティカル・パス(地域連携パス)を運用し，2007年4月からは熊本県下の56病院・施設が参加した脳卒中地域連携パス(熊本方式)が運用されている。その後，熊本市とその近郊における脳卒中地域連携パスにおいて，意見の集約を行うことができるように，先に挙げた連携の会を統合し2007年8月「熊本脳卒中地域連携ネットワーク研究会」(K-STREAM)が発足した。最近は「熊本脳卒中地域連携ネットワーク研究会」との共催で地域連携に係る情報交換のための会合が定期的に開催され，診療情報の共有，地域連携診療計画の評価と見直しが行われている。

地域連携パスおよび連携シートでのMSWの役割

　橋本によると急性期病院からリハ専門病院へ移行する際の問題点として，入院予約から転院までの待機日数が長いこと，ハイリスク症例・問題症例の受け入れが悪いこと，全身管理や治療の継続性が適切に行われているか疑問なこと，などが指摘されている。これらは，急性期病院とリハ専門病院間や療養病床群を持つ療養型病院や介護老人保健施設(以下，老健)などとの間でも問題となることである。とくに，急性期病院が「24時間断らない医療」を実践するためには，回復期リハビリテーション病棟が急性期病院から患者をスムーズに受け入れることが必要であり，連携パスでの「在院日数」と「退院基準」からなる「退院時達成目標」を設定し，関与する病院と病院をつなぐ必要がある。

　この流れにあって，MSWは患者・家族が主体的にサービスや療養の場を選択できるよう，相談・支援の窓口，維持期への在宅支援を担うケアマネジャーや居住系施設，療養型病院や老健との連携，その調整の役割を担うことが多い。

　MSWは，入院早期より，アセスメントを実施し，心理的・社会的，経済的問題の確認と予後予測に則り支援している。当院では熊本脳卒中地域連携パスシートにおけるチェック項目に関して，在宅準備の際の介護保険の説明・在宅意思確認・

注) 病院：68巻6号(2009年6月)に掲載。

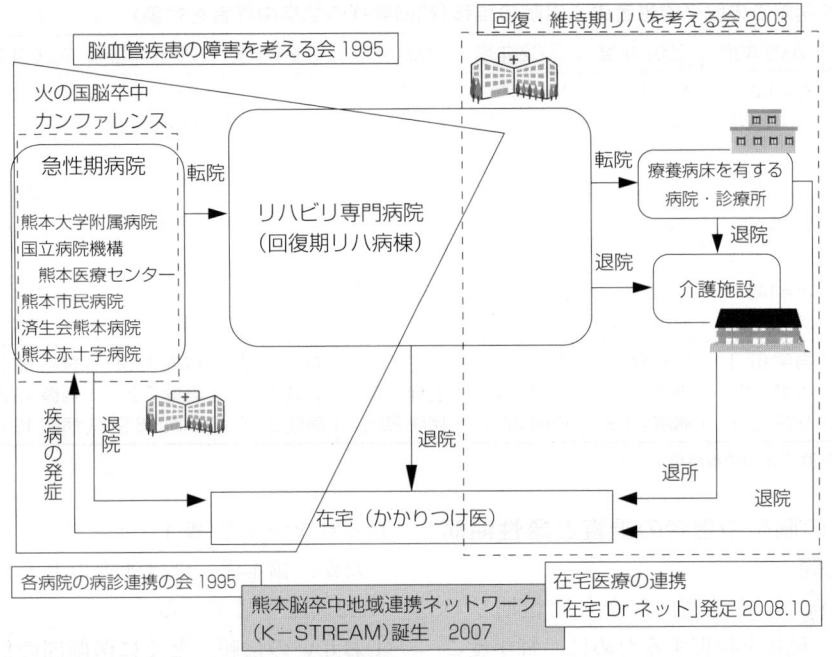

図1 熊本脳卒中ネットワークの概要

介護保険の申請・認定調査・ケアマネジャー決定・要介護認定・ケアプラン作成・家屋調査・家屋改修・介護指導・退院前サービス担当者会議・退院情報書・転院依頼日の月日の記載や確認をMSWが担っている。

医療機能分化が進む中でのMSW体制の経緯

1. 地域連携と熊本機能病院併設地域ケア支援センターの設置

筆者は1981年当院の開設時にMSWとして入職した。地域との連携では老人保健法の施行前から，とくに脳卒中患者の退院援助において，市町村の保健所・保健センターの保健師との訪問など連携を密に行った。このことにより，地域の在宅支援体制や継続支援の過程を把握することができた。また，地域住民を対象とした健康講座の定期的開催や患者会を組織する活動を展開することもできた。

1986年には医療社会事業部内にMSW1人増員と保健師2人の配置体制となった。その後は医療法の改正による医療計画制度に左右された感もあるが，老人保健法施行後の訪問看護，老人保健施設の創設や在宅介護支援センター設置(2012年4月より，地域包括支援センター業務委託)，介護保険施行後は居宅介護支援事業所のケアマネジャーとの連携，さらに地域リハビリテーション活動を通して関係職種，関係機関との連携を重視して取り組んできた。

1995年，地域で要介護者を支えるため，保健・医療・福祉にわたるケアの統合と地域との連携の必要性により当院併設地域ケア支援センターを立ち上げた。設立時は総院長がセンター長となり，総合リハビリテーションセンター長兼老人保健施設長が副センター長，筆者は室長であった。センター内にMSWと在宅サービスを担当する職員が常駐することで密に情報交換や連携ができる環境となった。現在，急性期病院との病病連携から在宅サービスに至る一貫した流れを確立し，さらに情報の一元化に努めることができる体制に至っている。

表1 熊本機能病院での脳卒中患者の入退院の推移（初回発症の脳卒中患者を対象）　N=（人数）

	2000年度	2001年度	2002年度	2003年度	2004年度	2005年度	2006年度	2007年度
発症から当院入院までの期間（日数）	N=145 26.0±20.0	N=157 24.7±16.9	N=187 21.9±17.2	N=176 21.2±15.9	N=178 21.2±13.2	N=185 17.2±9.2	N=184 18.3±8.4	N=183 19.3±8.1
予約から当院入院までの期間（日数）	N=145 5.8±5.5	N=157 4.5±3.7	N=187 4.3±2.7	N=176 5.7±3.6	N=178 6.3±3.7	N=185 5.5±4.1	N=184 5.9±3.7	N=183 6.4±3.4
転院後の入院（日数）	N=145 93.7±44.6	N=157 81.8±46.4	N=187 75.5±39.5	N=176 79.1±44.2	N=178 88.0±47.0	N=185 73.2±43.7	N=184 77.0±43.0	N=183 75.4±33.4
退院時転帰先（％）	自宅67.3 老健6.9 病院25.7	自宅60.5 老健9.5 病院29.9	自宅64.8 老健7.4 病院27.8	自宅71.4 老健8.6 病院20.0	自宅65.7 老健12.6 病院21.7	自宅73.9 老健7.2 病院18.9	自宅69.6 老健10.3 病院19.0	自宅68.9 老健7.7 病院21.3

注）MSWによる年度ごとの調査結果

2．初回発症の脳卒中患者の調査と急性期病院への事前訪問

当院のMSWは，急性期病院から回復期リハ病棟への転院の現状を把握するために，毎年度ごとに「初回発症の脳卒中患者」を対象に，急性期病院から当院に転院する患者の発症から当院入院までの期間，予約から当院入院受け入れまでの期間，入院期間，退院時転帰先に関するデータを作成し，併せて当院のMSW業務の見直しを行っている。

2007年度の初回発症脳卒中患者183例では，発症から入院までの期間は19.3±8.1日，在院日数は75.4±33.4日であった。また，急性期病院入院予約から当院入院までの期間は，6.4±3.4日であった。過去8年間のデータではあるが，発症から当院入院までの期間は，2005年からは3週間以内となり，急性期病院から当院への転院打診（予約）から転院した期間は1週間以内であった。これらをさらに急性期治療の変化，医療法の改正・介護保険制度の改定・診療報酬上の改定，地域全体の回復期リハ病棟の数の増加などと照らし合わせて検証した。

結果は発症から当院入院までの期間は診療報酬改定等の影響で短縮，入院予約から転院に要した期間はベッド調整等による影響は若干見られた。しかし，当院においては，介護保険施行前からリハビリテーションにおける専門医，スタッフの充実，病病連携を確立していたので，特段の変化は見られなかった（表1）。

だが，橋本洋一郎は連携のポイントとして，次の12点を挙げている。
①お互いの信頼，とくに医師間の信頼関係（face-to-faceの連携，責任の明確化）
②医療レベルの担保
③リハを含む治療の継続性（診療指針と評価スケールの共通化と診療情報の共有）
④迅速な対応
⑤紹介患者は臨床力のある医師（専門医）が診る
⑥返事をしっかり書く（診療情報提供書・報告書・FAX，電話，メール）
⑦紹介患者は必ず戻す（かかりつけ医が主治医）
⑧聖域なき逆紹介（かかりつけ医のサポーター化）
⑨病診連携に関する情報公開
⑩病診連携室とMSWの存在
⑪連携の会の開催
⑫病院訪問。

当院の急性期病院からの患者紹介経路としては，大きく「医師間」，「MSWを経由」の二通りがある。紹介患者は「紹介後1週間内の入院」を目標に速やかな回復期リハへの移行に取り組んでいる。しかし，一方で患者・家族にとっては，発症・急性期治療後すぐに転院となる不安や戸惑いを抱えたまま当院へ入院することも少なくない。そこで，必要に応じて家族来院による医師を交えた事前面談に加えて，急性期病院との「より顔の見える連携」「患者・家族も安心して回復期へ移行

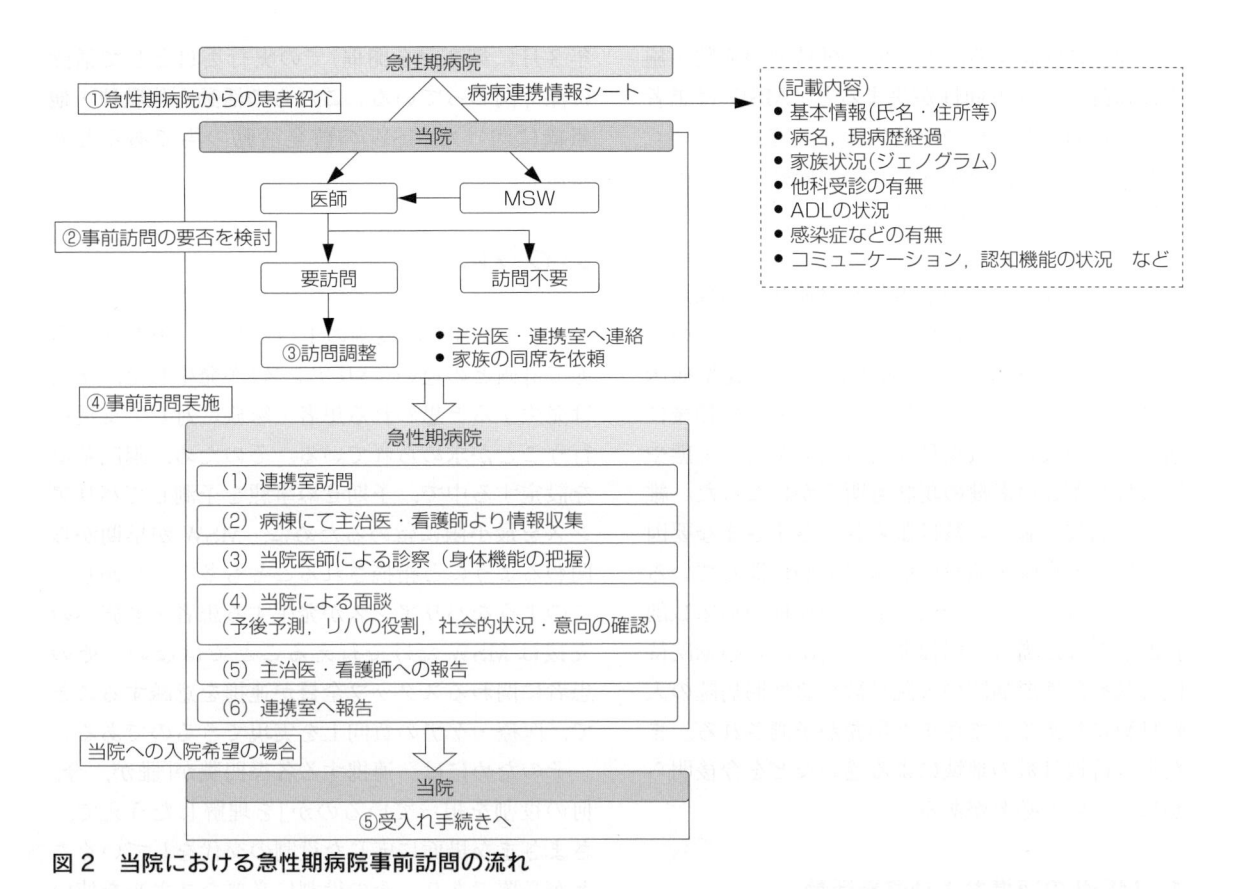

```
                急性期病院
①急性期病院からの患者紹介    病病連携情報シート    →    (記載内容)
                                                      ● 基本情報(氏名・住所等)
                当院                                   ● 病名,現病歴経過
                                                      ● 家族状況(ジェノグラム)
            医師  ←  MSW                              ● 他科受診の有無
                                                      ● ADLの状況
②事前訪問の要否を検討                                   ● 感染症などの有無
          要訪問    訪問不要                            ● コミュニケーション,認知機能の状況  など

          ③訪問調整   ● 主治医・連携室へ連絡
                    ● 家族の同席を依頼
④事前訪問実施
                急性期病院
            (1) 連携室訪問
            (2) 病棟にて主治医・看護師より情報収集
            (3) 当院医師による診察(身体機能の把握)
            (4) 当院による面談
                (予後予測,リハの役割,社会的状況・意向の確認)
            (5) 主治医・看護師への報告
            (6) 連携室へ報告
当院への入院希望の場合
                当院
            ⑤受入れ手続きへ
```

図2 当院における急性期病院事前訪問の流れ

できる」をめざし,2009年9月より回復期リハ病棟の医師とMSWによる事前訪問を開始した。

その流れとしては,**図2**に示すように
① 急性期病院からの患者紹介があった際に,MSW間では事前情報シートを用いる。
② 回復期リハ病棟の医師と事前訪問の要否検討を行う。
③ 事前訪問を行う場合,事前訪問をすることになる急性期病院の主治医またはMSWと訪問日程など(家族同席調整を打診)を調整する。
④ 実際の訪問では,急性期病院到着時に連携室を訪ねMSWとの情報交換,病棟では主治医や看護師から治療・ケアを中心とした情報収集後,当院医師による診察にMSWも同席する。診察を経て,本人・家族と面談を実施する。面談結果について,主治医・看護師とMSWに報告し,当院への転院希望の場合,搬送方法を含め転院の日時の調整を行う。

現段階の感想では,事前訪問導入前は,急性期病院からの事前情報シートでの情報を基に,転院後に家族を主とした面接になることが多かったが,急性期病院に医師と訪問し,医師の診察と家族への説明に同席することで予後予測を確認でき,本人家族と面談できることで,発症前の患者の生活状況,家族のリハビリに対する期待や不安,保険・年金など経済面等を事前に確認することができるようになった。事前訪問は半年間の実施を試みて,有効であれば,急性期病院とで活用している情報シートや訪問のためのマニュアルを改正する予定である。

3. 回復期リハ病棟から維持期の病院・施設に転院・転所する際の調整とMSWの役割

回復期リハ病棟から維持期へのスムーズな移行の是非は,急性期病院からの受入れ日数に影響する。MSWは定期カンファレンス,医師との面

談,回診に同席する。そして,維持期の病院・施設に転院という方向性が決まると,MSWは患者家族の意向やその後の療養生活を考慮して,いくつかの病院・施設を紹介し,転院候補病院の優先順位を決める支援,転院候補病院との相談・調整などの業務を行っている。

そこで,脳卒中患者が当院回復リハ病棟から維持期の病院・施設に転院する際の待機日数の調査を行った。2007年度の調整日数は療養型病床群に約34日,老健施設に約38日と転院依頼後に速やかな受入れが療養型病院ではできない実態や待機日数が長い老健の現状も明らかになった。維持期の病院・施設の数は限られ,さまざまな要因で維持期の病院・施設の病床回転が停滞している現状がある。さらに今後,療養型病棟の病床数削減がなされた場合,回復期リハ病院からの転院待機日数や急性期病院の入院日数や急性期病院の入院日数に与えるさまざまな影響が予測される。また転院待機日数の地域による違いなどを今後明らかにしていく必要がある。

4. MSWの連携および啓発活動

病院や診療所などの医療施設は,機能分化における連携が求められるが,専門職種間の連携も常に図っていなければならない。筆者も院外では職能団体である熊本県MSW協会での活動,他職種・他組織との連携においても,熊本市保健医療専門団体連合会(15の専門団体で構成[注1]),熊本県MSW協会は1984年に加盟),熊本県医療・保健・福祉団体協議会(21団体で構成[注2]),2012年3月に第3回を開催)での実行委員として活動に深く関わっている。これらの活動も他職種・他組織に向けたMSWの啓発活動の場であると考える。

おわりに

元来,MSWの役割の1つとして,予期せぬ事態で計画との違い(バリアンス)が発生した,または発生すると思われる患者・家族に対して支援を行うことが求められている。そのため,退院基準を設定する中で,予期せぬ事態を予測してバリアンスを最小限に留めるために,MSWが早期から関わるようにと指摘されることも多い。しかし,このようなバリアンスが発生する患者・家族への支援はMSWだけで行えることではない。その患者に関わるスタッフ全員が連携を意識することで,医療・ケアの質向上を実現できるのである。

そのためには,連携する各専門職が「誰が,今,何の役割を担っているのか」を理解したうえで,さまざまな場面に応じた役割の交代をしていくことが必要であり,その役割に必要なスキルを使いわけていく能力も求められる。これらのことは,芝居のように事前に打合せをするのではなく,場面に応じて臨機応変に行わなければならないが,安易な「暗黙の了解」に頼ってしまっては,よい結果は望むことができない。お互いの限られた時間の中で効率よく情報を交換,共有し,共通の目的のために行動していくことが必要であり,お互いの足りない部分を補うからこそ連携の意味があることを意識しなければならない。そして,MSWが連携の要になるためには,MSW自身が,専門的スキルの1つである対人コミュニケーション技術の磨きを怠ってはならない。

注1)1982年市民の健康と福祉増進のために,医療に携わる専門職種団体が団結した組織で,15の専門団体で構成されている。熊本市民健康フェスティバル開催や高齢社会への対応として,在宅サービス手引書の発行など,多数の委員会活動がある。

注2)1991年に充実した地域ケアをめざそうと医療・保健・福祉団体協議会を設置した。事務局は県医師会で,2008年に県内の医療・保健・福祉の連携強化を目的に「第1回連携学会」を開催した。連携学会の主催は,熊本県医療・保健・福祉団体協議会(21団体)である。共催は県プライマリ・ケア研究会と県地域リハビリテーション支援協議会,協賛は大学,専門学校,日本病院会熊本県支部,全日本病院協会熊本県支部,熊本県医療法人協会,熊本県精神科病院協会,熊本県高次脳障害検討委員会などの32団体である。

1章 支援方法論

③ 地域連携ネットワークシステムの構築

転院後の継続支援を可能にする「MSW連携シート」

浜の町病院地域医療連携課 MSW　近藤美保子(左)
済生会福岡総合病院医療相談室 MSW
／前・早良病院 MSW　阿比留典子(右)

　第4次医療法改正では病院病床の区分が行われ，第5次医療法改正においては地域連携パスをはじめとする医療機能の分化・連携が推進された。これらにより現在の医療では患者は1つの病院にとどまれず，病院間を「移動する」ことを余儀なくされている。この「移動を伴う医療」システムは患者・家族にとっては治療の分断であり，自らの状況を把握できないまま次の医療に移動することも少なくない。MSWの役割はそのような患者・家族が自らの力で個別性を尊重した治療と退院後の生活を選択できるよう支えることである。

　そのような中，2008年4月に福岡市内近郊のMSWらが「福岡MSW地域連携検討会」を発足させた(表1)。目的は急性期から回復期，慢性期，在宅までの医療を一連の流れとして患者・家族が病院を移動しても安心して治療継続できるようMSWらが連携して支援することである。その支援ツールとして「MSW連携シート」を考案した。これは地域連携パスのシートとは異なり，MSWがソーシャルワークを実践するためのツールである。

　今回，MSWらが「MSW連携シート」の活用により転院に際して患者・家族の視点を尊重しながら，いかに効率よく継続して支援ができているか，事例を通して紹介したい。

MSW連携シートとは

　MSW連携シートは急性期病院で発行する。患者家族の面談において，退院までの間にMSW

注）病院：69巻3号(2010年3月)に掲載。

表1　福岡MSW地域連携検討会(参加18病院)

会長：大垣京子(福岡医療福祉大学教授)
急性期病院(4病院)：九州医療センター・福岡和白病院・浜の町病院・済生会福岡総合病院
連携病院(14病院)：井上病院(一般)・香椎丘リハビリテーション病院(回復期)・早良病院(一般・回復期)・長尾病院(一般・療養・回復期)・原土井病院(一般・療養・回復期・緩和ケア)・福岡輝栄会病院(一般・療養・回復期)・福岡リハビリテーション病院(一般・回復期)・福岡山王病院(一般)・福岡和仁会病院(療養・回復期)・松尾内科病院(療養)・南川整形外科病院(一般・療養)・牟田病院(一般・療養・回復期)・けご病院(一般)・他一病院

(2012年4月現在)

が記載する。シートに記載した内容は，その場で患者・家族に確認・サインをもらい，転院時に連携機関MSWへ渡す。受け取った連携機関では，MSWが患者・家族と面談し，退院までに記載し，最終的に患者・家族の内容確認・サインをもらい，原本を急性期病院に郵送で戻す。

　シート(図1)は左側を急性期病院が記入し，右側を連携病院が記入する。急性期では患者の「基本情報」，「ADL」，「保険情報」とともに「入院前の生活」，「病状理解」，「今後についての患者・家族の意向」，「かかりつけ医やケアマネジャーの情報」を記載する。連携病院では「退院時のADL」の他に「転帰」，「サービス内容」，「今後についての患者家族の意向」を記載する。シートでは患者・家族から聞きとった言葉をそのまま記載するので，彼らの声をそのまま次の機関に届く。

　ちなみに急性期病院において「MSW連携シート」は，初回面談に沿ってほとんどの項目は短時間で記載できるようになっている。

図1 MSW連携シート

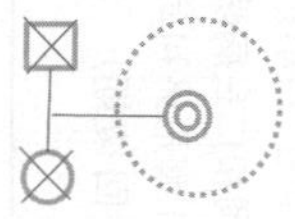

事例

　Aさん，82歳女性：独居，結婚歴なし，戸籍上の家族・身寄りなし，キーパーソンなし．
　病名：①左大腿骨頸部骨折，②左下葉肺がん，③誤嚥性肺炎．
　自立した生活を営んでいたAさんは，左下葉肺がんの治療で食欲低下，治療目的でかかりつけ医に入院中に転倒，左大腿骨頸部骨折のため，当院に紹介，骨接合術を実施．かかりつけ医にリハビリ施設がなかったため地域連携パスを利用し，連携病院の早良病院へ術後3週で転院．
　患者は当院入院中，MSWとの面談を希望．安心して生活できる環境として身辺整理と有料老人ホームへ入所したいと言われた．急性期病院MSWの筆者(近藤)は，すでにかかりつけ医から紹介されていた司法書士とコンタクトをとった．入院期間が限られていたため，司法書士とAさんとともにAさん宅へ出向き，必要書類や身の回りの整理を行い，有料老人ホームの斡旋業者を紹介するところで支援を終えた．
　これらの情報とAさんの意向を「MSW連携シート」に記載し早良病院に転院，連携病院MSWの阿比留氏に引き継いだ．その後，Aさんはリハビリにいそしんでいたが，誤嚥性肺炎を再発し，最終的にかかりつけ医に転院となった．

急性期病院の立場から

　Aさんは疾患だけでなく生活環境における不安があり，その解決を望みながら途中で次の病院へ移動することとなった．急性期病院MSWは支援半ばでも終結せざるを得ない．
　しかし「MSW連携シート」に，当院MSWと話し合っている情報や，これから先の生活のイメージをAさんがどのように考えているか記入することによって，転院先のMSWへ支援をつなぐことができ，ソーシャルワークの継続が可能となったと考えている．
　後日「MSW連携シート」が当院MSWの手元に戻り，Aさんが当初の希望に添わず，かかりつけ医に戻る転帰となってしまったことがわかった．しかしそれは，早良病院の阿比留氏と面談を重ねた結果，Aさんが自己決定を行った結果だと，シートから知ることができた．このように連携シートにより自らの支援の終結を振り返ることも可能となったのである．

（近藤美保子）

連携病院の立場から

　筆者(阿比留)は，近藤氏から送られたMSW連携シートを手に，Aさんのベッドサイドに出向いた．「MSW連携シート」を見るとAさんは「あー，近藤さんからのですね」と安心した表情を見せた．
　Aさんは当初，大腿骨頸部骨折パスを利用して回復期リハビリテーション病棟を利用する予定であった．しかし，誤嚥性肺炎のため胃瘻造設が必要と判断され回復期病棟に転棟できなくなった．だがAさんは「命を落とすことになっても口から食事を続けたい」と，胃瘻造設を選択しなかった．体力低下もあってリハビリテーションはなかなか進まず，移乗動作の獲得が精一杯であった．
　MSWから担当医に今後の方向性について相談したところ，経口摂取を続ける以上，肺炎が繰り返されるだろう，医療療養型の病院が適当との判断であった．そこで，早急に担当医からAさんへ説明をしてもらい，MSWはAさんと面接した．
　Aさんは施設入所の方向性を転換せざるを得なくなり，落胆していた．面接では，筆者はAさんの感情を受け止めつつ，Aさんがすでにこれまで対処してきた力に着目する意味で「これまで大変な中どうやって乗り切って来られたのか」といった質問から始めた．やがてAさんは，かかりつけ医とは治療だけでなく生活のことも相談できる関係にあること，その関係性を構築したのはAさん自身の対処能力(コーピング・スキル)故であることに改めて気づいた．
　かかりつけ医から「万一改善が思わしくなけれ

ば戻ってきてよい」と言われていたことも思い出した。Aさんは自ら「私は手を差し出されている方法に身を任せます」とかかりつけ医への転院を決心した。転院した後日、Aさんからは「(MSW) 2人が一貫して関わってくれたのが、自分のような身寄りのない人間にとってはとても心強かった」とのコメントが寄せられた。

おわりに

患者が治療を受けるのは、自分の望む生活に戻るために他ならない。そのための治療を、患者は自分で選び取っていく。患者は1人ひとり違った生活や思いを背景に、個々独自の意思決定を行っている。

一方、患者を取り巻く医療保険・社会福祉制度・介護保険などのシステムは複雑に絡み合い、さまざまな制約を伴う。例えば、痰の吸引や経管栄養を必要とする患者が転院する時、所定の医療区分に該当しないと医療療養型の病院への転院は難しい。一方、介護保険施設では十分な医療行為を担うだけの体制が未整備である。自宅復帰を選ぼうにも、介護保険の利用上限額があり、家族介護がないと在宅介護サービスのみでは立ち行かない。退院後の行き先に関して、患者の自己選択の幅は狭められている。そのような中、私たちMSWの使命は、患者の個別性を尊重した医療の実現に協力し、患者・家族が安心して生活の再建を果たせるよう支援することである。その責任は大きい。

本事例のAさんは、リハビリテーションを受けて希望の施設に入所するために早良病院に転院したが、期待どおりの機能回復に至らず、かかりつけ医に再入院した。その過程で、転院してもAさんへの支援が切れ目なく続くよう「MSW連携シート」が活用された。Aさんが転院という方針転換に対処できたのは、MSW連携シートによってAさんを中心に据えた一連の援助が続いたためである。このように、「MSW連携シート」はAさんの意向を尊重し、その能力を認めるといったAさん主導での転院に役に立ち、その結果、十分な納得を経たスムーズな転院によって総在院日数の短縮化にも貢献した。

MSW連携シートは患者・家族の目の前で、患者・家族の言葉をそのまま用いて、今までの生活・病状説明の受け止め方だけでなく、今後の方向性をも確認し合う。このため、患者・家族は、転院に際して自分たちの立場が尊重されていると実感する。ここが医療者側だけで情報伝達をする手法との違いである。「MSW連携シート」の活用によって、各医療機関の役割に違いがあっても、患者・家族にとっても適切な転院(退院)が実現する。

私たちは、MSW連携シートがMSW援助の実績を示すものであり、かつ「MSWのアイデンティティ」であると考えている。MSW連携シートは、MSWを活用した地域連携の証である。浜の町病院・早良病院だけでなく、すでにMSW連携シートの活用を認めている医療機関では、患者中心の医療の推奨のために一歩進んだ取組みが行われている。今後各地でMSW連携シートが理解され、患者中心の地域医療がますます推進されることを願う。

(阿比留典子)

1章 支援方法論

③ 地域連携ネットワークシステムの構築

MSWの地域活動
社会福祉専門職団体との協働

地方独立行政法人 那覇市立病院 総合相談センター長　樋口美智子

週明け月曜日，早朝回診のため出勤すると，急病センターの医師から連絡が入る。「ホームレスが救急搬送された。緊急に手術が必要だが，身元がわからない。無保険のようだ」。外来点滴センターの看護師から「抗がん剤治療を開始予定だが，医療費が支払えないからと拒否している」，病棟からは「来週退院見込みだが，単身高齢者で家族は連れて帰れないと言っている」。こうして明け暮れた週末金曜日の夕方，外線電話のベルでわが総合相談センターに緊張が走る。宅老所から「昨日から発熱している。かかりつけ医が経過観察していたが，週末が心配なので精査入院を依頼したい」。

MSWは，院内外の関係者と連携をとり，患者1人ひとり，また各関係機関のニーズに応えるために奔走する。MSWの日常業務は，このような1人の患者の支援から，さまざまな生活問題が複雑多岐にわたること，それを解決するために必要な制度やサービスの限界を感じることの繰り返しだ。

MSWが地域活動をすることの意義

医療・介護・福祉制度がめまぐるしく変わる中，医療機関にとって，いかにして迅速に対応し，経営の安定を図るかが重要課題となっている。経営の安定があって初めて，患者や家族に質の高い安心できる医療サービスが提供できるという考えは当然である。

一方MSWは，制度改正の度に，治療や療養の場を変えざるを得ない患者や，適切なサービスを利用できない患者が数多く発生している現実を目の当たりにしている。経済的格差が広がる中で，無医療保険・無年金者，真っ先にリストラされた難病患者・障がい者，ホームレス，自殺未遂者，若年未婚者の飛び込みお産，児童・女性・高齢の被虐待者など，世相を反映したさまざまな問題を抱える患者と対面している。

病院は単に病気を治療する場ではなく，家庭内や地域に埋もれたこれらの社会・経済的問題が顕在化する場であると言っても過言ではない。そして，病院はこのような患者への対応を迫られている現実がある。

さまざまな制度やサービスの変化を捉え，問題や矛盾を明らかにすること，患者や家族への支援を通して，これらの課題を医療チームや病院組織に伝えること，新たな社会資源の開発や連携システムの構築などにより，病院機能の維持や体制の改善につながる提言をすることもMSWの果たすべき役割である。なぜなら，患者や家族の抱えている社会・経済的問題の解決を支援し個別のニーズに応え，関係機関・職種と連携し，患者が安心して医療を受けられるようにすることは，多くの医療機関の理念に通じ，掲げられた「患者の権利」を具現化するものと考えるからだ。

MSWのコーディネート機能が，平均在院日数の短縮化，病床利用率の維持・向上といった病院経営に貢献する効果以外に，患者・家族や医療スタッフ，関係機関などの満足度向上，患者の不安軽減など，患者QOLの向上などに寄与することは確認されている。病院管理者のMSWに対する期待でも，その第1を患者満足度としているこ

注）病院：69巻2号（2010年2月）に掲載。

とからも，患者の視点に立った医療を提供する職種としてMSWが認識されていることがわかる。

そして，このような多様で多岐にわたる問題を抱えた患者・家族の支援には，専門的な知識や技術とともに，多職種・関係機関との連携が必要不可欠である。その基盤になるのが専門職団体での活動であり，地域における他職種・団体との協働である。

「医療ソーシャルワーカー業務指針」にみる地域活動

「医療ソーシャルワーカー業務指針」では，地域活動を業務内容の1つとし，「患者のニーズに合致したサービスが地域において提供されるよう，関係機関，関係職種などと連携し，地域の保健医療福祉システム作りに次のような参画を行う」としている。その内容は，他関係機関や職種と連携し，患者会・家族会やボランティアの育成・支援をすること，地域のネットワーク作りに貢献すること，高齢者・精神障害者などの在宅ケアや社会復帰について啓蒙・普及を進めることである。

しかし，配置基準が定まっておらず，医療機関の中でまだ少数であるMSWにとって，業務の大半が院内における個別援助やカンファレンスなどへの参加で，地域活動に割ける時間は少ないのが現状である。

沖縄県ソーシャルワーカー協議会結成までの経緯と活動

沖縄県内では，沖縄県医療ソーシャルワーカー協会（以下，県MSW協会），沖縄県社会福祉士会，沖縄県精神保健福祉士協会，沖縄ソーシャルワーカー協会のいわゆる社会福祉専門職4団体（以下，4団体）が協働活動している。

1996年4月に日本ソーシャルワーカー協会沖縄大会が開催された際に，「それぞれの分野で職務を持続しつつ，ソーシャルワークという側面で4団体としての共通認識と協力体制擁立，そして社会的認知を得る活動ができないか」ということ

表1 沖縄県ソーシャルワーカー協議会の活動

1. 会の目的： 　4団体が相互の設立・活動の主旨を尊重しつつ，密な協力関係を保ち積極的に協働することによって， ①相互の会員の資質の向上に寄与し， ②相互の活動の支援体制の充実を図り， ③社会問題解決に向けて協力して取り組み，必要に応じてソーシャルアクションについて連携を密にする。 　以上のような活動を通して，ソーシャルワーカーとして社会的貢献度を高め， ④社会福祉専門職に対する社会的認知を高めると同時に，福祉従事者の活動の円滑化と地位の向上につなげることを目的とする。 2. 役員： 　各団体の代表で構成され，会長・副会長は任期1年で持ち回る。 　事務局は会長の所属する幹事団体におく。 3. 活動： 　毎月の代表者会議や編集委員会・アクション委員会で事業内容を協議・実践する。 4. 主な事業： 　各団体の研修会等への後援や広報の協力，研修会への相互参加，スーパービジョンの協力，一般市民・福祉職対象の講演会などの開催，調査・研究活動への協力，協働してのソーシャルアクションなど。 ①社会福祉公開セミナー（幹事団体が企画を担当し2002年より年1回開催） ②新聞紙上でのQ&A「福祉の窓」（2001年4月より掲載，2012年5月現在435回，各団体から編集委員を出し，内容によって各団体が回答を作成） ③海外研修（各団体から希望者を募り，北欧研修や世界ソーシャルワーカー会議へ参加） ④新聞論壇への投稿（2009年度より年4回予定，各団体が1回担当）

が話題になった。そして，沖縄ソーシャルワーカー協会が参集を呼びかけ，2001年3月18日に結成されたのが，沖縄県ソーシャルワーカー協議会（以下，協議会）である。

その活動概要を表1に示す。毎月代表者会議などを開き，主な活動としては，各団体の研修会などへの後援や広報の協力，研修会への相互参加，スーパービジョンの協力，一般市民・福祉職対象のセミナーなどの開催，調査・研究活動への協力，協働してのソーシャルアクションなどを行っている。2009年8月の衆議院議員総選挙の際には，本協議会が中心となって社会福祉関連団

体に呼びかけ，沖縄県内の全立候補者に対して，社会福祉施策に関する考えや具体的な取組みなどについての公開質問状を送付した。

4団体で協働して取り組むことの意義

県MSW協会も設立当初から協議会活動に参加してきた。4団体にはおのおの全国組織があり，また国レベルでの4団体協議会では国際的な活動が行われている。また，県レベルでは，いわゆる医療・保健・福祉関係団体連合会もあり，県MSW協会も加入している。

1．ハンセン病元患者支援調査活動

その中で，2003～2004年にかけて行われたハンセン病元患者支援調査活動は，県内でも4団体が協働した最初の取組みであった（それまで県MSW協会では，1992年9月に定例研修会として沖縄愛楽園を訪問し，福祉係長の案内で施設見学・勉強会を開催し，その後，訴訟のきっかけを作ったと言われる作家の島比呂志氏を招いて講演会を行っていた）。2004年2月の社会福祉公開セミナーでは，ハンセン病被害実態調査班の報告，愛楽園ハンセン病原告団，宮古南静園自治会や在宅支援者によるシンポジウムを開催した。

沖縄愛楽園と宮古南静園での聴き取り調査や退所者調査では，沖縄におけるハンセン病政策に対する認識を新たにし，当事者の偏見や差別に曝された苦悩に接した。MSWは，ともすれば医療制度やサービスの現状に取り込まれ，ソーシャルワーカーとしての共通基盤である価値や倫理・権利擁護の視点が曇りがちになる。ハンセン病元患者に永年寄り添ってきたであろう医療者やソーシャルワーカーの足跡を考える時，ソーシャルワーカーとしてのアイデンティティを揺さぶられると同時に，ソーシャルワーカーとしてのゆるぎない実践の重要性を自覚した活動であったと感じている。

2．4団体協働で取り組む意義

このように，4団体で協働することの意義の1つには，ソーシャルワークの共通基盤を共有することによる質の向上がある。

2つ目は，活動によって明らかになった問題を，広く社会に提言し，解決に向けてアクションを起こすことにある。HIVや精神障がいなど，病気による偏見や差別は多く存在する。特定の疾患でなくても，病気や障がいを抱える人々にとって，医療の現場は決して医療者と対等な関係であるとは言えない。

3つ目は，社会福祉専門職としての社会的認知を高め，地位の向上を図ることである。県MSW協会では，1989年設立時は9人であった会員が，2012年3月現在は120人へと増加した。しかし，他の専門職と比較してまだ少数であり，社会的に十分認知されているとは言い難い。医療機関における国の配置基準がない中，沖縄県でも現場における採用者は増えているが，公立病院では1人職場や，非常勤職という不安定な職場環境，雇用形態が現状である。少数の1団体ではなく，4団体で協働し，社会福祉専門職としての機能が十分果たせる位置づけの確立に向け活動することが，ひいては患者・家族などの当事者への質の高い支援やサービスにつながると考える。

協議会活動における県MSW協会の役割と課題

協議会では先に述べたハンセン病被害実態調査班報告など，毎年1回社会福祉公開セミナーを開催している。対象は一般市民，学生，医療・福祉関係職種などであり，虐待や自殺，成年後見活動など広く社会福祉に関するテーマを取り上げている。筆者が会長を務める県MSW協会が幹事団体として企画した第2回のセミナーでは，介護保険の現状と課題を共有し，各分野におけるソーシャルワーカーの役割と課題を考えた。第6回では，医療制度改革関連法成立・障害者自立支援法施行に当たり，「自立支援医療制度」の現状と課題を共有し，患者・障がい者のいのちと生活を守る

医療について話し合った。

　両企画に共通する目的の1つ目は、当事者の声を聴くということである。シンポジストとして招いた患者会・家族会代表からは、ソーシャルワーカーへの率直な要望が述べられた。そこには、患者・家族の話を聴くというMSWにとって最も重要なことが、日常業務の中で十分行われていないという反省があった。2つ目は、当事者との協働という基本的な姿勢を改めて問い直すということである。「患者の権利」や「患者とのパートナーシップ」、「QOLの向上」など、医療機関において求められていることと、ソーシャルワーカーとしての価値や権利擁護の視点、また患者・家族のエンパワメントを図るというソーシャルワークの目標を重ね合わせた時、患者会・家族会やボランティアの育成・支援が重要であることを改めて認識した。

　これらの示唆は、那覇市立病院のMSW業務の中で、退院前カンファレンスなどへの患者や家族の参加を原則とすることや、ボランティアサポート委員会の立ち上げなどとして具体的に活かすことができた。

　協議会活動の中では、この「いのちと生活を守る医療」のあり方や医療や介護の領域における当事者との協働について、県MSW協会会員1人ひとりの実践の中から課題を把握し提言していく役割があると考えている。また、先に述べたMSWの職場環境や雇用形態の現状についても、広く市民に知ってもらうことが今後の課題である。

おわりに

　最近では、日本医療機能評価機構の評価項目にもMSWの配置が盛り込まれ、患者や家族からは、病院選びの指標として認識されるようにもなってきた。

　ソーシャルワーカーとしての価値や倫理・権利擁護の視点を持ち、専門的知識や技術、連携・協働・ネットワーク力のある質の高いMSWが医療機関に配置されることは、患者や家族、地域の医療ニーズに応え、信頼される医療機関の存続に必要不可欠である。

　MSWをそのような職種として捉え、位置づけている医療機関の期待に応え、医療チームの一員として、また地域の社会資源として活動できるよう、4団体で協働する地域活動に今後も積極的に参加していきたい。

1章 支援方法論

③ 地域連携ネットワークシステムの構築

在宅ケアにおけるMSWの役割

執筆時：いばらき診療所こづる　居宅介護支援専門員，MSW　**高野和也**

はじめに

本項では，「在宅ケアにおいてMSWは何ができるのか」について考えたい。在宅ケアは，病院併設，単独事業所などあるが，ここではとくに，筆者のこれまでの体験を踏まえ，診療所における在宅ケアとMSWの役割について述べる。

筆者の最初の在宅ケアの体験は，米国の在宅ケアチームの研修生として，主に末期がん患者の自宅を訪問したことである。どのような病状の患者が自宅療養をしているのか，各専門職がチームとしてどのような支援を提供しているのか，どのような環境の整備が必要なのか，家族への支援はどのように行われているのかを学ぶことが当時の目標であった。

在宅ケアの現場に携わって，次の2点を知るうえで貴重な体験であった。

①患者が自宅で過ごすためにどのように人が動き，どのように環境を整え，どのように支援を軌道に乗せ，維持していくかというサービスの提供に関する面。

②1つ1つの方針を決める際に，患者と家族と関係者がそれぞれの意見を交わしながら結論を出していくという意思決定のプロセスに関する面。

筆者の現在の業務は，総合病院の中でのソーシャルワーク業務が中心であるが，これまでのホスピスや在宅療養支援診療所での経験を振り返りながら，相談窓口・社会資源の開拓・啓蒙活動という観点を用い，在宅ケアにおけるMSWの役割について考える。

在宅ケアとチームケア

まず在宅ケアとチームケアについて概観する。

在宅ケアとは，医療や看護・介護・福祉など各分野の専門職が，自宅を拠点に生活をする患者と家族を訪問し，計画的かつ組織的に支援するしくみである。患者の病状やADLなどの身体的な状況をはじめ，家庭環境・家族構成・家族の介護力・生活や治療に関する患者の要望や家族の要望・患者や家族の気持ちにも目を向ける。患者や家族の意見を聞き，専門職の意見も反映させつつ，支援の方向性や目標を決める。支援は，患者と家族と相談して決めた計画に沿って行われるが，急を要する場合にも対応できるようなしくみも整っている。例えば，患者の病状が夜間に急変した時には，医師や看護師が夜間でも患者宅を訪問することがある。また，家族が急遽家を空けなくてはならず，自宅での介護者が不在になる場合は，ケアマネジャーがショートステイ先などの患者の療養先を早急に確保する。

このような支援は，多職種チームによって提供され，医師・薬剤師・看護師・理学療法士・作業療法士・言語聴覚士・栄養士・介護福祉士・ヘルパー・ケアマネジャー・臨床心理士・チャプレン・MSWなどの職種がチームメンバーになりうる。すべてのメンバーが同一組織に所属していることもあれば，各職種が全く別々の組織に所属していることもある。

注）病院：初出は66巻12号（2007年12月）に掲載。全面的に書き換えた。

相談窓口

　在宅ケアチームにおけるMSWの役割の1つは、患者や家族からの問合せに応対するため、相談窓口を担当することである。在宅ケアとはどういうサービスなのか、どのようなサービスを受けることができるのか、料金はどのぐらいかかるのか、どのような手続きが必要なのか、という問合せに応じることになる。また、医療機関からは、こういう病状の患者をお願いすることができるのか、明日から訪問を開始してもらえるのか、という患者紹介の相談がくると思われる。

　MSWは、この情報を患者や家族がどのように活用しようとしているのかを考え、彼らの意図を確認しながら、質問に答える必要がある。例えば、手続きについて問合せをしてきた家族は、患者が総合病院の外来に通院中であるが、患者の衰弱が目立ちADLも低下してきたために、訪問診療を受けたいと主治医に相談しようとしているのかもしれない。家族の問合せの意図が確認できた場合は、手続きについて情報提供するだけではなく、場合によっては、主治医への相談の仕方について助言することが必要な時もある。助言とは、患者や家族が次にどのような行動をどのように起こしたらよいのかということに見通しを持つことが出来るための支援であり、わかりやすく具体的な内容が求められる。

　またMSWは、当人たちの同意を得たうえで、他機関と接点を持つこともある。例えば、「患者は入院しているが、今後は自宅で在宅ケアを受けたい。入院先の主治医にどのように相談したらよいか。主治医の気分を害さないか。」という相談が患者の家族からあった場合、MSWが家族の了承を得て、入院先のMSWに相談の電話をすることもある。家族の心配事や具体的な手続き、現在の主治医に引き続きお願いしたいことなどを伝え、家族が病院のMSWと接点を持つことが出来るように調整することもできる。

　このようなやりとりをする目的もあるが、MSWが相談窓口を担当するのは、結論や結果が出るためにのみ働きかけるためではなく、結論や結果が生まれるプロセスに患者と家族の意思が反映されているかどうかを重視するからである。

　例えば、脳梗塞の後遺症がある患者の療養場所を決める時に、家族の意向だけで決めてしまったり、「この状態では家で過ごすのは無理です」と医療従事者が決めつけてしまうことがないように、結論に至るまでのプロセスにも目を向ける。たとえ、家族の意向が反映された結論になったとしても、そのプロセスで患者の理解やある程度の納得が得られているのであれば、患者の意見を聞かずに決めるよりは、結論の質が高いと思われる。とくに医療の場面では、患者は「わがままを言って家族に迷惑をかけたくない」と考え、家族も「自分たちは素人でよくわからないからお任せします」と言うことがありうる。そのため、医療に携わる側が患者や家族の意見を積極的に聞き出す工夫をしなくてはならない。ただし、「どのようにしたいですか？」と質問するのは、「願いをそのまま叶えますよ」と伝えているように思われやすいので、質問の仕方や前置きの仕方にも配慮が必要である。

社会資源の開拓

　患者や家族のニーズは、必ずしも既存の制度や地域のサービスを活用することで満たすことができるわけではない。患者や家族が求めるものは、日常生活に必要不可欠であったり、ささやかな楽しみのようなものであったり、周りから見たら「わがまま」と思われるようなものであったり、そのレベルはまちまちであるが、「サービスがないから我慢してください」と言うのではなく、その患者のその時の状況に応じて、何とか要望に応えようとするMSWの態度や行動も必要である。

　これは、ある診療所の在宅ケアを受けていた独居高齢者の患者の1例である。患者は通所サービスの利用を望まず、訪問介護を受けながら自宅で生活をしていた。歯が少なく、ややむせやすくもあったため、柔らかめのものやとろみがついた食事をヘルパーに準備してもらったり、配食業者に

配達してもらっていた。その患者が「贅沢を言うようで申し訳ないが，時々味付けが違うものも食べたい」と言うのを，医師も看護師もケアマネもMSWも耳にしていた。偶然，その患者宅の近所の飲食店が介護のための料理教室を開きはじめた。MSWは患者の許可を得て，近所の人に介護食を何らかのかたちで提供してもらえないかという相談をしたところ，飲食店の店長は，頻繁にはできないが前向きに考えましょうと言ってくれた。患者は，週に1食，料金を支払い，その飲食店の介護食の提供を受けている。

この事例は，飲食店の料理教室の活動が一患者の社会資源になった事例である。地域全体に行きわたる規模のサービス提供ではなく，1人の患者に対するものであるが，インフォーマルサービスの開拓は，患者の個別性を重視したケアの提供のために大切な視点である。この患者のように，担当のケアマネジャーがいる場合は，飲食店から食事の提供日をいつにするかということをケアマネジャーと調整しなくてはならず，開拓して終わりということではない。また，MSWが関わったサービスが，その後どのように機能しているかについて評価することも忘れてはならない。

啓蒙活動

啓蒙活動とは，診療所の患者数を増やすための広報活動ではなく，在宅ケアを入口として，自分や家族の生活の仕方や生き方を考えるきっかけを提供するための活動である。啓蒙活動の一例としては，勉強会と称する企画をし，一般の方に参加してもらう集まりがある。事例を示して，サービスを利用しながらこのように自宅で過せることや，在宅ケアについての理解を深めてもらい，自分が要介護状態になったらどのように過ごしたいか，家族が同じ状況になったらどのようにしたいか，などを考えてもらうきっかけになることが多い。とくに，自宅で最期を迎えた末期がん患者の事例は，「どこで治療を受けるのか」，「治療にどこまでお金をかけるのか」，「どこで相談ができるのか」，「家族とどのようなことを話し合う必要があるか」，「最期をどこで迎えるか」，「家族にどのような負担がかかるのか」，「自分が積極的に残された時間をどのように使うのか」，などを参加者が考えるきっかけになる。最期は病院よりも家がいいとか，家よりも病院の方がいいというような一般論を導き出すのではなく，あくまでも自分たちの状況に合わせて必要な情報を手に入れ，専門職と相談をしながら，自分たちで決めていくことが大事だということを参加者に伝える。これが啓蒙活動の目的ではないだろうか。

また，入院設備のある病院から在宅ケアの依頼や，ケアマネジャーから在宅ケアが提案されることも多い。そのため，医療機関やケアマネジャーに在宅ケアを理解してもらう働きかけもする。

啓蒙活動を行うにあたり大切なことは，診療所の理念を広めることではなく，地域の住民が医療や介護を自分のこととして考えるようになるきっかけ作りをするという意識を持つことである。また，在宅ケアは，その組織だけで成り立っているのではなく，地域の病院や介護サービスの事業所，自治体などとの関係のうえで成り立っているということを参加者に理解してもらう。

まとめ

在宅ケアは，専門職チームにより，計画的・組織的に提供される。MSWはそのチームの一員であり，支援プロセスの一端を担う。今回は，相談窓口，社会資源の開拓，啓蒙活動をキーワードに，MSWの役割を概観した。患者や家族をはじめ，地域の相談に応じること，必要に応じて社会に働きかけること，自分の生き方や生活について考えるきっかけづくりをすることなど，MSWの役割が多方面に及ぶことがわかった。どのような役割を担う場合でもMSWの行為の基本は，その人にとって何がベストなのかという視点で考えることであり，誰もが求める一番よいものをめざすのではない。また，そこでは患者と家族，加えてそれぞれの専門職が意見を交わしながら結論を出すというプロセスも重視されることは言うまでもない。

1章 支援方法論

③ 地域連携ネットワークシステムの構築

手をつなぐ地域連携
「つながりネットワーク」の試み

医療法人剛友会諸隈病院 MSW　**安武　一**

地域での支援の必要性を感じて

　高齢化が進み，独居・高齢者世帯が多くなり，孤独死や自殺も増える今日の状況で，私たち支援者には何ができるだろうか。支援を必要とする人たちにどのようなタイミングで接するのがよいのか。その場所は病院なのか，地域なのか…。

　MSWへの相談は，通院・入院中に限らず退院後も続く。患者本人だけでなく，家族からの相談もある。患者の生活状況が気になって，自宅に様子を見に行くこともある。すると，病状が悪化していたり，医師には薬を飲んでいると言っていたのに実際には飲んでいなかったり，食事の準備が大変だからと数日食べていなかったりする。さまざまな問題を抱えた患者・家族に遭遇する度に，「もっと早く関わっていれば…」と後悔や葛藤することも多かった。病院での患者・家族の姿は，その人のほんの一部の姿であり，患者の生活基盤である自宅（地域）での様子は見えてこないことが多い。これらの中で，患者が暮らす地域に出かけ，もっと早い段階，重篤化する前の段階で関わることができないかと考えるようになった。それは，日頃よく地域訪問で同行する地域包括支援センターの保健師も同様の思いであった（患者宅訪問の際に，障害を抱えていたり，医療・看護面に不安があるケースでは，保健師と同行訪問することが多い）。そんな思いの中から，保健師とともに早期支援の方法について何度も検討し，多職種が医療・福祉の垣根にとらわれず協働支援体制をと

注）病院：69巻5号（2010年5月）に掲載。

表1　つながりネットワークの概要

【活動】（1）「その人」が見える家庭での相談体制 ①慣れ親しんだ生活の場所に訪問することで，「その人」が困っている原因や問題点を把握し，早期の問題解決につなげる ②「その人」を取り巻く生活環境や人間関係を把握することで将来起こり得る問題や解決すべき課題を見つける ③早期に介入することで，将来起こり得る問題を予測し，対策を立てることで，問題の重篤化を防ぎ，在宅生活を支援する ④「その人」と手をつなげる距離で相談を受けることで，安心感を持たせ信頼関係を築くことができる （2）高齢者の在宅生活支援に関する情報交換および連携，協力 （3）連絡会の開催と個別ケースの進行管理 （4）在宅高齢者の支援体制に関する周知（老人会などへの出前講座，民生委員会への参加） 【構成】医師・歯科医師・薬剤師・理学療法士・作業療法士・言語聴覚士・保健師・看護師・社会福祉士・医療福祉相談員・精神保健福祉士・主任介護支援専門員・介護支援専門員・訪問介護員など 【組織】必要に応じて，関係者による個別ケースについての情報交換や支援の方策を検討する連絡会を開く 【会議】連絡会は多久市地域包括支援センターが召集し，主宰する 【事務局】連絡会の事務局は多久市地域包括支援センターに置く 【守秘義務】この連絡会で知り得た個人情報は，他に漏らしてはならない

る「つながりネットワーク」を立ち上げた。

　なお，当院は「地域に根ざした医療と介護」を理念に掲げており，院長は元々，職員が家庭訪問など院外で活動することを認めてくれていた。しかしネットワークを立ち上げるとなると，これまで以上に家庭訪問などの地域で活動する時間が増えてくる。また，当院をとくにかかりつけ医療機関としていない患者にも関わってゆくことになる。

```
                    報告
   ┌──────────────────┐
   │ 病院3, 診療所12,   │
   │ 歯科7, 薬局8(※)    │
   │ 民生委員約80人, 区長約80人, │
   │ 公民館など高齢者に関係する人たち │
   └──────────────────┘
              │ 相談
              ↓
   ┌─「訪問結果─┐  地域包括
   │ 連絡票」  │  「つながりネットワーク」     ┌──────────────┐
   └──────┘              │              │「ちょっと気になる高齢者 連絡票」│
                        │ 訪問・支援      │または電話連絡         │
                        ↓              └──────────────┘
                 ちょっと気になる高齢者   必要なサービスの調整など
                                   ※医師会,歯科医師会,薬剤師会に
                                    加入している機関に限っている.
```

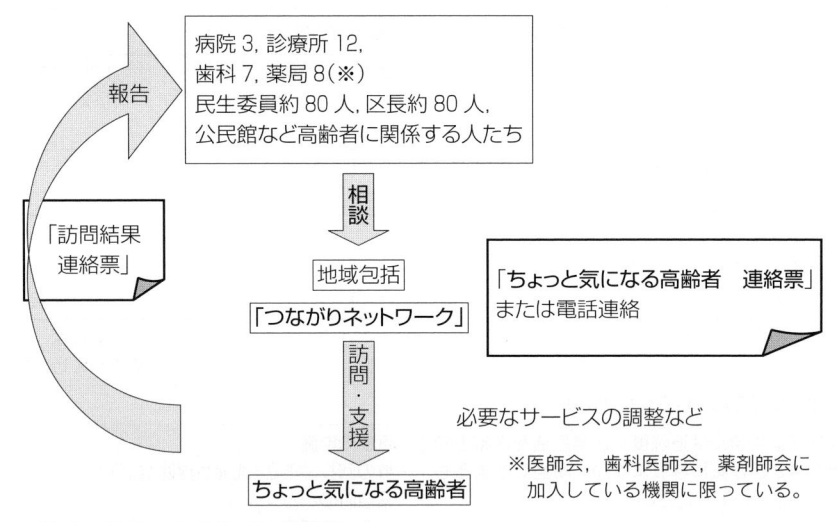

図1 相談から報告までの流れ

そこで，院長に自分の考えを思い切ってぶつけてみたところ，「かかりつけ医療機関にとらわれず，MSWとして動いてよい」と容認を得た．このため，その後の活動が大変しやすくなった．

「つながりネットワーク」の概要

「つながりネットワーク」の概要を**表1**に，具体的イメージを**図1**に示す．このネットワークは，「ちょっと気になる高齢者　連絡票」(**図2**)および「訪問結果　連絡票」を用いて，ちょっと気になる段階から早期に関わることで，状態の重篤化を防ぎ，その人の生活を支えることを目的とする．ネットワークには，地域の民生委員・区長・公民館などの「相談者」もメンバーに入っている．具体的な相談を受けて訪問・支援にあたる「支援者」は，MSW・保健師の他，PSW・社会福祉士・介護支援専門員・訪問介護員が主である．その他のメンバーにはアドバイザーとして専門的意見をもらい，ケースに応じて必要な職種が連動して関わるようにしている．なお，この連絡票の内容はあまり専門的なものにせず，地域の民生委員らにもこのような視点で高齢者を見てもらえたらという意図で作成した．

ネットワークは，医療・保健・福祉が協働してこそ成り立つ．ネットワーク立ち上げにあたっては，筆者(MSW)と保健師は，多久市内の全医療機関・歯科医師・在宅介護支援センター・薬局などを1軒ずつ訪問して「つながりネットワーク」の概要を説明し，協力の承諾を得た．医師会・歯科医師会・薬剤師会でもネットワークの必要性を説明し，勉強会・意見交換会を設けた．

相談ケースが増えてきたので，保健・医療・福祉分野のネットワークの各構成メンバー約20人が集まり，約3か月ごとに相談ケース報告会，事例検討会を設けた．また，月1回開催される地域包括ケア会議には各構成メンバーが参加しているので，そこでも情報交換などを行っている．

「つながりネットワーク」の相談状況

つながりネットワークのこれまでの相談件数は，2009年5月から2012年3月末まで290件である．相談ケースの内訳は，女性が多く，年齢は80代が多く，次いで70代，90代となっている．世帯は同居144件，独居105件，高齢者夫婦41件であった．

「相談者」は，民生委員からの相談が一番多く，次いで医療機関，家族・関係者・隣人などの住民である．区長からの相談もあった．相談内容は，生活のことが多く，次いで認知症のこと，ADL低下，虐待，権利擁護，アルコール，DVなどの

介 虐 他

緊急の場合は　まずご連絡ください！

多久市地域包括支援センター　TEL　75－6033
（おたっしゃ本舗多久）　FAX　74－3398

「ちょっと気になる高齢者」おしえてください！　ご協力お願いします．

記入者（　　　　　　　　）　連絡日　H　　・　　・

訪問するうえで医学上気をつけることがありますか（治療中の病気など）		かかりつけ医（　　　　）	
氏　名	男・女	生年月日	M・T・S　　・　　・　　（　　歳）
住　所	多久町大字　　（行政区　　　）	TEL　　—	不明であれば包括で記入します．

※わかる範囲で記入してください※

①定期受診中または退院後，日常生活を送る上でどんなことが気になりますか．※当てはまるものに○をつけてください．		・食事の準備 ・身の回りのこと（洗濯や掃除など） ・緊急時のこと ・足の力の低下 ・物忘れの進行 ・閉じこもり ・薬の管理 ・その他（　　　　　）
②通院の頻度はどれくらいですか		回/　週・月　　なし
③お達者チェック	ア）つまづいたり，転倒することはありますか	はい・いいえ
	イ）去年より外出の回数が減りましたか（老人会の欠席・定期受診が途絶えた）	はい・いいえ
	ウ）食事を毎日2～3回おいしく食べていますか	はい・いいえ
	エ）物忘れが増えましたか	はい・いいえ
	オ）最近痩せてきましたか	はい・いいえ
	カ）不潔になりましたか（体臭や尿臭がする）	はい・いいえ
	キ）よくケガをしていますか	はい・いいえ
④上記の情報を地域包括支援センターへ提供することに同意されていますか？　はい・いいえ ※情報提供について同意されなかった場合も，ぜひご連絡ください．		
自由記入欄		

「つながりネットワーク」では医療機関に通院しながら暮らしている虚弱な高齢者や病院を退院した高齢者等が必要な社会資源と適切に結びつけるような，医療と保健・福祉のつながりを作るために，連絡票を用いて「ちょっと気になる高齢者」への関わりを早期に行うことで状態の重篤化を予防し，在宅生活を支援します．

図2　「ちょっと気になる高齢者　連絡票」

順である。住民の生活に密着した活動をしている民生委員からの相談は多岐にわたっている。他の医療機関からも生活に即した相談があり，患者が退院後の不安を抱えていることを実感した。同居家族の場合では，日々の生活の中でのちょっとした変化に気づいての相談から医療につながったケースも多く，家族の視点も大切な情報源であった。

初回だけで関わりが終了するケースはほとんどない。初回で介入の仕方につまずくと後がうまくいかなくなるため，初回対応は「相談者」と「支援者」で十分に検討し，今後の対応を関係者と煮詰めて，関わりをつなげていけるようにしている。本ネットワークは高齢者に焦点を当てているが，年齢にとらわれず，障害や難病を持つ人など，相談したいが困っている人も含め，多久市の総合相

談の窓口をめざしている。

連絡票の活用——民生委員との連携

筆者や保健師は「つながりネットワーク」の一員として，民生委員会に参加している。民生委員会に参加するようになって，MSW・保健師・介護支援専門員・地域包括支援センターなどがどのような役割を持つのか，地域住民にあまり理解されていないことがわかった。そこで，地域の民生委員・各行政区長にも「つながりネットワーク」への協力を呼びかけ，地域住民を訪問する際のツールとして「ちょっと気になる高齢者　連絡票」を活用してもらうことにした。

「相談者」（民生委員など）は，地域住民訪問の際に連絡票の項目をチェックし，医療介護などについて気になる点がある場合に，支援者（MSWや保健師など）に連絡するようにした。民生委員からは「今までは漠然と訪問活動をしており，どのタイミングで相談したらよいか，どこに相談したらよいのかわかっているようでわかっていなかった」，「連絡票を活用することにより，問題意識を持って住民に接するようになった」といった声が聞かれている。

なお，ネットワークのメンバーが皆同じ意識で取り組めるように，打合せは何度も行った。「相談者」（民生委員など）は，支援者（MSWや保健師など）と十分に訪問前の準備をしてから訪問へ行く。そして相談を受けて「支援者」が関わった場合，①いつ誰が訪問したか，②訪問した結果どうだったか，③今後どのような関わりを持っていくか，などの相談結果を「訪問結果　連絡票」で，元の「相談者」へ返すようにしている。こうしてネットワーク内の「相談者」と「支援者」の情報共有を図っている。

事例——民生委員からの相談

Aさん，50代男性。肺がんで，市外のかかりつけ病院で抗がん剤治療中。身寄りがなく独居。疼痛緩和のための麻薬を使用している。抗がん剤が合わないのか，吐き気，食欲不振の症状が続いていた。少しずつ薬が合ってきているが食欲はない，臥床しているだけの生活で「どう死のうか」ということばかり考えている。

筆者と保健師は，民生委員より「Aさんについてどこまで関わればよいか」と相談を受けた。

保健師と筆者でAさん宅訪問。事前の話から想像していたよりは表情がよい。聞けばその日は体調がよいとのこと。しかし「今日に至るまでは，何度死のうと思ったことか…。食事は入らないし，動く気力もない。そんな日々が長く続いた」，「いつ死んでもいいように掃除をしている」と言う。その言葉のとおり，部屋はきれいに整頓されており，そこには今まで死に対する不安や恐怖と闘い，死の準備をしているAさんの姿が感じられた。一方で「できる限り自宅で生活したい」と前向きでもある。

Aさんに，今困っていることを尋ねると，「コンビニ弁当ばかりであり，調理はできない。近所の方が心配して食事を届けてくれるが申し訳ない気持ちもある」との返事。そこで，在宅福祉事業の安否確認も含めた配食サービスを説明する。「そんな事業があるとは知らなかった。こんな若い俺でもできるなら利用したい」と言う。市に申請し，配食サービスを受けるようにした。

今後体調が悪くなる可能性もあるため，筆者と保健師の訪問を今後も継続する。また，民生委員へ訪問結果を報告した。民生委員も定期的に様子観察を継続するとのこと。今後は連絡を取り合いながら訪問を続けることにした。

Aさんの病状については，かかりつけ病院（市外）のMSWから情報を得，「つながりネットワーク」により訪問していることを報告した。県内のMSWには，研修会を通じて「つながりネットワーク」を紹介していたため，このかかりつけ病院MSWもスムーズに協力してもらうことができた。そのMSWからは「Aさんの自宅での状況については主治医，MSWも把握できていなかったため，状況を知らせてもらって助かった」とあり，今後本人が安心して療養が送れるように緩和ケアチームで介入するとの報告を受けた。

紹介したケースは，地域の住民の状況を把握している民生委員だからこそ気づき，MSWや保健師の支援につなげることができた事例である。今回のように，身寄りがいないケースではとくに，誰に相談したらよいかわからない状況であろう。かかりつけ医療機関が自宅での生活状況をすべて把握しているとは言えない。そこで「つながりネットワーク」により支援が必要な機関につなぐことができる。Aさんのような「できるだけ自宅で生活したい」人々の願いを支援するツールとして，「つながりネットワーク」が有効である。

まとめ

「つながりネットワーク」を立ち上げたことにより，筆者の活動は，当院の患者・家族との関わりだけでなく，多久市の「住民全体のMSW」として関わりを持つようになった。単一の職種で関わるには支援の幅に限界があるが，「つながりネットワーク」のメンバーがそれぞれの所属機関を越えてともに地域に出向くことで，ちょっと気になる段階で早期に関わることができる。他職種が同時に関わることによって問題解決のスピードが上がり，同時にお互いのノウハウを学びあうことができている。また，地域に出向くことは，住民の生の声を聞けるという得がたい機会となっている。訪問時の患者・住民の笑顔は，安心して生活ができているのだと実感できる瞬間で，「つながりネットワーク」の醍醐味を感じる。

多久市という人口2万人弱の小さな地域から始まったネットワークであるが，多久市とその他地域との連携もスムーズに進めるように今後も取り組んでいきたい。

▶編集者より◀
連携システムを創り出す力

兵庫大学 生涯福祉学部 社会福祉学科 教授　村上須賀子

国の医療政策は施設医療から在宅医療へと大きく舵が切られている。にもかかわらず，その受け皿は未整備で脆弱である。現場の保健・医療・福祉関係者は，住民の「いのちと暮らしの安全」を保障するサービスを継続的に提供していこうとする時，個人の取組みの限界を超える課題に遭遇する。その対処には組織に属して活動している個人が従来の領域枠を超えて連携していける「しくみ」を組織的に作っていく必要が生まれる。

その「しくみ」とは縦割りを廃して，お互いの情報・ノウハウ・知恵を出し合い「総合的・有機的なサービス」を提供するシステムである。組織の枠をゆるやかにし，横軸を刺すような組織と組織の連携を図ることにより，最大限の効果を生み出していくことが可能となる。

例えば人的資源である行政職員・保健師・地域サービス機関職員・医療機関職員・地域自治会役員・民生委員などが互いの業務内容やその特性・トレンドを，相互的に理解したうえで，なおかつ各機関に所属する個人が最大限の働きを可能にする「しくみ」を創り出していくことである。そのエンジンになるのがコーディネート力であると考える。

そこでは，今あるサービスをつなぎ合わせる調整型のコーディネートから，組織連携により，今はないが必要とされている新たなサービスを模索していく創造型のコーディネートへの発展，進化が求められる。それは提供内容だけではなく，サービスの新たな提供方法を創設していくことをも含むであろう。

従来の医療ソーシャルワークでは，患者・家族と1対1で向き合うことが多く，組織と組織をつなぐ働きや，社会のシステム作りを経験する機会は稀であった。

しかし，1章3節79頁で示した「MSW連携シート」，いわばMSW地域連携パスは，地域の組織と組織の連携を実現させる先駆的な実践である。

この「つながりネットワーク」も，サービスの新たな提供方法の創設である。MSWの安武一氏と保健師の堀田美香氏の2人が利用者の実態に触れ，放っておけないという問題意識にかられ，やむにやまれぬ情熱から，組織に属して活動している個人が，「従来の領域枠を超えて」連携システムを創設している。お2人の切り拓いていく粘り強さに拍手を贈りたい。このような実践が全国に拡がっていくことが今，求められている。

1章 地域ネットワークプロセス
③ 地域連携ネットワークシステムの構築
認知症を切り口にして

支援方法論

愛知県厚生連 海南病院 地域医療連携室長　佐藤和子

認知症への理解を深め，介護家族を支える活動

　海南病院では以前，認知症の多くを精神科で診察していたが，1994年より名古屋大学老年科の医師が非常勤で認知症の診察をするようになり，翌年から認知症専門医として常勤となった。当時，病院職員も認知症患者を抱える家族も，認知症とは何かという認識は低かった。そこでわれわれMSWは，院内で認知症に関する勉強会や家族会を開催し，認知症に関する理解を深める努力をしていった。ただ，それはまだ院内でのささやかな取組みであり，地域に広げていくには至っていなかった。

　その後，認知症と診断された人や診断を受けたほうがいい人たちに関する個別相談活動が続いた。とくに介護保険が開始されてからは，ケアマネジャーからMSWへの相談が相次ぎ，在宅介護支援センターの業務として筆者らMSWは地域を走り回る日々であった。一般の人たちへ「認知症とは何か」，「認知症への対応の仕方」などの講演会を開催し始めたのがこの時期でもある。

　2007年6月，認知症患者の家族から，家族の思いやサービスの利用，地域の取組みについて話をじっくりと聞く機会があった。その話を一般の人々にも聞いてもらいたいと考え，11月に弥富市地域包括支援センターの啓発活動として，講演会を開催した。約100人の参加があり，認知症の患者を支える家族への共感が多く示された。認知症患者を抱える家族を支える活動が，地域で必要だと改めて実感した機会であった。

　そこで地域のケアマネジャーや事業所に呼びかけてチラシを配布し，12月に16人の参加者（介護する家族）による第1回の「認知症介護者交流会」を行った。司会進行はMSWが担当し，参加者に今までの経緯，現在困っていること，今後不安なことなどを1人ずつ話してもらった。その中でいくつか困っていることに焦点を当て，当事者間で考え方や解決策を提案していく形式とした。以後「認知症介護者交流会」を定期的に（月1回，第3土曜日の午前中）開催している。当初は患者本人を責めていた介護者が，この交流会に参加することで，前向きに助言を受け入れ，自分が変わらなければと考えるようになる場となっている。

医師会と地域包括センターの「互いの顔が見える」ネットワーク作り

　一方，海南病院では早くから病診連携に力を注いできた。1988年，訪問看護担当者として保健師2人が配置されて以来，MSWも一緒に地域の開業医を訪問し，事あるごとに連携を進めてきた。

　2007年に医師会に対して行ったアンケートから，日常の診察場面で認知症に対して困っていることが多い現状が浮かび上がった。そこから専門職種の認知症ネットワークを作る必要があるとして，「海部認知症ネットワーク世話人会」が立ち上げられた。その際，ネットワーク作りのきっかけやノウハウを尋ねられたことから，われわれMSWが関わることとなった。

注）病院：69巻11号（2010年11月）に掲載。

話し合いの中で，海部地区の地域包括支援センターのネットワークを活用することを提案し，ブロック代表に集まってもらった。フリーディスカッションする中で，医師会の医師たちと地域包括支援センター職員は，実際に話をしたことがほとんどないので「互いの顔が見えない」状況にあることがわかり，それでは互いの顔を見て話し合う場を作ろうということになった。

2008年5月，医師37人，地域包括支援センター職員30人が，5つのブロックに分かれ，グループディスカッションを行った。話し合いの仕掛け作りとして，あらかじめグループリーダーを決め，互いの顔を見て情報交換や要望を自由に話し合えるように，事前の打合せとしてメールで何度も話し合った。

当日は，心配は杞憂に終わり，困難事例を話し合うグループや，今後の認知症患者の早期発見のシステム作りにまで話が及ぶグループもあった。疑問や戸惑いもあったが，お互いに何ができて何ができないか確認できたことは，大きな成果であった。

続く10月，「認知症になっても安心して暮らせる町づくり」をめざして，グループディスカッションを再度企画し，「地域で認知症の患者を抱える家族をどう支えていくか」を各ブロックで話し合った。今回は，ケアマネジャーにも声をかけ多くの参加があった。しかし，地域ごとに温度差があり，すぐさま全地域で「認知症を抱える家族の会」を立ち上げるまでは難しいとなったが，できるところから進めていこうと確認し合った。

各ブロックの取組みとしては，2009年3月に，弥富市に隣接する蟹江町で「認知症を抱える家族の会」が立ち上がった。われわれMSWも応援に駆けつけ，家族会の司会進行を担当し，今後定期的に「家族の会」を継続していくことになった（2か月に1回程度）。その他の地域でも「認知症を抱える家族の会」や「介護者の会」などを行っている。定期的に集まって自分1人ではないと感じ，がんばろうという勇気をもらえる場として，このような会は，今後ますます必要となってくるだろう。自分の地域での実践を広め，他の地域にも積極的に働きかけていこうと考えている。

2008年11月，医師会のみではなく薬剤師会にも声をかけ，講演会を開催した。参加者が多く，ディスカッションをするには会場が足りず，講演会となった。2009年7月にようやく十分な広さの会場が確保でき，5つのグループに分かれて，地域別グループディスカッションを行った。薬剤師を含む200人以上の参加者があり，服薬管理や医療と介護の連携など各地域での活発な一歩進んだ話し合いがなされた。話し合いの結果をOHPで映し出し，それぞれの地域でのディスカッションの内容を発表してもらった。地域ごとに深まっていく医療と介護の連携や互いの理解がよく現れていた内容であった。その後は各地域でさらなる連携を図り，全体会としてその取組みの発表の機会を作ることとなる。

研修会・交流会を通じてネットワークの発展を図る

医師会の医師たちとの交流が進んでいた弥富・飛島地域グループディスカッションでは，もう一歩踏み込んだ交流を進めていこうということになった。地域包括支援センターと海南病院のMSWが働きかけ，2008年6月「研修会と交流会」を行った。医師15人とケアマネジャー・地域包括支援センター職員・病院MSW28人の参加であった。そこでは，名刺交換・ケース報告・連携をさらに発展させる話し合いが活発になされた。互いの連絡方法について，ファクスの連絡用紙を作って情報をやりとりするという合意がなされ，その後活用されている。このような多くの職種が一同に会する場を設けるという仕掛けは，根回しが必要であるが，行ってみるとかなり効果的であると感じた。

2010年には医師会の医師たちからの「また皆で集まろうよ」という要望に応えて，多職種による事例検討会を開催した。今までケアマネジャーや病院のMSWなど福祉系の事例検討会は数多く行ってきたが，医師と認知症を切り口に事例検討会を行う機会がなかった。そこで，2010年4月

に医師9人，ケアマネジャー・病院MSW・訪問看護師合わせて40人が，それぞれ5つのテーブルに分かれて事例検討を行った。事例の決定や検討課題の設定は，各職種が発言できるよう配慮した。各テーブルの司会進行をするMSWにも，認知症の進行に応じて生じる周辺症状に対して各職種がそれぞれの持ち味を活かしてどのように介入していけるか，検討してもらうよう依頼した。終了後，各司会者が各テーブルの検討結果を報告し，今後，困難事例が発生しても，各職種が協力して解決していこうと決意を新たにした。

ネットワークツール その1
オリジナルの「お薬手帳」作成

2009年7月末に，海部津島地区で薬剤師会がオリジナルの「お薬手帳」作成に向けて動き始めた。それは，海部津島地区の要介護・要支援状態の人に対して必要な機能を付加したお薬手帳を交付することで，医・薬・介のネットワークの媒体となり，ひいては利用者のQOLの向上に役立てることが目的であった。内容を地域包括支援センターと医師と薬剤師が検討し，試作品を作り，地域包括支援センターが中心となってケアマネジャーに広く意見を聞き，2009年10月に新たなお薬手帳ができあがった。

この「れんらく用おくすり手帳」は，正しく薬を飲んでもらうだけでなく，利用者や家族を取り巻く医師・看護師・ケアマネジャー・サービス担当者と利用者の情報を共有するためにも利用されている。緊急時連絡先や担当ケアマネジャー，利用しているサービス施設，かかりつけ医，かかりつけ薬局などを書き込めるようになっている。手帳の中には，関係者への連絡事項も書き込めるようになっており，どこに行くにも持ち歩くよう利用者や家族の自覚を促している。これは現在，海部津島地区の多くのケアマネジャーと地域包括支援センターが利用しており，さらなる改善をめざし，最近改訂版ができあがった。ケアマネジャーに配布するとともに，地域の薬局に置いている。

ネットワークツール その2
メーリングリストの活用

2008年5月の医師会と地域包括支援センターとの第1回のディスカッションの後，弥富市地域包括支援センターが中心となり，メーリングリストが作成され，連絡のみならず相談などに活用されている。認知症にまつわる日常の困ったことへの質問が出されると，他職種からさまざまな解決策が提示されるなど，リアルタイムに役立っている。

今後のあり方

多職種が連携することによって，認知症を抱える家族を支援する意欲的な試みを行ってきた。海南病院を中心とする地域での実践をモデルに，波のようにその実践を広げていく活動，地域全体で勉強会や事例検討会などのグループディスカッションを定期的に押し進めていく活動，いろいろな様式や手帳などを作り，それをコミュニケーションツールとして連携を進めていく活動である。それぞれを組み合わせてネットワークの網の目をさらに細かくしていくために，今後も仕掛け作りを行い，専門職のみでなく，民生委員やボランティア，地域住民1人ひとりが参加し，互いに支え合う地域となるよう継続した働きかけを行っていきたい。

1章 支援方法論

④ MSWのソーシャルアクション

「貧困」に向き合うMSWの役割

倉敷医療生協 水島協同病院MSW **志賀雅子**

「野宿者の死」との出会いから野宿者支援組織に関わる

2008年末に取り組まれた東京の日比谷公園での「派遣村」の実践は、マスコミを通じて全国に発信され、「貧困」が可視化されたと言われている。そして、「派遣労働者」の多くは職を失うと同時に「住まい」も失い、ネットカフェや路上での生活を強いられる者も少なくないという現実も知らされた。この後、労働組合や市民団体により「労働生活相談」や「野宿者支援」の取組みが全国に拡がった。水島協同病院のある地域でも、大手自動車工場が3,000人の派遣切りを発表し、関連企業も含めると多くの労働者が職を失うことが予想され、労働組合や市民団体により「労働生活相談センター」の開設が準備されていた。

この頃、筆者は忘れられない事例に出会った。2009年1月の寒い日、「公園で生活している人の体調が悪そうだという通報が市民からあったので一緒に行ってほしい」という福祉事務所職員からの依頼があり、当院の看護師とともに公園に駆けつけた。その時「彼」はあずまやのコンクリートの床に横たわっており、「病院に行こう」と声をかけると、かすかにうなずいた。ただちに救急車を呼び当院に搬入されたが、病院に到着して間もなく彼は心肺停止に陥り、救急スタッフの必死の救命措置の甲斐なくそのまま死亡した。直腸温は25度で凍死であった。

コンクリートに横たわっていた「彼」の姿が、目に焼きついて離れない。これまでも野宿者が凍死したという事件は耳にしていたが、現実に遭遇してその理不尽さを受け入れることができなかった。筆者はこの事例から、職を失い、住まいも失うおそれのある人々を支援するためには、緊急一時避難できる「住まい」が必要だと強く思った。

筆者の働く病院は、戦前に医療にかかれない人々の要求に応えて開設された病院であり「地域に根ざした医療」を実践しているため、MSWがこの活動に関わることへの理解を得ることができ、所属する法人のMSW全体で「労働生活相談センター」の取組みに深く関わることになった。

幸運なことに住居つきの空き店舗が借りられることになり、2009年2月、緊急一時宿泊施設つきの「相談センター」を開設した。「ほっとする場所」、「憲法25条を守る」という思いを込めて「ほっとスペース25」と名づけ、労働組合や市民団体、司法書士・弁護士・社会福祉士との連携で運営することになった。

「ほっとスペース25」の活動内容は、①各種相談、②緊急一時的な住居の提供、食事の提供、③物資の支援、そして、④野宿者支援のための「夜回りボランティア」である。活動資金は支援団体や市民個人からのカンパでまかなわれている。

「ほっとスペース25」の活動におけるMSWの主な役割は、新規相談者の面接である。また、病院の救急室に運ばれてくる「野宿者」の社会資源としても大いに活用した。

事例

「ほっとスペース25」で出会った事例1〜3を紹

注）病院：69巻9号（2010年9月）に掲載。

介する。

事例1　Aさん，31歳，男性。

　2008年12月初旬に派遣切りにあい，その日のうちに寮を追い出された。その後2か月間ネットカフェや公園で過ごしていた。所持金がなくなり新聞で「ほっとスペース25」のことを知り，新聞記事の切り抜きを握り締めて病院のソファで寝ているところを，職員に声をかけられた。

　Aさんは，幼少時母親が死亡し，祖父母に育てられる。高校卒業後専門学校に進み，音楽の道を志すも断念。その後派遣労働者として働くようになった。祖父母はすでに死亡し，父親とは確執があり家族を頼ることはできなかった。

　生活保護を申請し，住居を確保し求職活動を行う。その後父親との関係が改善され，レンタルビデオ店でアルバイトとして働くようになった。

事例2　Bさん，33歳，男性。

　派遣会社から自動車工場へ派遣。2009年3月末で雇い止め。退寮後は働いていた時の貯蓄で住居を確保し，雇用保険（失業等給付）を受けながら求職活動を行ったが職を見つけることはできなかった。2009年10月，失業等給付も切れ家賃を払うことができず住居を失った。数日ネットカフェで寝泊りしたが所持金がなくなり，自ら福祉事務所に相談に行った。福祉事務所から「ほっとスペース」を紹介され来所。

　Bさんは，小学生の頃両親が離婚し，父親に引き取られた。その後父親は再婚。継母や異母弟と生活したが家族から孤立し，高校卒業と同時に家を出る。正規雇用の職には就けず，28歳頃から派遣会社に登録し，自動車関連会社で派遣労働者として働くようになる。家族とは音信不通であり，連絡先すらわからなかった。生活保護を申請し，住居を確保し求職活動を行っている。

事例3　Cさん，48歳，男性。

　K市の派遣会社で働いていたが，2008年11月に雇い止め。出身地に帰るため，日雇いの仕事をしながらH市，倉敷市と足を延ばしてきたが，所持金が底をつき，2008年2月初旬より倉敷駅地下で路上生活をしていた。夜まわりボランティアに声をかけられ，その翌日，「ほっとスペース25」に来所した。

　30代で妻子と離別。出身地で建設関連の仕事をしていたが，不況のため仕事がなくなり，2006年頃仕事を求めて県外に出た。Cさんは出身地に帰ることを強く望んでいた。

事例から学んだこと

　初めての面接の時，彼らの表情は一様にこわばっており，「ここは何をするところか」，「どういうことをしてくれるのか？」とこちらを探るような質問をしながら，慎重に話した。Cさんは「元いたところに戻り，考えてみる」と路上に戻り，翌日再度来所して，ほっとスペースに寝泊まりするようになった。手足を伸ばして眠る場所と食事が提供された後，彼らは心境を語り始めた。

　彼らの言葉を拾ってみた。「最初は仕事を探しに出ていたが，次第に今日は何が食べられるか，どう過ごすかを考えるのが精一杯になった」，「人と話すことがなく，視野が狭くなり，情報がなくなった」，「今は1人の力で立ち直れると思えない」，「住所連絡先がない，風呂に入っていない身なりで，仕事を探せない」などである。最初は彼らの気持ちをゆっくりと受け止めながら，「ほっとスペース25」の宿泊期限である2週間のうちに，「生活の場」を取り戻すための援助を行った。

　事例1，2の人は，生活保護を受給して住居を確保し，求職活動を行うことになり，事例3の人は，滞在中に短期アルバイトをし，旅費を稼いで郷里に帰っていった。筆者らが活動を始めた頃は，倉敷市では住所不定を理由に生活保護が受理されなかったが，全国的な運動の成果をもって，行政と交渉した結果，「ほっとスペース」を連絡先として生活保護が受理されるようになった。

　筆者らは，これらの経験を通して当事者の話をよく聞き，問題点を発見し，それを解決できる道筋を一緒に考え，行政に働きかけることも含めての支援により当事者は立ち直ることができるとい

う，ケースワークの基本を学んだ。彼らの問題は路上で暮らさざるを得ないことではなく，すべてのものから排除されていることであった。路上生活を強いられる人の多くは何らかの理由で家族との絆が断たれており，働くこと，生活を支えるはずの社会保障制度，人とのつながり…，あらゆるものから排除され，人間らしい暮らしとほど遠いものとなってしまう。しかし，社会，人とのつながりを取り戻すことで彼らは変わることができた。

「ほっとスペース25」の活動でMSWはその運営に積極的に関わっている。夜回りボランティアなどにも参加しているが，MSWの主な役割は相談に訪れる人と向き合い，継続的な個別援助を行うことである。

筆者らはこの経験を通して，野宿者支援などの地域の活動に関わる時，MSWは，単なるボランティアとしてだけではなく，その持っている専門的な援助技術の実践が求められていることを確認した。

医療現場での生活保護

1. 申請事例から

言うまでもなく，医療現場にも貧困の実態は拡がっている。当院でMSWが生活保護の新規申請に関わった数は検診命令で受診した人も含めて，2008年度の22件に対して，2009年度は61件で3倍を数えた。当院では検診命令で受診した人もMSWが面接をし，その生活実態を把握している。年代では50代，60代が最も多く，合わせて37人（40％）であった。20代，30代も11人おり，18％であった（図1）。家族のいない単身者は41人（68％）であり，失業を理由として生活保護を申請した者は35人（57％）である。

2. 事例

① 電気工事の仕事をしていたが，6月より仕事が減り，年配者から順番に仕事を切られ無収入となり生活保護申請。他院にDM（糖尿病）で通院していたが，1年前から中断。

② 2008年12月に人員整理で解雇され，失業等給付で生活していたが7月で切れた。高血圧で通院していたが昨年（2009年）12月より中断。

③ 41歳，B型肝炎だが6年間未治療。2009年4月解雇。失業等給付14万円。6人家族で生活できず生活保護申請。求職中だが仕事がない。

これらの事例の人々は，経済的問題を抱え「生きづらさ」どころか，「生きること」そのものも危うい状況に置かれていた人もいる。MSWの介入により生活保護を申請するなどしたことにより，少なくとも医療を受けることができるようになり，生活の立て直しができた人もいる。

生活保護は最後のセーフティネットとしての機能を持ち，憲法第25条の「健康で文化的な最低限度の生活を営む権利」，すなわち「生存権」を保障する理念に基づいている。われわれMSWが，生活保護申請の援助を行うのは，決して医療費の工面だけではなく，その生活実態を聞く中で，「生存権」が保障されていない実態を把握し，「生存権」を取り戻すことにある。

雇用状況の悪化で職を失う人が増えるという状況に加えて，近年「構造改革」の名の下に進められた社会保障制度の改革は，患者の自己負担を増加させ，病をもった人々からさらに「医療」を遠ざけている。医療の現場で患者の生活に視点を当てた援助行い，「人権擁護」を理念とするわれわれMSWが医療現場で果たす役割はますます大きくなっている。

まとめ —— MSWの原点を振り返る

MSWの原点に立ち返って考えるなら，MSWは医療現場に現れる貧困問題を社会的に捉え，「人権擁護」を理念として掲げていることから，生活困難を抱えた人々に対し憲法25条を基底とした「生存権」を取り戻すべく，援助しなければならない。また，患者の生活実態を把握し，院内の他のスタッフに伝えると同時に社会にも問題を提起する必要がある。さらに実践は病院内にとどまらず，運動とともに地域に拡げることが大切である。

1章 支援方法論

④ MSWのソーシャルアクション

国保資格証問題と受療権を守るMSWの役割

広島共立病院 相談室課長／MSW　山地恭子

医療から疎外される人々

　新人MSWの頃，私は車上生活から入院となったAさんと出会った。Aさんは40代，炭鉱の町で育ち，中学卒業と同時に都会へ仕事を求めた。十分な教育を受けていないAさんにできる仕事は肉体労働ばかりで，次第に体調を崩した。その頃両親はすでに亡くなり，故郷として戻る場所を失った。いつしか酒におぼれるようになり，職を失い，車上生活を余儀なくされた。そして救急で運ばれた。無保険状態であった。

　Aさんは，経済的に困窮しているだけでなく，社会的なつながりからも疎外されていた。生活保護申請を行い，病院近くのアパートで自活したものの，何度も入退院を繰り返し，50代の若さで亡くなった。

　日々の生活に精一杯で，医療機関にはめったなことでは行かず，ぎりぎりになって救急で運ばれる。Aさんのようなケースをその後何度も経験した。それが筆者のMSWとしての出発点で，医療から疎外されている人々が何と多いことかと驚いた。こうしたことに対して，MSWは何をすべきかという問題意識を持つきっかけとなった。

受診が遅れ，死亡するという現実

　当院は広島市の中心部から6kmほど北部にあり，15年ほど前からマンション建設が増加し，市内で最も人口増加率の高い地域である。

　このような地域にある当院では，1998年頃からAさんのような住所不定ケースが続き，郊外型のホームレスケースとして気になっていた。1998〜2006年までに18人の住所不定ケースがあったが，振り返ってみると多くが「死亡」で帰結している。受診が比較的遅く，重症化，慢性化している状況がうかがえた。

　倒産やリストラ後，社会保険から国保加入をしないまま無保険状態のケースもあったが，国民健康保険の被保険者で，資格証明証を発行されていることから受診をためらっていたと思われるケースもあった。

　自営業者や年金生活者および失業者が加入する国民健康保険は，保険料1年以上の未納者に対し保険証を返還させ「資格証明証(以下，資格証)」を発行する措置をとっている。国民健康保険法は資格証を「発行できる」規定から，1986年には「発行義務」規定に改定された。資格証とは，文字通り，保険の資格があることを証明しただけのもので，窓口で医療費の10割を支払わなければならない。その後行政の窓口で(保険者から)7割を返還してもらうのだが，そもそも保険料を「払えない」のだから，窓口での10割負担など困難である。できるだけ病院へは行かない，ぎりぎりまで我慢するという事態になることは容易に想像できる。

　当院が所属する民主医療機関連合会(民医連)では，受診が間に合わず死亡したと思われるケースについて，2006年に初めて全国調査を実施した。当院から3事例，全国で29事例が報告された。その後この調査は毎年実施され，2007年31事例，2008年31事例，2009年47事例が報告されている。国民皆保険制度を持つこの国で，医療か

注) 病院：70巻3号(2011年3月)に掲載。

ら疎外され，間に合わず亡くなる方がいるという事実は，深くて大きな意味を持っている。なお民医連は，2010年11月時点で，病院145，有床診療所16，無床診療所505，歯科・訪問看護・高齢者施設など1,762事業所が加盟する全国組織であり，47都道府県に加盟事業所があり，職員数65,000人を超す。

資格証発行は受療権侵害

1．「広島市国保を良くする会」結成とMSWの代弁機能

2000年，広島ではさまざまな民主団体が共同して，「広島市国保を良くする会(以下，良くする会)」を結成した。広島市国保は，資格証発行が義務化されて以降，発行数が右肩上がりに増加していた。資格証発行をやめること，保険料を下げること，この2つを二大要求として掲げ，「良くする会」は運動を展開した。当院の母体である広島医療生活協同組合もこの団体に加盟した。というより，率先して「良くする会」の立ち上げに尽力した。その中心がMSWであった。

MSWは日々多くのクライエントと向き合い，当事者の生活困窮の実態を客観的かつ社会保障の視点からも発言できる立場にあった。直接市側との交渉場面では，実際のケースを紹介することに徹し，時には当事者の参加も促した。クライエントの代弁者としての機能が強く求められていた。

その中のケースを1つ紹介する。12歳のBさんは，2001年より精神障害者通院医療費補助(広島市の独自助成)を受けていた。2003年に薬局よりMSWに相談があり，Bさんに国保資格証が発行されていることがわかった。

公費負担医療の対象者には資格証は発行されないはずであるため，MSWが行政(市の担当窓口)へ問い合わせたところ，行政は国の公費負担医療の対象者に関しては確認するが，自治体独自の公費負担医療対象者までは確認をせず，とくに本人からの届け出がない場合，資格証を発行していることが判明した。

このケースを「広島市国保を良くする会」では対

表1 広島市国保資格証・短期保険証発行数の推移

年度	資格証	短期保険証
1988	478	—
1994	1,893	2,669
1997	1,550	4,568
1998	2,500	6,088
1999	3,987	5,999
2000	6,045	7,685
2001	6,182	9,357
2002	6,415	10,778
2003	7,246	11,985
2004	8,136	12,432
2005	8,404	12,792
2006	8,692	12,628
2007	8,271	8,775
2008	0	16,441
2010	0	18,922

出典：広島市社会局(健康福祉局)保険年金課資料より各年10月1日現在の統計数，2010年は1月末時点

市交渉で取り上げ，2003年，広島市では自治体独自の公費助成対象者についても，行政があらかじめ確認し，資格証は発行されなくなった。

2．資格証発行は原則悪質滞納者のみに

前項に紹介したケースをはじめさまざまな成果が，「良くする会」の活動経過の中で生まれた。そして，2007年NHK広島が資格証問題と死亡事例を取り上げ中国四国地方で放送された後，2008年年明けには「クローズアップ現代」で全国放送された。これらが大きなきっかけとなり，広島市は2008年6月「原則悪質滞納者以外には資格証発行をしない」と方針転換した。その後現在まで資格証発行は「0」である(表1)。「良くする会」結成当初の目的の1つを達成することができた(とはいえ，保険料負担が困難な生活実態は変化していないため，資格証発行が減少した分，短期保険証発行はこれ以後増加している)。

なお，この放送では，資格証明書のため受診を控え，結果受診が遅れ亡くなった患者の家族に取材している。筆者らMSWは当事者家族へ取材の意図を伝え，協力を求めたが了解を得るには困難を伴った。他院のMSWにも協力を求めてようやく取材に協力してもよいという患者・家族を

見つけることができた。

広島市が「原則悪質滞納者以外には資格証発行をしない」と方向転換したことで、その後全国でいくつかの保険者が追随した。国会でも取り上げられ、2008年10月には中学生以下、2010年7月には高校生以下への資格証交付には留意するよう通知が出され、原則発行されないことになった。

資格証発行は受療権侵害であると考える。MSWとして確信を持ち、「良くする会」などで先輩MSWとともに行動することができたことは、まだまだ経験の浅い私自身の自信につながった。

「病院」としてできること

当院では長年、「経済的理由で入院はしたくない」、「保険証がない」と話される人などに対応した職員は、MSWへ連絡を入れることにしている。「良くする会」を結成した2000年以降、あらためて、院内の職員に、資格証問題やその背景について知ってもらう学習の機会をつくることを心がけてきた。若手看護師の研修、院内の委員会や各職場でのミニ学習の講師をMSWが積極的に務め、月報ではケース報告を継続した。継続することで意識を持つ職員が育っていると感じている。今では、救急対応の医師、病棟担当の事務職や病棟看護師など、気がついた職員からMSWに連絡が入るようになっている。

2010年度上半期で、当院では生活保護申請援助10件、国保法44条(一部負担金減免)申請8件を援助した(上半期新規相談736件)。これらの多くは、MSW以外の職種の気づきからMSWへの相談につながっている。したがって職員への働きかけも、MSWの受療権を守る取組みの大切な部分を占めていると言える。

また、当院は、毎月21日を「中断患者訪問の日」と決め、全職員が交代で、慢性疾患の治療中断患者への訪問を継続的に行っている。経済的理由から受診を中断しているケースが後を絶たないからである。これまでにも、訪問をきっかけに社会資源の活用をMSWが援助し、受診を再開したケースが多数ある。

余裕のない1人ひとりの職員が地域に出て活動することは決して容易ではないが、職員の意識を高める重要な取り組みとなっている。

反貧困運動は、受療権を正面から考え直すきっかけに

2007〜2008年末年始の「年越し派遣村」の中継に、私はテレビの前でくぎ付けになった。「派遣村に列をつくる」映像にではなく、「私は何をしているのだろう」というあせりからだった。同様の思いをもったMSWは少なくないだろう。

MSWの役割は、院内での相談援助機能だけでは足りないこと、患者(クライエント)の代弁機能が求められていることを、「良くする会」の運動で実感していた。ソーシャルアクション、インクルージョンを図っていくには、MSWは地域に開かれた相談援助機能として存在しなければならない、そのことが受療権を守ることにつながるのではないかと考えた。

派遣村の取組みが全国的に広がり、広島にも2009年「反貧困ネットワーク広島」が結成された。弁護士・司法書士など法律の専門家を中心に、MSWをはじめ医療福祉専門職、一般市民や団体が一緒に相談活動を行うようになった。結成当初から、私は広島県医療ソーシャルワーカー協会の一員としてこの会に関わり、相談会への参加だけでなく、日常的な相談にも対応している。病院にさえ来られないという人たちからの相談には、驚きと同時に、ソーシャルワーク機能が広く求められていることを再確認させられる。また、弁護士のような法律の専門家と一緒に相談に対応しケース検討を行うことは、MSWという医療福祉の専門職として何ができ、何ができないのかを自覚するよい経験になっている。そして、何より、総合的な相談対応として真に求められていることが何か理解できるようになった。

反貧困ネットワーク広島では、2009年12月に第1回目の「まちかど相談会」を主催した(図1)。その際、当院からも医師・看護師・歯科医師・MSWらが医療相談・健康相談・歯科相談を行っ

図1 反貧困ネットワーク広島主催「まちかど相談会」で相談を受ける弁護士

た。これら職員の参加は、MSWから院内へ提案し了承の得られたものである。2010年の第2回まちかど相談会では、医師の派遣はできなかったが、看護師・歯科医師・MSWは継続して相談に参加した。中断患者の訪問同様、取組みの意義に賛同して職員が参加していることは、MSWだけでなく病院職員皆が地域の「受療権を守る」という意識を形成していることの顕れである。

おわりに

現在、MSWに求められる業務は、医療機関の特徴にもよって驚くほど多岐にわたっている。未だに資格証を発行し続ける保険者が多くあること、そして発行禁止が高校生以下という条件の陰に見え隠れする「自己責任論」に懸念を抱いていることを、付け加えておきたい。決してMSWはこのような論理に負けてはならない。社会が貧困化し、受診さえためらわれる多くのクライエントへの相談援助機能が求められている今だからこそ、私たちMSWが、「受療権を守る」ことにこだわりをもちたい。

▶MSWと協働して◀
MSWは不可欠の存在

反貧困ネットワーク広島事務局長／弁護士　秋田智佳子

　反貧困ネットワーク広島（とくに事務局長である私）にとって、MSW（とくに山地さん）は不可欠の存在だ。2007年10月、わが国で始めて貧困問題に取り組むため東京で結成された団体であるが、翌年7月、史上初めての「反貧困全国キャラバン2008」が全国で展開された。これらのキャラバン活動を通じて、「貧困問題は自己責任ではなく社会問題！」、「各団体の垣根を越えたネットワークで貧困問題の解決をめざそう！」という機運が高まり、岐阜、滋賀、大分、宮城、埼玉と各地で反貧困ネットワークが結成され、2009年2月結成の広島は7番目と言えようか。2008年末、各地の「反貧困ネットワーク」が主催して「明るいクリスマスと正月を！　年越し何でも相談会」が実施され、広島でも弁護士・社会福祉士・MSWなど各専門家が連携して取り組んだ。

　2009年3月、3月末派遣切り対策の何でも相談会を開催し、同年5月には初めて、ホームレスなど困窮者が多く集まる広島駅地下広場という公共の場で「まちかど生活相談会」を開催した。おむすびと味噌汁の炊き出しの他、医師やMSWによる医療・健康相談コーナーも初めて設け、尿検査、血圧検査など大変好評であった。同年12月14～16日に、広島弁護士会が広島駅地下広場で開催した年末年越し相談会では、反貧困ネットワーク広島、広島県民主医療機関連合会、広島県労福協、生活と健康を守る会、広島夜回りの会などが協力団体として参加し、医療・健康相談コーナーも設置された。2010年12月も同じ場所でまちかど相談会を開催し、看護師による健康相談、歯科医による歯科相談が実施され、MSWも相談対応した。

　派遣切りにより社会保険がなくなった後、仕事も見つからず、国保料未払いのまま何か月も経過し、耳から水が出たり歯が痛かったりしても病院に行けないままの若者たちにとって、病院に再びかかれるように助言、橋渡しをするMSWの存在はいかに大きいことか。「さまざまな問題を抱えている相談者を総合的に救済しないと救済したことにはならない」（反貧困ネットワーク事務局長・湯浅誠氏）から、相談者に対しては専門家が数人で連携して相談にあたる必要があり、MSWは私たちにとって欠かせない存在だ。

　反貧困ネットワーク広島では、2009年5月に住まいを失った人のための緊急一時宿泊所（シェルター）を開設し、現在6室を運営し、現在までに約120人が利用している。シェルターは畳に上がるまでの通過点であり、畳に上がってからの孤立・アルコール依存・ギャンブル依存・過食症・自殺念慮などがすでに顕在化している。そうしたアフターケアへの取組みにもMSWは欠かせない存在だ。より多くのMSWの関わりに期待している。

1章 支援方法論

④ MSWのソーシャルアクション

ソーシャルアクションのツールとしての寸劇

兵庫大学生涯福祉学部社会福祉学科教授 **村上須賀子**(左)
済生会広島病院 保健医療社会事業部
保健・医療相談室 主任 **原田彩子**(左)

市民への問題提起・理解を促す寸劇という方法

村上須賀子

　制度改革や地域を巻き込んだ医療福祉環境への変革のアクションが必要かつ重要な時代を迎えている。ここではソーシャルワーカーの本来機能の1つであるソーシャルアクションのあり方として、筆者らが続けている「寸劇」による住民への問題提起の方法について述べたい。

恒例新春公演

　2011年1月、広島のアステールプラザ大ホール、1,200人余りの立ち見も出た大入り満員の舞台の幕は開いた。
　初老の男が「今日は大家が家賃を取りに来る日だったなあ」とつぶやく。が、突然胸が苦しくなり倒れる。大家が訪ねてきて、発見、救急車で搬送されるも病院で死去。場面は一転し、葬儀の場。縁者は遠戚の娘のみ。読経の流れる中、近隣者たちが救急病院での対応(治療経過情報や、治療の同意者を得ることなど)に苦慮したことを会話する。そこに男の幽霊が現れ、倒れた時の不安と寂しさを影の声で訴える。
　そこで参列した民生委員と大家の発案で地域での見守りと救急時対応に関する会合が持たれることに。役場職員・ケアマネジャー・水道局員・新聞販売員・民生委員・大家、それに医師とMSWである。水道局員はメーター点検時に、新聞販売員は新聞受け取りのチェックなど、メンバーそれぞれが「無縁社会」といわれる今日の命の安全のために何ができるか話し合う。最後に医師から「命の宝箱」の提案があり、一同賛同し広めていくことでこの無縁社会を乗り越えていこうと盛り上がって幕が降りる。
　これは、5年目を迎えた本年のテーマ「突然の病、その時あなたは。～ご存知ですか命の宝箱～」の舞台内容である。脚本から効果音、バックの音楽、出演までMSWたちの素人集団の手造り。劇団「コーラスピープル」の五十嵐美佐子氏の演技指導を受けて、短い期間で舞台を作り上げる。今回はMSWだけではなく、医師役としてホンモノのドクターも出演した。

MSWが舞台に立つまでの経緯

1. 軽いノリから始まった

　ことの発端は2006年に県立広島大学で開催された日本介護福祉学会において、住居広士(県立広島大学)大会長からランチョンセミナーへの出題依頼を受けたことにある。同年7月から療養病床に「療養区分」が導入され、介護・療養難民が生まれていることを問題提起したいが「さて、昼食中の聴衆相手に何をすればいいんだろう」と悩んで思いついたのが寸劇である。
　筆者は安佐市民病院のMSW現場時代に組合の学習会で、転院問題をテーマにミュージカルを創作し演じた経験がある。「なんとかなる」の軽いノリで取り組んだ。

注) 病院：70巻5号(2011年5月)に掲載。

2. ことを大きくするには

　ミーティングを重ね，脚本を練り，芝居を練習する。聴衆が少ないのでは寂しい。そこで，日頃から原爆問題で取材を受けていた地元の中国新聞社記者に広報をお願いした。快く「事前記事を出しましょう」と練習風景の写真つきで，学会での寸劇を記事にしてくれた。当然，われわれスタッフの意気は上がった。その記事が広島県医師会の県民フォーラム企画担当者の目に触れ，出演依頼が舞い込んだのである。

　その企画の規模に腰を抜かした。舞台は広島の厚生年金会館大ホール（1400人収容）だという。筆者は谷村新司のファンで，芥子粒くらいの大きさに見えるコンサート席に座った経験がある。「彼が歌っていたあの同じ舞台に立つなんて！」と，ことの大きさに戸惑いと感激があった。

　2007年1月，第1回の舞台が終わり，「やった～」と達成感を得て満足だった。次があるとは夢にも思わなかったが，秋に「来年も頼む」との要請。以来，MSWの基調講演と寸劇の新春公演舞台は本フォーラムの恒例となった。

3.「21世紀県民の健康とくらしを考える県民フォーラム」の構成

　フォーラムは3部構成である。第1部は基調講演として，筆者らMSWがその年ごとに顕著な医療福祉介護政策上の問題を県民向けに20分で手短に問題提起する。第2部として冒頭のような形で，生活にそれがどう影響するかを20分間の寸劇で表す。最後に著名人による講演で締めくくられる構成である（表1）。

体験を基にした台本

　台本創作は困難ではない。MSWとして現場で起こっている矛盾や悩みを持ち寄り，話し合い，いくつかの事例を組み合わせればでき上がる。また医師会理事会で医学的領域の整合性を確認してもらっている。

　2007年の1回目は「医療崩壊問題」がテーマ。療養病床閉鎖やリハビリ制限を受け，行き場を失

表1　過去5年間のMSWによる基調講演，寸劇のテーマ

●2007年
基調講演：「医療・福祉・介護の制度が変われば？？？」
村上須賀子（日本医療ソーシャルワーク研究会理事長）
寸劇テーマ等：医療難民，医療崩壊，療養病床閉鎖問題
講演：遙洋子（タレント，作家）

●2008年
基調講演：「安心してくらすために『後期高齢者医療制度』って，なに？」
河宮百合恵（広島県医療ソーシャルワーカー協会会長）
寸劇テーマ等：後期高齢者医療制度，医師不足，リハビリ難民（図1）
講演：ダニエル・カール（タレント，山形弁研究家）

●2009年
基調講演：「『どうする介護難民』あなたの家族を直撃する介護問題」村上須賀子
寸劇テーマ等：介護難民，介護崩壊，在宅介護問題（図2）
講演：島田洋七（漫才師）

●2010年
基調講演：「『地域医療が危ない！』～医療改革，市町村合併，地域財政改革のすえに」村上須賀子
寸劇テーマ等：地域医療崩壊，病院閉鎖問題（図3）
講演：畑正憲（ムツゴロウさん，作家）

●2011年
基調講演：「『無縁社会の危機』～縁をつくって生きていくために」村上須賀子
寸劇テーマ等：無縁社会，救急時の対応，命の宝箱（図4）
講演：加藤茶（タレント）

い困っている患者のありさまは日々のMSWの相談事例で数々関わっている。その日常を台本に盛り込んだ。

　第3回2009年の「介護問題」は，わが家の事例を寸劇にした。91歳の「要介護1」の母は近所の有床診療所の療養病床へ入退院を繰り返していた。突然主治医の呼び出しがあり，病床を閉鎖するので退院してほしいと告げられ，母の認知症状に振り回されるなど，およそ世間で見聞きしていた事態が次々起こり，介護のために退職しようかと悩む日々を台本にしたのである（認知症の老母役のなり手をめぐってバトルとなり，「一番よくご存知の村上さんが…」と全員の意見。かくて筆者は

基調講演に加えて寸劇の主役を演じる羽目となった）。

4年目の2010年「地域医療崩壊問題」のテーマでは，要因，現状も複雑で一般県民向けにわかりやすく構成することに苦労した。広島県三原市から「市民病院を閉鎖した後の"包括的ケアのあり方"を検討してほしい」との要請を受けて行った現地ヒヤリング調査を題材に台本を書いた。ヒヤリングでの患者，家族，それに行政，病院担当者の言葉をセリフに落としたのである。会場にそれら当事者の方々の姿があり，楽屋で「あのとおりだ，セリフの1つひとつが胸に沁みた」との感想をいただき安堵したものである。

そして，2011年は「無縁社会問題」がテーマである。これまた広島市の高齢福祉課とともに1年間取り組んだ広島市中区基町地区をフィールドとする「高齢者地域見守りネットワーク」の形成過程を台本に散りばめた。

いずれにしても体験を基にした内容なので「こんなことも，あるある」と，観客の共感を呼ぶのであろう，参加者から「わかりやすかった」との感想がうれしい。

MSWにとっての意味

1. 認知度を上げる

台本では常に「MSWがどんな役割を担っているか」がわかるように仕立てている。セリフは「医療ソーシャルワーカー」が連発される。その部分はゆっくり「い・りょう・ソーシャル・ワーカー」と区切って発声する。否か応でも医療ソーシャルワーカーの言葉が耳に残るようにと意図してのことである。これによって一般県民に少なくとも，MSWという職種が居て相談ができるのだとの認識が広がっているのではないかと思う。

2. 関連職種にアピールし連携促進

この県民フォーラムの参加団体数は広島県社会福祉協議会・広島県看護協会・広島県民生委員児童委員協議会など20を数える。企画会議の段階から協議を重ねるため，顔が見える関係作りが進んでいる。このことが各職種間の日常的な連携の促進につながっていると期待できる。

3. MSW自身の成長

県民フォーラムを続ける過程でさまざまな発見があり，面白いと思った。

寸劇総合責任者の原田彩子氏のプロデュースぶりは目を見張るものがある。プロデュース力はソーシャルワーカーのコーディネイト力といえる。MSWたちが担い手であり，潜在的にソーシャルワークスキルを持っていたからこそ，舞台が成り立ったとも言えるだろう。

プロの指導を受け，配役人のセリフの通りが格段によくなり，表現力も増している。この表現力はわかりやすく伝える力であり，ソーシャルワーカーのプレゼンテーション力である。そうした潜在的な力が花開いていると感じる。観客の感想に「年々若い人たちが腕をあげてきましたね」とリピーターからの評価が多いのが嬉しく，励みになっている。それぞれ個々人の成長は個々人の喜びであろう。しかし，この成果はソーシャルワークの援助スキルにつながっており，よりよいMSW実践へとつながっていると考える。

他者からの評価

（財）地域社会振興財団主催の健康福祉プランナー養成塾のシリーズにおいて，2010年11月に「健康施策立案に携わる行政職員，地域医療に携わる医師・保健師等専門職員」の研修で，「地域医療崩壊問題」をテーマにした2010年の寸劇の動画を一部披露したところ，好評であった。自分の地域でもこれを参考にして創作してみるとか，保健師教育の教材にしたいとかの申し出があり，上演DVDのコピーがほしいとの要望をいただいた。

なるほど他者からの評価で，この寸劇という方法・手段の有効性に気づかされた。

ソーシャルアクションの勧め

MSWは日常業務の過程で，患者・家族との関

係のみの個別援助では対応できない問題に遭遇する。医療政策による納得のいかない転院，在宅療養を困難にさせる地域医療崩壊問題，貧困層への医療保障，がんやHIV医療の問題，などなどである。MSWたちは，何とかそれを克服しようと意欲的な実践を重ねている。本書がそうしたMSWたちの奮闘振りを伝える機会になっていると考える。しかし，こうした問題は個々別々の問題ではない。制度改革への問題提起が必要なことに突き当たる。しかし，どのようにアクションを起こしたらよいだろうか。広島のMSWたちは，その方法として寸劇を用いることを経験している。

複雑で非日常的な医療制度・福祉制度の問題点を住民・国民にわかりやすく具体的に伝え，問題の共有を図り，やがては望ましい制度への改革へと「ともに」踏み出していける。そうしたソーシャルアクションの1つのスキルとして，この寸劇による問題提起の方法が愉快に軽いノリで広まっていくことを願っている。

MSWの底力―寸劇が成長させてくれたもの

原田彩子

舞台監督は大変！

きっかけはいつも突然である。
「さあ！　今年も寸劇依頼が来たわよ！　よろしくね」
村上須賀子先生の明るい声が電話口でこだまする。"悪魔のささやき"ならぬ"須賀子のささやき"から逃れる術はない。

県民フォーラムでの寸劇は今回で5回目，私はその寸劇の総合責任者という大役を任されている。メンバーは観客を目の前に，物怖じせず精一杯の輝きを放って堂々たる演技を披露する。が，その実，台本から舞台の小道具作り，出演に至るまで，ほとんど私たちMSWの素人集団が行っており，本当に涙ぐましい努力の賜物なのである。

寸劇依頼はいつも11月中旬頃にあり，新春早々の公演に間に合わせるためには一刻も早く台本を完成しなければならない。県民フォーラムのテーマがはっきりしてからでないと作れないので，いつも"須賀子のささやき"から短期間でお尻に火がついたように舞台を作り上げていく。そして寸劇練習たった3回の無謀な挑戦に突入していくのだ。

総合責任者として感じている苦労は，台本完成や寸劇メンバー集め，医師会との話し合い，スケジュール管理，演出家との調整，小道具・大道具集めなど，細々したことまでこなす必要があること。また複雑でわかりにくい医療福祉介護制度の問題点を県民にわかりやすく伝えることは，想像以上に大変である。演出はプロの五十嵐美佐子先生に協力を仰ぎ，台本の細かい台詞まわしの調整をしたり，必要な道具，音響などを考えていくのが私の役目。いわば舞台監督である。

絶大なMSWのコーディネイト力（ぢから）

しかし，それぞれの役柄に血を通わせ，魂を吹き込むのは，役を演じるメンバー自身である。それぞれの役割を理解し問題点を強くアピールし，県民に訴える力を発揮する。彼らが最高のパフォーマンスができるような環境を整えコーディネイトしていく，その過程は実に苦しく，そして，それ以上にやりがいがあるのだ。

これらは日々のソーシャルワークにとても似ている。私は寸劇の総合責任者という役割を通してソーシャルワークスキルを活用し，さまざまな関係職種と連携し，また，メンバーの潜在能力を開花させ，いい意味で皆を巻き込みソーシャルアクションを起こしていると実感する。MSWの底力は本当に目を見張るものがある。MSWの力が集まり発揮する力はすごいパワーとなって観客・県民に届くことを，寸劇を通して実証している。

私は常日頃から『MSW＝M（妄もう）S（想そう）W（ワーカー）』だと感じている。妄想＝想像力。つまり，妄想力豊かな世界は色彩豊かでさまざまな状況を立体的に捉えることができる。台本を練

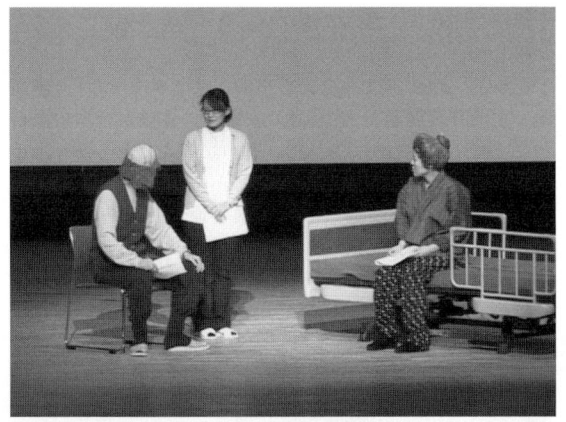

図1　2008年　リハビリ難民問題
転院先に困っている老夫婦に，MSWが相談にのっている場面。

図2　2009年　在宅介護問題
要介護認定調査時に1人でも歩けると言い張る認知症の老母（老母を村上，娘を原田が演じた）。

図3　2010年　医療崩壊問題（替え歌で合唱中）
いま私の願い事が叶うならば，病院がほしい…地域医療の再生のため，知恵を出し合おう…。

図4　2011年　無縁社会の危機
葬儀の場に倒れた男の幽霊が出てきて訴える。そこから「命の宝箱」の提案が生まれる。

り上げる最中も私の頭の中は妄想でいっぱい。場面設定は常に頭の中で立体的に作り上げられ，「ここでこんな照明や音響がきたら素敵！」「こんな小道具があれば観客にウケる！」とウキウキしながら妄想するのだ。あらゆるツテを使って小道具などを用意し，ない物は手作りし，一切の妥協はしない。

　MSWはクライエントの訴えを傾聴しながら，一方で問題点を明確にし，その解決に向けてどのようにアプローチしていけばいいか，頭の中で瞬時に立体的に組み立てながら関わっていく。想像力が豊かであれば，そのアプローチ方法も多様で，より深くクライエントと関わることができ

る。寸劇を通して，その能力を私だけでなく，他のメンバーも発揮できていると実感している。このような素敵な経験を与えてくれる"須賀子のささやき"に，私はいつも本当に感謝しているのだ。

　私たちはスポットライトの光をめざして，舞台に飛び出していく。

　さあ，楽しい寸劇の始まりです。皆，歌え！叫べ！　そして，この想い，届け！（図1〜図4）

▶MSWと協働して◀
毎年進化するMSWの寸劇

広島県医師会 常任理事 **温泉川梅代**

2001年から財政主導の下，医療費を中心として社会保障費の削減などの医療制度改革が始まり，介護問題，医師不足問題などが社会問題となった。いろいろな政策のどこに問題があり，どうして国民が困るようになるのかなどを県民に広く知ってもらうために，医療関係の13団体が一緒になり「県民の健康と暮らしを守る会」が組織され，2005年に第1回目の県民フォーラムが開催された。

MSWで結成する寸劇団が，医療問題をわかりやすく伝える

私が県民フォーラムの責任者となったのはちょうどこの寸劇を始めた2007年からである。広島県医師会広報委員会が企画を担当し，メインテーマは「安心してくらすために」，サブテーマは「医療崩壊・療養病床閉鎖問題」，基調講演はMSWの村上須賀子氏，講演は介護に詳しい遥洋子氏にお願いした。また，MSWの有志で寸劇をすると聞いたので，介護・療養病床問題を県民にわかりやすく表現していただくようにした。まだ初めての試みで大きい舞台での経験がないと言われたので，プロに演技指導を依頼し，台本を片手の寸劇であったが，基調講演だけでは伝わりづらい問題をわかりやすく表現できたと思った。

2回目，2008年は「リハビリ制限問題」をサブテーマとし，やはり寸劇でわかりやすく説明。2年目となると台本を持つこともなく台詞も上手になっていた。MSWの仕事を理解してもらいたい気持ちが出過ぎたが，熱心なあまりと感じた。

3回目，2009年は村上氏も出演。サブテーマは「介護崩壊・在宅介護問題」。ご自身の家庭での体験が台本の土台となっているためか力も入り，慣れてきたこともあり上手くまとまっていた。

2010年4回目は「地域医療崩壊・地域拠点病院閉鎖問題」で，患者の行き場がなくなるのを演じてもらった。実際に問題が起きている地域の行政からも出席があり，地域で何ができるかを考えるきっかけになったと思う。

2011年で5回目となったが，その間に7団体の参加希望があり20団体となり，企画にも参加したいとの申し出もあり，「県民の健康と暮らしを守る会」で県民フォーラム企画会を立ち上げた。広島県医師会の広報委員会でいくつかの案を考え，企画会に提案という形をとった。メーリングリストも作り，会議を補った。

2011年のサブテーマは「命の宝箱」

2011年のフォーラムで提案した「命の宝箱」は，個人の医療情報を書いたものを入れた容器をさす。救急車が来た時，自分の医療情報を用意しておくことにより，救急時のよりよい医療を受けられるようになる。「命の宝箱」があることを示すシールを玄関の内側，冷蔵庫，命の宝箱，3か所に貼っておけば救急隊はそれをもって救急医に渡すことができる。時間内はMSWがする仕事を，夜間は救急医がしなければならない。「命の宝箱」は夜間のMSWの役目もすることになる。

2011年の寸劇には，現職の救急医も参加してくれた。毎年，寸劇は進化している。MSWの寸劇もベテランの域に達してきている。

2章 利用者の状態別支援方法

兵庫大学 健康科学部 看護学科 教授 **竹内一夫**

患者の全人格的な状態の理解と支援

　医療機関を利用する患者・家族は多岐にわたる。年齢・診断名・予後・家族構成・職業・経歴・本人の病識・家族の病識など。その中でMSWはいかに患者や家族一人一人にとっての療養生活継続を困難にする要因は何なのか，それがどの程度本人や家族の生活を困難にしているのか，何がそれを解決あるいは改善可能にするのか，いかに支援を検討しても，どうしても残る解決困難なことは何で，それはどれぐらい本人や家族の生活に影響を及ぼすのかを考え，確認していく必要がある。このようなことを実行に移していけるには，専門職による医療チーム，患者や家族との信頼関係に基づいた，密接な連絡が相互に取れる関係が必要となる。それも患者やその家族を含めた，広義の医療チームこそが唯一行えることであり，このようなチームワークが形成されるようするためには，人と人とを結びつけて行く力がMSWに必要となる。またMSWがチーム内で動いていくためには，誠意と熱意が不可欠であることはいうまでもないが，そこに，医療について，療養について，疾病や検査の患者への負担についての知識がなければ，患者やその家族が今どのような状況に置かれているのか，その困難さは，そのしんどさは，などについて個々の患者や家族の生活実態に肉薄した，現実に即した問題把握ができなくなる。これができなければMSWの医療チーム内での存在の必要性はなくなるといえよう。医学はめざましく進み，不可能なことを可能にしてきた。しかし未だに医療がさまざまな領域で十分な対応ができていないところもある。いずれ科学の進歩とともに，治療が可能になり，いま，患者や家族が直面しているさまざまな困難が昔話になるかもしれない。しかしそれには，それ相当の時間が必要であろう。MSWの歴史をひも解いても，それぞれの時代で治療が困難な状況にある，あるいは医療的支援が困難である領域への生活支援が，MSWに期待されてきたという事実が確認できる。結核患者を始めとする感染症への支援，難病の支援，衛生教育への関与，障害者への支援など，がそれであった。

　現在でもHIV・がん・難病・リハビリテーション・透析の領域はMSWの支援が未だ必要な領域として認識されている。遺伝子治療や生物工学が進歩し，人工臓器がその機能を安定できれば，臓器培養が可能になれば，患者・家族はこれまでの心配や葛藤がなくなり，これまでの歴史の中で繰り返してきた支援は，この時点では必要なくなるであろう。

　また，子どもを対象とした医療では，保護者である両親への支援も重要な支援のポイントになるし，子どもの安定には両親の子どもへのサポートが不可欠なものとなる。さらにMSWの子どもの発達段階についての理解も重要なポイントとなる。子どもの場合，年齢と子どもの発達段階が必ずしも一致するとは限らない。劣悪な環境で育った子供は，歴年齢通りの発達を遂げることはない。子どものそれぞれの発達に見合った理解度に合わせて，患者である子どもに，本人の協力が必要な情報を，理解できる表現で伝えて行くことも必要となる。

　子どもから大人，高齢者に至るまでの全領域をカバーできるコミュニケーション力がMSWには求められる。これが可能になって初めて，患者・家族の全人格的な理解による支援が可能となるのである。

利用者の状態別支援方法

2章 ① がん患者と家族への支援

緩和ケア病棟での家族関係再構築
リエゾン・コンサルテーションを活用したケースワークの事例

綜合病院山口赤十字病院 医療社会事業部　**橘　直子**

ホスピスとは

1. ホスピスの沿革と意義

　ホスピス（hospice）という言葉は、"旅に疲れた人をもてなす宿"の意味を持つラテン語から生まれた。その言葉に由来しているように、ホスピス・緩和ケア（palliative care）は、治癒不可能な状態にある患者・家族のクオリティー・オブ・ライフ（QOL）の向上のために、さまざまな専門家が協力して作ったチームによって行われるケアを意味する。そのケアは、患者・家族が可能な限り人間らしく、"その人らしく"快適な生活を送れるように提供される。

　近代的なホスピスとして最初に設立されたセントクリストファー・ホスピス（イギリス）のシシリー・ソンダース博士（1918-2005）は、「死に直面した人々のケアにおいて、患者の苦痛の全体像に直面したとき、身体的痛みだけでなく、心の痛み（mental pain）、社会的な痛み（social pain）、霊的な痛み（spiritual pain）について検討が必要である」と述べている。また、博士は医師になる前、ソーシャルワーカーとして働いていたことも知られている。

　現在、わが国ではホスピス緩和ケア病棟入院料届出受理施設244施設（2012年2月10日現在）ならびに在宅支援診療所を含む地域の医療機関、訪問看護ステーションなど多くの関係機関によって、入院・在宅などは患者・家族が希望するスタイルでホスピス緩和ケアが提供されている。

2. 山口赤十字病院での取組み

　山口赤十字病院のホスピスへの取り組みは、1990年2月に1人の患者との出会いをきっかけに始まった。1992年12月に山口県内で最初の緩和ケア病床3床を作り、緩和ケアの普及に努めてきた。1999年11月に25床の緩和ケア病棟が開設され、現在、病棟・外来・在宅緩和ケアを連動させ、よりよい"ホスピス・緩和ケア"を提供するよう努めている。また、2004年10月より山口市委託による「山口市在宅緩和ケア支援センター」を開設し、"住み慣れたわが家で過ごしたい"と願う患者・家族とその人々を支えている地域の関係スタッフに対しての支援を行っている。

　医療社会事業部に所属するMSWは、当院がホスピス・緩和ケアへ取り組み始めた頃から、チームメンバーの一員として活動してきた。主に患者・家族が抱える（または、潜在的に持っている）心理・社会的な問題に対して関わっている。これらの問題が解決されることによって、身体症状や精神症状が落ち着いたり、またエンド・オブ・ライフ（人生の締めくくり）が患者自身や家族にとって意味あるものに成熟することも少なくなかった。

　本項は、生命予後がわずかであると病状説明を受けたあとに表面化した患者の家族の問題に、ケースワークによる支援を行った事例である。

事 例

患者：Aさん　50歳代　男性。
病名：肺がん（肝臓・胃・腎臓転移あり）
入院までの経過：Aさんの親戚から、医療社会

注）病院：65巻12号（2006年12月）に掲載。一部加筆。

事業部の緩和ケア相談窓口に電話での相談が入った。内容は，AさんがB県内の医療機関で治療を受けていたが，故郷近くの当院緩和ケア病棟への転入院を希望している，というものであった。相談を受けたMSWは所定の手続きを説明し，Aさんの親族からの連絡を待った。約1か月後に転入院となった。

入院期間：6か月

家族構成：Aさん（会社員），妻（パート主婦），長男（学生）の3人家族。Aさんの転院に伴い妻も付き添いのため病院の近くに長期滞在。長男は，Aさんの親戚宅に通学のため移住。

経過1—入院時

入院前，Aさんの転入院手続きについてはAさんの父親を中心に進められていた。転院にあたり紹介元医療機関からAさんの家族背景や生活の状況について情報提供を受けた。

その内容は，Aさんが家族内での決定権を握っていたこと，この度の転院についてAさんの妻は緩和ケア病棟へ入院になることすら知らなかったことなどであった。

緩和ケア病棟スタッフは，これらの情報を入院時に共有していたが，まずは本人の症状緩和や家族が療養生活の環境に慣れることが優先されるケアと考えた。ただし，Aさんの症状悪化に伴いこれらの情報に関連することが今後問題として取り上げられることになると予想して，経過を見守ることにした。

経過2—ニーズの発見と面接の開始および評価

MSWは，医療費等の経済的な問題への支援や外出や在宅療養（バリアフリー住居での生活）の検討などAさんと妻に継続的に介入していた。

入院して5か月経過した頃，緩和ケア科担当医よりAさんの死期が近いことの病状説明が妻とAさんの父親に行われた。その後，妻は大変不安そうな表情で部屋から退室してきたので，意図的にMSWから妻へ声をかけた。妻はMSWとの面接において，Aさんの長男が精神科の受診歴があり現在は通院していないこと，時に自分に対し暴力的であることなど，これまでの生活や家族関係について話された。さらに「長男と2人の生活になることが怖い」こと，これまでも父親には孫である長男の精神疾患を理解してもらえず，むしろ自分の長男に対する関わり方が悪いと責められてきた苦しさを訴えられた。

そしてAさんの病状悪化に伴い，長男が来院することについて「父親（Aさん）のことをどのように受け入れるか心配。また今後，長男は就職も決まっているので中断している服薬の継続について，どのようにしたらよいか…」と話された。

MSWから，病院内にある神経科の医師に会うことにより，妻がこれまで抱えてきた問題解決やこれからの長男との関わり方について妻自身にとって何らかの示唆が得られるのではないか，と提案した。同時に，MSW自身もケースの理解や今後の援助の展開について整理し，明確にしたいと考えた。

また，時に面会に来院していた長男について，落ち着かないという印象はあるものの，はっきりとした精神疾患の症状は見られないという情報を緩和ケア病棟スタッフから得た。妻に了解を得て，MSWとの面接内容を神経科医師に情報提供した。

面接の翌日，妻からMSWと面接したことを父親に話したと報告があり，「『子どもをおかしいと思う母親のお前がおかしい。あの子（長男）はおかしくない。接し方が悪いんだ。精神科の医者に会わせるのなら，子どもはすぐ返す。あの子は父親の死も乗り越えられる。そんなに怖いと言うなら，親子の縁を切って別々に暮らすようにしたらいい』ときつく責められました。本当にわかってもらえません」と涙された。

経過3—原家族が状況をどう捉えているか

また，父親に対しても個別面接を行った。MSWは父親とは入院時より関わっていたが，この父親は初期の面接において自分が会社役員であり社会的地位が高いことをMSWにも示していた。MSWは当初から原家族を含め家族システム全体と良好な関係性を作る配慮をしていたため，

今回の面接により父親とMSWの関係性に大きな影響はなかった。父親は，妻の相談内容がおかしいこと，長男について「孫は本当にいい子」と話された。また，Aさんを育ててきた過程において自らもAさんを厳しすぎるのではないかと思うくらい大変厳しく育ててきたこと，などを話された。父親との面接においては，家族関係の再構成に向けて，妻の不安が父親（原家族）に伝わらないよう配慮すると同時に，父親の孫や息子に対する思いを尊重しながら傾聴した。

MSWは，父親の語ったAさんの成育史が長男の育て方と重なり，Aさんが亡くなることが長男に大きな影響を与える可能性がある点と，妻の孤立感・孤独感へのフォローがAさんの病状を抱えつつ家族関係が揺れ動く場合においてとくに必要と考えられる点の2点について神経科医師に報告し，リエゾン・コンサルテーションによる介入を調整した。

神経科医師より，長男との関わり方や家族関係の問題について，妻と神経科医師，MSWで合同面接することが提案された。

経過4―リエゾン・コンサルテーションによる介入および結果

三者による初回面接では，妻の思いを傾聴することを重視し，MSWは両者の橋渡し役となった。この時，次に病状説明が行われる時に，神経科医師がその場にさりげなく立ち会って長男の様子を観察することが提案された。次回面接は，病状説明後，妻と神経科医師のみで行われることが約束された。

病状説明にあたり，緩和ケア病棟スタッフに対して，家族関係への介入において神経科医師とMSWによる評価と経過を報告した。その内容や神経科医師の観察について病状説明の中で取り上げられないよう，また日常のケアについても同様に家族関係性の指摘が強調されることのないよう倫理的配慮を依頼した。

病状説明後の再面接おいて，神経科医師より妻へ家族内力動の評価や長男の様子が伝えられ，カウンセリングが実施された。

妻は「本人の病気のことだけでなく，子どものことや私のことまでしっかり考えて関わってもらえて，とても安心した」，「遠いところからだったけど，この病院に来れてよかった，忘れません」と涙ぐまれ，心理的安定を図ることができた。

このことが，Aさんの亡き後，妻が長男や父親と，家族としての関係性を保ちつつ，再出発することの一助となったと考えている。

おわりに

Aさんの妻は，自分自身の中にある感情を十分に表出することができ，「自分をわかってもらえた」と言う満足感を得ることができた。また，現在の置かれている状況とこれから起こりうる予期問題を整理することができ，エンパワーメントの獲得と同時に，心理的安定を図ることができたと考えられる。

今回のケースワークにあたり心がけた点として，以下の2つの点があげられる。第1点はリエゾン・コンサルテーションを活用するにあたって妻や長男といった対象者のカルテを作成しなかった点である。原家族との関係性の配慮から，相談支援の形態をとったのである。家族を1つのシステムとして支援するうえで大変有効であった。神経科のカルテを作ると，作られた側が「神経科の患者」として問題とみなされる，あるいはみなされたと感じることがしばしばあるが，これを回避できた。同時に，特定のメンバーを問題として支援の対象から排除しないことで，どのメンバーとも良好な関係を維持することができ，MSWが援助システムの中での中立性を保つことができた。第2点は，危機介入アプローチの手段として，MSWから神経科医師へ介入依頼する際，チームとしてケースの理解・評価・援助のプロセスを共有できるよう配慮したことである。緩和ケア病棟のスタッフら妻を支援する側から「問題」視される可能性のあった父親や長男をスタッフ間で話題にしたり，神経科医師と妻の面接についてスタッフに伝える際にも，MSWが「原家族を含む家族全体が支援の対象」という視点から状況を説明する

よう努めた。その結果，緩和ケアチームは家族全体の支援を目標とする援助システムとして機能することが可能になった。

今後の課題

　当院では緩和ケアに限らず神経科医師がリエゾン・コンサルテーションを行っている。緩和ケアにおいては通常のチーム医療の枠を超え，リエゾン・コンサルテーションを正式な紹介から事例のような非公式の相談まで使い分けることで治療システムを拡大し，対象者により専門的なケアを提供できると考えられる。このことは総合病院というリソースを活かし，診療科の枠を超え多職種が連携し，患者・家族のニーズ，満足感に応えられることになり，病院全体としての医療サービスへの関与へとつながる。

　また，MSW は，心理社会的側面・関係性の問題において，ことに個人的で慎重に取り扱うべきケースに関わっているため，介入時からその問題の背景に配慮しながら援助を実践していく。ヘネシー・澄子は「ソーシャルワーカーは環境とそれに影響される個人・家族・グループ・地域を実践の対象とし，対象者に直接介入する知識と技術を持つのみでなく，対象者のために人的・社会的・法的環境に影響を与える間接援助の知識と技術を持っている(『NASW パリアティヴと人生終焉期ケアにおけるソーシャルワーク実践基準』より)」と紹介している(NASW：全米ソーシャルワーク協会)。この実践そのものは，他の医療スタッフへの貢献度も高まり，トータルケア(全人的医療)をめざす医療現場においては有効的であると考えられる。今後 MSW は，諸問題の解決に向けて評価・援助計画を能動的に行い，医療場面におけるインターディシプリナリー・チームが機動するためのコーディネート機能を発揮していくことが求められるのではないかと考える。

　本項は，2004 年 11 月に開催された第 28 回日本死の臨床研究会年次大会にて，筆者ならびにコメント記載者(加来洋一)が共同発表したものに，プライバシー保護を目的として一部加筆修正を行ったものである。なお，本事例の取り扱いに関しては，現在行われている筆者所属機関で制定する臨床倫理審査会の審査は受けていないが，雑誌「病院」への掲載当時に，ご遺族に口頭で了解を得ている。

追 記

　本項をまとめてから早いもので 8 年の歳月が流れた。この間のがん医療をめぐる施策の動きはめまぐるしく，当時を思い起こすと，地方の急性期医療機関にとっては手探りのことも多かった。また，当時，緩和ケアの提供形態は「緩和ケア病棟」に特化されていた印象が強かった。現在は，「がん対策基本法」に基づいた，さまざまながん医療のあり方の提案に伴い，緩和ケア病棟・緩和ケアチーム・在宅緩和ケアなど提供体系は実に多様化し，『がんになったら"緩和ケア"』(オレンジバルーンプロジェクト　www.kanwacare.net)に代表されるように，緩和ケアという言葉そのものが市民権を得てきている。また，2012(平成 24)年度の診療報酬改定には，がん医療・緩和ケアにおいて多くの項目が盛り込まれている。

　このところの，がん医療供給体制は，がん診療連携拠点病院に挙げられるように，"住み慣れた地域の中で"がキーワードとなっている。とりわけ，地域に暮らすがん患者を取り巻く問題は，医学・医療分野に限るものだけではなく，予防対策・介護・福祉・思想文化・生命倫理の分野にまで幅広く渡り，2011 年 8 月に経済産業省が発表した報告書『安心と信頼のある「ライフエンディング・ステージ」の創出に向けて ～新たな「絆」と生活に寄り添う「ライフエンディング産業」の構築～』には経済分野にまで及ぶ終末期のあり方が示されている。

　多くのがん患者が病院や緩和ケア病棟で最後を迎える中，地域(在宅・施設)におけるケアの提供が注目されている。より一層の患者と家族を取り巻く「チーム」の構成とその連携が不可欠であることは言うまでもない。これまで，緩和ケア病棟が，また緩和ケアに携わるスタッフが，蓄積してきたケアのノウハウを，地域に還元し，ともに働く役割を担う仲間として期待される。本項で紹

介したリエゾン・コンサルテーションに限らず，多職種が相互に介入し合うことは，各職種におけるアセスメント力を強化し，ケアの実践力が助長されることにつながる。MSWは，地域連携において，患者・家族のエンパワメントを支持しつつ心理社会的援助を提供する職種として，がん患者とその家族・利用者を支えるスタッフに貢献できる可能性はますます拡がっていくのではないかと考える。

▶MSWと協働して◀
緩和ケアチームもMSWのサービスを受ける

山口県立こころの医療センター副院長／
元　長崎純心大学人文学部現代福祉学科助教授・
綜合病院山口赤十字病院神経科部長　加来洋一

MSWにとって，サービスの対象は誰だろうか。患者やその家族は，自然とその対象に入る。この事例ではさらに，緩和ケアチームという病院のスタッフもまたサービスを受けている対象であるように見えてくる。

事例中のMSWが用いているソーシャルワークの技法上の特徴は，ラベルの貼り方と中立性の2つにあるのだろう。2つとも，近年，カウンセリングから地域支援まで対人サービスの分野で応用されているシステム理論に基づいている。システム理論では，対人サービスを，支援する側／支援を受ける側という二分法ではなく，「(解決に支援が必要とされる)問題」に関わっている当事者間の関係性，という視点から捉える。サービスの目的は，「当事者の誰もが納得できる」関係性を作ることで，「問題」はあくまで当事者から貼られたラベルとみなす。

事例では，さまざまな関係性―MSWとAさんの妻や父親，Aさんの妻と父親，Aさんの長男と父親，Aさんと父親，緩和ケアのスタッフとAさんの妻や父親，緩和ケアのスタッフとMSW，など―を視野に入れながらのMSWの介入が記述されている。そこからは文章化されていなくても，どの関係性も「当事者の誰もが納得できる」ことをめざすMSWの配慮が伝わってくる。

ラベルに関しては，当初，「Aさんの妻を追い詰める義父」，「精神疾患の病識のない息子」といったラベルが先行しつつあった。MSWはこのラベルを用いずに，「援助の対象である義父と息子」というラベルを緩和ケアチームで共有する介入をしている。

システム論において中立性を保つということは，どの支援の対象者とも柔軟に関係性を変えていける能動性を確保できていることである。事例では，MSWは家族間の葛藤に巻き込まれないようにしながら，一方でどの家族メンバーとも良好な関係を維持している。同時に，緩和ケアのスタッフや神経科医師が，家族の葛藤状況に巻き込まれないような配慮も並行して行っている。

このようにMSWが患者，家族，スタッフなど「当事者の誰もが納得できる」関係性を形成することで，家族にしているのと同等の支援を病院のスタッフに行うことが可能になっている。

病院という共同体は，医師を頂点におくヒエラルキー，治療する側(病院のスタッフ)／治療を受ける側(患者や家族)という関係性に規定される部分大きい。そのため，特定の人間が「問題」であるというラベルが一人歩きしたり，人間関係が硬直化する可能性を常にもっている。その中にあって，システム論による介入ができる―支援に有効なラベルを使い，中立性を積極的に活用できる―MSWが病院にいることの意義やメリット，それらをこの事例は再認識させてくれる。

2章 利用者の状態別支援方法

1 がん患者と家族への支援

がん診療連携拠点病院におけるMSWの役割
MSWに求められる3つの視点

大牟田市立総合病院MSW　北嶋晴彦

　筆者は，経験11年目のMSWで，一般急性期病院で業務を行っている。本項では，現在，地域がん診療連携拠点病院の相談支援センターに従事する経験から，MSWに求められる役割を3つの視点に分けて述べる。

がん対策基本法における相談支援センターの概要

1．国のがん対策の概要

　わが国の2006年の年間死亡者数は，108万4,488人で，がん疾患による死亡者数は32万9,198人（死亡者の割合は30.4％）であり，がん死亡者数は，1981年以降第1位である。

　わが国のがん疾患への対策は，1984年度の「対がん10か年総合戦略」，1994年度からの「がん克服新10か年戦略」を契機に進められてきた。その後，2004年に「第3次対がん10か年総合戦略」が策定され，「がん研究の推進」，「がん予防の推進」，「がん医療の向上とそれを支える社会環境の整備」の3本柱で総合的に取り組まれてきた。この時期から，がん疾患の研究や予防に加えて「がん医療水準の均てん化」の充実が求められるようになった。2005年5月には，がん対策を総合的に推進する「がん対策推進本部」を設置し，同年8月には「がん対策推進アクションプラン2005」を策定した。

　2007年4月から施行された「がん対策基本法」は「がん対策を総合的かつ計画的に推進することを目的」とし，次の3つの大きな柱がある。

①がんの予防および早期発見の推進
②がん医療の均てん化の促進等
③研究の推進等

　2007年6月には，がん対策基本法の具体的目標数値を挙げた「がん対策推進基本計画」が閣議決定された。そこには，2つの全体目標がある。
①がんによる死亡者の減少
②すべてのがん患者およびその家族の苦痛の軽減ならびに療養生活の質の維持向上

　さらに今後は，都道府県において，地域特性をふまえた「都道府県がん対策推進基本計画」を2007年秋頃から順次計画中であり，医療法に基づく2008年度からの新たな医療計画と合わせて，がんを含む4疾病5事業に関わる医療連携体制を構築するとしている。

2．相談支援センターの設置状況

　がん診療連携拠点病院は，役割に応じて4つに区別され（表1），厚生労働省が指定する。

　指定用件の中に，地域のがん医療に対する総合的な相談を行う相談支援センターの設置義務がある。しかし，内閣府の「がん対策に関する世論調査（2007年9月）」によれば，「拠点病院・相談支援センターの認知・利用度」は，「知っている（20.1％）」，「知らない（78.8％）」となっている。

　がん診療連携拠点病院は，2001年から，2次医療圏（全国364か所）に1か所程度を目安に整備されてきた。現在の指定病院数は，全国で286病院（2007年10月現在）である。2005年1月時点で135施設だった頃と比較すると，3年余りで151か所が増加した。相談支援センターの職員配置は，「専任者が1人以上」となっており，職種の指

注）病院：67巻2号（2008年2月）に掲載。

表1　がん診療連携拠点病院の4分類

1. 国立がんセンター中央病院および東病院	他のがん診療連携拠点病院への支援，ならびに専門的医師等の育成などの役割を担う。
2. 地域がん診療連携拠点病院	診療体制，研修体制，情報提供体制の3項目に指定要件あり。各都道府県において，2次医療圏に1か所程度を目安に整備予定。
3. 特定機能病院におけるがん診療連携拠点病院	上記「2.」の指定要件に加え，腫瘍センター等の設置。他のがん診療連携拠点病院への医師派遣（診療支援）に取り組むことが必要。
4. 都道府県がん診療連携拠点病院	「2.」の指定要件に加え，がんを専門とする医療従事者への研修。がん拠点病院に対する情報提供，症例相談，診療支援を行う。都道府県がん診療連携評議会の設置が必要。各都道府県に1か所程度を整備予定。

資料）厚生労働省健康局長「がん診療連携拠点病院の整備に関する指針（2006年2月1日）」より筆者作成

表2　地域がん診療連携拠点病院の指定用件について

3. 情報提供体制
(1) 地域がん診療連携拠点病院内に相談支援機能を有する部門（相談支援センター等）を設置すること。
　(1) 当該部門には専任者が1人以上配置されていること。
　(2) 当該部門は，地域がん診療連携拠点病院内外の医療従事者の協力を得て，当該拠点病院内外の患者，家族及び地域の医療機関等からの相談等に対応する体制を整備すること。
(注) 上記機能を有すれば，各医療機関において当該部門の名称を設定しても差し支えない。

資料）厚生労働省健康局長「がん診療連携拠点病院の整備に関する指針（2006年2月1日）」より抜粋（下線は筆者による）

表3　相談支援センターに求められている8つの業務

1. がん診療に関わる一般的な医療情報の提供
2. 地域の医療機関や医療従事者に関する情報収集，紹介
3. セカンドオピニオンの紹介
4. 患者の療養上の相談
5. 患者，地域の医療機関などへの意識調査
6. 各医療機関等との連携事例に関する情報収集・紹介
7. アスベストなどの相談
8. その他，相談支援に関すること
※相談支援センターの業務については，積極的に広報すること

資料）厚生労働省健康局長「がん診療連携拠点病院の整備に関する指針（2006年2月1日）」より一部抜粋

定はない（表2）。職種の現状は，看護師や社会福祉士などの医療福祉の資格を持つ者が8〜9割といわれている。診療報酬上の評価は，がん診療連携拠点病院加算（200点）があり，悪性腫瘍と診断された患者の入院初日に限り1回のみ算定できる。

3. 相談支援センターの役割

相談支援センターが対象とする相談者（以下，クライエント）は，所属する医療機関内の患者に限らず，地域住民や，地域の保健・医療・福祉機関も含まれる。なお，がん対策基本法の第6条では，「国民の責務」として，国民も「がんに関する正しい知識を持ち，がんの予防に必要な注意を払うよう努める」と記されている。

近藤が2005年に調査した「がん患者と家族が求める医療政策―がん関係者アンケートの解析結果」では，サンプル数1,836名のうち，「7割ががん医療の現状に不満であり，また9割が患者の声は医療政策に反映されていないと思っている」，また，「不満の主な原因は，『保険制度（治療薬の承認と費用）のあり方』と『患者向け情報の欠如』にある。患者向け情報については，がん関係者の100％が医療情報統合機関が必要だと考えている」といった報告がある。相談支援センターに求められている8つの業務の中には，「患者，地域の医療機関などへの意識調査」が挙げられている（表3）。つまり，相談支援センターは，クライエントのがん医療に関する知識や意識を向上させる支援と，がん医療に対する評価の把握が求められており，意識調査を基にした質の改善を不可欠な業務としている。

MSWに求められる3つの視点

1. がん医療における心理社会的側面の理解
　　―自己決定への支援

　相談支援センターのMSWに求められる視点は，がん疾患が引き起こす，相談者の心理社会的側面の苦痛を理解することである。相談支援の過程を通して，クライエントの抱える苦痛を的確にアセスメントし，自己決定の支援を行う。

　相談援助業務を行うためには，MSWとしての価値や倫理が重要となる。参考になるのが，正司の「ホスピスおよび緩和ケアにおけるソーシャルワークガイドライン（以下，ガイドライン）」である。これは医療ソーシャルワーカー業務指針を踏まえて，ホスピス・緩和ケア領域のMSW業務を具体化したものであり，価値および倫理を10項目に記している（表4）。このガイドラインの共同研究者でもある田村里子氏は，厚生労働省の社会保障審議会後期高齢者医療の在り方に関する特別部会（第5回：2006年12月12日）で，終末期医療におけるMSW業務の紹介を「患者さんや御家族の気持ちと暮らしを支える相談援助職」と説明している。MSWが他の職種と異なる相談援助の視点は，がん疾患が引き起こす患者や家族の生活上の問題に対して，社会福祉援助技術を用いて心理社会的問題の解決を支援することである。

　「がん対策推進基本計画」には，「すべてのがん患者およびその家族の苦痛の軽減ならびに療養生活の質の維持向上」を実現するために，「治療の初期段階から緩和ケアの実施」や「がん医療に関する相談支援や情報提供など」が記されている。MSWは，がん医療や緩和ケア相談の最初の窓口として関わることも多い。筆者の経験から，多忙な日常業務の中では，突然の電話相談などの場合，相談の主旨やクライエントが抱える苦痛やニーズを短時間では捉えられず，初期の対応に苦しむことがある。しかし，MSWは限られた時間や情報の範囲であっても，「今困っていることは何か？」，「今後どのようにしたいのか？」など，相談の潜在的ニーズを把握し，クライエント自身

表4　ソーシャルワーカーの価値および倫理

1. 人間の平等と尊厳を尊ぶ
2. 生活の質に視点をおき自己実現の達成を重視する
3. 差別，偏見，スティグマ等の不公正に立ち向かい，権利擁護の立場を堅持する
4. 個別性を尊重する
5. あるがままに受容し，自己決定を尊重する
6. 利用者の利益を優先する
7. プライバシーを最大限尊重し，秘密を保持する
8. 葛藤やゆらぎに真摯に向き合う
9. 所属する組織・機関への倫理責任を果たす
10. 社会の新たなニーズに応え，社会や行政に政策等の提言を行う

資料）正司明美：ホスピス及び緩和ケアにおけるソーシャルワークガイドライン．（財）日本ホスピス・緩和ケア研究振興財団，2003より抜粋

が解決方法を決定（選択）できるよう最大限の努力が求められる。

2. 正確な情報把握と情報提供
　　―ケアの連続性を確保する支援

　相談支援センターは，がん医療に関する正確な情報を，日ごろから把握し，活用できるようにしておく。正確な情報を提供するためには，筆者の経験からも「足を使った地道な情報収集」が重要だと感じている。地域の中で，がん医療の連続性を確保するために，日ごろから機会を作って医療機関訪問をし，施設機能評価と顔の見える連携を行い，ケアの連続性を確保する体制を構築することが必要であろう。なお，MSW自身も，所属する医療機関や自身の相談支援スキルに対する限界を理解し，クライエントの必要に応じて，必要な施設にスムーズにつなぐ（トリアージ）ことが重要となる。

3. クライエントの意見を現場に活かす

　相談支援センターは，がん医療の質を向上させるために，患者や家族の声を活かすことが求められる。

　緩和ケアにおけるMSW業務の役割は，正司の「アンケートによる緩和ケア病棟承認施設におけるソーシャルワーカーの実態調査（2001年報告）」が参考になる。MSWに期待される業務とし

て「スタッフのケアに対する不安や不満等の調整援助」、「単身者の引き取りや埋葬に関わる問題に対しての調整援助や献体等、患者の死後の意思に伴う調整援助」なども報告している。今後の課題として、在宅緩和ケア患者への家庭訪問による生活状況の把握、死別後の悲嘆のケアもあげられている。

MSWは、患者や家族の想いや気持ちに傾聴する。そして、医療の質向上に向けた活動ができなければならない。所属している組織を超え、地域のがん医療に対する使命感を持つことが重要ではないだろうか。その意味では、政策としてあげられている、がん医療水準の均てん化を地域に浸透させる役割が、相談支援センターに求められている。

MSW新設病院における現状と課題
―開設1年目の経験から

当院は、MSWを初めて採用したのが2006年10月で、それが筆者だった。現在もMSW1名体制である。筆者が就職した当初、院内スタッフは、MSWの業務を理解している人はほとんどいなかった。MSW業務が十分に理解されていない現状で、2007年4月から相談支援センターを開設し、地域医療連携室の業務と兼務するようになった。

筆者は、開設1年目の課題として、まずMSWの存在自体を知ってもらうことに力を入れた。1例を挙げると、MSWの業務内容を紹介したパンフレットやホームページの作成、院外広報誌を活用したMSWの紹介、ケアカンファレンスや緩和ケア委員会への参加、地域の勉強会や講習会への参加、病院幹部へのMSW業務報告（毎月）などである。とくに、地域の保健・医療・福祉機関へは、直接出向いた対面形式での情報交換や、院外の他職種を招いたケアカンファレンスを積極的に実施した。

筆者は、今後の課題を「入退院支援のシステム化による早期支援の介入とケアの継続性の確保」と考えている。現状では、マンパワー不足を感じているが、限られたマンパワーの中でも、MSW業務の質評価を行い、新たな課題の発見と改善を繰り返すことで、支援の質向上に取り組んでいきたいと考えている。

おわりに

筆者は、日本のがん対策を通して、医療機関におけるMSWの役割が大きくなっていることを日々実感している。同時に、がん医療政策の実現や支援の質向上のためには、MSW教育のあり方の検討が必要と考えている。がん対策基本法では、5年以内に、専門研修を修了した相談員を、各がん診療連携拠点病院へ配属することが明記されており、その専門研修の第1回目は、2007年11月から始まっている。自己研鑽の必要性は、言うまでもない。

改めてがん医療分野に限らず、社会から必要とされるMSWは、患者や家族に対する自己決定（選択）の支援とともに、患者の声を医療の質向上に反映させる不断の努力が、質の高い支援を提供するために必要だと私は思う。

2章 利用者の状態別支援方法

① がん患者と家族への支援

緩和ケアにおける MSW の役割

医療法人社団広仁会 広瀬病院 地域医療連携室　**梶平幸子**

　福岡市の中心部に位置する当院は，建物の老朽化に加えて都市計画も重なり，2008年3月新病院となった。建設当初より将来的に緩和ケア病棟の開設を想定していたが，2009年12月に病院機能評価 Ver.5.0 を取得したことで，本格的に緩和ケア病棟開設の検討を開始した。

　福岡市にはすでに10か所の緩和ケア病棟を有する病院が存在しており，他県と比較しても充実した環境にあると思われ，本当にニーズがあるのか議論になった。がん治療を行う病院として終末期医療に関わる中で，緩和ケアという専門的ケアを提供する必要を感じていること，福岡市および近郊の緩和ケア病棟には入院を待機する患者が多いこと，近隣の急性期病院から「アクセスがよい広瀬病院を希望する患者も多い」との声が聞かれたこと，などを検討した結果，緩和ケア病棟の開設が決定した。

緩和ケア病棟の立ち上げ

　開設にあたり，院長・担当医師・看護部長・MSW が近隣の緩和ケア病棟を見学した。そのうえで担当医師と MSW はどのように準備を進めていくかについて話し合い，準備委員会を発足した。準備委員会には，担当医師，MSW の働きかけで看護師・薬剤師・理学療法士・管理栄養士・事務職員がメンバーに加わった。

　委員会では，入棟退棟基準の作成，入院・外来受診相談受付の手順の作成，必要備品のチェックや納品状況の確認，関係機関からの紹介の際に使用する「緩和ケア依頼書」や問診票の作成といった運営に関わる内容を検討した。この中で MSW はコーディネーターとして，会議進行をはじめとする資料の準備，議事録の作成を行った。

　例えば「緩和ケア依頼書」において（図1），MSW は，他の医療機関が使用する書式の情報収集をしたうえで，当院の医師や看護師がどのような情報を必要としているのかを確認しながら作成した。付き添いの方への食事提供について看護師から提案があった際は，MSW は管理栄養士に対応の可否や対応手順の検討を依頼し，料金については金額や徴収方法を医事課と相談したうえで，委員会メンバー全員で検討した。検討内容については，MSW が院長への報告と院内の全体会議で発表を行い，決定へと進めていった。

　このように MSW は，関係部署との連絡調整，院長への委員会検討事項の相談と進捗報告，院内の全体会議における進行状況報告を担当した。

　院内における連絡調整においては，それぞれの職種が組織の中でどのような役割を果たしているのかを理解したうえで適切に相談を行い，MSW がパイプ役となってそれぞれの職種間で連携がスムーズに図れるよう配慮した。このことが委員会の中での活発な意見交換に役立ち，緩和ケア開設後のチーム医療にもつながっていると思われる。

　その他としては，連携医療機関向けの案内文の作成，ホームページの変更手続き，リーフレット作成といった広報活動，院内外向け研修会の開催，事務部内での勉強会の開催，施設基準届け出書類の準備と，MSW の担った役割は多岐に渡るものであった。MSW が中心となり開設準備を行ったことで，準備段階から院内・院外との連携

注）病院：70巻11号（2011年11月）に掲載。

記載日　　　年　　　月　　　日

緩和ケアを希望される患者様について，下記の情報をお知らせください。(該当する項目へのチェック，記載をお願いします。)
ご記入いただいた依頼書は，面談前日までに FAX：092-771-6517 へお送りいただき，原本は面談当日にお渡しください。

患者様氏名：　　　　　　　　　　　（　歳）男・女　　診断名：

【依頼目的】
□入院予約　　□外来通院での症状コントロール　　□在宅療養　　□その他（　　　　　　　　　　　）

【最初に緩和ケアを勧めた人について】
□本人が自分で希望　□家族等の勧め：□配偶者　□子供　□両親　□親戚　□友人　□その他（　　　　）
□医療関係者の勧め：□医師　□看護師　□薬剤師　□ソーシャルワーカー　□その他（　　　　　　　　）

【緩和ケアを紹介した経緯について】《複数選択可，最も強い理由には線を引いてください》
□本人が希望するため　□家族が希望するため　□症状コントロールのため　□終末期の看取りのため
□その他（　　　）

【告知について】
〔本人へ〕□予後も含めて告知している　□転移・再発も含めて告知している　□病名のみ告知している
　　　　　＊告知している場合　⇒　□理解している　□不明
　　　　　□未告知（理由：　　　　　　　　　　　　　　　　　　　　　　　　　　　　　　　　　　）
　　　　　＊未告知の場合　⇒　□気づいているだろう　□全く知らない　□認識不能　□不明
〔家族へ〕□本人への説明と同内容　□予後も含めて告知している　□転移・再発も含めて告知している
　　　　　□病名のみ告知している　□未告知（理由：
　　　　　⇒　□理解している　□気づいているだろう　□全く知らない　□認識不能　□不明

【緩和ケアへの依頼について】
〔本人へ〕□説明済み　□未説明　／　□積極的　□消極的　□拒否　□全く知らない　□認識不能　□不明
〔家族へ〕□説明済み　□未説明　／　□積極的　□消極的　□拒否　□全く知らない　□認識不能　□不明

【現在の症状について】《複数選択可，最も強いものには線を引いてください》
□疼痛（部位：　　　　　　　　　　）　□呼吸困難　　□咳・痰　□嘔気・嘔吐
□しびれ（部位：　　　　　　　　　）　□食欲不振　　□全身倦怠感　□腹水
□浮腫（部位：　　　　　　　　　　）　□胸水　　□発熱（　　℃）　□便秘（排便間隔　　日）
□褥瘡（部位・大きさ：　　　　　　　　　　　　／処置：　　　　　　　　　　　　　　　　　　　　）
□麻痺（部位：　　　　　　　　　　）　□その他症状（　　　　　　　　　　　　　　　　　　　　　）
□感染症：MRSA（　　　　　　）・緑膿菌（　　　　　　）・HCV　・　HBs　・　その他（　　　　　）

【医療処置について】
□ドレーン　□ストーマ／ウロストミー　□尿道カテーテル　□腎ろう　□気管カニューレ
□吸引　□酸素投与（　　　　）ℓ/分　／　□カニューレ　□マスク　□中心静脈栄養
□経管栄養　□末梢点滴　□その他（　　　　　　　　　　　　　　　　　　　　）　□特になし

【日常生活について】
移動　□自立　□介助　□見守り／□歩行　□杖　□歩行器　□車椅子　□ストレッチャー
食事　□自立　□介助　□見守り／□普通食　□お粥（　　分粥）　□きざみ　□とろみ食　□ミキサー食　□流動食
更衣　□自立　□介助　□見守り
清潔　□自立　□介助　□見守り／□浴槽　□シャワー　□機械浴　□清拭　週（　　）回
排泄　□自立　□介助　□見守り／□トイレ　□P-トイレ　□尿器　□差込便器　□おむつ　□導尿　□ストーマ
服薬管理　□本人　□家族　□医療者　　　認知症　□なし　□あり（程度：　　　　　　　　　　　）
徘徊　□なし　□あり（状況：　　　　　　　　　）　抑制　□なし　□抑制帯　□離床センサー

【コミュニケーション】
意思伝達　□複雑な表現が可能　□単純な表現のみ　□時々つじつまが合わない　□具体的要求のみ　□傾眠　□不可
表現方法　□会話　□筆談　□文字盤等　□その他（　　　　　　　　　　　　　　　　　　　　　　）
ナースコール　□押せる　□押せない

【臨床的予後予測】
□6ヶ月以上　□3～6ヶ月　□2～3ヶ月　□1ヶ月程度　□週単位　□日単位

医療機関名　　　　　　　　　　　　　　　　連絡先
ご担当者様　　　　　　　　　　　　　　　　（職種　　　　　　　　　　　　　　　　　　　　　　）

図1　広瀬病院　緩和ケア依頼書

を図ることができた．また，病棟の運営方針検討に当たっても，日頃から患者・家族の多様なニーズの把握に努めている MSW の相談援助の経験を反映できたと考える．

多職種との協働・連携

開設後の MSW の役割は，表1に示した業務が挙げられる．開設準備に引き続き開設後も MSW は院内外の連携の要としての役割を果たしている．院内外問わず緩和ケアへの入院相談，外来受診相談，各種問合せ，入退院情報，転科転棟に関することは MSW が情報を集約している．

週1回の回診，カンファレンス，入院判定会議には医師・看護師・薬剤師・理学療法士・管理栄養士・MSW が参加し，チームで情報の共有と問題の把握，解決を図っている．MSW は面接や関係機関から得た情報をチームへ提供することはもちろん，問題解決に向けて積極的に意見を述べている．MSW による情報の集約や多職種との協働によって，入院や受療開始の早い時期から MSW は関係者との連携を図り，問題の予測・ニーズの把握・必要な援助ができている．

当院の緩和ケア病棟においては入院患者の約9割が他の医療機関からの紹介であり，他の関係機関との連携はとても重要である．当院への緩和ケア相談の7割は他医療機関の MSW からであり，MSW が連携の大切な役割を担っていることを示している．

緩和ケアにおける受診受療援助

当院は，入院を希望する患者・家族との面談を行い，入院判定のための情報を収集すること，抗がん剤治療などのがん治療を行っている患者も含めて症状のマネジメントを行うこと，がん治療を終了した患者をサポートすることを役割として，週2回の緩和ケア外来を設けており，MSW が予約管理を行っている．

初回診察では，緩和ケア病棟看護師と MSW が必ず同席をするようにしている．流れとして

表1　MSW の役割

① 入院・外来受診相談受付と予約管理
② 患者の情報収集
③ 来院した患者・家族等への病院概要や緩和ケアについての説明，見学希望者への対応
④ 医師による入院面談への同席
⑤ 入院判定会議の開催
⑥ 入院日時の調整
⑦ 院内での転科転棟日時の調整
⑧ 外来受診時の患者・家族の状況把握，経過の確認
⑨ 緊急時の相談対応
⑩ 入院時のオリエンテーション
⑪ 療養中の心理的・社会的問題の解決，調整援助
⑫ 退院援助
⑬ 経済的問題の解決，調整援助
⑭ 関係機関との連携
⑮ 病棟行事への参加
⑯ 遺族会開催の支援
⑰ 広報

は，まず，MSW が患者・家族と面接し，紹介元医療機関からどのような説明を受けているのか，緩和ケアについてどの程度理解し，どのような希望を持っているのか，療養に伴う不安はないかなどの話を聞き，診療の参考情報を収集している．緩和ケア外来を受診する患者・家族の多くが当院を訪れるのは初めてであることから，病院の概要や病棟の特徴も同時に説明しているが，緩和ケア病棟と聞いて「最期を迎える場所」とイメージして，緩和ケアへの入院を悲観的に捉えている患者・家族がほとんどである．しかし，緩和ケア病棟を退院して在宅生活を送っている患者もいることを初回の面接で説明すると，患者・家族は「緩和ケアに対してのイメージが変わった」と話し，安堵の表情が見られることが多い．その後，医師の診察へとつないでいるが，MSW が面接で得た情報も踏まえて医師が身体状況や病状の理解度，緩和ケアでの治療について30分〜1時間程度の診察を行っている．

MSW は2回目以降の診察にも同席し，患者の状態把握に努めている．医師の診察前に，MSW は患者・家族から在宅生活の様子を聞き，些細なことであっても何かしらの変化はなかったか，それが生活や身体にどう影響しているのかを確認している．MSW が医師にこれらの情報を提供した

ID		初診日	平成23年X月X日
ふりがな 患者氏名	A男	生年月日	昭和X年X月X日 76歳
家庭環境	□独居　■高齢者世帯　□同居家族あり　□日中独居　／ □介護者あり　□介護者不在　□身寄りなし キーパーソン：（　妻　）⇒心疾患で入院、X月X日に退院したばかり		
紹介元	○○病院　呼吸器科		
紹介目的	緩和ケア外来での経過観察		
紹介元へ の通院	当院への通院が決定したため，紹介元への通院は終了		
当院への 通院状況	月に1回　通院中。	担当医	
症状	疼痛（右脇腹，左肩，頸部，背中）		
経緯	平成22年X月から○○病院で化学療法，放射線治療を開始。放射線治療にて肩の痛みは軽減されたが，抗がん剤により咳や痰が苦しいとのことで平成23年X月末に中止。緩和ケアへ移行することとなり，当院緩和ケア外来へ紹介，妻とともに受診された。		
緩和ケア への理解	本人，妻ともに，緩和ケアは癌の治療を行うところではなく，痛みの治療を行うところと理解している。		
経過	当院通院開始後より左肩と背中の痛みが徐々に強くなってきたことから，オキシコンチンの処方が開始された。疼痛に対しての不安があり，時々，本人よりMSWへ相談の連絡が入るが，その際は外来へ受診してもらうようにとの医師の指示があるため，その都度本人へも受診を促している。		
その他	抗がん剤治療を中止後は，体調も良く食欲もあるとのこと。妻と近所のスーパーへ買い物に出かけたり，散歩を行ったり老人会などにも積極的に参加されている。 妻は心疾患でペースメーカー埋め込み術を受け，退院したばかりである。本人は自分の体調よりも妻のことを心配している。息子が二人いるが外来には来られたことはない。 ○○病院では転移について告知されているが，予後までは話されていない。		
緊急時の 対応	疼痛の悪化，呼吸苦，食欲低下などが出現した場合は，我慢せず夜間でも受診するようにと医師より説明されている。また，緊急入院が必要な場合は，一旦，一般病棟で経過を見たうえで緩和ケア病棟への転棟を検討すると伝えている。		
入院希望	できるだけ在宅での生活を希望しているが，いずれ必要となれば緩和ケア病棟への入院を希望。		
備考			

記載日：平成23年X月X日　　記載者：MSW　○○　○○
医療法人社団広仁会　広瀬病院

図2　緩和ケア外来　申し送りシート

うえで診察となる。

　例えば，普段通りの日常生活を送り仕事も続けられているが，「遠方に住む家族に今の病状や緩和ケアのことを話すタイミングや仕事を退職する時期について迷っている」と患者から話を聞いたケースがある。その際，MSWは，医師に「患者と今後の方針について話し合う時間を設けること」を提案した。その話し合いによって，患者が医師に病状への不安を伝えるきっかけができて不安が軽減し，また患者・医師・MSWの三者が今後の方針について再確認することができた。

　診察終了後には，医師とMSWは診察を振り返り，現在の病状，今後予想されることやその注意点，緊急時の対応について細かく確認している。そうすることによって，MSWが窓口となっている緩和ケア外来患者のための専用相談電話へ

の対応と，緊急入院時の関係者への情報提供に備えている。

患者・家族に対しては適切に医療が受けられるよう当院の診療機能に関する情報提供を行うとともに，専用相談電話の連絡先を伝えており，MSWが話を聞き，医師へつなぐ役割を担っていることを説明している。緩和ケア外来に継続して受診する患者の多くが，入院が必要となった場合にはできる限り早く緩和ケア病棟で療養することを希望している。そこで当院の緩和ケア病棟では，MSWの提案により外来で経過観察している患者の緊急入院に備えて1床は病床を確保している。このことは，患者・家族が「必要な時には緩和ケア病棟に入院できる」という安心感の中で在宅生活を送ることにつながっていると考える。

さらに，緊急の事態に備えて，医師の外来カルテの情報だけでは見えない情報，例えば外来受診の経緯，医師からの説明に対する患者・家族の反応や理解，不安に思っていること，希望していることなどについて，MSWが申し送りシート（図2）を作成し，院内での情報共有に努め，患者・家族が緊急時にも安心して受診できるよう配慮している。

まとめ

緩和ケア病棟の開設において，MSWは準備段階から中心的役割を担い，開設後も連携の要としての役割を果たしながら，病棟運営に関わっている。MSWにとって施設基準や保険診療点数をより詳しく知る機会となり，さらに経営的な視点で判断することの大切さや難しさを感じる有意義な経験となっている。

現在，緩和ケアに関する相談が多く，初回診察までに時間を要するといった問題も抱えている。今後も病棟運営やシステムの見直しと院内外との連携の強化が必要である。同時にMSWとして研鑽を積み，患者・家族が安心して療養生活を送れるように支援していきたい。

▶MSWと協働して◀
緩和ケアにおけるMSW

医療法人社団 広仁会 広瀬病院院長　**古賀稔啓**

当院は，乳がん中心のがん専門病院として運営している。今回，がん医療を行う中で，患者のニーズを最重要視し，緩和ケア病棟を立ち上げた。その際，当院とがん患者を抱える周辺病院との情報交換が大切で，この連携の基礎を作ってくれたのがMSWである。病院間の連携から，患者個人とのつながりを作り，当院緩和ケア外来・病棟へと導く，重要な役目を担っている。

患者は緩和ケアに転院してくる前に，何よりも最優先してがんに対する最新の医療に時間を割き，全力投球で治療を受けてきている。その状態から，治療方法がなくなって「治療はありません」と宣告され，主治医に見放されたかのように感じている患者に対応するには，十分な下調べと，厳密な問診が要求される。医療に対する知識はもちろん，患者への気配り，やさしさを兼ね備えなければならない。このポイントをすんなりと患者・家族に受け入れられて初めて，緩和医療が主に勧められる。MSWには病院間との連携を進めることだけでなく，患者・家族とのコミュニケーション能力，医療への知識や人間性を磨くことも要求されている。昨今，MSWの仕事は，医療の中に浸透し，彼らが経営的に病院の運命をも左右する位置あるといっても過言ではない。実際，少ない人数で，よくやってくれている。むしろMSWがいなくては，病院として困る状況である。

当院の特徴として挙げてよいのかどうかわからないが，緩和ケア病棟の患者の中には，緩和医療を受けたことで症状の改善を認め，在宅生活への方向性を検討できる患者もいる。その場合は，患者・家族と話し合い，退院後は緩和ケア外来での経過観察を行っている。在宅生活へと導くことで，できる限り家族と過ごす時間を持つことを大切にしている。ここでも，MSWの努力により，在宅への準備，環境作りを患者・家族とともに考え，調整を行っている。がん患者の残り少ない時間を大切に，家族と安心して過ごせる環境作りが要求される。趣味から仕事まで幅広い知識，コミュニケーション能力を持ち，一般患者とのつながり以上に関わりを持つ必要性がある。

今後の問題点として，がん患者の到達点は死であり，このようながん患者と関わりを持てば持つほど，達成感として捉えにくい感があり，うつ状態を引き起こすことがある。緩和ケアの従事者全員にも言えるが，今後，メンタル面へのフォローを十分行う必要があると考えている。

緩和医療においてのMSWの重要性や必要性が高いことを述べたが，今後，病院内でのMSWの重要性はますます広がりつつあり，医療スタッフの1人として，期待する点も大きい。たくさんの優秀なMSWが育つことを期待したい。

2章 利用者の状態別支援方法

② リハビリテーションをめぐるMSWの働き

生活の再構築をめざして
「総合リハビリテーション」におけるMSWの役割

執筆時：広島市総合リハビリテーションセンター 総合相談室 主査・MSW　**河宮百合恵**

中途障害者へのリハビリテーションに取り組んで

　病院には，ある日突然に交通事故に遭遇したり思わぬ病気に見舞われたりした人たちが運び込まれ，医師を初めとする医療スタッフの懸命な治療が始まる。救急救命治療，急性期治療，急性期リハビリテーションの後は2か月以内に回復期リハビリテーションに移動して治療が進められ，本人も家族も全治を信じ，医師の指示に従ってこの移動を伴った治療に同意する。

　私たちは，最適の総合リハビリテーションを提供したいという志のもとに，チームで取り組んでいる。回復期を中心としたリハビリテーション（以下，リハビリ）の専門スタッフチームは，医師・看護師・PT・OT・ST・心理療法士・栄養士・薬剤師・MSWなどである。患者・家族の立場に立って，悲嘆や希望を理解し，患者の権利を尊重した医療サービスを提供したいと願っている。私たちの目的は医学的リハビリのみを完了することではない。治療を行いながら，彼らがこれから障害を持ちながらどのように生活の再構築を行っていくのか，共に考え共に歩むことにある。

事例

　本項では，生活の再構築をめざす2人の事例を紹介し，リハビリチームの試みとそこでMSWが果たす役割について述べる。

　車をこよなく愛するAさんは，自動車整備士になりたいと将来の夢に向かってアルバイトで学費を稼ぎながら努力を積み重ねていた。その途上に事故に逢った。Bさんは入社後下積みの時代を乗り越え，やっと役職を得，新妻も得てこれから充実した幸せな人生がやってくると信じて疑わなかった矢先に病に倒れてしまった。救急救命室で意識が戻った時，彼らの体はベッド上にあり，自分の意志では動かせない体になってしまっていた。看護師が定期的におむつの交換に訪れる。何が起こったのか思い出そうとしても思い出せない。意志を伝えたいが適切な言葉が見つからない。混乱のさ中，「早期に専門的リハビリを継続することが回復への途です」と担当医に告げられ，回復期リハビリ病院へ転院してくる。当初，回復期リハビリ病院における入院期間には上限があると説明を受けるも，本人も家族もリハビリ治療を受ければその期間内には完治して学校や職場に復帰できると信じて医療に希望を託すのである。

1. 人生設計図を描き変えて

　Aさん，19歳男性。両親と弟たちとの5人暮らし。父は自営業，母は育ち盛りの男3人の家事と家計のやりくりに奮闘。Aさんは車が好きで自動車の整備士をめざして専門学校に通っていた。長男としての自覚が強く，親への負担をかけずに早く自立したいと考えていた。学校も無休無遅刻，アルバイトをして必要な経費を調達してきたがんばり屋である。雨の日，バイクで通学途中にスリップして転倒。自損事故であった。救急病院の救急救命室から25日目に回復期をもつ総合リハビリテーションセンターへ転院してきた。

注）病院：69巻7号（2010年7月）に掲載。

MSWは転院相談を含め，当初から相談援助を行ってきた。転院時には，椎弓切除術・後方固定術後のポリネック着用，バルーンカテーテル装着，3時間ごとの体位交換が行われていた。彼はすでに救命医から今後車椅子生活になると告知されていたが，淡々と自分のできる仕事をめざして頑張りたいと表現した。MSWは寡黙で弱音を吐露しない彼が気がかりであり，病室や病棟で声をかけたり定期カンファレンスで確認したりしてリハビリの進行を見守った。

　また，MSWは当初から両親の心身状況，とくに母親の表情について心配であった。医療費への不安に対して早期に身体障害者手帳申請を勧め，重度医療証の取得や後の障害者住宅改修の手続きの際にはあえて役所へ同行した。同行する中で，母親は自分が以前から心療内科へ受診していることや，親として息子に何をしてやったらよいのか混乱している心情をMSWに語った。

　Aさんに対しても，車椅子自走が可能になった頃，面談を開始して職業訓練等の情報提供を行おうとしたが，退学届を提出した直後の彼には現実が直視できず混乱が生じていた。そこで，MSWは彼自身が退院後の生活や就職に向けた過程がイメージできる状況を日常のリハビリ過程で獲得できるように，同世代の人の力を借りるようにした。年齢の近いPTへ情報提供したり，同じ障害を乗り越えて社会復帰した更生相談所へ出入りする若い業者から実体験に基づいた情報が得られるように調整し，彼がおおよその将来設計を組み立てられるようになるまで待った。それから，チームとともに住宅改修のために自宅訪問し，障害者職業能力開発校や職業リハビリ施設の見学に同行するなどして将来設計図を描いていった。彼は地方公務員をめざして，訓練手当が出る地元の障害者職業能力開発校に進むことを決め，自宅退院していった。

　しかし，チームは彼が今後に最も大きな壁を乗り越えなければならないことを想定していた。自らの障害を受容しなければならないという大きな壁である。若い脊髄損傷の患者は，回復期リハビリの後も職場復帰をめざして，障害者病棟と職業リハビリを併せ持つ専門病院への転院を希望する場合も多いのだが，Aさんの場合は直接的な家族の支援のもとで職業リハビリに取り組める環境が最適であろうと判断され，自宅退院となった。

　チームは退院1か月後の訪問を祈るような思いで待ち続けた。1か月後の訪問時，Aさんは住宅改修を終えた自室にいた。「久しぶり。元気そうだね。家での生活はどんなかな」とまずは担当医が声をかけた。「何とかやってます」とAさんははにかんで答えた。

　彼らがAさんと話している間にMSWは母親から退院後の生活状況を聞いた。「夜中になるとすすり泣く声が漏れてくるのです」と母親は話し始めた。トイレの便器にお尻を落として動けなくなっていたり，導尿がうまくいかなくて下着が濡れ蒲団も取り換えなくてはならないことが度々あったという。「俺なんかあの時（事故の時）死んでしまえばよかったんだ」と泣き叫ぶ息子に「こんな体になってしまったことはつらいけど，命が助かってお母さんは嬉しい。こうしてまた生活していけることを感謝しようよ」と下着を取り換えてやりながら母子で泣いたという。病院での180日間の入院期間には見せなかった彼の姿が彼の家にはあった。「私も覚悟ができました。私自身が息子から教わることができ，薬に頼らなくても済むようになりました。この子が訓練校に入ったら私も仕事を始めようと考えています」と語る母の目に力強さが見てとれた。チームのメンバーは，それぞれの立場で，彼が家族とともに大きな壁を乗り越えて生活の再構築に立ち向かっていることを確認した。後日，Aさんから障害者能力開発校へ合格したと報告があった。

2．復職をめざして

　Bさん，50歳男性。情報システムの会社に数十年間勤務し営業畑で粘り強く業績を重ねてきた。役職を得て部下を持ち，仕事も私生活もこれからという矢先に脳出血で倒れた。前兆は見当たらなかった。いつものように1日を終え，床に就いてしばらくの後，立ち上がろうとして立てなくなった。よだれや失禁を伴い意識が消失，救急車

で救急病院へ運ばれた。

　救急病院から26日目に回復期をもつ総合リハビリ病院へ転院してきた。MSWは当初から、妻からの転院相談を含め、救急病院の地域連携室からの依頼を受け、受け入れ準備を行ってきた。血腫吸引術後の意識レベルや麻痺は改善傾向にあったが、失語・注意障害などの高次脳機能障害が残存した。

　チームは、早期復職に向けて、耐久力や集中力を養いながら理解や伝達能力、スケジュール管理など実務に必要な能力の獲得に向けて課題に取り組んでいった。その一方で、復職を可能にするためには、早期に会社側と話し合いの場をもち、Bさんの病状に対する理解を求めたうえで、復職の可能性について検討しておく必要があった。MSWは会社とチームの連絡調整役を担った。

　回復期リハビリ3か月目を迎えた頃、会社の人事担当者との面談を行った。担当医は高次脳機能障害についてていねいに説明し、機能回復のためには、職場において実務を行うことこそが最も効果をあげる方法だと根気強く伝えた。会社の人事担当者はBさんのこれまでの業績に報いたいとして復職を前向きに検討してくれることになった。会社として準備可能な職務を抽出、まずはパソコンを使ってデータ入力や見積書作成を行う仕事などを準備してもらうことになった。チームは復職に見通しを得て、パソコン操作を中心とした同一作業の正確性や効率性を養う訓練を集中的に行った。Bさんは1か月後に退院。自宅療養期間を持たずに元の職場へ出勤し始めた。むろん、休職期間中の勤務は、当センターのリハビリ医との連携の下で行われる「職業リハビリ」という位置づけであり、無給である。職場の担当者からBさんの様子が詳細に報告され「復職のための勤務実地体験記録」が送付されてきた。職場側の不安に対してもリハビリ医が中心となって即時回答できるよう、MSWは調整を行った。1か月が経過した頃、チームは職場訪問を行って彼の勤務状況を確認し、さらに1か月後には、来院による機能評価を行った。

職場におけるリハビリが進められていたが、Bさんも乗り越えなければならない壁と格闘していた。MSWの前に腰を下ろした彼は顔を覆い肩を震わせた。「今まで部下だったやつらに使われる身分になった自分が情けない…」

　現実として、高次脳機能障害の克服は容易ではない。しかし、チームとMSWはBさんが職場の理解を得、自らと闘いながら、復職への再構築に向けて歩みを進めていることを確認した。退院から4か月後、Bさんおよび職場の担当者から職場リハビリテーション期間を終え正式に職場へ復帰したと報告があった。

「社会リハビリテーション」を求めて

　2つの事例のとおり、生活・復職への再構築の途は容易ではない。定められた入院期間で完結するどころか患者自身がいくつもの壁や山を乗り越え、スタートラインに立つまでに長い時間を必要とする。MSWはチームのメンバーとともに、患者を見守り、患者に有効な手立てを考え続ける。多くの回復期における医学的リハビリは、心身の機能回復のための訓練が中心でそれ自体が目的となっている。しかし、本来は残存する障害を持って生き抜く力と方法を具体的に提示し、患者の生活全体あるいはライフコース全体を見据えて、患者とともに生活や復職への再構築をめざす「社会リハビリテーション」こそが求められているのである。

おわりに

　中途障害者の生活の再構築をめざして、「総合リハビリテーション」が展開されるためには、多くの専門職がチームを組んで多元的に支援をしていく必要がある。医療の場に身をおくMSWには、医療の特殊性を理解し、専門集団である医療チームの中でソーシャルワークを展開し、「社会リハビリテーション」に取り組むことができる専門性と力量が求められるのである。

2章 ② リハビリテーションをめぐる MSW の働き

利用者の状態別 支援方法

高次脳機能障害者の支援と MSW の関わり
復職支援の事例を通して見えるもの

千葉県千葉リハビリテーションセンター 地域連携部 相談室室長　森戸崇行

　高次脳機能障害の症状は，本人はもちろん，家族や周囲の人にもわかりにくいので，「見えない障害，谷間の障害」とも言われている。角田らは，いみじくも『高次脳機能障害とは，「病室を出て」，「病院を出て」初めて明らかになる障害と考えることができる』と述べているが，病院内では解決しない問題を多く含んでいることがわかる。

　そうした患者の急性期や回復期に関わるMSWには，これまでの生活歴を把握し，目の前の当事者に対して退院後の生活イメージを持ち，その後の生活で明らかとなる障害をも想定した支援が求められる。

事例概要

　Aさん，30代男性，頭部外傷による高次脳機能障害。

　2008年，転倒により受傷。救急搬送病院で，頭蓋骨骨折，外傷性くも膜下出血，脳挫傷（前頭葉，左側頭葉）については保存的治療がなされた。著明な高次脳機能障害が残ったため，受傷から2か月後に千葉リハビリセンター（以下，当センター）に転院となり，高次脳機能評価の実施と訓練を（プログラムの）目的として入院をした。入院時点から，復職（会社員）を最終目標としたMSWの関わりが始まった。

　入院時の身体機能は，ADL自立，単独歩行可能，会話可能であった。高次脳機能障害の内容は，注意障害・記憶障害・遂行機能障害・固執傾向であった（表1）。

注）病院：70巻6号（2011年6月）に掲載。

　高次脳機能障害の評価を主とした短期間の入院後も，次の4つを目的として週1回のグループ訓練を約1年間行った。
①高次脳機能障害について知る。
②自分の症状に気づく。
③補償手段（代償手段）を獲得する。
④注意力を高めること，その後2か月ごと（2011年4月現在は3か月ごと）の頻度で外来受診と面談を継続している。

　地域障害者職業センターおよび障害者総合職業センターにて訓練や会社との調整などの支援も受け，受傷から約2年3か月後，会社の配慮ある対応などの環境調整も図ることができ，復職に至った。営業の外勤中心だった勤務から，内勤の事務仕事（PCに数字入力作業中心）になった。対外的なやり取りがほとんどなく，電話応対も少ない職場で自分の仕事に専念できる環境である。

Aさんへのアプローチ

　社会的支援に先立つアセスメントに際して，適切な情報を正確に本人に伝えることはきわめて重要である。この点では，当センターの臨床心理士による高次脳機能障害の把握（表1）とその対処の指導，言語聴覚士をはじめとするリハビリスタッフとの連携が心強かった。

　Aさんは，情報を正しく理解・伝達することが苦手ということから，次の3点に留意して情報を伝えた。
①本人の意向を聞き取って簡単な文にまとめ，確認を得る。説明する際も同様の方法をとる。
②面談で双方が話した内容の要点を書いて渡す。

表1　Aさんの検査結果と行動の特徴

【神経心理学的検査からみた認知の障害の特徴】
①注意障害：持続・切替え困難
②記憶障害：視覚性記憶＞言語性記憶，保持困難，内容のゆがみ
③遂行機能障害：あやふやな場合，内容確認困難（言語的指示内容理解の困難さ）。理解できた指示内容の遂行のための作業段取りの立てにくさ。聴覚指示だけでは理解困難でも，視覚的手がかりが付加されれば時間を要しても作業遂行は可能。確認作業の欠落。固執傾向，状況判断に際し一部の情報から自分の思い込んだ方向に持っていく，思い込みからの修正困難。
（検査は WAIS-Ⅲ，WMS-R，TMT，D-CAT，コース立方体組合せテスト，ベントン視覚記銘検査，SLTA）

【高次脳機能障害による行動の特徴】
①伝えたいことをまとめられず，会話の途中で気になるフレーズがあると，そこから話がずれてしまう（情報を正しく伝達，認識することが苦手）。
②失語の認識はあるが，コミュニケーションには問題を感じていないため，相手と話が食い違っても気づかずに話し続ける。
③自分の話が伝わらない，自分の思っている行動を周囲がとらないと感じると，その相手や環境を原因として固執する傾向がある。
④自分の言動を含めた振返りをすることが困難である。

③情報提供はプリントなどを用意する。

そのうち，Aさんは，事実や予定を書き込み，記憶を代償するメモリーノートの活用ができるようになり，面談の内容は本人がメモリーノートに書くことに変更。また，自身の障害への気づきが増えてきて，行動を振り返る発言があった時は，MSWは必ず声かけをし，両者で気づき場面の確認を心がけた。

本人が話の内容を理解していないことに気づかずに面談をすることは，不安・不信につながる。逆に，本人が「わかった」と実感できることは，安心や相手に対する信頼にもなる。自信が持てポジティブになれる面談は，対人援助において大切である。

1. 退院時生活環境と本人・家族の思いの確認

Aさんは受傷後，妻からの申し出で離婚し，退院後は単身生活を希望していた。家庭への執着は感じられなかった。退院してすぐに復職できると思い込んでいたが，最終的には両親と同居の時期を経て，単身生活に移行，平行して復職に向けて進めていくことに，本人・家族ともに了承し，この方向で支援を展開することとなった。

2. 復職支援の了承

Aさんの復職への希望を傾聴した。医師やリハビリスタッフと情報共有をし，Aさんの障害認識が不十分とは言え，自己への気づきが少し出てきた段階で，復職の支援ができることを伝えた。

Aさんに限らず，MSWなど医療側の介入が「復職に不利になるのでは？」と拒否的な態度を示す場合も少なくない。そのため，MSWはこれまで復職に携わった経験や一般的な復職支援を例として本人に説明を行う。これは医療側が介入した場合の流れを伝えることで，先が見える安心感が生まれ，支援を受け入れやすくするためである。本人が主体的に判断できる環境作りはMSWに求められる要素である。

3. 経済面と権利擁護

傷病手当金を受けており，個人保険による補償なども想定される状況があった。手続きに関する情報提供などとともに，財産管理について権利擁護の視点を持って面談をした。

Aさん自体は権利擁護事業や成年後見制度などを利用しなかったが，事故の補償など多額な金額の管理が必要となる場合もある。

MSWは医療費や現在の経済生活だけでなく，財産の自己管理が可能か，あるいは権利擁護事業等を利用する必要があるかなど，本人が主体的に生活できるよう適切な評価なども行う。

以上の確認内容をもとに支援計画を立て，①復職，②希望する単身生活実現，という順で支援を展開した。

他機関との連携

本人・家族の了承を得て会社と連絡し，休職期間，復職条件や可能な対応の確認を行った。

Aさんと会社の了解が得られたため，MSWが

地域障害者職業センターにつなぐ調整をし，初回相談となった。しかし，職業センターから「復職の相談にならず，生活場所など家庭生活の安定に関する相談だった。休職期間も十分にあり，心配している課題を優先したほうがよい」と連絡が入った。

これは MSW である私のニーズ把握不足に由来した。長期目標に対する中期，短期支援と課題が持てなかったためと考えられる。転院当初から単身生活希望という要因があることを知りながら，問題を把握する視点が欠けていた。そのため本人の不安のみならず身近な支援者である両親の不安に対応できていなかった。このことがさらに大きな不安となって職業センターの相談で表出したのではないだろうか。

「送り手」の MSW が「受け手」である職業センターに「復職希望者だから対応してもらう」という漠然としたつなぎ方に終わって，支援計画に基づいた"意図"を持たずに依頼をした結果である。

田中らによれば，「連携」の概念として『「連携とは」情報交換だけではなく，目標や目的を共有し，協力して行う「活動」までが含まれて』いると述べている。送り手は"意図"を持って連携を求め，受け手は送り手の"意図"を理解しようとして受けることが，「本人主体の連携」を築く両者の関係の基本であると筆者は考える。送り手は『本人がどうしたいのか・どのような支援が必要とされているか』を明確に受け手に発信し，受け手は送り手の"意図"を推察して呼応することが大切である。

A さんの場合は，障害者職業総合センターのプログラム参加に待機期間が生じたこともあり，地域障害者職業センターに相談して9か月目から，4か月間の障害者職業総合センターの訓練プログラムを受けた。事務業務への配置転換を可能とする内容だった。

家族支援

支援計画の見直しを行った。長期目標は仕事と安定した暮らし，中期目標は復職の達成とした。短期目標は復職準備支援であり，具体的な課題として，社会的手続きや経済面の問題の解決などがあった。また，身近な支援者となる両親へのサポートが，A さんの安心・安定した生活によい影響を与えると考えた。このサポートは中核地域生活支援センターに依頼した。なお，中核地域生活支援センターは，千葉県が取り組む健康福祉千葉方式の一環として福祉サービスのコーディネート・福祉の総合相談・権利擁護などの機能を併せ持ち，24時間365日体制で行う施設である。

福祉制度等に関する支援

MSW は早い時期に高次脳機能障害による「精神障害者保健福祉手帳」取得のメリットを伝えたが，A さんは復職などにデメリットとなるのではないかとの不安が強く，手帳申請に拒否的であった。その後も適宜情報提供をしながら「納得をしたら申請をしよう」と MSW は呼びかけ，1年後に取得に至った。早期に取得の働きかけをもっとすべきという意見もあろうかと思う。しかし，納得せずに取得してしまうと「取らされた」という思いを持ち続け，何かうまくいかない場面に遭遇した時に振り返りができないことになる。

情報提供とは，正確な情報を相手にわかるように伝えていることが前提となる。MSW はさまざまな制度や社会資源などの情報を正しくキャッチし，理解することが必要であり，さらに相手にわかるように伝えることが求められる職種であろう。これは私にとって尽きない課題であり，MSW の基礎として学び続けていくことである。

障害年金は申請時期に手続きができるよう，情報提供と年金事務所への相談を勧めた。必要な手続き支援として代行するなど直接的に関わることもあるが，本人が行動の起点になり，「できることを増やす」という視点を持った関わりを大切にしている。

フォローアップについて

本人同行による会社訪問などから再度職業センターの介入が必要と判断をし，支援依頼を行っ

た。職業センターによる相談・評価・訓練・職場との調整などの支援を受け，復職となった。現在，復職して7か月が経過している。メモリーノートの定着により，スケジュール管理と振り返りができることも継続の大きな要素と思われる。

　当センターでは，医師の定期診察時にMSWも同席した後，面談を実施している。これは，会社の上司や同僚らとの対人関係における本人の思いと周囲とのギャップに気づく振り返りの機会となる。定期的な振り返りの場は，就労に限らず，他の活動参加の定着支援にも必要であると感じている。復職して約4か月経過したAさんから，職場で働く他者の行動を気にする発言が飛び出した。誰にでもあることと片づけがちだが，私は，「周囲がわかってくれない」，「認めてもらえない」と負のスパイラルを形成する始まりのサインと認識するようにしている。

　生方は「高次脳機能障害は，就労の可能性や職務適正を入院リハビリの終了時点で判断することが難しい障害である。また，就労や復職を希望する本人が適切な障害者福祉サービスや就労支援を求めることは障害認識の面から難しいことが多い。一方，本人は病院に通うことには比較的抵抗感が少ないという例が多い。そのため病院は，退院後の通院期間に高次脳機能障害へのリハビリ支援を行い，就労支援機関につなげ協働で支援を行いながら徐々にフェイドアウトし，必要時に就労支援機関と連携して介入することが重要である」と述べており，MSWの役割の重要性を示唆している。

社会参加を支える休日の過ごし方

　復職や就労を含め社会参加の支援を行っていると，参加することのみに注目したアプローチをしがちである。しかし，遂行機能障害によりスケジュールが曖昧な休日の過ごし方が難しい場合が少なくないことを理解して対応することも重要であろう。

　Aさんは，休日の過ごし方の1つとしてプラモデル作りをするという。休職期間中に，子どもの頃に好きだったのを思い出して始めてみたことがきっかけだった。これは，以前の経験や好きなことを本人が意識することが，その人の豊かな暮らしを築くために有効であることを示すエピソードだ。あらためて，MSWが本人の以前の生活や趣味，性格や経験を理解・尊重する視点で接することの大切さを感じさせられた。

おわりに

　高次脳機能障害者の支援は，障害特性を理解し，適切な情報を正確に伝えるなどのやりとりに工夫が求められる。MSWは，今日を明日につなぐ支援者であり，さらに長期的な展望を持ち，その大まかなマップを提示できるサポートを築くことが大切な役割の1つといえる。

2章 利用者の状態別支援方法
③ 難病・障害者への支援

HIV/AIDS とソーシャルワーク
地域連携によるチーム医療

執筆時：広島市立広島市民病院 総合相談室　**塚本弥生**

先日，病院を訪れた患者に「（エイズという）病気についてどんなイメージを持っていましたか」と訊ねたところ，「ちょっと騒ぎすぎだと思う。普通に治療すればいいと思っている」と明るく答えていた。確かにエイズが死を連想させる時代は終わり，治療的には「慢性疾患」と言えるまでになっている。しかし，社会的な偏見，差別にはまだ根強い面もある。

1本の電話

2007年3月，総合相談室にHIV陽性告知を受けた他県の男性から相談の電話が入った。保健所で検査を受けた結果，陽性と確認されてパニック状態だった。

「もう苦しくて苦しくて，怖くて怖くて…。子どもがまだ学生なんです。まだ死ねないんです。保健所で陽性と聞きました」

MSW：「保健所で聞いたことで，他にはどんなことを覚えていますか？」

「2か月に1回ぐらい通院すれば大丈夫と…。でもこの3か月悩んで悩んで精神的に参って仕事が手につかない。悪いことは覚えていない。考えたくない。妻のことも心配で，保険証を使うと会社にわかるでしょうか」

傾聴しながら，数年の潜伏期があり直ぐには症状は出ないこと，HIV感染症の治療が格段に進んでいてこれまでの生活を続けられること，医療費補助制度もあること，プライバシー保護についてなど情報提供を行った。40分ほど話し合うと

HIV感染症のイメージも修正され，現実の生活を継続しながら問題に1つずつ対処していけばよいことを理解されて「病院に行くことを考えてみます」とひとまず落ち着かれて電話を置いた。妻の検査の必要性や耐性ウイルスの場合など今後の検討課題もあるが，ともかく今は告知を乗り切って医療機関につながることが目標と考えた。

HIV感染症の相談は，このように心理的な支援と生活問題に対する現実的な対処とを同時進行で提供する必要がある。生涯続ける治療には，病気の正しい知識，95%以上の確実な服薬の継続，パートナー告知やセクシュアリティーに関する葛藤，職場の人間関係や差別，プライバシーの保護，経済的問題など多様な問題への支援が必要となる。このためHIV/AIDS医療にはチームによる包括医療の必要性が強調されてきた。

エイズ医療が契機で大学病院，国立病院にMSW配置

中国四国地方のHIV診療は1985年に広島大学病院で始まり，ここを中心に進められてきた。1986年からHIV抗体検査が保険適用になり，血友病患者の40%が陽性と判明，告知が始められた。1989年4月から臨床心理士2名が患者，家族のカウンセリングに当たった。性感染患者の増加に伴って社会生活支援の必要性が高まったが，当時ほとんどの大学病院にはMSWが配置されていなかったため，1996年11月から広島市民病院・県立広島病院のMSWが協力することとなった。翌年4月からはHIV訴訟の和解に伴う医療体制整備によって，3病院が「エイズ治療中

注）病院：67巻1号（2008年1月）に掲載。

四国ブロック拠点病院」の指定を受け協力してチーム医療を実践している。

1998年1月に開催した中国・四国拠点病院MSW会議では，会議に出席することがきっかけになって初めて所属病院のHIV診療の状況を知らされたMSWが4名おり，当時は病院内でもトップシークレットになっていた所もあった。

その後HIV診療を契機に広島大学病院にも2001年にMSWが配置され，現在は中四国拠点病院60か所のほとんどにMSWが配置されている。

地域連携の経過

1．セルフヘルプグループとの連携

広島県周辺の血友病患者家族の会は1994年の総会で初めて「血友病とHIV―各分野での取り組み」をテーマに掲げ，会として支援に取り組むことを表明した。何年も役員で議論を重ねた結果だった。「血友病＝エイズという印象が強くなると会員の生活に影響を及ぼすことになりかねない」という危惧があったからである。それまで患者，家族は病院スタッフ以外の誰にも親族にすら言えない状況の中で息を殺すようにして患者を看取っていた。会の中でも「エイズ」は禁句だった。1993年秋から当総合相談室はサマーキャンプや総会に参加し，血友病患者，家族の個別相談にも当たるようになった。両親からの自立に伴う生活保護申請相談や退職，転職に伴う所得保障，障害年金請求，特別児童扶養手当申請，リハビリ相談などだった。初めてHIV感染症患者の障害年金請求相談を受けたのは翌年だった。保護者からは，介護のために仕事もできない時期があったが，こんな制度を早く知りたかったという声も聞かれた。

1996年4月，会員内のHIV感染者たちが自ら仲間のサポート活動を始め，医師・看護師・臨床心理士・MSWも参加した。患者自身が支援することを理念とし，「PWA（person with AIDS）がコーディネートできる」，つまり患者自身がケア活動のプランを決定するということを運営の原則として進めた。当時は話し合いや連絡先となる場所が見つからないため，当院の相談室がその役割を担った。並行して個別相談にも応じた。相談内容は転居や就職に伴う役所や会社への対応，病気の進行に伴う生活不安，退職による経済的問題，在宅介護の問題であった。

一方，大阪HIV訴訟原告は和解後の1998年「大阪HIV訴訟を考える会」を発足させ，当事者による相談事業（ピアカウンセリング）を始めて全国各地で懇談会や相談会，研修会を開催して元原告たちのニーズの掘り起こしに取り組んだ。MSWも参加して側面から支援した。個別には主に障害年金請求の相談に当たった。代理請求を行う場合もあったがピアカウンセラーをめざす彼らはMSWのサポートによって自身が行政窓口に出向いて手続きに取り組んだ。血液製剤由来による患者からの相談総数は17人だった。

2．MSWがいない病院との連携

1998年当時，中国・四国の拠点病院MSWで相談経験があったのは5病院のみで，先に述べたように大学病院，国立病院にはまだほとんどMSWは配置されていなかった。MSWがいない病院へ片道3時間かけて出向くと，「5年前から抗HIV薬を飲んでいるが毎月15万円の収入から5万円を支払い続けていて実家にもいくらか仕送りしている。次第に限界を感じ始めたので，身体障害者手帳の申請を考えたいが地元の役所には知人もいるのでどうすればよいだろうか」という相談だったりした。2005年度末までにMSWが配置されていない病院，あるいは居住地の生活圏内の人や機関には相談したくないという理由での相談依頼は4県から13人だった。13人はすべて性感染由来である。

免疫機能障害と生活保障

血友病患者には医療費の公費負担制度があり，経済的な不安はないと思われがちだが，繰り返す内出血によって関節障害が徐々に進み，上下肢機能障害を負う者が多く，血液製剤の副作用による

肝障害は抗HIV薬の副作用との相乗作用もあって近年深刻になっている。このため就職が困難で、就労していても症状の進行に伴って常にリストラの不安を抱えており、内出血の激痛に耐えながらほとんどの患者がHIV感染はもちろん血友病も会社には言えないでいる。また、両親が高齢になるにつれ自立しなければならないとの焦りも重なって将来への不安が強く、障害年金請求相談が最も多い。障害年金はこうした不安定な立場にある患者にとっては自立のための基盤になる所得保障であり、貧困状態に陥らないための予防政策である。

性感染患者の場合も、HIV患者というだけで信頼をひどく失わせるような苦痛を味わうというスティグマ化された現況では、家族に同じ負担を負わせたくないとの気持ちから病名を言えないことが多い。さらに同性愛の場合は「HIVよりもゲイだということのほうが家族に話せない」という人も多い。また、職場に病気を知られたくない場合は健康保険の使用や傷病手当金請求にも戸惑う人もいて、社会生活において病名を隠さなければならない精神的負担は大きい。こうした心理面の支援とともに生活に必要な社会資源を確実に利用できるよう、代行申請などの権利擁護が必要となる。これまでは約7割がプライバシー保護のために行政各機関との調整、交渉を要した。

福祉行政とプライバシー保護

行政の情報システム化が進む中、最もコンピュータになじまないと考えられてきた福祉行政にも1990年6月の老人福祉法改正で市町村行政に「必要な情報の提供」が加えられて以降、電子化が進められてきている。病気や所得、家族関係などはプライバシーの本質に最も関わる情報である。今後はさらに住基ネットと連携した「社会保障番号」の導入が検討されている。しかし、一方ではプライバシー保護の概念は、「自己に関する情報を自律的にコントロールする権利」という現代的プライバシー権へと変化してきていて、この「自己情報コントロール権」は憲法13条にその根拠を置く憲法上の権利として理解されている。

免疫機能障害の身体障害者手帳申請などの際に、行政に求められるプライバシー保護については、「ヒト免疫不全ウイルスによる免疫の機能の障害 身体障害認定の手引き」(1998年10月、厚生労働省障害保健福祉部企画課)に詳細な対応方法がまとめられた。

このマニュアルが示されたことで、MSWの裁量に頼ることなく、市町村の責任として積極的に取り組んでもらえるようになった。

手帳の再認定と権利擁護

地方自治法改正に伴って2002年頃から、身体障害者手帳の再認定に関する相談が入るようになった。「抗HIV療法で障害状態が軽減したと考えられるので再認定のための診断書を提出してほしいと市役所から通知があったが、現在の状態では認定基準から外れて医療費の公費補助を受けられなくなるのでどうしたものか」というもので、一生服薬を続けなければならない患者にとって切実な問題だった。全国各地で同様の相談が寄せられ、関係者がこの問題を取り上げた。筆者も法律の専門家とも協議して制度上の問題を整理し、対処方法を検討した。

問題は2000年の地方分権一括法の大改正で福祉法のほとんどが県、政令市の自治権の範囲に入ったため、地方自治体が独自に「審査基準」を設けることができるようになったことによる。国の役割は地方自治法に定められた「関与」(245条)に変化していた。医師、MSW、臨床心理士、患者はともに再認定がいかに不利益をもたらし、「不適切」であるかを行政に説明し、国のガイドラインでもCD4とウイルス量の検査数値は「これまでの最低値とする」となっている意味を理解してもらえるように働きかけた。その後2004年の厚生労働省通知では「…抗HIV療法を継続している間は原則再認定は要しない」と示された。

病院と患者，個々の意識差を埋める役割

当病院がブロック拠点病院の指定を受けるに際しては，病院全体として職員の意見交換の場を設け，医局や看護部が勉強会を企画した。しかし，当初職員個々の意識にはかなりの差があった。医師，看護師は針刺し事故などの危険性に対する不安が強く，職員の感染予防対策と患者の立場に立ったケアの両立に戸惑ったりした。MSWはできるだけこうした場に参加して不安を否定するのではなく，病院に求められている社会的役割と患者の思いを代弁するように努めた。診療が始まると各部署と職員間の対応調整を行った。初診の場合は事前のチームカンファレンスで役割分担，面接室の確保，時間調整が行われたが，電話相談を含む診療相談窓口はMSWが担い，患者の心理状態や要望によって個別の配慮を行った。

病院内では「エイズ」，「HIV」という言葉を使わないことが基本だったが，関連用語の使用，病名記載の仕方，連絡方法などには個別の配慮も必要だった。入院の場合は病棟との意思疎通も大切であった。患者の表情や態度に注意を払っていると，病院がプライバシー保護の観点から厚生労働省通知に基づいて個室を準備したところ「隔離された」と感じていたり，病棟看護師はできるだけ「普通に」と接していたが，患者側は距離感や疎外感を感じていたりすることがあった。多忙な医師と看護師長に声をかけて昼食をとりながらカンファレンスを行ったりした。病院スタッフ個々の意識の差と患者個々の意識の違い双方を見て，その差を埋めていったのである。

事例

Sさん（男性）は他県の病院に入院。外国籍の妻がいる。HIV感染がわかって間もなく（1996年），ショックも大きかったが，それよりも自分にもしものことがあった時の家族の生活を心配し，日本語があまり話せない妻のことが気がかりで落ち着いて入院していられないと訴え，MSWに紹介となった。

1．不安の内容

自分の死が近いと思い込んだSさんは「私が死ぬのはしかたないとしても，残される家族が今後生きていけるようにしておかないと。妻は日本語が話せないし友人もいないので守ってやる者がいない」と一気に話し続けた。自分は死ぬという思い込みも問題だったが，家族を思う強い気持ちから生活問題をまず解決しないと何も耳に入らないという状態だった。

妻が残された場合の主な生活問題は，妻の在留許可手続き，戸籍と住民票への妻の名前の記載，保険加入や入学手続き，子どもの国籍の選択，児童扶養手当，遺族年金，生活保護，医療費の負担軽減，など細部にわたった。不安の根底には複雑な制度と交渉を繰り返してきた行政窓口での苦い経験があった。

2．ニーズに添った情報提供

MSWは入国管理事務所・法務局・戸籍係・福祉事務所・在日外国人の支援団体などで実態を確認し，Sさんがこれまで経験したうえで不安や困難を感じている部分の具体的な対応方法を説明した。「役所で聞いただけでは教えてもらえなかったこともわかったし，退院したら1つずつ自分でやっていきます」とほとんどが解決し落ち着いた様子だったが，どうしても妻の在留許可については不安が拭えなかった。

在留は「日本人の妻」を理由に認められており，夫の死後はその理由が「日本国籍の子どもの養育」に変われば許可される。これまでにそれが認められなくて本国に帰される場合があり，Sさんもその報道を見たことがあった。日本人の子どもを育てる場合は定住を認めるという「通達」（1996年7月末）が出ていて実際に定住が認められていることを説明してもどうしても安心できなかった。MSWは通達そのものを手に入れたいと入国管理事務所などに依頼したが「内部文書で外部には出せない」と断られ，弁護士を通じて依頼してみた

がだめだった。Sさんは考えた末，MSWと入国管理事務所に出かけて直接確認する決心をした。入国管理事務所に出かけてソファーにかけ，直接担当者から申請書類や記入の仕方，申請期限など詳しく聞くと「いつもの切り替え手続きとあまり変わらない。安心した」とやっと安堵した。

3．長期の生活設計

その後の面接では，抗HIV療法によって長生きができると理解し，むしろ新たに長期の療養生活を乗り越える人生設計が課題となった。自分や妻の就職が目標になったが，まず身体障害者手帳，更生医療（自立支援医療）の申請をすることになり，居住地では免疫機能障害での手帳交付は初めてだったためSさんの依頼で役所を訪ねた。担当課長にだけ要件を伝えて予約を取り，プライバシー保護の態勢整備をお願いし，2か月後に「態勢が整ったので申請してください」との連絡を受けて手続きを行った。その際ご自宅にうかがい，Sさんの妻ともお会いして，明るい柔和な表情で会話している様子をみることができた。妻は手帳交付後に地域の福祉関係者に情報が漏れないように改めてお願いしたいと訴えたので，MSWは再度役所を訪れ，対策を協議して帰路についた。また，妻の母国語で生活相談に対応できる支援団体を紹介して今後に備えた。

おわりに

MSWは，患者と環境の相互作用からなる社会生活機能に焦点を当て，その機能を促進させるための支援を行っている。多様な問題を提起しているHIV診療はコメディカルの役割が重要であり，検査時から告知後，治療開始時期と医師から伝えられる最新の情報を理解していく過程や現実の生活上の問題について対処を考えていく過程，そして心理的に自己肯定していく過程と，個々に時間をかけて咀嚼する過程が必要である。とくに病気がわかってからしばらくは診察以外にふっと相談室を訪れて話していくことは少なくない。また，チームの肯定的な対応や非審判的態度，プライバシーを尊重する言動がエンパワメントにつながる。最も身近な問題として考えるならば，同じ職場の職員が陽性とわかった時，プライバシーは守られるだろうか。仕事を続けられるだろうか。チームの人権意識や成熟度が高められなければ，それを地域社会に反映させていくことも難しい。医療関係者は全国各地での経験を情報共有しやすい。だが患者の場合，とくに地方では孤立してしまう場合が多く，MSWとしても，社会的バリアフリーをめざした，さらなる努力が求められる。

2章 利用者の状態別支援方法

③ 難病・障害者への支援

HIV感染症治療とMSW
受診前相談と継続療養支援

国立病院機構 大阪医療センター 地域医療連携室
主任医療社会事業専門員　岡本　学

　HIV感染症治療では，多くの患者が医療費の自己負担軽減のために身体障害者認定を受け，福祉サービスを利用し，MSWはその手続き方法の案内や必要に応じた支援を担っている。当院ではそのうちの7割を超える患者から医療費・制度利用についてだけではなく，その他の事柄についても相談がある。疾病の受け止めや，周囲への病名の通知，セクシュアリティや，性行動を含めた日常生活について，就労・就学，薬物・アルコール依存など，心理・社会面の多岐にわたる相談が寄せられている。

　その中でも，当院でとくに力を注いでいるのが「受診前相談」と「介護・療養が必要になった場合の継続療養支援」である。

受診前相談

　当院のHIV感染症患者は累積1,800人を超えており，他院からの転院を含め月に約20人が新規受診している。医師・看護師・薬剤師・カウンセラー・MSWを中心としたチームでその診療に当たっている。

　そのような状況の中，当院医療相談室が率先して行っているのが，「受診前相談」である。保健所などの検査でHIV感染がわかり，エイズ治療拠点病院を受診する前の状況にある患者から相談を受け，受診について一緒に検討する支援である。

　保険診療は健康保険を利用することが前提だが，健康保険を利用することで家族や職場に病名が知られてしまうのではないかと心配し，受診をためらう患者がいる。また，HIV/AIDSの疾病イメージから死を意識し，受診をしても無駄だと感じてしまう患者がいる。そのような思いや不安を傾聴しながら，現実的にはどのようなことが起きるのかということを一緒に確認していく作業を行う。漠然とした不安が整理されることにより，受診をすることの自己決定を支援する。健康保険に加入をしていない患者や，生活状況が安定しておらず定住所を持たない患者と出会うこともある。海外で発症し，日本に帰国して治療を受けたいという患者の帰国調整を手伝うこともある。

　多くの患者はHIV感染が判明しているだけの状況で，精査の必要性，社会資源や制度利用についての知識・情報などや，HIV感染症の進行とその治療についての知識を持ち合わせていない。また，告知後にショックを受けていることが多く，心理的支援を行う必要がある。

　病院には必要な治療を提供するためのチームが準備されているが，疾患そのものに偏見が強い場合などは，受診に至るまでを支援しなければ，必要な治療が提供できない。当院では，HIV診療に関するwebサイトに「受診前相談」ができることを案内している。地域で検査を担当する保健所や無料匿名検査場のスタッフにも案内し，HIV陽性の告知時に必要性があれば対象者に案内をしてもらうよう，院外連携を図っている。患者同士のネットワークで情報伝達がされたり相互支援が図られている現状があり，患者会での講演を引き受けたり，パンフレットにコメントを寄せるなど，「受診前相談」を利用できるという情報が届くように工夫をしている。現在は月に1～3件の相談がMSWに寄せられている。MSWが担う相談

注）病院：70巻2号（2011年2月）に掲載。

だけではなく，当院の感染症内科外来には専門の看護師が4人勤務しており，電話での問合せや相談には適時応じている。

MSWがどのように「受診前相談」を行っているかイメージしやすいように，事例を通して紹介したい。なお，複数の事例を組み合わせて個人が特定されないように配慮した。

事例

保健所にてHIV陽性の結果告知を受けた20歳代前半男性の患者は，父親の組合健康保険の扶養家族であり，受診をすることで家族に病名が知られるのではないかと不安があり，受診することをためらっていた。保健所の保健師よりMSWに連絡があり，受診前相談を行うこととなった。プライバシーを気にしており，匿名による相談となった。

患者は，家族にはHIV感染症については知られたくないと考えており，受診すると家族に知られるのではないかと心配していることを語った。

MSWより，健康保険で診療を受ける際のシステムについて説明した。健康保険の多くは，医療費の通知を行っているが，その記載内容は保険者によって異なるため，父親の健康保険組合に状況の問合せをすることを提案した。患者は問い合わせ方に自信がないため，MSWが本人に代わって問い合わせることになった。

父親の健康保険組合は，3か月ごとに健康保険を使用した者の氏名と受診した医療機関の所在地が都道府県名で記載され，医科・歯科別，入院・外来別に医療費の総額が明記されることになっており，個別に削除をすることは認められなかった。

MSWより，患者にHIV感染症の経過と治療について説明し，感染していることは判明しているが，精査をしなければ現在の状況が把握できないことを説明した。放置するとAIDS発症をしてしまう場合があること，そうなれば入院治療が必要となることがほとんどであり，家族に知らせざるを得なくなること，経過観察のみでよければ，2～3か月ごとに総額2万円程度の医療費がかかるだけであることを説明した。

本人は，数か月後には就職予定であり，健康保険が家族とは別になること，それまでについては，病名が明記されないのであれば，「体調が悪く受診した」と説明をすることが可能であることから，受診をすることを決めた。

「もしかしたら」とは心配しながらも「まさか自分が」という思いがあったことを語りながら，涙を流し，HIVに感染しながら生きていくことについての不安を表出した。同時に，セクシュアリティについて，性行為等の日常生活について相談が寄せられ，傾聴しながら，必要な事柄には情報を提供し，今後一緒に考えていくことを約束した。また，病院以外に相談ができる場所として，電話相談などの支援サービスと，HIV陽性者によるセルフサポートのグループがあることを紹介した。

受診については，MSWが付き添うことで目立ってしまうのを避けたいとの意向があり，初診受けつけの方法を案内し，感染症内科外来の看護師に申し送りを行った。

受診後に再度面接を行い，次回受診時までの過ごし方を確認し，必要時には相談にのることを約束した。カウンセリングについては希望されず，当面はMSWとの面接を続けることを計画した。

結果，経過観察が適当な時期であることがわかり，継続的に受診を行った。当初は不安が強く表出されていたが，他患者との出会いなどを通して落ち着きを取り戻したため，必要時には本人から申し出ることとし継続面接を終了した。

介護・療養が必要になった場合の継続療養支援

HIV感染症は，多剤併用療法により「慢性疾患」になったと言われる。しかし，AIDSの後遺症により身体介護や吸引などの看護が必要になる患者や，HIV感染症のコントロールは良好であるが加齢や他の疾病により介護が必要になる患者の支援が，現在の課題となっている。

現在は，医療機関の機能分化により，患者が状態に合わせて転院をすることで必要な時期に必要な医療が提供される医療システムを地域ごとに確立することが進められている。しかしながら，HIV感染症患者の診療拒否が問題になった時代に整備が進められたエイズ治療拠点病院は，大学病院と公立病院など急性期病院が中心である。そのため，HIV感染症の患者が，脳卒中後などの回復期リハビリテーションを必要とする状態や，療養病床での入院療養が適当だと思われる状態になった時に，エイズ診療に慣れた医療機関で引き受けることは困難である。しかし，療養病床や回復期リハビリテーション病棟を有する医療機関や，その後の介護施設では，HIV感染症に対応する準備が整っておらず，対応は困難だと断られてしまう状況が続いている。診療報酬改定により，抗ウイルス薬が療養病床の包括診療内から出来高算定可能となっても，状況は変わらないでいる。

　当院では，地域の医療機関への出前研修を行ったり，訪問看護事業所や介護事業所に対して研修を行ったりして，HIV感染症患者の受け入れについての準備を進めている。MSWは，日頃から多くの医療機関や介護事業所と院外連携をとっており，日頃の連携の中で，HIV感染症についての情報提供を行い，勉強会や研修会の企画を持ちかける役割を担っている。勉強会や研修会での講師は，実際に診療を担当する医師とケアを担当する看護師が担い，疑問や質問にすぐに対応できるように準備し，MSWはあくまで準備とその後の連携の窓口としての役割に徹している。これまでに回復期リハビリテーション病棟を有する医療機関と一般医療機関が実際に患者受け入れに至り，複数の訪問看護事業所と介護事業所・障害者施設が患者のケアに至っている。また，複数の透析医療機関が受け入れ準備を整えた。もちろん，MSWだけではなく，それぞれの職種がそれぞれの立場で連携を図り，チームとして機能することで実現している。

　また，院内のチームだけではなく，保健所や行政担当者との連携・協働が不可欠である。受け入れが難しいとされる理由を減らしていく作業も必要であり，現状について共有し，打開する方策をともに検討していく作業が必要になる。2008年春に，抗ウイルス薬については，療養病床の入院料に含まず，出来高算定できるように診療報酬が変更されたことや，2010年9月に，曝露時の予防内服（PEP）について，労災として認めると明文化されたことなどは，HIVに関わる多職種が連携・協働し，改善を求めた結果である。

　医療機能の分化に伴い，効率的な医療資源の活用が求められる現在の日本の医療体制の中で，HIV感染症患者や難病患者がそのネットワークに乗りにくい状況がある。安心して治療が受けられるためには，その疾患に対しての治療をどう提供するかだけではなく，加齢や他疾患により介護が必要になった場合にも必要な治療が受けられる環境が用意されることが必要である。そのような患者の療養継続を可能にするためには，制度の不備を明らかにし，改善を求める作業が必要であり，MSWもチームの一員としてその作業に貢献ができると考えている。

2章 利用者の状態別支援方法
③ 難病・障害者への支援

透析医療における ソーシャルワーク
透析者との関わりから学ぶ

白鷺病院 医療福祉科 科長／MSW　藤田　讓

日本透析医学会によれば，透析者は2010年末現在29万7,126名で，30年前のおよそ9倍に増加している。平均年齢を見ると，1985年末時点では50.3歳だったが，2010年では66.21歳と透析者も高齢化してきており，同時に介護を必要とする透析者の増加も透析医療における主要な課題の1つとなっている（日本透析医学会，2011）。一方で，透析医療の急速な進歩は長期生存を可能にし，当院でも透析歴20年以上の透析者は珍しくない。つまり，透析医療はかつてのような延命を目的にした治療ではなく，QOLの向上に大きく貢献する治療といえるだろう。

医療福祉科の経緯

白鷺病院は1974年に透析を中心とする腎・尿路系専門病院として設立された。現在では，病床92床・人工腎臓患者監視装置48台を有し，法人内に透析専門の無床診療所4か所と合わせ，800名を超える維持透析患者の診療を行っている。

MSWが所属する医療福祉科は，開設2年目より他院を退職されたMSWが非常勤で勤務するところから始まった。その者が退職後，数か月間不在であったが非常勤で1名採用され，1987年より常勤職員となった。筆者は2名への増員をきっかけに1995年より勤務するようになった。診療所の新規開設によって透析者の人数も増加した。合わせて延べ相談件数も増加し，MSWも1998年に3名へ，2006年には4名へと増員が図られた。

延べ相談件数は月平均400件を超えているが，新規相談は月平均約15件で20件を超えることはまれである。内訳は約9割が透析者，入院・外来の比率はほぼ1対1である。これらのデータに長期に通院を要する透析者に関わる当科の特徴がよく現れている。

白鷺病院におけるMSW業務

1. 相談業務

相談業務については，患者ごとの担当制を取っている。入院中に限らず，通院の中でも退職や転職，加齢や合併症出現によるADLの低下，家族員との死別や離別をきっかけに相談に乗ることも多い。相談依頼はスタッフが問題に気づき依頼してくる場合，患者もしくは家族が自発的に来談する場合，のどちらもほぼ同じ頻度で見られる。

透析導入ケースには，ルーチンで対応している。病棟の看護師またはクラークからの連絡により，患者もしくは家族と連絡を取り，初回面接をセッティングする。ここでは，特定疾病療養受療証・身体障害者手帳・障害年金（一部の方のみ）の申請手続きを説明することと，今後の透析生活に向けて，問題点を探るため生活状況を把握することの2点を目標にしている。合わせて，腹膜透析の場合には透析液加温器，状況に応じては自立支援医療（更生医療）の申請手続きを説明している。

介護保険の施行後，介護サービスは急速に普及し，透析者の高齢化・要介護化が進んでいたことから透析者にも介護サービス利用が広まった。そのため，介護サービスの利用相談はもちろん，

注）初出は病院：67巻5号（2008年5月）に掲載。データなどは，2011年の最新のものに改めた。

サービス利用に付随しての介護事業所との連絡調整も行っている。

2. 診療記録開示や個人情報保護に関する窓口

当院では2000年度から診療記録開示を行ってきた。取り組みに当たって，患者にとって申し出がしやすい部署，患者の権利擁護に理解がある部署ということで，医療福祉科が申請・相談を担当することになった。

さらに個人情報保護法施行に伴い，個人情報保護に関する窓口も担当している。こちらは患者からの利用制限の申請や相談への対応だけでなく，外部機関からの照会に対してスタッフが対応に困った場合にフォローする役割も担っている。

3. 移植までの関わり

献腎移植（死体腎移植）を希望された場合には，当科では日本臓器移植ネットワークへの登録手続きの説明を行っている。また，移植療法についての情報提供や療法選択のため，移植療法の経験が豊富な顧問医師の協力により移植相談も受けられる。主治医からの依頼があれば，相談日程を組み，透析者や家族が移植への理解を深められるよう，担当医師との橋渡しと相談後のフォローアップを行っている。ただ，当院自体は移植施設ではないため，MSWがどこまで，どのように関わるのがよいか，試行錯誤している。

4. 患者会（白鷺腎友会）の病院側窓口

法人の各透析施設をカバーして「白鷺腎友会」という患者会が組織されており，さまざまな活動が自主的に行われている。主な行事は，総会と兼ねた勉強会，年1回のバスツアーのほか，特定非営利活動法人大阪腎臓病患者協議会・社団法人全国腎臓病協議会への協力などである。当科では，白鷺腎友会から当院への依頼や相談がある場合，反対に当院から白鷺腎友会へお願いや申し入れを行う場合の窓口として，白鷺腎友会と白鷺病院との橋渡し役を務めている。バスツアーや勉強会では職員も付添いや裏方としてのお手伝いを引き受けているが，会場の段取りや案内の印刷，講師や手伝いの手配を当科で担当している。

5. ホームページ開設

病院ホームページに独自のサイト「相談室の扉」も開設し，ソーシャルワークの紹介の他，社会資源の説明も充実させていった。その後，インターネットが普及し類似の情報が入手しやすくなったこと，当院のホームページのリニューアルに伴い技術的に更新が難しくなったことから，現在の内容は以前よりコンパクトにしている。

ホームページには予想外の多くの反響があった。他院MSWから「困った時に見ている」，「学生の頃見つけて勉強に使った」という声も聴いたほか，一般の人から相談も寄せられたこともある。ネット上での相談は，情報と時間の制約があるため，普段の業務のようにできない。このような状況で相談を受けることの倫理的問題もあるが，ホームページは誰でも閲覧できることから，通院先にMSWがいない透析者にとっては有益だと考える。

ソーシャル・ネットワーク・サービスも急速に普及している現在，ホームページはじめインターネットの効果的活用法については，もっと検討されてもいいのではないだろうか。

6. その他

この他に，社会福祉専攻の学生実習受け入れ，他職種の学生実習生へのオリエンテーションといった教育機能も果たしている。

透析医療における ソーシャルワークの特徴

1. 透析者とともに

透析療法は比較的長期にわたって同じ医療機関に通院する例が多く，20年以上通院している人も珍しくない。いきおい，透析者との関わりも長期間となる。長い経過の中で，MSWは家族生活や職業生活，加齢など透析者のライフサイクルの移り変わりに触れることになる。例えば，担当当初は1人で元気に通院し，患者会の行事にも積極

的に参加していた人が，長い年月の中で杖歩行となり，やがて車椅子利用，あるいは物忘れが目立つようになり介護サービス利用という時の流れの中で，「老い」，「衰え」に向き合っている人もいる。また，年金や健康保険の相談に来た人が，退職を控えて仕事のことを話し込んだり，配偶者と死別したばかりで思い出話にふけったりすることも少なくない。主治医の退職や看護師・透析室スタッフの異動による不安を訴える人からは，「あなたたちは異動がないから安心，いつまでもいてちょうだい」と言われたこともある。このような機会を通じて，筆者はソーシャルワーカーとしてのあり方を考え直す契機にもなった。

慣例のように患者ごとの担当制としていたのが，そこには透析者とともにある，傍に寄り添うというポジションを保つ意味を見出すことができる。つまり，「困った時は相談に行けばよい」，「MSWに聞いてみれば教えてもらえる」と透析者に覚えてもらうこと，そして実際に訪ねて来られたら傾聴の姿勢を忘れずに誠実に応対することが透析者や家族にとっては多少とも支えとなるのであろう。このような関わり方は長期にわたり患者と関係を持つ透析施設ならではと思う。

2. 暮らしやすい環境に向けて

近年では制度の改正が頻繁にあり，また3年ごとの介護報酬改定による影響もあるので，その都度何名もの透析者から問合せが舞い込む。詳細が明らかになっていない段階で来た人からは，行政機関から送られてきた資料を私たちの勉強用にと届けてくれたり，「行政からの案内を読んでも分からないから，また勉強して教えてちょうだい」と檄を飛ばされたりもする。というのも，診療報酬や医療費助成制度は透析者にとっての命綱である透析療法に直結しているだけに，さまざまな制度改正には透析者自身も敏感になっている。改正のたびに「透析療法への影響はどうか？」，「費用負担はどうなる？」，「自分が利用しているサービスは変わるのか？」と関心が向けられるのなら，そこにMSWも反応して，タイミングよく適切な情報提供ができるよう準備しておくことが必要だと実感している。

ただし情報提供と言っても，当院に通院されている透析者へは容易に行えるが，社会全体を見ればMSWのいない透析施設に通院している人のほうが多い。ホームページを充実させればMSWのいない透析施設に通院していても情報が入手しやすくなる。あるいは大阪腎臓病患者協議会などの患者会や各地のMSWとも連携を図り，共通のパンフレットなどを作成するのも一案だろう。今後は「大阪」というフィールドでの活動も視野に入れて，安心して透析をしながら生きていける街づくりに少しは貢献できればと考えている。

透析者との関わりから学ぶ

ある時には人生の先達からの教えにも触れた経験もある。患者会の発展に貢献したある人は，「まずは遊びを通して人を集めることが大切」，「集まった人には役割を押し付けて運営側に巻き込んでおく」，「いつまでも自分が中心ではなく，さっさと後任を見つけて仕込んでおけばよい」と組織運営の極意を語ってくれた。筆者に管理職としての心構えや部下との距離の持ち方を教えてくれた人，大阪商人としての経験から「お客様への接し方」を話してくれた人もいる。「クライエントから学ぶ」という言葉通りに，透析者との関わりからいろいろなことを教えていただきながら，筆者自身MSWとして，そして1人の人間として成長してきたと思う。

このような透析者・MSWが相互に「共鳴」し合うような関係を持てることが，透析医療におけるソーシャルワークの一番の特徴ではないか。「援助する者 - 援助を受ける者」という関係，ソーシャルワークという「枠組み」から少し外れているようにも見えるが，その微妙な外れ方，外し方の加減が筆者にとっては面白くもあり，頭を悩ませるところでもある。

2章 利用者の状態別支援方法

③ 難病・障害者への支援

職業復帰に関わるMSWの役割

執筆時：吉備高原医療リハビリテーションセンター MSW **渡辺貴志**

当センターでのMSWの業務

当センターは，他の医療機関と比べ地域医療よりも職業復帰などの専門的なリハビリテーション治療に重きを置いている点に特徴がある。そのためMSWの業務も，リハビリテーション（以下，リハビリ）を目的とする人への援助が中心となる。

主な業務内容としては，県内外の病院（急性期や回復期）からの入院相談，外来受診援助，そして入院調整から退院まで関わっていく中で，社会資源についての情報提供，社会復帰に対して必要な家庭訪問の調整・同行，さらに職業復帰を検討する場合には，本人・家族への職業訓練などの情報提供，職業リハビリテーションセンターとの調整などである。

当センターの入院患者は広域から集まり，入院患者の4割程度は県外からである。脊髄損傷の受け入れが多いことが大きな特徴である。そのため近場の医療機関からの紹介を待つだけではなく，一部の県外の医療機関へこちらから医師とともに同行し診察，入院相談・調整にもMSWが関わっている。そして車椅子での生活を送る人が多いため，家庭復帰をする前に家庭訪問を実施することがある。現地まで療法士などと一緒に赴いて患者・家族に加え，地域の在宅介護の事業者や行政とも必要に応じて調整を図り，円滑な家庭復帰を援助している。

それ以外にも中四国地方における四肢切断となった被災労働者に対して，義肢の巡回相談も行っている。内容としては，医師とともに各方面へ赴いて義肢が利用者に行き渡るように申請から，採型・完成まで必要な手続きを補い，そのため関係行政機関などと調整も行っている。このように，通常のMSWと比べて，院外へ出ての活動が多いのも特徴である。

当センターの全体構想を図1に示す。職業復帰へのリハ医療，ネットワークの場面に重きを置いて業務を行っている。

職業訓練へ関わる流れ

本項では，その中でもとくに職業復帰に関わる中でのMSWの役割について述べる。

他病院から紹介を受け，家庭復帰をめざす患者の場合，外来受診をしてもらい，その後入院調整を経てリハビリを行っていく。

他病院に比べ社会復帰までの入院期間も長いため，入院中には，身体障害者手帳の申請，自立支援法や介護保険法の認定手続き，障害年金の申請，自賠責保険の症状固定など，さまざまな援助が必要となってくる。

それに加え，当センターは隣接する吉備高原職業リハビリテーションセンター（以下，職リハセンター）と連携して障害者の就労にも関わっている。医師が職業アプローチが必要と判断すると，MSWは職業訓練に向けて職リハセンターと調整してそれぞれの状況に応じた連携を取っていく。

当センターの訓練形態は，大きく3つに分けられる。医療のリハビリがある程度目途が立ってきた患者の中で，就労へ向けた職業準備として受講する「OA講習」，離職した障害者が新規の就労を

注）病院：67巻4号（2008年4月）に掲載。

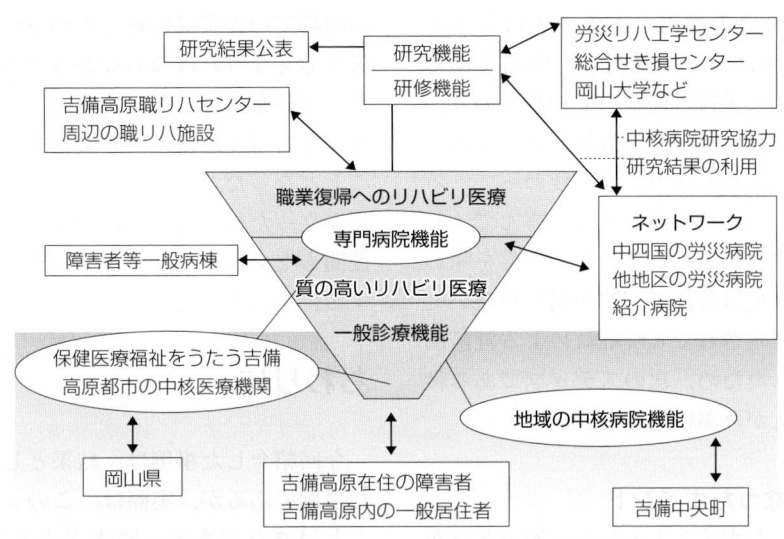

図1 吉備高原医療リハビリテーションセンターの全体構想

めざして1年または2年かけて訓練を受ける「一般入所」，会社に復職する目的で事業主からの依頼によって訓練を受ける「短期課程」とがある。「一般入所」のコースは身体・知的・高次脳機能精神・発達の各障害者を対象に設けられている。

当センターからの主たる利用は，身体障害者を対象にしたコースをめざすことが多く，その内容としては，メカトロニクス(2年)，機械製図(1年)，電子機器(1年)，システム設計(2年)，経理事務(1年)，OA事務(1年)の各コースがある(2012年度)。いずれもパソコンを使用してのデスクワークが必要となるため，パソコン操作とそれを習得するための一定の基礎学力が求められる。つまり，身体障害者手帳さえ取得すれば入所できる機関ではないのである。

とくに「OA講習」は，職リハセンターと当センターだけの独自の取組みで入院中の段階から職業訓練を開始でき，就労意欲の高い人にとっては医療の後に速やかに職業訓練に移行できるため有効である。「OA講習」の内容は，ワープロや表計算の基礎を，病院でのリハビリの進歩状況，本人のパソコン経験などを考慮し，受講者のレベルに応じて課題設定をして指導するものである。この講習は，当センターの入院患者でその後職リハセンターへの入所，元の職場への復職を検討している人が対象となる。

「OA講習」の利用状況は，年間平均約8名である。利用後は，一般課程(ハローワークを通して，職業訓練校への入校)へ入校する人，事業主からの依頼による「短期課程」へ移行する人など個々の状況によって進路もさまざまである。

事例—職業訓練を受講し，社会復帰を果たしたAさん

ここでは脊髄損傷の患者で，職業訓練を活用し，復職，そして起業に至った事例を紹介する。Aさんは前の病院で大きな褥創を作ったままの状態で当センターへ転院してきた。そのため褥創治療に半年間治療優先の入院を強いられた。しかも，入院当初は，国民健康保険で休業中の補償は何もない状態であった。

1．MSWが存在する意味

転院前の病院には，当時MSWは配置されておらず入院生活を続けているAさんの不安に対して関わってくれる存在がなかったようである。当院へ転院後に経済的な不安などについて相談に乗っているうちに，MSWという存在を理解し必要としてくれた。詳細を聞いているうちに，受傷の原因が仕事中のものであり，雇われている状況

であったため，労災の適用があるのではと考えAさんに労災制度について説明し，申請を勧めた。その後も複雑な手続きについて相談にのり，その結果，労災認定に至った。労災に該当するかしないかで，全くこれからの生活が変わってくることをずっと伝えていたので，とても喜んでくれた。この時は，MSWとして大きな達成感を味わうことができた。彼は褥創で入院期間が長びいていたが，労災が認定されて入院継続による経済的な不安が払拭されたため，次のステップである就労についても考えが及ぶに至った。

2．就労可能となったポイント

就労可能となったポイントとして，次の2点があげられる。
①本人の就労へ対する意欲が高かったこと
②それまでの事業主との関係が良好であったこと

患者の中には，交通事故や労災の人で症状固定後の補償によってまとまったお金が入ってしまうと就労への意欲が失せてしまい，退院後退職してそのまま無職で生活を送ってしまう人が少なくない。しかし，Aさんは社会復帰したら，いずれ自分と同じような境遇の人に対して役に立つ福祉関係の仕事をしたいと考えていた。そして，労災認定され経済的基盤が補償されたことで就労に対しての意欲が高まったと考えられる。また，以前の現場での作業は困難なため車椅子でも可能な就労を考えなければならなかったが，本人と事業主との関係が良好であったため，パソコンなどのスキルを習得すれば，別の業務で雇用が続けられることとなった。その結果，病院でのリハビリの目途が立った後に速やかに職業訓練を受講し，退院後間もなく復職し，やがて福祉関係の仕事を起業するに至った。

おわりに

今回紹介した事例は，結果として目的を達成した事例であるが，実際は，このようにうまく進むことはまれである。障害者の職業訓練については，世の中の理解はまだまだ不十分な点が多いように思われる。

「働くこと」は賃金などの収入を得る「社会的な視点」と，自分の能力や興味を発揮してさまざまな心理的満足を得る「個人的な視点」という両面から見なければならない。職業リハビリにおいても，仕事に就いて職業的に自立する中で，生涯にわたる「生活の質」の向上をめざすことは重要であり，われわれMSWの仕事はその支援でもあると思う。こうした理解を多くの人が深めていくことが今後の障害者の就労に対して重要である。

2章 利用者の状態別支援方法

③ 難病・障害者への支援

臓器移植における MSW の役割
心臓移植医療における当院でのソーシャルワークを通して

東京女子医科大学病院 MSW　小野賢一

臓器移植の歴史

わが国における臓器移植の歴史は，1956年に行われた腎臓移植から始まっている。その後1968年にいわゆる和田心臓移植事件が発生し，脳死下における移植について議論がなされるようになった。1979年には「角膜および腎臓の移植に関する法律」が成立し，心臓死移植に関しては法律が整備されていったが，わが国においては脳死を人の死として考えるという傾向が強くなく，心臓死以外の移植に関しては，行われることがなかった。しかし，1997年に「臓器の移植に関する法律」が施行され，本人が脳死判定に伴って臓器を提供する意思を書面で表示し，かつ，家族が脳死判定，臓器提供に同意する場合に限り，法的に脳死が人の死として認められ，臓器移植が可能となった。

このような経緯の中で，1997年当時，国立循環器病センター病院，大阪大学医学部附属病院とともに，当院も心臓移植実施施設となった。2008年現在，心臓移植実施施設は全国で7施設ある。

心臓移植における MSW 介入までの経緯

MSW は診療科ごとの担当制となっている。循環器疾患患者とその家族の当院におけるソーシャルワークニーズは比較的高く，全体の相談ケースの約30％を占めていた（1997年当時，台帳によ

る）。その支援内容は，社会保障制度に関するものの他，慢性疾患に特有とも言える就労・就学，復職・復学問題への支援，在宅生活をより円滑に過ごすための療養体制基盤に関するものなど，幅広いものであった。

こうした日々の MSW の活動と医療スタッフとの関係が評価され，当院が心臓移植実施施設に指定されるにあたっては，MSW も心臓移植判定におけるコンサルタントメンバーとして介入するよう要請があった。MSW に，患者・家族の心理・社会的側面を把握し，支援していく役割が期待されてのことである。なお，この判定コンサルタントメンバーには，MSW 以外に，循環器内科医・心臓血管外科医・精神科医・麻酔科医・感染症対策医・看護師・移植コーディネーターが参加している。

心臓移植患者・家族への
ソーシャルワーク

心臓移植登録に至るまでには，日本臓器移植ネットワークにより適応疾患の他，適応条件などが厳密に定められている。これらを先述した院内の判定コンサルタントメンバーが評価し，院内の倫理委員会の承諾を受け，日本循環器学会の承認の後，日本臓器ネットワークへ登録となる（図1）。しかし，登録となっても，現在，脳死下における心臓移植は，待機者数に比べ，提供者（ドナー）が少なく，登録後の待機期間は年単位になるのが現状である。

当院における移植登録対象患者・家族への MSW の介入は，疾患や病状の適応がある程度あ

注）病院：67巻10号（2008年10月）に掲載。

```
心移植対象者の評価
         ↓
循環器病センター 心臓移植適応判定準備会 循環器
内科医，心臓血管外科医，精神科医，麻酔科医，感
染症対策科，看護師，移植コーディネーター，
MSW
         ↓
院内心臓移植適応検討委員会
         ↓
院内倫理委員会
         ↓
日本循環器学会          申請
心臓移植適応検討小委員会
         ↓
日本臓器移植ネットワーク  登録
         ↓
        待機
         ↓
        移植
```

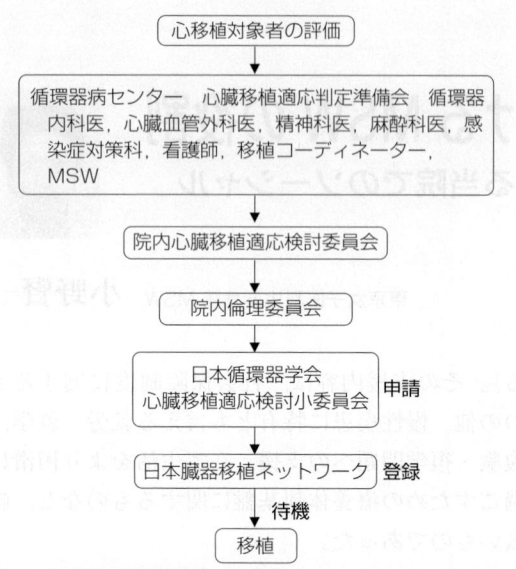

図1 当院の移植までのレシピエントのフローチャート

るとみなされた人に対して，基本的に全ケースに行っている。心臓移植登録には，日本臓器移植ネットワークの基準により，諸々の心機能の評価の他，「患者本人が移植の必要性を認識し，これに積極的態度を示すと共に家族の協力が期待できること」と，心理・社会的にも適切な評価を行うことが定められている。こうした基準もあり，心臓移植に関しては，患者の社会的・心理的・経済的な状況，家族のサポート体制を専門的な面接技術により正確に把握していくことが重要であり，当院ではMSWにその役割の一端を任されている。

例えば，患者の生活史を把握することは，その患者の社会的な立場を理解し，移植後に，以前の生活に近づくことができるようにするためのものであり，安心できる治療環境の構築のためには，経済基盤を把握し，適切な医療費や社会保障制度の情報を提供して支援を行っていくことも重要である。そして，家族機能の適切な評価，必要な時には患者の療養生活を支える家族に対して支援を行うことは，円滑な移植医療の実施につながる。

移植実施施設は患者の救命を主眼として，移植医療を推進していく役割も担っている。しかし，それは時として，患者や家族の想いと一致しているものばかりではない。患者・家族の多くは，病状の深刻さと死の恐怖という極限の精神状態にあるため，医療者が救命のために移植を提案しても，それがさらなる不安を引き起こす場合がある。MSWはあくまでも患者・家族の不安や戸惑いを受け止め，理解し，最終的に自己決定ができるように，院内でも中立的な立場として，医療スタッフとの連携を構築しながら，適切な情報を提供し，移植を受け入れる気持ちだけではなく，受け入れることのできない気持ちにも寄り添って支援を行っている。

こうした経過の中で，待機中に実際にMSWの面接時に吐露した相談内容を**表1**に示した。これらの想いは，MSWの「直接的な治療者ではない」立場を患者・家族が理解したうえで吐露したものと思われる。このような患者・家族の想いをその都度受け入れ，医療者へその想いの変化を伝え，適切な情報提供をしていくことは，MSWのコーディネート機能を十分に活用していることと言える。

心臓移植時のソーシャルワーク

当院で数例の心臓移植を行った経験から，移植手術の際にもMSWの関与は必要であると考える。当院では，ドナーが発生し，移植者（レシピエント）が当院の待機者であった際には，医療者と同様にMSWにも召集がかかる。ドナーの発生は当然ながら突然であり，移植医療の公平性からも，次に誰が対象となるか明確なことは当日まで不明である。こうした突然の出来事は，移植待機であることを理解していても，レシピエント本人も家族も予期していないことであり，急な連絡に混乱をきたす場合が多い。また，ドナー発生時は，医師や看護師などは，病棟での通常業務に加えて，移植手術の準備を優先せざるを得ず，患者や家族の戸惑い，例えばいつドナー心臓が到着し，いつ手術になるのかといった情報の提供が，患者や家族に対して遅れる場合がある。こうした時にMSWは，本人や家族の気持ちを受容しながら，適切な情報が適宜提供できるような環境づ

表1 移植待機中にMSWに寄せられた主な相談内容

	本人	家族
入院時	◎病状に対する受け止め ・今後自分はどのようになるのだろうか ・移植しか助かる道はないのか ・この苦しさから早く解放されたい ・移植への期待，可能性にかけたい ◎経済的不安 ・医療費の不安があるが医療者には言いづらい 　生計中心者の場合　休職中の経済的不安定さの不安 　配偶者の場合　　　自分が迷惑をかけてしまっている負担感 　子どもの場合　　　親に聞いても教えてくれないがどれだけの費用がかかるのだろう ◎心理的不安 ・なぜ自分ばかりがこんな病気になるんだ。苛立ち ・生と死の背中合わせ（助かりたい，でも苦しみが続くならば…） ・移植という言葉の重たさ	◎病状に対する受け止め ・こんなに重症だったのか ・移植が手段として有効ならば，ぜひに行って欲しい ◎経済的不安 ・命とお金を比較するようで考えられない ・どんなことをしてでもお金を用立てる ・費用の不安はどこに相談できるのだろう ・本人には言えないが，困っている ◎心理的不安 ・難病，障害者という言葉の重たさ ・家族として行えることは何だろう ・自分には何もできない，苛立ちやもどかしさ ・両親の場合　自責の念，遺伝に対する不安
登録時	◎病状に対する受け止め ・可能性が見えてきた安堵感 ・助かる道が見つかった＝移植しか助からないのか ・移植しなければならないほど重症なんだ ◎経済的不安 ・移植には高額な医療費がかかると聞くが… ・家族や親族に迷惑をかけてしまう ◎心理的不安 ・移植後の社会復帰への不安と焦り ・他者の死と自分の生への葛藤	◎病状に対する受け止め ・やはり移植以外に方法がないほど重症なのか ・ようやくここまでたどり着いたのか ◎経済的不安 ・移植医療にはいくらかかるのだろう ・どうやってお金を用意しよう ・本人には心配かけさせまい ◎心理的不安 ・移植に対する期待 ・移植後の生存率への不安 ・親類縁者へどのように伝えるか（あまり伝えたくない）
待機中	◎病状に対する受け止め ・移植以外に治る見込みがないことは分かるが，早く良くなりたい ◎経済的不安 ・長期入院による収入源の減少 ・今後いくらお金がかかるのだろう ◎心理的不安 ・長期入院による苛立ち ・いつ起こるか不明な移植医療への不安 ・社会からの疎外感や空虚感 ・医療者や家族からの励ましに応えようとする感謝と負担感	◎病状に対する受け止め ・本当に移植が必要なのか（病状安定による） ・悪化したらどうしよう ◎経済的不安 ・今後の医療と生活に関わる経済的問題をどうしていけばいいのか ・自分たちの職場や仕事にも影響が出てしまうのではないか ◎心理的不安 ・本人をどのように支えていけばいいのだろうか ・何もしてあげられない自責感 ・肉体的，精神的疲弊 ・移植後の生活をどのように支えていったらいいのだろうか

くりを，移植コーディネーターや医師などと連携しながら支援している。

また，移植手術を行っている時には，治療者としては当然であるが，医師や看護師は医療的な対応で精一杯であり，家族への支援が希薄になってしまうこともある。患者を支えている家族は，ともに治療に向かってきた支援者であり，その家族に対しての支援も欠かすことはできない。MSWは，こうした場面で家族にも寄り添い，時間を一緒に過ごすことで家族の不安を軽減し，また，家

族のその時に求めている情報を把握しながら、スタッフへその内容を随時伝える役割も担っている。実際、当院で心臓移植が行われた時には、家族は激しく動揺していた。長年の移植手術への期待と反し、手術中の「死」を感じ、恐怖にさらされていた。こうした時、MSWは期待の裏側にある不安や恐怖を受け入れ、医療スタッフと連携を取りながら、手術の具体的な進行状況などを家族へ伝え、支援を行っていった。

そして、移植手術が終わった後は退院に向けた支援が始まる。退院直後は免疫抑制剤の調整など、かなり頻繁に通院する必要があり、遠方の患者・家族には病院近辺での住居の確保が必要となる場合がある。自宅に退院する場合でも、長い間の入院によって「患者不在の生活」が成り立っており、家族や本人に戸惑いが生じる場合もある。こうした時には、生活の場を確保するというところから支援を行っていく必要がある。また、社会復帰・職場復帰に向けては、感染への配慮などから必要に応じて職場の関係者や近隣住民への理解を促すための場を設ける場合もある。

こうしたことからも、心臓移植におけるMSWの果たす役割は、きわめて高いものであると考える。

おわりに

MSWは、患者・家族の生活障害に対して心理・社会的な課題を支援していく専門職である。心臓移植という特殊な環境の中ではあるが、ソーシャルワークの過程は、決して特別なものではない。本人・家族それぞれに異なる疾病の受容過程を理解し、その人らしく生活していくための支援を行うことは、どの患者も変わりはない。しかし、生と死への価値観や倫理観、宗教観など、患者・家族がより、センシティブになっている事実もある。こうした中で、MSWが、あくまでも中立的な立場で、患者・家族の想いに寄り添い、安心できる療養環境を構築すること、社会復帰を目標とした、生活の連続性の視点を重視しながら、時に社会資源を活用し支援を行っていく必要性は高いものと考えられる。

最後に、心臓移植医療には、さまざまな専門職が介入しているが、すべての専門職が、患者・家族を支援しているということを理解するのは、言うまでもなく重要である。移植医療チームが同じベクトルで患者・家族を支援するためには、病院組織の中で、MSW自らが、他職種の職域を理解し、ソーシャルワークの重要性を理解してもらうことが大切である。

2章 利用者の状態別支援方法

④ 子どもへの支援

周産期医療におけるMSWの関わり
妊婦健診から始まる養育支援

国立病院機構 佐賀病院 MSW　下田　薫

　2008年、筆者が国立病院機構佐賀病院にMSWとして勤務して初めてのケースは、NICUの病棟師長からの依頼だった。それは「親が生後1か月経とうとしているのに出生届を出さない。いくら指導しても実行しない。生活状態も不安定である。今後の養育が心配」という内容であった。依頼内容から母親は社会背景に多くの問題を抱えていることがうかがえた。母親に面談を申し込んだが断られ、接触できないまま日が過ぎていった。虐待に詳しいMSWに相談したところ、「出生届を出さないことはある種のネグレクトになるのでは？」と指摘された。

　あらためて児童虐待を視野に検討することに気づき、地域保健師や児童相談所に連絡し支援を依頼した。そして、母親が児童相談所の指導に従わないことから、子どもは施設に一時保護されることになった。その後、地域保健師や児童相談所の指導の下、出生届の提出、母親の住民票移動や保険証の取得などの支援が行われた。その結果、2か月後、子どもは母親の元に戻ったが、それから2年半以上経った現在も保健師の訪問や民生委員の見守りが継続的に行われている。

　このケースから多くのことを学んだ。まず、出生届を出さないことがネグレクトになりかねないため児童虐待を視野に入れ支援する必要があったこと、多様な心理社会的問題を抱える母親は他者になかなか支援を求めることができないこと、母子ともに支援を受けながら地域で生活していくには保健師の早期支援や継続的な支援が必要であること、などである。

注）病院：70巻1号（2011年1月）に掲載。一部加筆。

母子支援依頼の経路と支援方法

　当院での母子支援の依頼は妊娠期から始まり、多くは産婦人科外来の主治医からの依頼である。初回妊婦健診時に社会的にハイリスクと判断された場合に、MSWに連絡が入る。面接時に家族背景・生活環境・経済状況・パートナーの有無などの情報から、妊娠・出産・子育てに対しての思いといったことまで、母親やその家族に聞いて把握する。母親にとっては聞かれたくない、話したくないことも多く、「なぜMSWと話をしないといけないのか？」と疑問に思われていることも多いようだ。また面接中に泣き出す母親もおり、精神的に不安定であるため、聞き出す面接というよりも、自然な会話の中で母親が話せるように雰囲気を作ることを心がけている。

　また、母子を取り巻く問題はMSWの面接だけでは把握することは難しいため、地域関係機関と情報交換を密に行っている。最近ではすでに地域保健師や児童相談所の関わりがあるケースに関しては、事前にMSWに情報が入ってくるようになり、役割を分担しながら情報交換を行っている。妊婦健診中に繰り返し面接を行い、母親の心理的サポートを行いながら、すぐに解決しなければならないことや今後の生活設計について、母親やその家族とともに考え導き出していくようにしている。

　面接を重ねる中で、母親や家族の態度は変化してくる。例えば、健診時に、MSWにも「〇〇はどうしたらいい？」と聞きに来るようになる。面接当初は妊娠に対して「なんかお腹で動いている

だけ，どうにかなるさ…」と反発的な態度で話していた若い母親たちも，「名前を決めよ！遊びたいけど我慢せんとね！」，「父親のない子にはしたくないから，彼にも頑張ってほしい…」，「産むとき痛いよね…。怖い。やっぱりおっぱいで育てたほうがいいと？」などと話すようになり，産まれてくる子どもへの思いが少しずつ変化しているのを感じる。こうしたMSWによる面接支援は，出産後も母乳外来時や1か月健診時など，継続的に行われている。

対象者の社会的背景・依頼件数・リスク要因

2009年度に，産婦人科・小児科からの援助依頼は101件あった。MSWが支援した101例のうち医師らがとくにハイリスクと判断したものは43症例あり，その社会的背景が**表1，2**である。

表1に記す未成年者の多くは，パートナーが不明・婚姻ができない状態であり，養育支援者となる家族にも問題がある状態がほとんどであった。

表2における要因においては，母親の側面では精神的に不安定であることが1/3を占め，その背景には，望まない妊娠・若年妊娠・配偶者や同居者からの暴力・経済的な不安などがあった。また妊婦健診を受けていない理由として，「妊娠には気づいていたが健診にお金がかかると思っていた」，「妊娠するとは思っていなかった」，「中絶しようと思っていたら月日がたってしまった」，「いつも生理が遅れるので気づかなかった」など理由はさまざまであった。生活環境の面では車中生活者や友人の家を転々としている，未成年者で家出を繰り返し，風俗で働いているなど，状況は深刻であった。また，虐待などですでに市役所や児童相談所などの地域関係機関が関わっているケースが**表2**の「胎児の同胞（兄姉）に虐待歴または疑いがある」，「要保護家庭での成育歴がある」と，合わせて約1/3を占め，養育に関しリスクが高いことがわかる。

2009年度は未健診の飛び込み出産が3件あっ

表1 対象者の背景(n=43)

		人(%)
母親の年齢	15〜19歳	9(21)
	〜29歳	14(33)
	〜39歳	16(37)
	〜43歳	4(9)
婚姻の有無	有	22(51)
	無	14(33)
	パートナー不明	7(16)
出産経験	初産	29(67)
	経産	14(33)
養育支援者の状況	有	11(26)
	無	10(23)
	問題あり*	22(51)

*父子・母子家庭，要保護家庭，精神疾患など

表2 依頼件数とその要因(n=43，複数回答)

項目	要因	人(%)
保護者の側面	精神的に不安定（うつ傾向・育児不安など）である	17(40)
	妊婦健診未受診（途中からの受診含む）	13(30)
	若年夫婦であり，育児能力に問題がある	11(26)
	配偶者・同居者からのDVがある	9(21)
	母親または夫婦ともに障害（精神・身体）がある	6(14)
	母子手帳未発行（飛び込み出産など）	3(7)
生活環境の側面	居住地・生活歴が不明な点がある	12(28)
	胎児の同胞（兄姉）に虐待歴または疑いがある	10(23)
	要保護家庭での成育歴がある	6(14)
経済的な側面	経済的に困窮している（生活保護，助産制度利用，他）	26(61)
	未保険（健康保険料の滞納）	6(14)

た。出産後母子ともに健康であれば，入院期間は5日間程度である。その短い期間で，問題を的確に明確にし，助産制度の利用，保険料の遅延手続きなど経済的な支援に加え，居住地の確認や生活環境の支援，養育の支援体制など，対処しなければならない。

養育支援の実際

　表3は退院後の養育支援の実際である。半数以上のケースに保健師の継続訪問を依頼している。保健師へは母親の了解を得てできる限り妊娠中から依頼するよう心がけている。妊娠中から保健師が関わる理由として，次の3つがある。
① 母親ではできない出産の準備や生活支援に対し確実に制度の手続きが行える。
② 退院前の自宅訪問により家の中の様子や生活全体が把握・確認できるため，退院の支援をスムーズにする。
③ 母親自身が子育てに対し孤立せず相談できる窓口を持つことができる。

　深刻な問題を抱えているクライエントに対しては，妊娠中から児童相談所・市町村役場の保健師らが集まりケース検討会議を開いている。2009年度は7症例に対し31回会議を開催した（表3）。児童虐待の高いリスクを持つクライエントに対しては，何度も繰り返し会議が行われている。この会議では，問題の把握，情報の共有，緊急支援の判断，支援体制の内容などの検討が行われる。2009年度はこの話合いで児童相談所が児の一時保護が必要と判断したケースが2人であった。

MSWの役割と今後の課題

　43症例における関わりを振り返り，以下にMSWの役割と今後の課題をまとめる。

1．院内チームと地域の専門職との連携

　母子を取り巻く社会環境やそれに伴う母親の精神状態は，出産やその後の育児にも影響を及ぼす。MSWは子どもと母との関係性に支援の優先順位を置き，その関係性が胎児期⇒新生児期⇒その後と変化することを把握しながら支援をしていく。母親が抱える不安や生活課題を早い段階から捉え，長期的かつ計画的な生活支援へとつなげるためにも，MSWも周産期医療チームの一員として関わっていく必要がある。

表3　養育支援の実際（n=43）

	件(%)
保健師への母子訪問依頼（＊2件）	27(63) うち3件は訪問拒否
児童相談所職員への母子訪問依頼（＊2件）	4(9)
乳児院への入所（＊2件）	3(7)
他県への転居	2(5)
NICU入院中の継続症例（＊1件）	2(5)
その他	5(12)

⇩

ケース検討会議（上記＊の7件についてケース検討会議を計31回開催，2009年度）
出席者
　院内：MSW，主治医，助産師，看護師
　院外：保健師，児童相談所，母子相談員，訪問看護師

　NICU入院児の中には，医療依存度の高い状態で退院することも多く，また家族と長期間離れて過ごすため受け入れる家族の不安も強い。家族の気持ちを共有し，不安を出来る限り取り除き，退院後の生活をイメージできるように支援が必要である。当院では家族の医療処置の練習や母子同室による育児の練習の流れの中で，入院中に地域で支援を行う保健師・訪問看護ステーション看護師とのカンファレンスを行っている。カンファレンスにおいては，患児の状態，家族状況，医療処置内容，予防接種・受診の計画などを家族や地域で支援する関係者と情報を共有することで，家族の退院に対しての不安が軽減されていると思う。

2．地域関係機関との連携および支援に対する意思の統一

　社会的ハイリスクの母子を支援する際に，関係機関との間で養育に対しての危機介入のずれを感じることがある。当院では退院前にケース検討会議を開き，支援に対しての意識統一を図り支援体制を作っている。子どもの成長の段階で，家族の抱える生活課題や育児の大変さは変化していく。子どもと保護者・兄弟・家族への支援に焦点を当て，家庭を環境と切り離さず，かかりつけ医・保育園・学校・地域関係機関と一体となり，それぞ

れの機関が役割を十分理解し，子どもとその家庭を見守りながら協働して関わり続けなければならない。問題と思われるような状態が見られた場合，どこに連絡をするのかなど，関係機関で取り決めておく必要がある。

3. ハイリスクの判断

支援する側は，母親の育児技術面の習得だけでなく，落ち着いた環境で継続的に安心かつ安全に行えているかどうか判断することも重要である。また母親だけでなく，家族を含めた状況の判断が必要となる。ハイリスクではないかと判断する因子として，出産前では次の6点があげられる。
①経済的に苦しい状態にある
②若年妊娠
③妊娠健診未受診・飛び込み出産
④母親・サポートする家族に精神疾患がある
⑤DV（家庭内暴力）
⑥同胞の養育歴に問題がある。

また出産後には，次の6点があげられる。
①児の医療処置が必要
②児の発達面で長期的フォローが必要
③サポートする家族がいない
④家族の不安が強い
⑤面会が少ない
⑥母親の精神状態（うつ等）

これらの情報を収集するには，母親と直接関わることの多い産婦人科・小児科の助産師・看護師との協力は重要である。

上記因子以外に，スタッフが「なんとなくおかしい」と感じる違和感も大切な因子となる。周産期医療においては，子どもを取り巻く社会背景を視野に入れた支援が必要である。

まとめ

周産期医療の現場において，多様な心理社会的問題を抱える母子の社会背景には，精神面・家庭環境・貧困などの問題が相互に関連し合っている。それらの問題は退院後の子どもの養育に大きく影響する。母親が安心して妊娠継続・出産・子育てができるように，支援は途切れることなく必要時に行われなければならない。そのためには妊娠中から支援が開始されることが重要である。

また，生活困窮や児童虐待などが繰り返されないよう，地域関係機関が協力し将来を見据えた問題解決に取り組むことも重要である。

そこで筆者は，周産期医療を専門分野とするMSWとして，医療と福祉の両面からクライエントを理解し，迅速に支援体制が作れるよう常に地域との連携を持つようにしている。今後も母親が安心して出産に臨めるよう，子どもが安心した状態で育つように，母親の精神面を支え，周産期医療の一員として支援をしていきたい。

2章 利用者の状態別支援方法
④ 子どもへの支援
周産期医療と障害児
心に寄り添う支援

自治医科大学附属病院地域医療連携部 総合相談室　小島好子

K君との出会い

　K君（享年5歳）との関わりは、退院の1年前から始まった。K君は5年前に約2,000gの小さな体で産まれ、新生児集中治療管理室（以下、NICU）に入院となった。K君が入院していたNICUは、入り口で手洗いを行い、感染予防着を身につけてから入室する。NICUでは赤ちゃんの元気な泣き声は聞けない。聞こえるのは、時折り静かに鳴り響く機械の音だけである。

　K君は産まれた時から体の諸機能に障害があり、自分で呼吸ができず、人工呼吸器を含め体のあちこちにチューブを装着していた。自分の意思を伝えることや食事を摂ることも、寝返りを行うこともできない。表情もなかなか捉えることがむずかしい。それでもK君の手や頭に触れると、「あ〜」、「う〜」とK君なりの挨拶の声が返ってくる。

　ある時、K君の声を聴きながら母親は「気分によって低音・高音を使い分け、"アー、アー"と怒っているような時もあれば、とても高い声で"あ〜ぁ、あ〜ぁ"と甘えているような時もあったりと、いろいろな意思表示を示してくれる」と語り出した。思わず「さすが、お母さんだね。K君のことは何でもわかっているんだ。K君、よかったね」と、K君の頭に触れると、母親が「なんだかとても誇らしげな表情しているね。褒められたからだね」とK君に語りかけ始めた。そんな何気ない会話やしぐさを通し、時にはお互いに笑みを交わしながら母親との信頼関係を築いていった。

　K君の両親は20代後半で、母親はNICUに入る時、顔がこわばり全身に緊張が走ってしまい、これまで病室の入り口で2回程転んでしまったこともあった。また、人見知りするタイプで、NICUに面会のため約2年半通ったが、時間をかけないと自分の気持ちを相手に伝えることができない一面もあった。他の患児のお母さんと親しく話をすることもなく、ただ、K君のことしか目に入らない母親でもあった。父親は、仕事帰りにK君に会いに来ていた。ほとんど面会時間外ではあったが、K君の顔に近づけながら笑みで語りかけている姿は微笑ましいものであった。口数は少ないが、K君に対する思いは、母親と同じく強いものであった。

退院後の生活の場の決定と支援

　K君の両親と何度も「退院後、生活の場をどうするのか」を決めていくための面接を繰り返した。相談室で話すこともあるが、時には、K君のベッドサイドで、医療処置を行う母親の姿を見守りながら話をすることもあった。とくに、母親はK君の処置をしながら話したほうが、緊張もなく話せるようであった。母親は、自分の気持ちを確かめるようにK君に語りかけてから、MSWに話をし始める。彼女なりに、話をしていくためのルールがあるのだなと感じた。そして、母と子の絆の強さというものを考えさせられる場面でもあった。そのような母親の「思い」に触れると、心

注）病院：初出は68巻3号（2009年3月）に掲載。一部文章を追加した。

に寄り添える支援の意味の重要性に、身が引き締まる思いである。面接では、主に次のような点について働きかけを行った。

① 「在宅か施設か」、まず生活の場の選択に両親の心が揺れた。両親は「K君と一緒に生活したい」という思いが強かった。MSWはその思いの実現に向けて、何をどのように準備していくのかについて、一緒に考えていくことを始めた。

② 生活の場として在宅を選択したものの、今住んでいるアパートには、エレベータがなく、部屋の間取りも狭いということで、当院の近くに転居し、「新築の住宅」を得ることを選択した。

③ 「新築の住宅」が完成するまでの間、入院を継続することができないので、重症心身障害児施設への短期入所を選択し、入所のため児童相談所との連携が始まった。

④ 重症心身障害児施設への短期入所の申請手続きと、施設退所後の在宅移行に向けての支援を同時並行で進めていった。

小児医療社会支援連絡会の開催

問題は、病状の不安定なK君を在宅へ移行させるための方法と段取りである。K君はすぐに高熱を出したり、お腹の調子が悪くなって経管栄養から点滴管理になったりと、病状が落ち着かない。はたして自宅に戻れたところで、「在宅を継続していくことが可能なのだろうか」という一抹の不安もある。

NICUの医長・師長は、小児医療社会支援連絡会(以下、連絡会)にK君の症例を提出し、「NICUから直接、在宅移行」あるいは「NICUから小児科一般病棟を経由して、在宅移行」のどちらを選択するべきかについて検討した。

連絡会とは、医療的ケアが必要なNICUや小児科病棟の患児に、円滑な退院支援を提供するための合同検討会である。小児科の退院支援は親の問題も含まれることが多いため、連絡会では親の心理にも配慮しつつ社会的状況を視野に入れながら意見交換をし、経過の情報を共有した検討が行われる。連絡会のメンバーは、NICU・各小児病棟の病棟医長および病棟師長、臨床心理士、看護支援室師長、MSW、ゲストとして、対象患児の主治医である。

MSWが捉えた両親の思いとアドボカシー(代弁)

K君の連絡会で、MSWは両親の「思い」を伝える支援を行う立場として、MSWが理解できた両親の「思い」を診療側に代弁した。

まず、リスクを抱えながらも、両親には「在宅で看ていく」という覚悟ができていたことを伝えた。それは「医療環境が整っている当院の近くに新築の住居を構え、わが子と一緒に生活していくこと」および「新居が完成する間、重症心身障害児施設の短期入所を利用すること」を選択し、決定していく過程の中で、両親の覚悟が宿っていったと察することができたからだ。

また、両親との会話の中で「この子は強運なのよね」という両親の言葉の裏側に、一種の賭けのようなものを感じたことも伝えた。「もしかしたら、感染や余病を併発して死んでしまうかもしれない。今までも、今度はだめかもしれないという危機状態を克服できているので、もしかしたら、わが子は運を持っているのではないかという思いに賭けてみたい。そして、せっかくこの世に産まれてきたのだから、一緒にわが子と自宅で生活をともにしたい」。わが子に対する親の気持ちが、在宅(生活)へと向かわせることになったのではないか。

そして、在宅を選択した時点で両親は、「命に対する不安」より「生活に対する不安」が強かったと思われる。なぜなら、命だけを尊重するなら、あえて厳しい環境である在宅を選択しなかったのではないかと察せられたからだ。その気持ちに答えるためにも、われわれ支援チームはその厳しい賭けに、両親とともにチャレンジする勇気が必要だと思った。その一歩が「NICUから小児科一般病棟」に転棟することへのチャレンジだと思えた。

課題は山ほどある。最終的に両親の思いを確固

たるものにさせていく過程として，在宅移行支援に必要な段取り（NICU から小児科病棟に移り，個室病室を自宅代わりにした外泊レッスン，自宅外出・自宅外泊，バギーを利用しての車の乗り入れなど）をふむという環境作りは欠かせない条件である。この過程で両親に在宅での生活のイメージを描いてもらいながら，「生活に対する不安」を少なくしていくことが最も重要であるからだ。その支援の過程を経験することによって，両親の揺らぎそうになる思いが手応えのある実感へと変化し，そして自信へとつながっていくのである。

このように MSW は，生活の場を病院から在宅に移行するための支援過程の中で，両親のさまざまな選択・決定の場面に遭遇する。そうした場面において MSW は，両親の「思い」にどのように寄り添い，理解できるのかが問われる。そして，アドボカシーも MSW が行う退院支援の中の重要な役割の 1 つである。

連絡会では，親の思いが通じ，小児科病棟を経由して自宅に戻るという結論に至った。これからが，本番だ。ようやく親子 3 人の生活が始まろうとする出発地点に立ったのである。なぜか全身に緊張が走っていくのを覚えた。

K君の退院

そして，K 君の退院日を迎えた。当院で産まれ，NICU から小児科一般病棟を経由して，3 歳にして初めての自宅退院が実現した。

退院当日の夜，エピソードは起こった。「お腹に入れる栄養剤が入らない」と母親から病棟に連絡が入った。翌日に，当院看護師が自宅訪問した時のお母さんの第一声は「どうしよう」というものだった。その時の K 君は，チアノーゼが出ており，皮膚の色は真っ黒になっており，酸素飽和濃度も 85％になっていた。直ちに医療的処置を行い，K 君は回復した。今まで病院でできていたさまざまな医療的手技が，自宅ではぎこちなくなってしまっていた。K 君の病状の変化ではなく，K 君を支える両親のバランスに変化が生じてしまったのである。しかし，院内スタッフ側の両親に対する評価は「K 君を再入院させ，両親の手技の再チェックが必要なのではないか」という厳しいものだった。

再入院の言葉に，MSW は反応した。ここでまた環境を変えてしまったら，生活に適応していくための壁を乗り越えることはできない。地域の中で生活していくという環境の中で，K 君に必要な医療的処置の手技を安全・確実に取得していく力を学習していくことが必要である。問題は，その壁を両親が乗り越えられるように，支援チームのサポート体制をどのように組み，連携・協同するかである。院内スタッフの思いとは別に，自宅ではさまざまな生活にまつわるエピソードがあったものの，両親はわが子の「いのち」とともに生きていた。

退院後数か月経ち，母親から「以前は入院している時のほうが心拍やサチュレーションの値も落ち着いていて，完全に病院を自宅と勘違いしていたようだったが，今は一家の一員としての自覚も芽生えてきたのか，自宅でも居心地よさそうに満足げな表情を見せる」と，K 君の様子を語ってくれたことがあった。その時の母親は，笑みを膨らませ，とても満足そうだった。そのような母親の思いに触れ，親子 3 人が一緒に過ごす経験ができてよかったと，改めて実感した思いであった。

ある外来受診日，処置に時間がかかり長時間病院に滞在した時のことである。診察を終え帰宅しようとした際，K 君の身体が冷え始めたため，湯たんぽを抱かせるなどの手当てを処置室で行い，落ち着くのを待った。しかし，自宅に帰ってからも体温の上昇がみられず，34 度まで下がってしまった。その夜，母親は K 君を抱きかかえ，自分の体温でわが子を温めたということを外来看護師から聴いた。また，K 君の身体が温まるごとに諸症状が次から次へと表れたが，母親は訪問看護師が行っていた処置方法を思い出しながら，手当てを行ったという。

思わず，胸が熱くなってしまった。子に対する母親の強い思いを感じる。病院に連絡を取ることもできたと思うが，彼女はそのような行動は取らなかった。せっかく手に入れた親子 3 人の生活を

壊したくない，守りたいという必死の思いで，一夜を過ごしたのではないだろうか。あの母親のどこにそのようなエネルギーがあったのだろうかと，母親という存在に敬服させられる思いであった。そして，わが子に「生きてほしい，生き続けてほしい」という強い両親の願いや，わが子と一緒に生きている親の歩みが伝わってくる。スローペースでもいい。不器用な生活でもいい，家族と少しでも長く在宅での生活が続けられることを願いたい。そのためには，われわれ支援チームが足並みを揃え，情報を共有しながらK君や両親をサポートしていかなければならないことを改めて考えさせられた。

その後，K君は，わずか5歳で生涯を閉じることとなった。退院して2年4か月，この間も入退院の繰り返しで，在宅で生活を継続できた期間は，最長で1か月であった。

短い生涯ではあったが，親子3人力を合わせながら生ききったという自負は，これからの両親の人生に，大きな心の支えとして生き続けていくのではないかと思う。そして，私の心にも，K君を通して両親と歩んだという実感と，親子の絆の深さが刻み込まれた。

まとめ

現在も，医療的ケアを必要とする患児がNICUから小児科一般病棟に移行し続けている。そうした中，退院支援を通して，さまざまな親の思いに触れることがある。例えば，退院後の生活の場（在宅あるいは施設）を考えることや，夫婦間で話し合いをすることさえも億劫で，鬱陶しさを感じている両親もいる。決してわが子への愛情がないということではない。その両親の置かれている環境の中での夫婦関係の有り様があり，それゆえ「退院後の生活の場を考えることができない」，「夫婦間で話し合うことができない」ということも事実なのである。

ある意味，「できないことをできない」と言えるのは，自分に正直だということなのかもしれない。両親が置かれている状況を病棟医長・病棟師長と理解することで，その両親の「思い」を職種間を超えて共有できた時は，なぜか心がホッとする。

両親の「思い」に，さまざまな有り様があってもよいと思う。大切なことは，その異なる「思い」に気づき，心に寄り添い，同じ時間を共有しようとする努力からすべてが始まるのではないだろうか。MSWは専門職として，また人として，他人の「思い」に触れ，理解できる感性を磨き続けていくことが必要だと思う。

また，親の思いに触れ理解できたことを，支援チーム間で共有することは重要なことである。まず，退院移行前の関係機関との支援者会議を開催し，院内スタッフと地域ケアサポートチームが一同に会する場を設けることは，お互いに顔が見える関係作りと，お互いの役割などを確認し共有できる場（児の病状や両親の理解，在宅支援の進捗状況とそれに伴う問題点について情報共有しながら，関係機関の役割と支援目標の共有化を図る）につながる。

最後に，病院の中でのMSWの存在意味と必要性を他職種間に理解してもらうためには，おのおののMSWが，医療チームとしての働きが，患者・家族の心に寄り添えた支援の事例を伝えていく努力を続けていくことも重要なことであると強調しておきたい。

2章 利用者の状態別支援方法

4 子どもへの支援

小児脳脊髄腫瘍患者と家族への支援におけるMSWの役割

埼玉医科大学国際医療センター
がん相談支援センター／総合相談センター 主任MSW　**御牧由子**

患者・家族の療養生活のニーズとその支援

当院では，小児脳脊髄腫瘍科の主治医は，初診時にすべての患児とその家族に対してMSWを紹介している。また，多職種スタッフによるカンファレンスを隔週で開催し，患児および家族への包括的支援について検討している。2007年4月から2010年3月の101症例で行ったMSWによる支援は，主に次の5項目である。なお，101症例の内訳は，女子53人・男子48人で，就学前34人・小学生44人・中学生11人・高校生12人である。

1. 経済的な負担を軽減するための社会資源利用への支援

親はわが子が脳脊髄腫瘍に罹患していることがわかるとその現実に動揺しながらも，早急に必要な治療を受けさせなければと焦っていることが多い。MSWは親の思いや感情を受け止めながら，最初に経済的な負担を軽減するための社会資源について紹介している。その際に単に制度の概要を説明するのではなく，かけがえのないその子の命を社会全体で支えるしくみとして，社会保障制度や「がんの子供を守る会」の療養助成があることを伝え，患児と親が安心して治療を受けることができるように支援している。

小児がんの医療費に対する公的助成制度として，小児慢性特定疾患治療研究事業があるが，多くの都道府県では保健所に申請書類を提出した日が助成期間の始期と決められている。しかし，脳脊髄腫瘍は緊急手術を要する場合もあるため，早急に申請手続きを行う必要がある。MSWは該当する保健所に患児の状況を伝えることや，県の医療整備課に脳脊髄腫瘍の特性を報告するなど，制度の申請がスムーズにいくような体制の整備を行っている。

2. 1つのシステムとしての家族への支援

わが子のがんの告知を受けた家族は，危機的な状態に陥ることが多い。親にとって，わが子のがんの罹患を受け止めることは非常に辛いことである。親は診断までの時間を振り返って，受診時期など自責の念に打ちのめされることがある。また，なぜ自分の子どもがこのような病気で苦しまなくてはならないのかという問いをどこにもぶつけられず，それが怒りとなって表出されることがある。

小児脳脊髄腫瘍の治療は長期入院を必要とすることが多いため，患児の親（多くは母親）は病院という閉鎖的な環境での生活を余儀なくされる。病棟では親は「〇〇さんの母」として患児に付き添うことが役割とされ，常に緊張した状態にあるためストレスが生じやすい。MSWは，面談を通して親が安心して感情を吐露できる場を提供することや，患児だけではなく，親も全力で治療に取り組んでいることを理解し，親の苦労をねぎらうなどの家族の支援を行っている。

さらに，家族は「患児のがん治療」を柱としてこれまでの生活を再構築する必要に迫られ，大きな変化に立ち向かうことになる。これまで仕事を

注）病院：70巻12号（2011年12月）に掲載。

ていた母親が患児の治療に付き添うために，休職や退職を選択する場合もある．また，父親が兄弟を保育園に迎えに行くために仕事を定時で切り上げ，家庭の収入が減ることもある．兄弟は両親の関心が患児に集中し，留守がちな家族の中で孤独感や疎外感を感じている．このような家族の変化によって，家族間のコミュニケーションが図りにくくなったり，家族構成員の互いの役割期待と自己の役割認識にズレが生じてきたりして，家族の問題が深刻化する場合もある．

MSWは家族を1つのシステムと捉え，家族全体を視野に入れてその力動をアセスメントし，家族が変化を乗り越えていけるよう家族療法の理論や視座を応用しながら支援を行っている．

3．教育の機会を保障するための活動

当院の開設準備の一環として，埼玉医科大学病院から当院に転院する患児が埼玉県立日高特別支援学校による訪問教育を継続することができるよう，MSWは医務課長とともに「病気療養児の訪問教育の協力病院」の申請手続きを行った．その後もMSWは長期入院を要する患児が教育の機会を得ることができるよう，特別支援学校の教諭と相談しながら訪問教育のコーディネートを行った．2009年4月には開院後初めて「訪問教育の始業式」を行うことができた．年々，学齢期の入院患児が増えてきたので，特別支援学校の教諭と相談し，これまでの個別の学習を集団での授業に変更した．これは，集団で授業を行うことが患児同士の触れ合いにつながり，また訪問教育の教諭不足への対応策でもあった．

MSWは入院患児の教育に関するニーズへの理解を院内に広めるために，毎月1回「訪問教育検討会議」を開催するよう関係部署に働きかけ，その事務局を任された．会議の構成メンバーは病院長・小児脳脊髄腫瘍科の医師・小児腫瘍科の医師・関連する病棟の看護師長・がん相談支援センターの看護師・感染対策室と医療安全対策室の職員・医務課長・総務課長・MSWである．また，定期的に特別支援学校の教諭と院内関係者とのカンファレンスを開催し，患児の発達への支援について検討した．

さらに患児の「友達と一緒に勉強したい」という意思や保護者の「治療を受けながらも勉強させたい」という願いを院内の関係者だけではなく，日高市教育委員会や埼玉県教育委員会にも訴え，関係者との協議を重ねた．それにより，闘病中の子どもにも教育の機会を保障することの重要性が認められ，開院4年目の2010年4月に，県内では3校目の院内学級（小学部）が当院に開設された．

患児の退院が近づいてくると，MSWは主治医・看護師・心理士や院内学級の教諭と協働し，地元の学校への復学支援を行っている．脳脊髄腫瘍患児に対する偏見から地元の学校に普通学級での受け入れを拒否される場合もある．MSWは患児の受け入れに際する地元の学校の教諭の不安や疾患のイメージを聞き，復学の課題を明らかにしている．それに対し，主治医・看護師・心理士・院内学級の教諭から，患児の病状や入院中の様子を地元の学校の教諭に伝え，学校側も安心して患児を受け入れることができるよう，MSWは学校と病院の橋渡しの役割を担っている．

4．ボランティアの受入れ体制の整備

当院の開院時にはボランティアの受入れ体制は整っていなかった．入院中の患児の複数の親から，「辛い治療を頑張っている子どもたちが短い時間でも治療を忘れて，子どもらしい体験ができるようにしたい」，とくに夏休みで学級の授業がない間に「夏休みの思い出に残るような楽しいイベントはできないだろうか」という声があがった．

MSWは数人の親とともに市役所・社会福祉協議会や「がんの子供を守る会」に連絡を取り，地域の方々の協力を得られないか相談した．その時に1人の母親が児童館に置いてあったチラシから琴の演奏活動をしているグループを見つけ問い合わせたところ，喜んで病院訪問し演奏を披露してくださるとの返答を得た．MSWは早速，ボランティア委員会の事務局の医務課長に入院中の患児のニーズを伝え，院内でボランティアの受入れ体制の整備が進むよう働きかけた．その後，ボランティア委員会が開催され，医師・看護師・事務職

表 1 患児の疾患名

疾患名	人数
胚細胞腫	19
視神経膠腫	17
その他の神経膠腫	10
髄芽腫	10
上衣腫	10
脳幹部腫瘍	9
松果体芽腫	3
その他の松果体腫瘍	3
網膜芽細胞腫	3
脈絡叢乳頭腫	2
海綿状血管腫	2
その他	13
合計	101

員・MSWが，病院としてのボランティアの受入れについて協議した結果，ボランティアの登録方法や活動の指針などが決定した。このように，MSWは患児や家族のニーズに応じて，医務課長と協力しながらボランティアのコーディネートを担うようになった。

時々，勉強熱心な中学生からは学習ボランティアの要請がある。中学の授業は教科ごとに教諭が決まっているため，週3日の訪問教育の授業は英，数，国の3科目に限定される。そのため，理科や社会の勉強もしたいという要望があがった。また，学齢前の乳幼児期の患児の親から，親が知っている遊びの種類は限られているので，もっといろいろな遊びを体験させたい，親以外の人と触れ合う機会を作りたいという相談を受け，保育ボランティアのコーディネートやボランティアが活動を継続するためのフォローアップを行っている。

5. 在宅療養の支援体制の構築

表1の「患児の疾患名」の中で，脳幹部腫瘍や松果体芽腫など根治が難しいと判断された患児は，限られた時間をできるだけ在宅で家族とともに過ごすことができるよう，地域の訪問看護師との連携を進めている。患児と家族が在宅療養を望む場合，主治医よりMSWに在宅移行の支援が依頼される。MSWは親と面談し，今後の療養生活への希望や不安，自宅の状況，家族の役割分担などについて伺い，患児と家族が安心して自宅で療養するためのニーズを明らかにする。

その中で，自宅における患児の経口抗がん剤の服用・リハビリテーション・吸引などの親への指導は地域の訪問看護師に依頼している。訪問看護ステーションの中には初めて脳脊髄腫瘍患児への支援を引き受ける事業所もあるため，MSWは訪問看護師が支援を行う際の懸念を明らかにしておく。そのうえで，患児・家族・訪問看護師・主治医・看護師・MSWと，必要に応じて心理士・薬剤師・理学療法士・作業療法士・言語聴覚士なども加わり，在宅移行に向けたカンファレンスを開催している。その後，訪問看護師による訪問と当院での定期的な外来診療を組み合わせながら在宅療養を支援している。

脳脊髄腫瘍患児の末期はコミュニケーションが徐々に取りにくくなることが予測されるため，患児の状態が良好なうちから地域の関係機関の支援を導入することにより，患児の状態が厳しくなった時にも，親はその子の本来の姿を支援者と共有し合うことができる。また，地域で患児を知っていてその子について語り合うことのできる支援者は，患児が亡くなった後に深い悲しみにある親を支える非常に重要な存在となる。

MSWは患児および家族への包括的，かつ継続した支援を病院から地域につなげることができるよう配慮しながら支援体制を構築している。

患者・家族への支援における MSWの役割

がん診療連携拠点病院の整備により，成人のがん医療の「均てん化」は推進されてきたが，小児がんの医療提供体制はまだ整っていないのが現状である。小児がんは専門特化した治療とともに，闘病中の心身の発達段階を考慮したケアや療養環境の整備，治療後の晩期合併症に対する長期フォローアップ，また社会生活を送るうえでの支援などが必要であり，成人のがん患者とは異なる支援体制の構築が求められる。とくに小児脳脊髄腫瘍

は小児固形腫瘍の中では最も頻度が高く，かつ死亡率や後遺症の発生率も高い疾患であるため，疾患が患児と家族に及ぼす心理社会的な影響について明らかにし，それに対する効果的な支援体制を開発することが急務である。

MSWは，患児および家族が自らの力を最大限に発揮し，社会資源を活用しながら課題の解決に向けて主体的に取り組むことができるよう支援を行っている。また，闘病中も患児と家族が地域社会から切り離されることがないように，そして，退院して地域社会に戻る際に病院と地域社会との敷居が高くならないように，療養環境の整備を行っている。したがって，MSWは患児および家族を対象としたミクロレベルの支援だけではなく，患児と家族を取り巻く療養環境の改善に向けた社会資源の開発や地域の保健・医療・福祉・介護・教育などの関係機関の連携体制を構築するメゾレベルの支援も担っている。さらに，これらの取組みを多職種や多機関で検討し，小児脳脊髄腫瘍患者と家族を支える社会保障を策定するマクロレベルまでいかに発展させることができるかが今後の課題である。

▶MSWと協働して◀
小児脳脊髄腫瘍診療におけるMSWの専門性とその普遍性

埼玉医科大学国際医療センター 脳脊髄腫瘍科
小児脳脊髄腫瘍部門長 **柳澤隆昭**

小児脳脊髄腫瘍は，小児期最多の固形腫瘍であるが，小児がんによる死亡と後遺症の最大の要因となっており，救命とQuality of Life（QOL）の向上は世界共通の急務である。進歩を妨げる要因として小児脳脊髄腫瘍が100種類を超えるさまざまな腫瘍からなり，個々の患児に最適な診断・治療方法の選択が複雑で困難になることが挙げられる。問題の解決には，治療の拠点化が必要である。

埼玉医科大学国際医療センターでは2007年開院時，小児脳脊髄腫瘍治療の拠点となることを志向し，わが国初めての小児脳脊髄腫瘍を専門とする診療部門が開設された。小児科医と脳外科医が同一科に所属し，受診当初から関連他科と協同して集学的治療を行うとともに，患児と家族の多様な問題に対応するため，多職種チーム診療体制を確立し展開してきた。このチームの中でとくに心理社会学的側面ではMSWが中心的役割を担うことが予想かつ期待され，初診時からすべての患児にMSWが関わる体制をとった。

治療の対象は0歳から18歳，さらに再発などの成人期の患者までも対象となる。患児は，治療によってさまざまな制限を受けながらも，年齢に応じた成長を遂げ，社会化を達成していく必要がある。治療とともにこうした社会化の達成を，家族と地域社会の中で支え促すのも小児医療の重要な役割である。治療は疾患の多様性を反映し，1年以上の入院生活を必要とするもの，1年以上の外来通院化学療法を必要とするものなどさまざまであるが，多くが長期間の治療を必要とする。この間にさまざまな制限があっても患児の「家庭」生活を支えるとともに，院内学級などの教育環境さらには療養環境を整備する必要があり，MSWはここで大きな力を発揮している。

当科は遠方からの受診の多いのも特徴である。診療の場が病院を離れて自宅となる場合にも，例えば治癒困難と判断された場合の在宅緩和医療実現のための家族支援や地域連携に典型的に見られるように，MSWは初診時から一貫して患児・家族との信頼関係を保ちながら重要な役割を果たす。患児・家族は，治癒後も後遺症の有無にかかわらず，復学をはじめとする地域社会への復帰，治癒後の成長，さらに成人期への移行の過程などで，長期にわたって，さらにさまざまな問題に直面することがある。疾患，治療のみならず，時には治療「経験」から起きてくる問題の解決の支援までもわれわれはめざしており，ここにおいてもMSWは同様に中心的役割を発揮している。

開院5年目を迎え，さらに多くの患児たちにMSWは関わるようになった。空間的にも時間的にも大きな広がりをもつ現在のMSWの患児・家族の支援の状況は，「小児脳脊髄腫瘍専門のMSW」というべき専門性を発揮していると考える。しかしこの専門性は，小児がん診療，小児診療，医療一般に普遍的な理想を実現しようとするものでもある。本項を通してこの領域に関心を持っていただき，今後のMSWの活躍に注目いただければありがたい。

2章 利用者の状態別支援方法

④ 子どもへの支援

虐待防止委員会の活動から見るMSWの専門性

杏林大学医学部付属病院 医療福祉相談室係長　加藤雅江

子を引きずる母の姿

　今でもはっきりと思い出す光景がある。病院の長い廊下を洋服が乱れるのもかまわず一心不乱に子どもを引きずっているお母さんの姿。子どもに声をかけるでもなくただただ前に進もうとしているお母さん。子どもの顔に表情はなく視線が合わない。今ほど児童虐待についての認識が社会全体にない10年以上前に面接した親子が相談室から帰る時の光景である。その事例の依頼を医療福祉相談室に持ち込んだのは小児科の医師であった。依頼の内容自体は漠然としたものだった。院内スタッフみんなが何だかわからないけど気にかかる親子だった。看護師と分厚いカルテを見るとそこにはたくさんの，今思えばSOSが発信されていた。問題が明確にならないまま，でも漠然とした危機感を持ち，地域の関係者とカンファレンスを繰り返していた。その後親子の転居によって当院への受診は途絶え，親子の行方はわからなくなってしまい，あっけなくこの事例は終了してしまった。そしてしばらくの間，この親子のことを思い出すことはなかった。

　あの光景を目にした時の違和感，面接中に感じたわからなさの意味するものを，私はずいぶん後になって気づくことになった。カルテから発信されていたSOSの意味も。

　1998年から勉強会を重ね翌年に設立した児童虐待防止委員会のマニュアルを作成している時に先輩ワーカーがぽつんと言った一言，「あの事例

注）病院：65巻11号（2006年11月）に掲載．

が私たちが出会った最初の虐待だったね」

　あの時，目の前にいた子どもの苦しさを理解できなかった。集めた情報やSOSのサインをうまく援助の中に取り込めないばかりか，その意味すら十分理解できていなかった。あの事例が初めて出会った虐待事例であるならば，同じ過ちを繰り返さないように，虐待とは何なのか，どのような視点で情報を捉え，どう対応していったらよいのか学んでゆきたい。病院の中で虐待症例をうまくキャッチし，予防の視点で関わっていきたい。そのような思いを委員会の中で他の院内スタッフと共有できたことが，今の活動につながっていると考えている。

虐待防止委員会の活動から見えてきたもの

　児童虐待防止委員会の活動を始めた当初は児童虐待の概念も不明確で，院内にある意味抵抗が強かったのも確かであった。「見つけたからってどうするの？」，「犯人探しをするつもりはない」，「虐待といっても，面倒見てないだけで怪我してるわけじゃないし」，「親を敵に回すの？」などの言葉にへこんだことも度々である。院内だけではなく，親御さんや関係機関と話す中でも，方向を見失ったり，無力感を感じたりもした。何度も落ち込み，ふがいなさを感じながらもベッドサイドにいくと痛々しい姿の子どもたちがいた。苦しんでいる子どもたちが目の前にいるのに，見ないふりはできない。何度も萎えた気持ちを奮い立たせてきたように思う。勉強会や事例を通して虐待についての共通理解が得られるよう院内スタッフと

話し合いを重ね，対応方法を具体的に検討していった。

　例えば，児童相談所に提出する意見書を委員会で作成し，委員長・副委員長名と主治医の連名で提出する。それまでは，虐待を疑っても児童相談所へ通告することを嫌う医師も多かった。その心理は十分理解できるところでもある。委員会がバックアップすることによって意見書を書くことへの医師の抵抗も減り，協力が得やすくなった。

　そうやって1事例，1事例の体験を積み重ね，年間症例が30件近くになると，虐待事例を発見した院内スタッフがどのように情報を集め，児童虐待防止委員会の窓口であるMSWにどのようにつなぐか，委員会はどのタイミングでサポートして介入・対応していくのかを検討し，マニュアルとフローチャートを作成するまでになった。

　この一連の活動を通して見えてきたことは，まず第1に，自分自身の専門性を明確にし，援助していくことの大切さ，つまり自分のすべきことと，自分がするべきでないことをはっきりさせること。そして，何のためにその支援をするのか，その結果どのような効果が得られると考えられるのか，それを他のスタッフに適切な言葉を用いて説明できること。そのうえで協働できることの大切さ，だった。

　それから，地域の関係機関と十分な連携が不可欠であるという点である。地域に対して医療機関だからこそ得られる危機感を発信し，地域の関係機関が作成する援助計画の中に生かしてもらえるよう情報提供していく。また，地域の中で養育支援として行われている関わりや，見守りの目的や効果を院内に持ち込み，治療計画や看護計画に生かせるよう院内スタッフに働きかけていく。医療機関の中でだけ安全が保障され，適切な養育がされていても意味がない。医療機関の中で得られた効果を継続して，地域の中でも，より効果的な援助が展開できるよう援助の視点がぶれないよう，援助を分断させずにつなげていく，虐待防止のための援助には不可欠な視点である。

医療機関でできること，できないこと

　院内・院外のネットワークを作り上げていく際に，常に考えていたのは，医療機関にいる私たちに何ができるのか，ということだった。医療機関がすべきことは，まず第1に安全の保証であると考える。帰宅することで危険が予想されるようであれば入院や施設入所を検討するなどし，日常生活から物理的にも離れ，院内スタッフも当事者も今後の方向を検討できる場の提供も必要ではないかと思う。また医学的な見地から虐待やそれによる影響を捉え安全と発育・発達を阻害する要因を分析する役割も同時に行わなければいけない。このことはもともと医療機関の目的の1つでもある疾病の再発予防と重篤化の防止の観点からいっても重要な役割で，地域に対して情報を発信し，啓蒙してゆくことにつながる。

　ある学齢期の子どもが就学検診も受けず，登校もできていなかった。近隣住民からは虐待を心配する声も上がっていた。ネグレクトを疑いつつ，その点には触れず，就学相談を行い，この家庭に介入した事例があった。善し悪しは別としてこのように，虐待に焦点を合わさずに支援を行うことでしか親との関係をとることができず，子どもの安全を守れない場合がある。地域関係者との関係が取れなくなったり，一切のサービスや訪問を拒否して家の中に籠ってしまう親子もいる。関係が途絶えることを避けようと，なかなか虐待を前面に出して関われない場合もある。

　しかし，医療機関では疾病や怪我という逃れられない事実が存在するため，危機的介入がしやすいというメリットがある。医療機関のスタッフは虐待について関わりを持つ初めての援助者になる可能性もある。医療関係者の最初の介入で援助者というものに対して陰性感情を持たれ，その後の援助関係が取りにくくなることもありえる。そういう意味では自分は今後の援助関係を左右する重要なポジションにいるという自覚が大切になる。

　反対に医療機関，とくに私たちのいる大学病院

では，患者として登場する子どもやその家族の生活を診療場面や入院というピンポイントでしか見ることができない。入院，外来を問わず，医療機関は子どもやその家庭の生活全般を請け負って支援をしていくことはできない。医療機関にできることには限界がある，一部分でしか関わることができない，医療機関は治療のための施設であって，本来養育を目的に関わることはできない，このことを自覚をすることが，地域と協働の必要性に結びつく。

このような医療機関にいるMSW自身について言えば，役割を代行して問題を解決するのではなく，問題を明らかにして対象者自らが問題に向かっていけるように支援をしていかなければならない。役割を代行しての解決は，問題に取り組むチャンスを対象者から奪うだけでなく，真の問題を不明確にする。

ネグレクトで保護された中学生の事例を通して考えさせられたことがある。中学校でも問題を感じ，その生徒の制服を学校に置き洗濯やアイロンがけをし，他の生徒が登校する前にシャワーを浴び，授業に臨めるような体制を学校内で作っていた。このような体制は小学校時代から作られ，休み明けには保健室での休養，補食ができるようになっていた。学校で体制が作られることにより，児童の安全は保障されたかに見える。しかし重要なのはこの生徒にとって，また，この家庭にとっての根本的な，何より解決すべき問題が解決されず，何年にもわたって先送りされていたことにある。同じことが医療機関でも行われていないだろうか。養育を行う役割を，表面的に代行しているようなことがないだろうか。虐待を見ないふりをするのも，真の問題を先送りし，小手先の支援をすることも医療者によるネグレクトに他ならないと考えている。

現時点で解決すべきことはまず何か，継続して行っていくことは何か。先々解決につなげられればいい，そんなレベルの課題もある。この医療機関にできることを最大限活用し，できないことを認識したうえで援助計画を立て，地域との連携を行っていくことの重要性がより明確になった。

おわりに

児童虐待防止委員会設立時から振り返ってみると，8年間で154件の虐待（疑いも含む）症例を経験してきた。忘れられない子どもたちがたくさんいる。たくさんの親御さんから聞いた大切な話がある。その場に居合わせた者の責任，聞いた者の責任を今後もソーシャルワークの中で果たしてゆきたい。虐待防止について対応する時も他の相談に対応する時もMSWとしての援助に何ら変わりはないと考えている。

自分自身の専門性を明確にし，計画した援助を他のスタッフにわかりやすいものにする。例えば，地域において生活者として存在する人が，地域で受けてきた援助や工夫を治療や看護の中に取り込んでいけるよう働きかける，そのような視点が重要になってくる。そしてそのことが病院という組織においても有効に機能するようMSWの存在意義を自分自身問い続けていき，組織に対しても提起してゆきたい。

2章 利用者の状態別支援方法
④ 子どもへの支援
発達障害のある子どもと家庭支援におけるMSWの働き

執筆時：興生総合病院 医療福祉相談室主任MSW　**高木成美**

医療福祉相談室の立ち上げ

　筆者は，卒後2年間，MSWが組織に位置づき，役割を認知されている病院で経験を積んだ。2004年の興生総合病院への転職直後，スタッフから「MSWは何をする人」という問いかけに衝撃を受け，その言葉はMSWを組織に位置づかせるための動機づけになった。

　興生総合病院は，2003年10月に回復期リハビリ病棟を立ち上げ，2004年4月に病棟が本格的に稼働した。前職場での回復期リハビリ病棟の経験をもとに，回復期リハビリ病棟の患者を中心にソーシャルワークを行った。MSWの視点による生活課題の提示や，支援方針の決定への関わりが徐々に浸透し，他職種から医療チームの一員として認識された。その後，回復期リハビリ病棟以外の部署からもMSWへの依頼数が増加し，半年後の2004年9月から3名体制となった。

発達障害の子どもへの支援依頼

　発達障害の子どもへの支援は，2006年から本格的に行った。それ以前にも，リハビリに通院している子どもの支援内容を検討するため，作業療法士（以下，OT）と学校を訪問し，学校，地域の障害者支援センターや行政などと連携を図る機会があった。リハビリで，OTや言語聴覚士（以下，ST）は子どもに直接，治療介入を行い，親への支援も行っていたが，社会的支援や資源活用などの専門知識を持ったMSWとの連携が必要と感じ，MSWに介入依頼があった。MSWは，子どもの安全で健やかな成長と，家庭や学校，地域の療育環境の調整，社会資源の活用による支援体制の構築を目的に介入を行うこととなった。

家族の包括的な支援介入

　Aくんは7歳の男児。両親と3人暮らしで，自宅は当院に隣接するX市にあり，地元の小学校に通学している。就学前に注意欠陥多動性障害（ADHD）と診断され，月に1回，リハビリのため通院していたが，知能検査の結果から療育手帳の対象にはならなかった。祖父母はすでに他界しているが，両親の兄弟は同市内在住で行き来はあるが，十分な協力を得られる関係にはなかった。

　OTによると，Aくんは学校のように時間割があり，見通しの立っている場面では落ち着いて過ごせるが，学習面での遅れは顕著だった。家庭環境の悪化がAくんの衝動性を強めている可能性が指摘され，MSWに環境調整の依頼があった。OTからは6つの問題点が提示された。

① 両親ともに仕事が多忙なため，小学校を下校後，両親の仕事が終わるまでの間は卒園した保育園に預かってもらっている。
② 両親のAくんへの関わりは叱ることが中心。
③ 母は注意欠陥障害（ADD）の診断を受けており，思考や行動にまとまりがない。
④ 母は変形性股関節症で歩行に障害があり，学校が休みに入る時期に手術をする予定。家の中を片づけられないため，家屋内は足の踏み場がない。屋内の移動が困難になり，悪循環を招いて

注）病院：68巻5号（2009年5月）に掲載。一部加筆。

いる。
⑤父は飲酒量が多く，飲酒時には家事や育児に協力できない。
⑥両親は精神的に余裕がないため喧嘩が絶えず，Aくんのストレスになっている。

　MSWは，Aくん家族は家族の役割遂行，母親の治療，父親の飲酒による夫婦喧嘩，育児放棄など多岐にわたる問題を抱えているため，問題点の整理が必要だと感じた。早速，OTからAくんの母を紹介してもらい，面接を行った。

支援過程──アプローチ

1．初回面接
　母の希望で友人が2人同席して面接を行った。母から，「困っているがどうしたらいいかわからない」と切実な訴えがあった。その話を受け，面接に同席した友人の1人が，「友人として相談に乗っているが，問題解決できないので助けてほしい。父はアルコールに依存している。止めさせたいが何度言っても聞かず喧嘩になり，子どもにとってよくないと思っている」と口早に語った。面接は終始，友人がリードし母は相槌を打っていた。

2．問題の整理
　友人と母の話では，問題の多くは父にあり，飲酒をすると母に暴言を吐き，Aくんにも八つ当たりをすることが挙げられた。一方で父について，Aくんの登下校時に送迎をしたり，宿題を見たりと育児に協力的な一面があげられた。そのことは母から「当然のこと」とされ，評価されていないようだった。面接に同席した友人は，Aくんの世話をするよき協力者である一方，夫婦喧嘩の場にもしばしば居合わせ，友人自身が飲酒した父と口論になることもあった。
　Aくん家族は友人を巻き込んで家族問題を複雑化させており，問題の本質が何であるかを整理していく必要があった。
　面接の結果，次の4点の課題が明確となった。
①両親ともにAくんの発達障害への対処が困難。
②母自身のADDが父や周囲に理解されず困っている。
③母の股関節の痛みと歩行障害が強くなってきており，思うように家事ができない。
④母の入院中，Aくんの世話を誰が行うのか。
　複数の問題により母は苛立ち，夫婦関係の悪化につながっている様子がうかがえた。

3．問題を焦点化し，介入ポイントを絞る
　母は，変形性股関節症のため介護保険のヘルパーを利用していたが，ヘルパーやケアマネジャーにADDが理解されず，ストレスが生じていた。
　ここで，MSWは母が自ら周囲の人にSOSを発信できる点に着目した。母は自身の家族が抱える問題を理解し，友人2人を含めた支援者に支援の必要性を訴え，サービスなどを利用する力は持っていた。しかし，多くの支援者が課題ごとに介入することで，混乱を招いており，支援体制の再構築を行うべく，各支援者に連絡を取った。

支援者との連携

　MSWは療育環境の改善を目的に，Aくん家族の支援者に連絡。家族の課題を説明した。

1．X病院への働きかけ
　母はX病院の精神科でADDと診断されていたため，X病院のMSWに連絡をとり，介入経過と問題点を伝えた。
①母は自分の障害を理解してもらうため，ADDに関する書物を購入して関係者に渡し，生活のしづらさを訴えているが，思うように理解を得られず困っている。
②母の友人は，母の相談相手，理解者だが，父に対して攻撃的である。そのため，父のストレスがたまり，自宅に居場所がない可能性がある。
③Aくんの療育環境の悪化につながり，家族関係が良好に保てない状態に陥っている。
④母の入院期間中，何らかの療育サービスを受けたいと考えている。

⑤興生総合病院はAくん宅から距離があり，定期的な訪問や地域との連携体制の構築は一時的に可能だが，継続した見守りは困難である。

X病院のMSWから，介護保険サービスの提供者であるケアマネジャー，ヘルパーにADDという障害の特徴が理解されず，サービス利用がうまくいっていない現状が明らかになった。介護保険では，母の支援課題を身体面の障害から生じるものに限定し，ADDや家族関係，社会背景などへの配慮がないため，母，ケアマネジャー，ヘルパーが互いにストレスを感じ，良好な支援関係ができていないと考えられた。

2. 障害者支援センターへの働きかけ

Aくんの障害は療育手帳に該当しないが，母が入院する期間の療育問題があったため，障害者支援センター（以下，支援センター）に相談を持ちかけた。相談当初，支援センターの相談員から，Aくんの家族は問題の緊急性や程度から支援できないと言われた。また，介護保険のサービスも利用しており，コーディネーターが複数になることは好ましくないとの見解が示された。筆者は複数の問題があり，Aくんの安全で健やかな療育を損なう可能性があると考えたため，Aくん家族には地域全体で支える支援体制作りが必要であると訴えて，何とか支援者に加わってもらうことに成功した。しかし，療育サービスの利用には行政への申請が必要であり，支援センターから援護射撃してもニーズに合ったサービスの利用は難しいという見解が示された。

3. 行政への働きかけ

X市の障害児担当の保健師に連絡を取り，問題点を説明し，早急に改善策を講じる必要性を訴えたところ，家庭訪問を行うことになった。家庭訪問を，支援センター相談員，保健師2人と筆者で実施し，そこで足の踏み場がなく山積みにされた使用済みの食器，洗濯物が散乱した寝室を目の当たりにした。家庭訪問を行ったメンバー間でAくん家族への支援体制を作り直す必要性が共有され，Aくん家族に関わる人を召集したカンファレンスが早急に必要との共通認識が得られた。

4. 学校への働きかけ

担任教諭にOTを通じて連絡をとり，家族全体の問題として行政や障害者支援センターに支援を依頼したことを説明した。母が入院した場合，学校とX病院のMSWとの連携も必要になる可能性があるため，カンファレンスへの参加を依頼した。Aくんの家庭環境に強い関心を寄せ，見守りを続けている教諭は，参加を快諾した。

カンファレンスの開催

各支援者への連絡から，Aくんの家庭に支援を行うための共通認識を得ることはできたが，横のつながりを持ち，Aくん家族に支援を行えていないことが明らかになった。Aくん家族を包括的に支援するためには，支援者が連携を図り，情報交換，課題共有を行うことが必要と判断し，カンファレンスを開催することになった。

家庭訪問と面接で述べられた課題から，家族の生活安定のためには，支援者が課題を共有し，支援体制を再構築する必要があった。

その後，支援センター相談員，保健師，X病院MSWとともに，以下のメンバーを選出した。Aくんの両親／母の友人／Aくんの担任教諭／Aくんの卒園した保育園の園長／支援センター職員／母親の担当ケアマネジャー／ヘルパー／X病院MSW／地区の民生・児童委員／行政から障害者福祉課の障害児担当の保健師，アルコール問題担当の保健師／OT／筆者

カンファレンスでは，それぞれの支援の現状と問題点が話し合われた。Aくんを取り巻く環境を図1に示す。

支援課題と解決方法の検討

1. 母を取り巻く環境への働きかけ

カンファレンス冒頭で障害の理解を得るため，OTからADDとADHDの特徴と支援の留意点

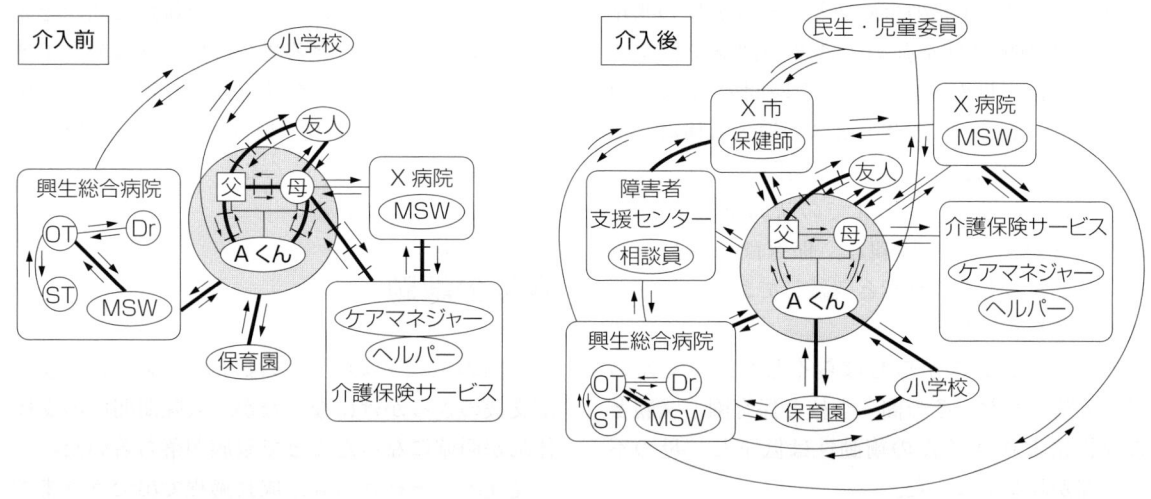

図1 Aくんを取り巻く環境

を説明した。そのうえでMSWはケアマネジャー，ヘルパーに対して，次のように要望した。

母はMSWとの面接時に，「ヘルパーによる家事支援を受けているが，ていねいな掃除や片づけどこに何があるかわからなくなる。必要な物を探すと，掃除前よりも散らかりストレスになる」と訴え，MSWに対し，「自分のペースに合わせて一緒に片づけてもらえば，困らないと思う」と具体的な解決方法を示していた。そのため，ケアマネジャーにはプラン作成時に母自身のエンパワメントを高めるようなサービスの検討を投げかけた。さらに，ヘルパーには，障害特性の理解，柔軟な支援とサービス提供を依頼した。

また，最も身近な支援者である父に対して，母の障害を理解する困難さを受容するとともに，Aくんの送迎と仕事の両立に対する労をねぎらった。その結果，父からは苦労が語られ，自らの飲酒について反省する発言があった。

2．Aくんを取り巻く環境への働きかけ

Aくんは，発達障害があると診断されているが療育手帳には該当せず，障害者制度の利用は困難である。しかし，生活のリズムを整えることで落ち着いた生活が可能になるとのOTの指摘を取り上げた。

担任教諭から，学校では比較的落ち着いて過ご

せていると説明があった。カンファレンス以前にも，OTと担任教諭で，宿題の量や内容については達成可能なものを出し，成長に合わせた対応で経過を見ていくことを話し合っていたが，カンファレンスで再確認した。

下校後に利用している保育園の園長からは，園で居残り保育をしている園児がいる中で，宿題や，おやつを食べて落ち着いて過ごせていると報告された。園長自身からAくん家族の課題に通園時より関わり，気になるので継続して関わっていることが語られた。多くの支援者がいることに安心したとともに，園として協力できることがあれば協力すると心強い内容のコメントが得られた。

また，Aくん家族の地域を担当する民生・児童委員には，カンファレンスで家族の状況と課題を把握したうえで，定期訪問や声かけなどの協力が得られることになった。

さらに，保健師や障害者支援センター職員には，Aくんは療育手帳に該当しないが家庭環境や療育環境の整備が必要と考えられるため，ケアマネジャーやヘルパー，学校，民生・児童委員などと連携体制の構築と，定期的なフォローアップを依頼した。

カンファレンス開催は，Aくんや母の支援者に対して支援課題の明確化，共有化を図っただけ

でなく、両親に現状の再確認と、家庭環境の悪化がAくんの衝動性を強めることの認識を促すことができた。母が入院している期間のAくんの療育については、行政サービスの導入も検討したが、保育園の園長から、「一定期間であれば父の仕事が終わり迎えに来るまでの時間を預かる」という提案があった。両親は、保育園の園長をAくんと家族のよき理解者と認識しており、提案をとても喜んでいた。

カンファレンスからしばらくして、Aくんの母は入院したが、その間、学校と保育園、父親との連携によりAくんの衝動性は低下し、母の不安も聞かれなくなった。

3. 介入結果

当初は、母親からSOSの電話が頻繁にあったが、カンファレンス後、その連絡はなくなった。Aくんのリハビリ通院は継続し、OTからは落ち着いて生活ができているとの報告があった。

4. カンファレンスの有効性

今回のAくん家族のように生活課題を自ら認識している家族ばかりではなく、仮に当事者が問題の所在を理解していても、本ケースのように解決方法を見出せない場合がある。また、発達障害の子どもの支援には両親や学校といった療育環境が大きく関与しているため、親や学校などが障害を理解できるよう支援する必要がある。

ケースカンファレンスは支援構築や課題の共有に有効だが、単に人を集めて問題点を話し合い、解決を図るものではない。そこに至るまでの経過で、多くの支援者が課題を共有できるよう、協働して解決への道を模索することが重要である。実際のカンファレンス場面で、患者や家族が「自分たちは多くの人に支えられている。力を借りて、課題を解決しよう。」と感じられなければ、課題の対処へのチャレンジは尻込みしてしまうだろう。

MSWにとって、カンファレンスは患者支援の1つのツールに過ぎない。しかし、本事例のように、既存の支援体制があるものの、それぞれの連携が取れず、支援の有効性がうまく発揮できないことで、父親のようにストレスが新たな問題を発生していると判断できる場合には、支援のタイミングを逃さず、その機会を有効に利用して、支援の輪を強固なものにし、既存の支援の有効化（エンパワメント）をしていくことこそがMSWの重要な役割と考えている。

今後の課題

今回のAくんのケースは母の入院という危機が支援のきっかけになったが、入院期間中の支援体制が明確になったことで家族が落ち着いた。

発達障害を抱える人が成長過程で出会うさまざまな困難は、今後も支援を要する局面があると考えられる。今回の事例のようにカンファレンスで支援者が集まり、関わる人々が共通の認識を持つことでその時に生じた問題の解決は可能だ。しかし、目の前にある課題を解決することにとどまらず、長期的な視野でその人を取り巻く環境への働きかけを続け、MSWの関わりをAくんの住む地域に引き継ぐことが必要と考える。

とくに子どもの支援の場合、進学や進級はターニングポイントとなる。Aくんのケースで言えば、保育園から小学校への引き継ぎや連携が必要であった。今回はやむを得ず、保育園を利用することになったが、Aくんの成長、発達の観点から、本来であれば小学校を中心とした支援体制づくりが望ましい。担任教諭とともに、制度の狭間にいるAくんのような子どもの支援を模索し、進級時には新しい担任教諭に支援が引き継がれるよう配慮を求め、学校全体で発達障害の子どもを支援できるよう働きかけを続ける必要がある。

学校や地域での継続した見守り体制を築けるよう、支援者がつながりを持ち、患者やその家族の変化や課題を共有するしくみ作りが課題といえよう。

本項で紹介した事例について、Aくんの母親の承諾を得て記述した。同様のケースへの支援が広がる一助となればと快諾いただいた。この場を借りてお礼申し上げる。

第III部

MSWとアドミニストレーション

1章　組織に位置づくために
　① 導入期
　② 組織改革

2章　経営・教育に関わるMSW

1章 組織に位置づくために

兵庫大学 健康科学部 看護学科 竹内一夫

MSWと組織

　MSWが医療機関からどのような役割を果たすことが期待されるのかは、その組織的な位置づけによって大きく変わってくる。わが国の場合、戦後の歴史をみると、多くの病院で見られたMSWの組織上の位置づけは、医事課、事務部というのがほとんどであった。一部は院長直属、医務部という位置づけで、コ・メディカル（以前はパラメディカル）という位置づけは、ほとんど見られなかった。

　その理由は、MSWの専門性がまだ病院管理者にも、同時に医療関係職種においても、よく理解されていなかったことにある。私の先輩がある総合病院に入職した時に事務部長から、「医療ケースワーカー（当時ソーシャルワーカーとは呼ばれず、ケースワーカーと呼ばれていた）が入職したそうだが、スクーターがいるね」と言われ、なぜかと問うと、「未収金の回収に回るには小回りのきく移動手段がないと動きにくい」と言われたという話を聞き及んだ。当時貧しいわが国の社会保障制度、公的扶助制度のあおりを受け、多くの病院のMSWが患者の経済的な問題の解決のための相談に関わらざるを得なかったのであるが、そのような背景下での経済的な相談が、回りまわって未収金回収（当時は経済的困窮でも、その当時の厳しい生活保護基準には該当せず、各病院で未収が結構あった）がMSWの仕事と考えられ、医療ケースワーカー＝未収金回収係というような逸話を生み出したのである。

　さすがこの21世紀ではこのような認識はなくなったが、新たな問題として、厚生労働省の示す入院期間の短縮化・地域連携パスの実施・高度先進医療機関の外来紹介率の規定・患者紹介機関への退院時の逆紹介などが、病院に地域連携室を設置させることとなり、MSWをそこに配置する病院が増えた。これによって退院調整に追われているMSWが多々見られるようになり、MSWが自虐的に「自分たちは病院の追い出し係」とまで表現する事態が生じてきている。退院支援はMSWにとっても重要な役割であるが、退院支援は、入院が必要と認められた外来の時点から始まっていると認識している病院関係者は意外と少ない。一般的には入院の時点から、退院に向けての患者と家族への支援が始まるのである。これでは患者や家族としては「泥棒とらえて縄をなう」であり、引き受け手の困難な状況をさまざま訴えたくなるのが道理である。先に述べた外来時からきっちりと退院に向けての話が進められれば、家族の困難にも十分対応できる時間が取れるし、家族のモチベーションを高めることも可能となる。

　MSWとしては、その病院の中で患者の希望や要望を適切に受け止め、サービスの改善に結びつけるには、どのような部署への位置づけが最善かを検討し、自分が所属する組織をMSWとしての業務遂行のために活用できる力量が必要な時代になってきたといえよう。このような取組みがMSWによって継続的になされてくると、看護師や医師、コ・メディカルによってその専門性が認められるようになり、専門職としての信頼関係による狭義のチームが動き、さらに患者・家族を含めた広義の医療チームが動き出すことになる。このような状況に至った時に初めて、MSWは組織に位置づいたといえるのである。

1章 組織に位置づくために

1 導入期

医師会病院でのMSW業務立ち上げ経験をふまえて

糸島医師会病院MSW　**小畑麻乙**

　福岡市と佐賀県の境にある糸島半島，古くは『魏志倭人伝』に「伊都国」として登場した海と大地の恵みあふれる地域である。人口約10万人の糸島市は福岡市のベッドタウンとして，また隣接地域への九州大学の移転などに関連して，核家族や若年単身者が増加している。一方で志摩地区・二丈地区を中心に農業・漁業・酪農業といった第一次産業が古くから成り立っているが，担い手の高齢化や一部地域の過疎化が進んでいる。いわば都市部と農村部，双方の社会的特徴を持つ地域である。この糸島市の中核病院として当院がある。

　136床の一般病床・亜急性期病床，14床の緩和ケア病棟，全床開放型，地域医療支援病院，医師会立の病院である。患者の多くが糸島医師会会員（開業医）からの紹介による入院で，外来も紹介を基本とした専門外来を標榜している。これまでMSWの配属はなく，医療費に関する相談は事務部が，その他の社会・心理的問題に関する相談は病棟師長などの各部署責任者が対応していた。

地域医療連携室を立ち上げる

　2005年，病院機能評価取得をめざした取り組みの1つとして，また地域の医療機関・福祉施設との連携を強化するため，地域医療連携室担当職員としてMSWを新規で採用した。この時，糸島地域ではMSWを配置している医療機関はなく，協働の経験がある職員も少なかった。

　筆者がこれまで勤務してきた病院では，いずれも先輩MSWが医療相談室業務を確立し，実績を作り，部署としても院内で重要な役割を担っていた。このため今回新しく業務を立ち上げるという工程は，筆者にとってMSWに期待されていることや存在意義を振り返る，またとない機会となった。

1．まずはPR―MSWの役割をどう説明するか

　MSWを新たに配置する病院で業務を開始するためには，支援の対象となる患者・家族はもとより，協働する関係職員に効率的なMSWの利用方法をPRしなければならない。この時，より深く理解してもらい，チームケアを実現するために，「その組織においてMSWはどのような役割を期待されているのか」を捉え，それに答えていく必要があった。ここでは，①病院組織・事務部，②医師・看護師などの病棟職員，③患者・家族，④地域の医療機関・福祉施設・ケアマネジャーなどに分け，それぞれがMSWに求める役割をふまえ，どのように対応してきたかを振り返る。

2．「なぜ患者の自宅を訪問するの？　病院がそこまでする必要があるの？」（事務部長）

　病院組織，事務部から期待されることは次の3点である。
①患者サービスの向上
②平均在院日数の短縮
③未収入金を減らしたい

　当院でのMSW配置は事務部に所属する形でスタートした。このため業務を始める前に，まず所属部署の仕事を覚えることと，院内にMSWをどう位置づけていくかを部署の上司と検討して

注）病院：66巻8号（2007年8月）に掲載。

いく必要があった。制服はどうするか，名刺の作成，院内PHSの使用，面接場所の確保，必要に応じて院外へ訪問も行うことなど，従来事務部の業務にはなかったことを行わなければならず，その必要性を1つひとつ検討して協力を仰いでいく必要があった。

この時，『医療ソーシャルワーカー業務指針』（厚生労働省）や『医療機関における社会福祉援助活動を促進するために』（日本医療社会事業協会発行）を利用したMSW業務の説明や，日報・月報の作成，ケース報告などで実際の業務の報告を行ったことは，部署内での業務理解に大変有効であった。

日々のケースを通じてMSWの視点を意識して伝えることで，「なぜ退院前に患者自宅を訪問するのか」や「どこまでがMSWの仕事で，どの段階で地域のケアマネジャーなどに引き継いでいくのか」などの業務の詳細まで伝えていくことができた。また，時事問題や制度改定など，日頃からさまざまな事柄を議論し，MSWとしてどう考えるかを伝えていったこともMSWの視点を伝えることに効果的であったと感じている。

また筆者自身が事務部の仕事を覚えることや，院内外の委員会や各種会議への参加によって，病院組織全体を俯瞰的に知り，また当院が地域の中で置かれている現状，役割や課題などを考えることができた。時に「これってMSWの仕事なの？」と思うようなことでも，組織の中ではとにかく動き，考え，フィードバックしていくことがMSW業務の啓蒙活動にもなった。

3.「MSWって何？」（病棟主任）

医師，看護師，院内職員から期待されることは次の2点である。
①治療や退院が円滑に進むように，患者やその周囲の心理・社会的な問題を何とかしてほしい。
②地域の病院や施設などとのつながりを作り，継続して質のよい医療・ケアを提供したい。

近年MSWの認知度も上がり，患者・家族からの直接の相談も増えたが，介入依頼の多くは医師・看護師からであり，最初は皆，「MSWとは何か」を知らない。だから医師・看護師に「どのような時にMSWに依頼するとよいのか」や「MSWがどのように働き，問題を解決していくか」を理解してもらう必要があった。

このために，まず以前勤めていた病院の書式を参考とし，「MSW依頼箋」（図1）を作成・活用し，依頼内容の明確化と効率化をめざした。これにより介入依頼やADLなどのおおまかな情報の共有化が短時間でできるようになった。作成の際には多忙な現場で実践的に使ってもらうために，短時間で作成できるようなチェック式とした。また図1のとおり依頼内容についてもチェック項目としたことで，「こんな時にもMSWを依頼できるのか！」と医師・看護師の関心を得ることができた。急性期的な病院の性格上，短期間で効率的な業務を心がけているが，一方で「何かと便利な人」とならないようにするためにも，介入依頼のしくみをきちんと作ることと，情報のていねいなフィードバックは大切であった。

また，回診やカンファレンス・院内研修会への参加や，スタッフ間でのコミュニケーション，時にケースカンファレンスなどを積極的に行った。これはMSWの視点を知ってもらうことだけでなく，筆者自身も医師・看護師の視点を知ることができ，その視点を尊重した関わり方を心がけるようになった。

4.「こんな状況になって，どうすればいいのでしょう…」（患者家族）

患者・家族から期待されることは，次の2点である。
①話を聞いてほしい。
②今抱えている問題を整理して，何とか解決したい。

患者・家族との関係の中では，MSWの業務をわかりやすく理解してもらうために，MSWに特徴的な，以下のような役割を意識して業務を行った。
①**支持的対応**　患者・家族の持っている能力を最大限引き出すこと。頑張ってきたこと・頑張っていることを受け止めて，否定しないこと。

1 導入期　175

MSW介入依頼箋

依頼日　年　月　日

主治医サイン
記入者サイン

病名	#1（　　） #2（　　） #3（　　）
病室	号室
入院日	平成　年　月　日
退院予定	未定・決まり次第
紹介元	
紹介	年　月　日
開始	年　月　日　中断
再開	年　月　日　終了

【依頼事項】

退院調整	スクリーニング
紹介元への転院・入所	老老介護・独居
自宅退院の調整	要介護で日中独居
自宅介護困難	ADLの著しい低下
施設入所希望	生活保護受給中
ケアマネ等との連携	ストーマ造設
家族との連絡相談	生活背景の調査

介護問題	経済的問題	心理・社会的問題
介護疲れ	医療費の心配	障害の受容
サービス紹介希望	生活費の心配	家族との関係調整
介護者の不在	負債	学校・職場の調整
介護指導	職業（失業など）	住居に関する問題
短期入所希望	無保険	ストレス過多
虐待疑・介護放棄	住所不定	療養上の不安

障害関連	疾病に関して	そのほか
障害（難病）	ターミナルケア	長期入院・包括
特定疾患（難病）	精神疾患・難病	社会的入院
生活保護	リハビリが必要	外国人・旅行者
年金・保険	セカンドオピニオン希望	虐待・暴力
往診・訪問看護	処置の継続が必要	権利擁護
	依存症・アディクション	苦情

【依頼詳細】

* 介護保険
  自立・要支援1・要支援2・要介護1・要介護2・要介護3・要介護4・要介護5
  有効期限　　年　月　日～　年　月　日
  ケアマネジャー：
  利用しているサービス：
* 退院調整のムンテラ：　済・独居時に必ず介助・移乗動作に介助・車椅子・ストレッチャー　分からない予定・未定
  退院時の移送手段：

※退院調整の依頼は必ず表面もご記入をお願いします。 (ver.4-2)

図1　MSW介入依頼箋（表面）

身体状況

身長　cm　体重　kg　（　　　　）様

筋力低下	箇所
麻痺	四肢欠損　箇所
関節拘縮	不随意運動　箇所

栄養／皮膚疾患

食事内容		皮膚疾患	
摂取量		褥瘡	部位
経管栄養（経鼻）	内容		ステージ
（胃瘻）	内容		処置内容
点滴・IVH	内容		

呼吸管理／感染症

		感染症	
酸素吸入　0ℓ/分		MRSA	
⇒労作時のSpo2		ウイルス性肝炎	
吸引	頻度　時間毎 時間内 口腔内・気道内	真菌	
		その他	

基本動作／疼痛看護

		疼痛	
吸入		疼痛	原因 箇所 対応
気管切開			
人工呼吸器			

基本動作

寝返り	起き上がり	座位保持	立位保持
自立	自立	自立	自立
何とか自分で出来る	見守り	短時間なら可能	10秒以内
声かけで行う	つかまれば可能	自分の手で支える	つかまりが必要
介助があれば出来る	一部介助	支えがあれば出来る	支えが必要
全介助	全介助	行っていない	行っていない
行っていない	行っていない		

移乗動作／移動

移乗動作		移動	
自立		独歩	介助歩行
見守り		つかまり歩き	車椅子　介助・自走
つかまれば可能		歩行器・杖にて自立	ストレッチャー
一部介助			
全介助			
行っていない			

生活動作・精神症状

食事／整容（歯磨き・流涎）／更衣

食事	整容（歯磨き・流涎）	更衣
自立・下膳も行う	自立	自立
自立・下膳は行わない	声かけで洗面所へ	声かけで自立
一部介助で摂取	介助浴・見守り程度	見守りが必要
全面的に摂取	介助浴・介助要する	一部介助
点滴・IVH	ハーバード浴	協力動作あり
経管栄養	清拭のみ・自立	全面的に介助
	清拭のみ・介助	

肉腸管理／排泄（尿）／排泄（便）

肉腸管理	排泄（尿）	排泄（便）
自分で行っている	自立	自立
記載・セッティング	トイレ自立	トイレ自立
飲んだか確認	トイレ介助	トイレ介助
経管ルート・点滴	カテーテル	摘便・浣腸
内服なし	リハパン・オムツ	リハパン・オムツ
	尿意なし・尿失禁	便意なし・便失禁

言語疎通・認知能力／精神症状

言語疎通・認知能力	精神症状	
自立	不穏言動	せん妄
難聴等で配慮が必要	妄想	点滴・カテの抜去
時々出来ない	うつ状態	ひどい物忘れ
身体的なものに限る		
判断できない		

昼夜逆転	暴言	介護への抵抗
徘徊	暴力	
声だし	希死念慮	

家族構成図

KP①
続柄
連絡先

KP②
続柄
連絡先

年　月　日記入

図1　MSW介入依頼箋（裏面）

医療機関紹介　　　　　　　　　　　　　　　　（整理番号　017　）

医療機関名　**糸島医師会病院**

住所　〒819－1112　福岡県糸島市浦志532－1

連携担当者　地域医療連携室 MSW 小畑　　TEL (092)322－3631 FAX(092)322－1206

診療科目：内科・外科・放射線科

病床数：一般 124床／療養型　　床（医療　　床・介護　　床）／亜急性期　12 床／開放病床 150床／
回復期リハ　　床／緩和ケア　14 床／精神　　床（内閉鎖病床　　床）／その他　　床

保険医療・公費負担 ： 保険医療機関・特定承認・労災・生活保護・更生医療・育成医療・原爆（12条・19条）・精神

公共交通機関：筑前前原駅から車で10分 ／ 駐車場： 140 台（料金： 有・無）

送迎用車 有（緊急時の患者転送のみ）・無／病院案内： 有・無 ／ 面会時間 13時 00分～ 20時 00分・自由

受け入れ可能な状態		条件等
インシュリン	可・不可	
酸素療法	可・不可	
レスピレーター	可・不可	
吸引（口腔内・気道内）	可・不可	
輸血療法	可・不可	
経管栄養（経鼻・胃瘻）	可・不可	
気管切開	可・不可	
MRSA	可・不可	
HD・CAPD	可・不可	
褥創	可・不可	
点滴	可・不可	
IVH	可・不可	
カテーテル管理	可・不可	
自己導尿	可・不可	
ターミナルケア（看取り）	可・不可	
疼痛ケア	可・不可	※麻薬の使用　可・不可
認知症（徘徊・便こね・声だし）	可・不可	専門医はいないが，対応できる程度
精神疾患に関する治療	可・不可	専門医がいないため

特定療養費：紹介によらない患者の初診料（　　　円）・特別の料金徴収なし

差額室料　個室（　7350 円）×　4 室 ／二人部屋（　1575 円）×　14 室

人部屋（　　　円）×　　室 ／　人部屋（　　　円）×　　室

おむつ代：（交換頻度１日　6 回）実費・月額　　　円 ／ 洗濯代：実費・月額　　　円

病衣代： 有・無　　80 円 ／ 光熱費：　　0 円 ／ 福祉用具使用：　　0 円

テレビ：（備え付け・持ち込み）カード　1000　円 ／その他：

施設（　　　F 建て）：売店・自販機・訪問歯科・散髪・CT・MRI・談話室・食堂・喫煙室・リハ室・家族宿泊・ICU

リハビリ：週　0 回／PT　　0 名／OT　　0 名／ST　　0 名／ 機能訓練・維持的リハ

身体障害者福祉法指定医：視覚・聴覚・音声言語・平衡・肢体不自由・心臓・腎臓・呼吸器・膀胱直腸・小腸・免疫

精神保健指定医：いる・いない ／ 母子保護法指定医：いる・いない

在宅支援：往診・訪看・訪リハ・ヘルパー・デイケア・デイサービス・ショートステイ・居宅・その他（　　　）

施設入所：介護老人福祉施設・介護老人保健施設・グループホーム・有料老人ホーム・その他（　　　）

入院期間のめど： 急性期的治療の必要な間

図２　医療機関紹介

②情報提供　新しく正確な情報を，誰にでもわかるような形で提供できること。

③自己決定の尊重　患者・家族が自ら選択し，進んでいけるようにサポートすること。

④関係調整　それぞれが本来持っている力で役割を果たすことができる環境を整えること。

⑤環境への働きかけ　問題が起こったのはなぜかを患者・家族と一緒によく考え，解決のための環境整備を行うこと。

必要によっては，新しい環境やネットワークを

作っていくこと。

5.「医師会病院のこと，実はあまり知らないんです」(地域の病院の職員)

地域の医療機関・福祉施設・ケアマネジャーなどから期待されることは次の4点である。
①患者，利用者の情報がほしい。
②どこに相談したらいいかわからない。総合的に情報を把握して，調整してほしい。
③他の病院・施設について知りたい。
④困難事例について相談できる人がほしい。

現在，当院での相談業務の約75%は退院にかかわる調整依頼であり，地域の医療機関・福祉施設・ケアマネジャーと連携する機会が多い。業務開始にあたり，地域の医療機関・福祉施設などへ訪問・見学を行ったが，このとき地域連携の担当者同士は，個別のケースを通してしか，つながりがないことを知った。しかし実際には他の医療機関・福祉施設について情報がほしいと感じていたり，一人職場のため処遇困難ケースなどの相談できる人がいなかったりなどの悩みを抱えていた。

このため2005年8月，糸島地域と福岡市西区，佐賀県唐津市を含めた計17か所の医療機関のMSW・PSW・地域医療連携室職員・病棟師長などの入退院に関する相談担当者と「糸島地区医療相談室・地域連携室交流会」の発足を行った。この会では毎月，参加機関が持ち回りで会場となり，講師を招いての研修・事例検討・記録書式などの情報交換を行っている。講師には医師や訪問看護ステーション・行政・教育関係者などに協力を依頼している。

また各医療機関で，例えば酸素療法を行っている患者の入院ができるか否や，個室代などの自己負担がどの程度かかるかなどを把握するため，「医療機関紹介」(図2)とパンフレットを閉じ合わせた小冊子を作成し，情報の共有化を図った。加えて，医師会のネットワークを利用した各医療機関の空床状況の把握(毎週月曜日)を行うことによって，よりスムーズな退院支援を行うことができるようになった。このように地域の医療機関の横のつながりを作ることで，機能分化されたそれぞれの医療機関の特性を最大限に生かした医療を提供できるようになってきている。

また中規模・小規模病院の多い地域的な特徴から，連携業務の担当者は一人職場というところが多く，処遇困難ケースの相談や，日々の業務のモチベーションを保つことにもこの会は大きな力を持っていると感じている。今後は地域全体が1つのケアチームとして機能できるようなシステム作りをめざしていきたい。

まとめ

「地域連携」という言葉が，病院が生き残るための魔法の呪文のように唱えられる昨今，MSWに求められる役割も退院支援などの地域連携業務中心に変化しつつある。一方退院支援看護師や地域連携室専任医などの活躍もめざましく，MSWにもこれまで以上の専門性が求められている。このような環境の中で，福祉職であるMSWの視点や能力を最大限発揮していくためには，まず院内での業務の確立と信頼を得ることが必要である。そしてその期待される役割を担っていくためには，単に細やかな個別援助だけでなく，地域全体をフィールドとして動くことという視点が大切である。それは大きな課題ではなく，日々の業務の中で接する地域の住民・施設や病院・行政などの声を聞き，地域の社会資源の1つである病院の一員として何ができるかを考えていくことであり，それを実践していくことではないだろうか。

1章 組織に位置づくために

1 導入期

MSWの役割と業務改善
院内アンケート調査結果をもとに

公益財団法人慈愛会 今村病院分院 地域医療連携室 MSW・退院支援看護師　浜辺恵里香

はじめに——組織の一員としての不安

少子・高齢化が進む中，患者・家族の持つ問題や医療ニーズは，年々多様化してきている。

MSWは，専門職として患者・家族に寄り添い，問題を解決する役割とともに，在院日数の短縮に向けての取組みや院内外との連携など，円滑な病院運営に携わるという組織経営面の一翼を担う者としての役割を併せ持つ。

医療福祉相談室が当院に設置されてから12年が経過しているが，「MSWは忙しそうだね」，「MSWは，いったいどんな仕事をしているの？」といった声を他職種から掛けられることが多い。MSWの業務は多彩だが，実際の社会的認知度は残念ながらまだまだ不十分だと感じる瞬間である。しかし，当院において，これまで医療福祉相談室の存在が，どのように認知され，スタッフがMSWの役割をどの程度評価しているのかについて客観的分析を行ったことはなかった。そこで，今回院内の医師および看護師を対象にアンケート調査を実施し，その調査内容を踏まえ，業務改善の第1歩を踏み出した。ここに，その過程を報告し，病院におけるMSWの位置づけ・役割を考察する。

アンケート調査の目的

当院における医療福祉相談室の認知度・MSWの役割についての周知度を知ることにより，今後の医療福祉相談室・MSWのあり方や，業務遂行における問題点の抽出，業務改善につなげることを目的とし，以下の内容でアンケート調査を行った。

1. 調査方法
- 無記名によるアンケート形式
- 対象者：当院勤務医（ただし，耳鼻科・放射線科・病理診断科および人間ドックは除く）66人と看護師（人間ドック除く）223人
- アンケート実施期間：2009年5月1日から5月15日まで

2. 質問内容
①職種（医師の場合は所属科名。看護師の場合は配属先と経験年数）
②医療福祉相談室もしくはMSWに対する認知度
③MSWの業務内容の周知度
④MSW介入依頼経験の有無と依頼のきっかけ
⑤依頼内容およびMSW介入に対する満足度
⑥依頼しない理由
⑦今後のMSWの介入方法について
⑧医療福祉相談室への要望（自由記載）

3. アンケート回収率
- 医師：69.7%（46人/66人）
- 看護師：91.5%（204人/223人）

注）病院：69巻4号（2010年4月）に掲載。一部改変。

結果・考察

1. 医療福祉相談室もしくはMSWに対する認知度

医師の9割，看護師の全員が医療福祉相談室およびMSWが院内に存在している事実を認知している。

2. 業務内容の周知度

医師・看護師ともに，当院において対応頻度の高い退院支援が全体の2割強で最も業務内容として高く認知されている。経済問題の解決，心理・社会的問題の解決を担う職種であるという認識が，全体の6割を占めた。治療期間が長期に渡り，医療費も高額となる血液内科においては，経済的問題解決支援がMSW業務として最も認知されている。各診療科の特性も考慮したうえでの，業務アプローチが必要である。

3. 介入依頼経験の有無と依頼のきっかけ

介入依頼は医師・看護師ともに7割が経験ありとの回答であった。

依頼のきっかけは医師の66％，看護師の49％が「必要性を感じたから」と回答している。ついで，カンファレンスでの提案，患者・家族からの申し出が医師・看護師ともにそれぞれ25％前後で続く。

4. 依頼内容と満足度

依頼内容は，医師・看護師ともに退院支援が最も多かった。急性期・一般病院という当院の特性もあり，退院支援がMSWの仕事という認識が強いことがうかがえる。

次いで医師は「心理・社会的問題の解決」，看護師は「経済的問題の解決」があがった。これは，心理・社会的問題は，医師が治療を進めていくうえで，また，経済的問題は看護師が入院生活を支えていくうえで，それぞれ浮き彫りになりやすく，医師・看護師が直面しやすい問題といえるのではないだろうか？

MSWの対応については，医師・看護師ともに約9割が「非常に満足」，「満足」と回答している。個々のニーズに即した業務提供ができているのではと判断している。

5. 依頼しない理由

一方で依頼経験のない約3割のスタッフのうち，4割が「何を依頼してよいのかわからない」，「依頼時期・方法がわからない」といった理由により介入依頼をしていないことがわかった。

6. 今後のMSWの介入方法について

医師・看護師ともにほぼ半数が必要時の介入を望んでおり，次いで入院患者全員介入となっている。入院期間が比較的長く，多方面からのアプローチが必要な精神科病棟および回復期リハビリテーション病棟においては，MSWの全員介入を希望する声が必要時の介入を希望する割合を上回る結果となった。

7. MSWへの要望

MSWへの要望として最も多かったのは，「積極的な介入をしてほしい」という内容であった。「カンファレンスの参加や情報交換をする時間を設けてほしい」という声や「担当者がわかりづらい」，「面談内容や経過を詳しく知りたい」，「介入が必要な患者をピックアップしてほしい」という要望も寄せられた。自分たちなりに情報発信をしているつもりであったが，現状の方法では不十分であると痛感した。

業務改善への取組み

アンケート調査の結果から，比較的，当院におけるMSWに対する理解度は高いことがわかった。同時に，①情報共有化が不十分，②ソーシャルワーク依頼方法の未確立，③MSWの積極的な働きかけが不十分，という3つの問題点を抽出することができ，よりいっそう円滑な院内連携を図るため業務改善に取り組んだ。

1. 情報の共有化に向けて

当院のカルテは紙媒体である[1]。MSWの支援記録はカルテへの直接記載ではなく、患者ごとにファイルを設け、フェースシート・保険情報・経過記録を記入・保管している。これは、患者との関わりは単に入院中だけではなく、退院後も（患者によっては複数年）継続していくため、患者の状況を一連の流れとして捉えていくためである。

MSWの支援経過については、必要時、主治医やチームスタッフへ報告書を用いて情報提供を行っていた。この方法の欠点は、他部門へのMSWのアクションがなかなか示せないという点である。ソーシャルワークは結果に至るプロセスも重要であると言われているが、この方法ではわれわれの支援プロセスをリアルタイムで伝えることが難しい。アンケートでの情報共有化を望む声もこのような欠点が浮き彫りになった結果と言える。

そこで、カルテ内にMSWが経過記録を記載する頁を設け、さらに支援経過の中間報告および支援結果を確実に報告するようにした。おのずと、病棟へ足を運ぶ回数が増え、看護師や療法士などとの情報交換やコミュニケーションを図る機会が増えた。次に、担当MSWが一目でわかるように、カルテ背表紙に担当者名を明記したシールを張るようにした。そうすることで看護師や療法士からも、患者についての問合せが以前より多くなった。

さらに、その後検討を重ね、MSWの病棟担当制を導入し、さらなる窓口の明確化を図った。アンケートにて入院患者全員に介入してほしいという要望がとくに強かった回復期リハビリテーション病棟と精神科病棟にはMSW・PSW（精神保健福祉士）をそれぞれ専従配置した。

2. 依頼方法の整理

当院でのMSW依頼経路としては、主に患者・家族からの直接依頼と、主治医からのMSW依頼箋発行によるものとがある。今まで使用していた依頼箋は、業務内容を羅列し介入内容をチェックするものであったが、支援依頼が簡単かつ具体的に記入できるものへ変更した。

3. 積極的な介入に向けて

今回、新たな取組みとしてスクリーニングシートの作成・活用および退院支援プロセス構築へ向けての準備を開始した[2]。入院時スクリーニングにより早期介入が必要な患者に対し、依頼を待つだけではなくMSWから積極的に出向いて支援していきたいと考えている。

退院支援においては、2008（平成20）年度診療報酬改定にて退院調整部門に、2年以上の退院調整に係る業務の経験を有する専従の看護師または社会福祉士がいることで退院調整加算の算定が可能となった[3]。われわれは、看護師・社会福祉士が協働して支援を行うことにより、それぞれの職種の専門性を十分発揮できるようなシステム構築をめざしている。

おわりに ― MSWの明るい未来をめざして

近年の医療現場は、医療情勢の変化に伴い機能分化が進み、1つの医療施設で治療・療養が完結するという状況ではなくなってきている。「移動を伴った医療」の中に身を置く患者・家族の背景も年々複雑化してきており、院内におけるMSWの援助内容も多岐にわたる。病院の施設基準にMSWの配置基準はなく、診療報酬にも「社会福祉等」という表現で専従もしくは専任配置を推奨するにとどまっている。このような状況下にありながら、MSWを採用する病院が年々増加傾向にある。これは、病院がMSWの働きに対し必要

---

1) 2011年12月より電子カルテを導入した。電子カルテの導入により、情報の共有化は以前より確実かつ迅速に行えるようになった。

2) 2012年現在、回復期リハビリテーション病棟、精神科病棟以外の全病棟（4病棟・197床）に対し退院支援スクリーニングシートを導入している。入院後3日以内に早期介入が必要な患者を抽出するシステムが定着しつつある

3) さらに2012年の診療報酬改定においては、病院が退院調整加算を算定する場合の施設基準として、専従もしくは選任の社会福祉士の配置が義務づけられている。

性・付加価値を見出しているからではないだろうか。

　患者・家族が安心して受診・受療できる環境を提供すること，安心して社会へ戻り，本来の姿で生活していくことを支援すると同時に，医師らが，治療を必要としている多くの患者の治療に専念できるよう，専門職種として支援していくことがMSWに課せられた任務であると思っている。

　医療の場においては，多様な職種がそれぞれの専門性を活かしてケアに当たる「チーム医療」が主流となっている。しかし，それぞれの専門職種が，それぞれにケアを提供するだけでは「チーム医療」とは言えない。各職種のチームワークが不可欠であり，それぞれの専門性を融合させてこそチーム医療は成り立つと考えている。チーム医療を確立するうえでの「院内連携」とは，ただ単に情報のやりとりをするのではなく，チームスタッフが「患者の回復」という1つの目標に向かい，互いに協力しながら行動することではないだろうか？

　MSWは，そうしたチーム医療の中で医療分野に精通したソーシャルワーカーとして，患者の退院後の社会生活全般を見据えつつ，院内外の関係職種・関係機関が円滑かつ迅速な連携を図るための，「コーディネーター」としての役割を果たしていく必要があると感じている。

　今回，われわれが取り組んだアンケート調査や業務改善は決して画期的なものではなく，すでに多くの病院のMSWが取り組んでいることであろう。しかし，このような取組みを通じて，組織がMSWという職種に何を期待しているのかを見極め，その期待に応えること，またMSWが組織に対し，どのような貢献が可能であるのかを日常業務の中でアピールしていくことが必要であり，MSWの地位向上・存在意義を高めることにつながると確信している。

　草の根的な活動の積み重ねが，近い将来「1病院1人以上のMSW配置」につながることを願いつつ，MSWとしての責任と誇りを胸に明るい未来に向けて進化し続けたい。

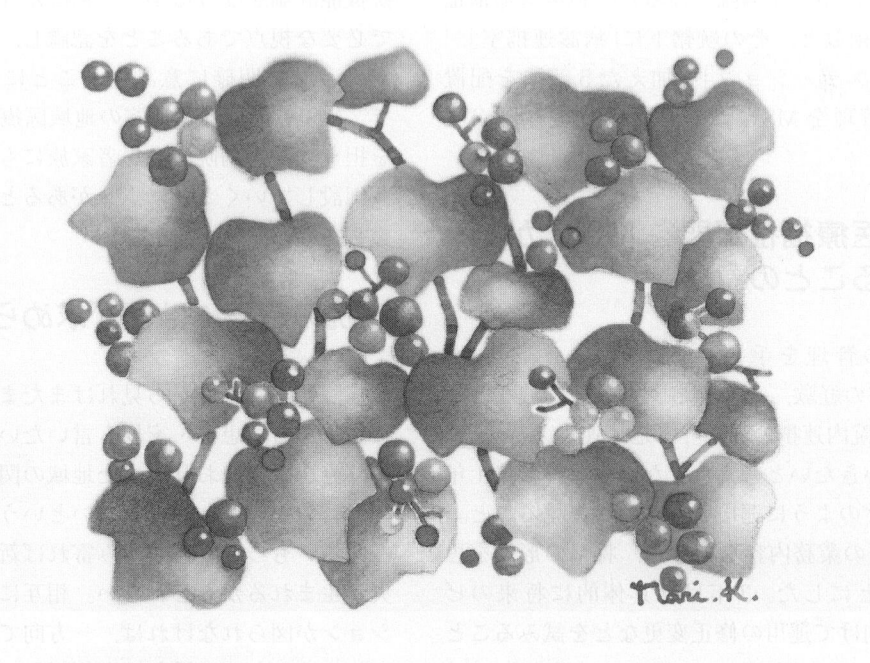

1章 ② 組織改革
組織に位置づくために

地域医療福祉部門の管理
MSWの視点での発展を考える

愛知県厚生連江南厚生病院 地域医療福祉連携室 室長　**野田智子**

5部門の管理業務の始まり

　1988年4月に初めてのMSWが配置され、翌年に1人のMSWが増員。その後、「在宅介護支援センター」の配置（2006年に地域包括支援センターに移行）、介護保険制度創設時には「居宅介護支援事業所」の配置などを経た。

　「医療福祉相談室」、「地域包括支援センター」、「居宅介護支援事業所」の3つの部門を1つの統轄下で管理していた。ところが、2008年5月に2つの病院が1つになるという統合移転事業を迎えるとともに（愛知県厚生連の昭和病院と愛北病院が統合し、江南厚生病院となる）、「地域医療福祉連携室」の創設と、その統轄下に「病診連携室」、「訪問看護ステーション」を加えた5部門を配置し、その管理をMSWが行うという組織図が設定された。

病院の医療福祉部門をMSWがまとめることの意味

　5部門の管理を手探りで始めていく中で、MSW業務の経験、ケアマネジャーの経験などから見える「院内連携の課題」、「地域連携の課題」を生かしていきたいと考えた。ただし、移転後1年は現場がどのように運用されるのかを見ること。2年目はその業務内容を把握し、将来の形態を思慮することにした。3年目は具体的に将来のビジョンに向けて運用の修正変更などを試みることにした。

　地域医療福祉連携室の室長の仕事には「日々の勤務状況の管理」、「院内の会議情報の共有」「目標マネジメントの管理」が求められた。しかしそうした業務だけでなく、「苦情対応の窓口責任者」「ボランティアの受け入れ窓口」「患者図書室の運営の管理」、「地域関係機関からのニーズの窓口」も請け負っている。

　こうした中で、MSWの視点とは、「患者家族の立場に立って病院はどう見えるのか」であり、「地域の医療や福祉を守り、創りあげる」という観点から病院は何をしなければならないのか、という2つである。この2つは、2009年に初めて病院機能評価を受ける中で、病院が評価されるうえで必要な視点であることを認識し、自分自身のポジションを明確に意識することになった。そして、MSW経験者が病院の地域医療や福祉の窓口を担うことが病院にも患者家族にも利益になるよう創設していくことに意味があるということを認識した。

病院の窓口には何が求められるのか

　病院とは、地域から見ればまだまだ敷居の高い存在である。患者・家族も言いたいことが言えない部分を抱えており、また地域の関係機関から見ても言いたいことが言えないという部分がもちろんある。もっと双方が歩み寄れば新たな知恵や工夫が生まれるかもしれない。相互にコミュニケーションが図られなければ、一方向での構図になってしまう。とくに近年の医師不足、勤務医の負担の増加などは、当院においても現実問題である。

注）病院：69巻12号（2010年12月）に掲載。

しかし，そうした事実は地域からはなかなか見えない。患者・家族や地域の病院に対する「できなかったこと」，「不満に思うこと」だけが，現場にのしかかり，病院の事情や実態を理解してもらうという活動は，まだまだ不足していると気づかされる。

「病診連携室」は開業医からの紹介患者を中心に活動しているが，実際には開業医や近隣の医療機関，福祉施設などからの「紹介」という形や「予約」ということをベースに連携を図っている。一方「医療福祉相談室」も在宅・転院・施設入所などの退院支援の結果として，これまた「紹介」という形で連携を図っている。病診連携室が相手にしているところとほぼ同じ機関と連携を図っているにもかかわらず，相互の情報交換は日常行われておらず，同じ病院からの発信であっても，相手の病院からみれば「違う窓口」として機能している。

この2年間同じ管理下でこの2つのセクションを見てきて思うことは，「窓口」は1つでありたい，ということである。名前を1つにすればいい，というものではない。2つの窓口の組織的な業務把握，情報交流が必要だと改めて強く思っている。病院の「窓口」は，もっと病院の現状を発信する機会を創る必要がある。

医療福祉相談室管理の再編

病院の「窓口」，「相談」機能を有している「医療福祉相談室」では，現在の8人のMSWをどのように管理していくことが，患者家族のため，病院運用のため，人材育成のためになるのかという課題に直面した。

統合後2年目を迎えた2009年，2つのことを行った。すぐ下のMSWを主任にするための対応と，2つ目は，医療福祉相談室の課題を整理するために職場外の研究者の意見を聞く，ということである。後者は，事前に病院管理職に対して「第三者である研究者の意見を伺いながら職場の課題整理を行いたい」という主旨をきちんと提示し，了解のうえで5回ほど実施した。以下に，その課題と改善策を列記してみる。

1．課題

① 8人全員のケースを把握することができない。ケース相談をする側が相談をする人を変更すると対応者が複数となり，対応に責任が持てない。

② ケース相談を受け，助言をする人が特定の人に集中する。一定の経験年数の人が人材育成を経験する機会が少なくなっている。

③ 業務の分担や割当てが，複雑になってきており，一貫性がなくなってしまう。

④ 職場内で事例検討を毎月実施しているが，人材育成のためにもっとよりよい方法はないだろうか。

⑤ 退院支援に関する電子カルテでのツールの開発時のスクリーニングシステムをどうするか。

2．改善策

①〜③に対する改善策

チーム制の導入を行う。それによって，リーダー・主任・室長の役割を明確化する。

これは，3人1チームとして，経験年数を考慮してバランスよく分ける。1チームには経験年数5年目以上の主任級のMSWをリーダーとする。チームの中で「申し送り」，「ケース相談」，「業務分担」を行うこととする。リーダーは，2人より相談を受ければ対応する。リーダーは報告を必ず主任にあげる。主任は2チームの状況を把握する。主任は，室長に必要に応じて報告・相談をする。

こうすることで，リーダークラスが，後輩の人材育成に責任を持って関与し経験を重ねることができる。リーダーが迷うことは主任が相談に応じる。主任不在時は室長がこれに当たるが，主任と室長は毎週または必要時に情報共有・協議する体制とした。このことによって，医療福祉相談室のMSW業務の主の管理者を主任MSWに任せることが可能となった。

④に対する改善策

「症例検討」と「事例検討」を分けて行うように助言を受けた。

「症例検討」は日頃のケース対応の中で迷って相

談をするとき，1対1で話を受けるのではなく，チームで電子カルテを見ながら，状況説明を受け，それぞれの立場で感じることを話し合うというもの。あくまでも，職場内だけでの検討であり，個人情報を明らかにした上でのものになる。また，支援途上のものを取り扱うこととした。

対して「事例検討」は「症例検討」で取り上げた事例を中心に終結事例を，個人情報を隠して事例としてまとめて，文章で提出するというもの。検討には職場内だけではなく，第三者を交えてもよいこととした。

この考え方は，非常によいものと考えている。リーダーの意識，主任の意識，室長の意識と，人材育成のために，トップダウンではなく，多様な経験年数のMSWが関与するしくみとなっている。今年は，まだ始めたばかりであるが，「症例検討」と「事例検討」がうまく軌道に乗る必要性がある。

この他，病棟の特殊性に応じた業務分担なども，主任は誰にお願いするかを迷うのではなく，チームのリーダーに依頼することで，チーム内で1つのテーマや内容に取り組むことを支援すればよくなった。こうすることで，主体的な業務作りへ参加が期待できる。

MSWがこうした組織的な管理を整備することで，病院における患者家族，スタッフ，地域への対応の質を確保することができる。このことは管理上重要なことである。

⑤に対する改善策

電子カルテの運用上「退院支援」に関する「スクリーニング」がなかなかうまくいかないことから，その項目の見直し，報告や記録が一元的に管理できるシステムを導入することになった。そのシステムは新たに開発され，MSWと看護部との協働で1年をかけて実施した。

患者が入院してから病棟看護師が「スクリーニング項目」に沿ってチェックをし，チェックの入る項目によっては，病棟の患者リストの患者名の色が変わり，退院支援介入をするかどうかを判断したり，退院支援介入されているケースを一目でわかるようにした。すなわち，電子カルテの「退院支援」のところをみると，今，どの病棟でどれくらいの退院支援の必要性のある患者がおり，実際介入がされているのか，担当者が誰か，などスタッフなら誰でも見ることができるようになっている。2010（平成22）年4月に点数算定の対象になった「介護支援連携指導料」，「退院時共同指導料」，「退院調整加算」もこのシステムの中に書式があり，算定もできるようになっている。

このシステムを導入し半年が経つが，まだ課題は多々ある。病院にとって「入院時からの退院支援」の重要性は15年前と変わらないが，その対象となる患者数，スタッフ数が増える中，組織的な管理ができるかどうかは病院としても至上命題であり，その取組みには，医師，病棟看護師の協力が必要である。そこへのアプローチやフォローをするためにはやはり「退院支援」に関与するマンパワーの確保が重要であるといえる。

病院のソーシャルワーク機能が地域力を高める

病院の窓口機能をわかりやすくし，多職種が今まで行ってきた業務を統合したり，交流することで，「地域での援助の質を高める」ことができると感じている。

1. 看護師との協働

「窓口機能」には，MSWのみでなく看護師の力も重要である。当院でも，退院支援に関わる看護師を「医療福祉相談室」に配置し，MSWと看護師とでマンパワーと質の確保に取り組むことを現在は始めている。当院では「医療福祉相談室」の中に「医療福祉相談業務」と「退院支援業務」があるという形にし，看護師は「退院支援業務」に関与する予定である。MSWも退院支援業務を担えると管理上判断した人材は，この業務に看護師とともに当たる。また，「病診連携室」にも看護師を配置した。職種の特殊性は生かすが，看護師が入ることで，MSWだけではできなかった「地域連携」につながる活動を「病院の窓口」として実施できる可能

性が高まったと考えている。

病院が実施した医療が退院後も「施設」,「転院先」において継続できるようにするための「地域での研修会の開催」や,地域の開業医との勉強会にも看護師の立場で参加することで,協働できることがあると確信し,MSW も看護師もその力を十分発揮できるその「仕掛け作り」をすることが管理者の役割であると考えている。

2. 地域連携時の社会的背景に対するアプローチ

社会的背景が必ずどの地域にも課題としてある中,社会的背景に対するアプローチは今後の医療機関として必要になる。これに積極的に視野を広げて取り組んでいくことが,その地域の医療福祉の質向上につながる。また,病院の運用に大きな影響を与える。

私が取り組んでいこうとしていることはたくさんあるが,その1つとして,「施設から入院した患者の保証人の問題」と,「入院時の情報提供のあり方」がある。

当院の近隣施設では,まだ保証人が2人いないと入所できないという規定のある施設がある。その大きな理由は,入院などの緊急対応時にすぐに家族に対応をしてほしいからである。しかしながら,保証人が2人も確保できない事例はいくらでもある。保証人を理由に入所できるところが限られることが退院支援の弊害となっている。「入院時の情報提供のあり方」に関しては,入院する時に家族の事情や正しい情報が医療機関に伝われば,家族がいなくても病院が困らないということ

をきちんと整備し,どんな情報があれば医療機関としては助かるのかを提示していく必要がある。家族がいないならば,病院も治療の判断をする家族がいないということを認識した対応ができるし,死亡時においても連絡方法が明確で,支払いが滞らない方法が確立されていればよいのである。

こうした相互の事情を考慮した地域の救急医療機関と福祉施設などとの連携は,この地域の社会的背景の解決の1つになっていく。このようなテーマに気づき,対応をしていくことが,MSW としての視点での医療福祉部門の管理者としての役割だと確信する。

3. 地域住民の力

最後に,イベント企画の要望やボランティアの窓口にもなっていることで,地域住民の病院に寄せるプラスのエネルギーを感じることと,それを病院の中にどうコーディネートするのかは,MSW のコーディネート経験が生かされる場面の1つだと考えている。病院が病院の職員の中だけで解決を図ろうとしていることが,実は地域住民の力を活用することで非常に助かるという事例を移転後さまざまに経験した。

医療ソーシャルワークの視点から,「病院組織」の抱える問題や解決方法を提案していくことは,これから進むべき方向性だと考えている。こうした医療福祉実践は,非常に多くのことを考えさせ,創造させてくれるおもしろい仕事だと心から思う。

1章 組織に位置づくために

2 組織改革

病院における MSW の役割とポジショニング

東京医科大学病院 総合相談・支援センター MSW　藤平輝明

患者や病院から求められていること

2009年の東京都医療社会事業協会の新人研修会(就職3年未満の会員)で,MSWとして「患者から求められていること」,「病院(組織)から求められていること」について,それぞれ質問する機会があった。前者については,「療養中の不安を聞くこと」,「在宅療養の準備」,「経済的な不安について解決」,「療養のために今使える制度の紹介」,「ここでの入院継続を」などの答えが挙がり,後者については「在院日数の短縮・病床稼働率に貢献すること」,「スムーズな転院」,「退院支援」,「福祉事務所など行政機関との窓口」,「病院経営への貢献」などがあがった。

MSWは患者・家族の話を聞き,そのニーズに添って業務を展開する。一方で,現在の医療機関の機能分化の中で,病院機能に即した業務を意識しなければならないことも現実である。それは日々の業務の中で,しばしば相反することとして認識される。

例えば退院・転院支援の場面で,転院先の選定をする時に,療養型の病院の待機期間が長いため,その間を一般病院での入院療養をお願いする場合がある。患者・家族にとっては,急性期の病院から直接療養型の病院に移れれば負担は少ない。このプロセスで,MSWは悩みつつも,最大限,患者・家族のニーズに添いたいと考えている。「患者から求められていることは何か」,「病院から求められていることは何か」,この2つの問いに悩むところからが,病院でのMSWの役割とそのポジショニングを考える出発点となる。

「医療ソーシャルワーカー業務指針」とMSW

1989(平成元)年に策定された「医療ソーシャルワーカー業務指針」が,2002(平成14)年に改訂された(厚生労働省健康局長通知 平成14年11月29日健康発第1129001号)。本指針において,MSWがその業務を適切に果たすために次のような環境整備が望まれるとして,組織上の位置づけについて記載されている。すなわち「保健医療機関の規模にもよるが,できれば組織内に医療ソーシャルワークの部門を設けることが望ましい。医療ソーシャルワークの部門を設けられない場合には,診療部・地域医療部・保健指導部など,他の保健医療スタッフと連携を取りやすい部門に位置づけることが望ましい。事務部門に位置づける場合にも,診療部門などの諸会議のメンバーにするなど,日常的に他の保健医療スタッフと連携を取れるような位置づけを行うこと」とされている。

全国のMSWのたゆまぬ実践の積み重ねにより,医療機関にMSWの配置が進んできた。さまざまな病院のMSWの組織的位置づけを見ると,院長・副院長直属・総合相談センターの一部門・医療連携室のスタッフ・事務部門など,さまざまである。筆者は,MSWの機能を十分に発揮するには,診療部門のチームの中に位置づけられることが必要と考える。

注)病院:68巻9号(2009年9月)に掲載。

東京医科大学病院における MSW のポジショニング

　東京医科大学病院(以下，当院)における MSW の組織的位置づけの変遷を振り返る。当院に MSW が配置された歴史は古く，私立医科大学病院の中でも先進的なものであった。当初は事務部門の一係員としての配置であり，医事課に属していた。そうした位置づけの時代は長く，院内でのソーシャルワーク実践の積み重ねや，地域からの病院の窓口としての役割を広げていく中で，次第に医療福祉相談室として院内でのポジションを築いてきた。その中で「医療ソーシャルワーカー業務指針」(1989年)の通知は現場を勇気づけるものとなった。その後2001(平成13)年に医事課から独立した部門となり，事務部門ではあるが，医事課・総務課などと並列の組織図となった。

　現在，医療福祉相談室(事務部門・MSW)，在宅医療支援室(看護部・保健師)，医療連携室(院長直属・医師・看護師・事務)という関連部門が存在している。患者支援のためにそれぞれの部門が有機的に連携していくように，定例の連携会議を開催している。

　今後は，患者の療養支援を1つの窓口として1本化し，患者利用者からもわかりやすく，かつ，それぞれの専門職の専門性が生かされるようにするために，「患者支援センター」(仮称)の組織変更を検討している。患者にわかりやすい相談ルートを明示し，相談窓口でトリアージを行い，患者支援の主たる担当やチームを作ることが必要である。とりわけ，退院支援業務については，医療福祉相談室の MSW と在宅医療支援室の保健師との協働が進められている。地域のスタッフとの合同のカンファレンスなどの開催を通じて患者支援の中身が作られている。それぞれの専門職の協働によるチームでの支援力をどう作っていくのが課題である。

チーム医療としての多職種参加のカンファレンス

　NASW(全米ソーシャルワーカー協会)は，2005年にヘルスケアに関わる実践についてガイドラインを提示している。社会における患者の健康度における偏見(差別)への注意，継続的な支援の確保，ケースマネジメントの視点とサービスの調整を取り上げ，患者・家族，多くの医療・福祉専門職との共同でアセスメントや治療計画を完結していくチーム・オリエンテッドな活動の必要性を指摘している。心理社会的側面からのアセスメントが MSW の業務の「核」として浮かび上がってくる。チームカンファレンスの場で MSW の視点での参加が求められている。

　当院の医療福祉相談室では，カンファレンスへの参加を重視している。本項では，老年病科でのカンファレンスの実際を紹介する。

　老年病科退院支援合同カンファレンスの目的は，次の2点である。
①高齢者総合機能評価を実施し，在宅支援困難な人の退院支援がスムーズに進められること。
②合同カンファレンスを開催し，チーム医療の推進を図ること。

　参加者は老年科医師・病棟看護師・外来看護師・病棟薬剤師・MSW である。

　当院では数年前から老年病科の入院患者に対してソーシャルワークアセスメントシートを活用している。このシートのA群の項目は，認知症の進行度・退院後医療ケアを必要とするなど，主に病状について，B群は介護者がいない・日中独居・高齢者世帯など，介護力について，C群は経済的不安があり・病状から転院の必要があるなど，社会的状況についての項目である。主治医は後期高齢者総合評価である，認知症のスコア・高齢者うつ病のスコア・バーセルインデックスのスコアなどの評価を実施する。病棟看護師は毎日，看護必要度のチェックを実施している。こうした基礎資料をもとにカンファレンスを開催している。

事例

80歳男性，病名：肺炎．自宅にて転倒し腰部打撲．キーパーソンは別居の長女．入院前のように室内歩行ができれば単身で在宅生活を希望．

カンファレンスでは医師・看護師から現在のADLの評価・病棟での様子が報告され，MSWからは，今までの単身生活で利用していた介護サービスの情報および患者・家族の望んでいることを提示した．その中で本人のADLおよび家族の介護力はどこまで期待できるかの評価をディスカッションした．MSWは，患者・家族のストレングスに着目して発言した．

また，緩和ケアにおいては，身体的痛みのコントロールにとどまらず，家族間の力関係や家族の役割，トータルペインに対してのアプローチを保障していくことがチームカンファレンスの強みである．重度の障害を抱えた小児の退院支援についても，レスピレーターの扱い・吸引の手技ができているかという評価とともに，訪問看護・保健師・子ども家庭支援センターなどの地域のネットワークの構築や在宅生活を支えていく家族の協力関係やストレングスについてのアセスメントが問われている．

地域医療を意識したMSWのポジショニング

大腿骨頸部骨折連携パス・脳卒中連携パスが運用され，現在，糖尿病連携パス・がん治療連携パスなどの開発が進められている．東京都では神経難病診療ネットワーク事業など行政との連携も含めた役割が展開されている．さらに，東京都指定のがん診療病院として，医療福祉相談室が，がん相談支援センターの機能も担っている．今後地域の医療連携・行政との連携の「顔」としてのMSWの役割も増してきている．

当院でも二次医療圏での診療ネットワークとして医療連携実務者会議「メトロポリスネットワーク」に参加している．年数回の会議では，医療資源マップ作り・連携パスの紹介や医療機関の見学会を通して「顔と顔がわかる関係」作りをめざしている．一医療機関で医療が完結するのでなく，地域として完結していけるような連携構築が問われている．

ある時，当院通院中でがんの在宅療養を続けてきた患者が，入院を必要とする状態となったと地域の訪問診療医師から連絡が入った．当院で受け入れる病床がどうしても確保できず，このネットワークで連携の取れた病院に相談し，急遽入院できた．このようにMSWのポジショニングを考える時に，地域を意識することが重要である．このことは，MSWの業務の展開が「地域医療という観点」で語られる時代となったことを示している．個別のソーシャルワーク支援から，地域の中でミクロ・メゾ・マクロ，それぞれのレベルで地域を開拓していくことが求められている．

MSWの業務は，地域医療連携パス・退院支援についても診療報酬の中で評価されてきている（2008年度診療報酬改定）．MSWの個別支援の業務が診療報酬上に記載されたことは，財政的に裏づけのなかったMSW業務から，診療報酬上に根拠を持った業務となった．退院支援の加算に先立ち，ウイルス疾患指導管理加算の施設基準に社会福祉士・精神保健福祉士の配置が施設要件として定められた．この診療報酬上の位置づけ方に注目したい．個別支援に加算として点数評価することは必要であるが，病床の規模・病院の機能（大学病院・急性期一般病院・回復期リハビリ病院・療養型病院等）に応じて施設基準として評価し，病院へのMSW配置が促進できる．

まとめ

MSWの病院組織の中でのポジショニングを考える時，その存在意義をどう他職種・病院組織・地域に発信していくかが問われる．当院の医療ソーシャルワーク部門の組織上の変遷を振り返る時，現実の医療サービス提供をどう充実していくかを考え，その目的のために組織論・ポジショニングがあるのだと考える．所属の医療機関の枠にとどまらず，地域医療を意識したポジショニングが求められている．

本文中の事例は個人情報の保護のために一部改変した．

1章 組織に位置づくために

2 組織改革

MSWによる総合的な相談機能の提供

済生会新潟第二病院医療福祉部部長　中村昌広
同 医療相談室長補佐　神田義則
同 患者の声相談室(アドボカシー)係長　中村美里

「医療福祉部」設立の背景

　済生会の医療機関は，社会福祉法人立の病院として，MSWの配置が必須事項として義務づけられている。当院では現在，12人のMSWが医療福祉部と地域医療部で活躍している。これは1999年の新棟増築に際して，県地域福祉センター所長からの当病院長宛てに以下の要望書が届いたことに由来すると思われる。(「(前略)老人，心身障害児者，難病患者等の介護を必要とする患者の受け入れ体制を整え，かつ，医療上，生活上の相談に応じられるように医療ソーシャルワーカーの増員をし，当地域における福祉と医療の完結に向けて，機能のさらなる充実を図られるよう強く要望する」)。

　MSW人員数の議論は別の機会に譲るとして，2001年に受審した病院機能評価領域評価所見では，「100床に対し1人のMSWが配置され，3つの面接室は広く，良く整備されており，相談内容は個別に記録されている。そして，相談内容により医師，看護職員，訪問看護ステーションなどとよく連携をとり，院内や地域のカンファレンスにも参加するなど，きめ細かな活動は極めて模範的であり高く評価する」，また，患者の満足と安心の項目では「全般的にほぼ良好であり，とくに，MSWを中心とした患者支援体制は良好であり，高く評価する」として，当院では唯一の5つ星を

いただいた。現在，先進的医療機関において，MSWを1病棟1人の配置を打ち出しているところもあり，充実が図られるようになってきた。

　このような中，当院では，2007年4月に組織を見直し，医療社会事業課を「医療相談室」に，なんでも相談室を「患者の声相談室」とし，これら2部署に在宅介護支援センターを加えた3部署が医療福祉部として改編された(2010年4月，がん相談支援センター新設)。

　医療福祉の歴史を紐解くと，1905(明治38)年にDr.キャボットにより，治療におけるケースワークの有効性が実証され，マサチューセッツ総合病院にソーシャルワーク部門が設けられたことに始まる。日本では，Dr.キャボットの事業を視察した生江孝之によって，1926(大正15)年に済生会芝病院(現：中央病院)に社会部が設けられ，全国に普及した。もともと済生会は，社会部が設置される以前から福祉に根ざした組織であった。2001年の創立90周年記念事業誌『済生会の向かうべき途』では今後の展開・在り方として以下のように述べている。「本会は，明治44年に医療を受けるのが困難な人々を援助するという精神を基本として創立され，展開した事業は，全国的かつ組織的な形で行われた我国最初の社会福祉事業であり，現在では，国内最大規模の社会福祉法人として，医療・福祉に関する幅広い事業を展開している」。

　相談業務については，「医療・福祉等に関する問題は，複雑・多様化しており，総合的な視点からの的確な対応が必要である。このため専門職種が連携して幅広い相談に対応する体制づくりと，

注）初出は病院：68巻11号(2009年11月)に掲載。データは最新のものに改変。

全国法人である利点を活用した各施設のネットワークによる積極的な取り組みが必要」とあり、創立の趣旨に沿って推進すべき事業として、医療を受けることが困難な人々への対応が謳われている。その内容は、「生活困難者に対する無料低額診療事業について各施設は、MSW業務の強化・充実を図るとともに、地域における他の無料低額診療事業を行っている施設と連携し、その中心的施設としての役割を果たすべきである」というものであり、医療福祉部の設立はまさにこの趣旨に沿ったものと言える。

2003年から特定機能病院および臨床研修病院に「患者のアドボカシー(権利擁護)相談窓口」の設置が義務付けられた。当院では当初「総合医療相談室」で看護職を、その後「なんでも相談室」に名称が変わり事務職を配置していたが、担当者だけで完結できない事例が多く、事務部長や病院長の手を煩わせる結果となっていた。このような経緯から、組織の改編が行われ、前述のように「患者の声相談室」を新設し、相談の担い手としてMSWに白羽の矢が立った次第である。

アドボカシー業務を福祉職が担当することにより、ケースワークの基本であるバイスティックの7原則を基に、傾聴の技術を取り入れた根拠に基づく面接や、ソーシャルワーク援助を効果的に行うことができるようになった。その結果、多くのクレームに対して管理職の負担は軽減したと聞いている。

このように新たな組織となった医療福祉部各室の詳細については、他の業務も含め、以下に担当するそれぞれの担当者から報告をする。

(中村　昌広)

医療相談室

当院の医療相談室は、4人のMSWを配置し、患者の病気の回復を妨げているいろいろな問題・悩みについて、本人(家族)と一緒になって解決していくために、医療福祉相談に応じている。年々増加し、より複雑・多様化してくる相談に、日々追われている観がある。

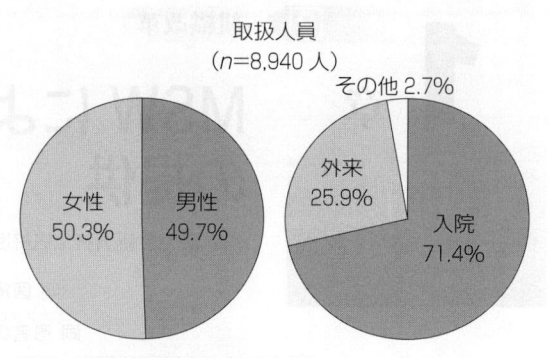

図1　個別援助対象者の内訳
2010年度, n=8,940人(延べ人数)

毎年、県福祉保健部より医療社会事業実施状況報告書の提出が求められている。報告書には、①施設名、②医療ソーシャルワーク担当者の所属部課名および専任・兼任人数、③個別援助(ケースワーク)で取り扱った対象者の実数および延べ人数(診療科目の区分ごとに)、④個別援助の方法の各区分(面接、院内連絡調整、電話・文書、院外訪問)の延べ件数、⑤個別援助の内容の各区分の延べ件数、⑥集団援助(グループワーク)の回数(患者会、家族会、デイケア、ナイトケア、グループセラピーなど)、などを記載する。

本報告の相談件数の実績をみると、制度利用に関する相談はもちろんのこと、退院後の療養生活に関する相談が多くの割合を占めている。また経済問題に関する相談も多く寄せられ、医療費の負担が困難なために受診を控え、病状の悪化を招くことが懸念されるケースも少なくない。

一方、従来の相談援助業務の枠にとらわれず、院内ボランティアのコーディネイトや、生活困窮者への支援活動を行い、関係機関との調整も積極的に行っている。

1. 相談援助業務

医療社会事業実施状況調査は、1984年から毎年継続して行われ、県内の全医療機関を対象としたMSWの配置や活動状況を取りまとめた調査である。

当院の2010年度の実績をみると、取扱人員8,940人(男性4,443人、女性4,497人)(入院患者

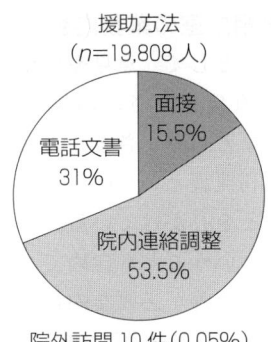

図2 援助方法
n＝19,808件（延べ件数）

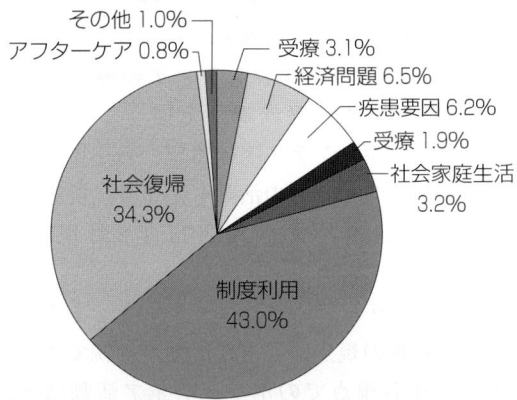

図3 援助内容
n＝14,299件（延べ件数）。援助内容項目は，新潟県福祉保健部医療社会事業実績報告書の内容による。

6,386人，外来患者2,318人，その他236人）で，それぞれの比率については毎年同様の傾向だが，入院患者からの相談が顕著である（図1）。

援助方法（図2）については，面接3,068件，院内連絡調整10,593件，電話・文書6,137件，院外訪問10件であり，患者面接以外には院内外の関係職種・他機関等との連絡を密に行う必要性があることを示している。

援助内容（図3）については，制度利用に関する援助が最も多く，経済的問題や，退院後の療養生活を支えるために，何らかの制度を絡めて援助する場合がほとんどであり，このように高い割合となっている。

次に多いものとして，社会復帰に関する援助が挙げられる。これは，退院に際して家庭などで受け入れ態勢を作るために社会資源の活用や福祉施設の利用など，またその際の心理的側面への援助が含まれる。最近は病院の機能分化が進み，在院日数の短縮化（2010年度13.7日）に伴い，早期にリハビリテーション目的で転院する事例が多くみられる。このような場合の後方連携を医療相談室のMSWが担っているが，以前から回復期病院や療養型病院のMSWとのネットワークを構築していたことにより，スムーズな連携が図られている。

そしてこれらの連携が基で，大腿骨頸部骨折地域連携パスの運用もスムーズに開始でき，2006年度診療報酬改定の地域連携診療計画管理料算定に結びついた。

今では，新潟市内近郊の整形外科領域の13医療機関が集まり，「大腿骨頸部骨折　新潟地域連携パス研究会」として運用されているが，元を辿れば当院の連携パスを，新潟方式として発展させてきた経緯がある。

このように，医療分野では機能分化が進み専門性が求められている一方で，一般社会に眼を向けると，ワーキングプアや派遣切りなどで生活に格差が生じ，社会問題にもなっている。これらの背景から，経済問題に関する援助も多く，制度利用によって，問題解決ができるケースもあれば，困難な事例も多い。当院は無料低額診療事業実施医療施設であり，外来患者の院外処方を院内処方として医療費減免するなど，制度の狭間にいる患者に対して適切な援助を行い，必要な治療を安心して受けることができるようにしている。患者に心理的な余裕が生じ，大きな治療効果をもたらすものと確信する。

2. 院内ボランティアの育成・活動支援

当院は1999年の増築により，外来診療科の窓口変更や，オーダリングシステムの導入に伴う受付方法・支払い方法のシステム化が図られた結果，外来での混乱が懸念された。

ちょうどその頃，患者・家族や地域住民から

「病院に何か恩返しができないだろうか？」という申し出があり，院内ボランティアの受け入れが検討された。その結果，動線の長くなった外来でのインフォメーションボランティアの導入が決まり，MSWが募集・養成講座を担うことになった。その後，ボランティアの希望から小児科病棟リーディングサービスの活動も始まり，院内ボランティアの登録者は28人（2011年8月現在）となっている。

MSWがボランティアのコーディネイトを行うことで，福祉の視点に立った活動が継続できるとともに，患者視点でのボランティア活動はモニター的な役割も果たし，患者家族にはもちろんのこと，院内スタッフにとっても欠かせない存在となっている。

（神田　義則）

患者の声相談室
（アドボカシー）

冒頭にもふれたが，患者のアドボカシー（権利擁護）相談窓口は，2003年から特定機能病院および臨床研修病院に設置が義務づけられた。臨床研修病院の指定基準には，医療に関する安全管理のための体制を確保していること，さらに，患者からの相談に適切に応じる体制を確保することと規定されている。当院でも前身の部署（なんでも相談室）が2003年から設置され，元看護部長や事務員が担当してきた。2007年に組織改編があり，現在はMSW2人，事務員1人という体制になっている。

1.「患者の声相談室」という名称
（アドボカシー）

組織改編の際，病院長から患者の権利擁護を行う部署としてふさわしい名称を考えるようにという指示があり，そのままの「権利擁護」ではわかりにくく堅苦しいので，誰からもわかりやすい名称として「患者の声相談室」という案が出た。しかし，「何でも屋」的なニュアンスではなく，患者の権利擁護（アドボカシー）のための相談室であることを表現するため，「アドボカシー」とルビを振り「患者の声相談室」とした。
（アドボカシー）

2. 患者の声相談室の業務内容
（アドボカシー）

メインの業務として，意見や要望への対応がある。それらは直接来室される場合や，電話・文書・e-メールなど，さまざまな方法で寄せられるが，患者の権利擁護という観点から，まず訴えに耳を傾けることを心がけている。そして，どうしてほしいのかということも含めて，内容を整理していく。当然，改善が必要な内容であれば関係部署と調整しながら進めるが，中には暴言や暴力を伴うハードなクレームもある。

当相談室ができて間もなくのこと，入院中の患者が病院の物品でケガをしたと言って管理職を巻き込んでのハードクレームに発展した。当時は保安担当職員が配置されておらず，対応には苦慮していた。当相談室にも依頼が入り，部長が対応することとなった。すると，以前，福祉制度や社会復帰に関して相談援助していたことから，患者自身がMSWに対しては信頼を寄せていることがわかった。それから，話し合いは複数回に及んだが，無事に解決することができた。この1件を機に，当院では保安担当職員（県警OB）を採用し，暴言・暴力がある場合はとくに連携を取りながら対応している。

2つ目は，サービス向上委員会の事務局として，委員会の開催はもとより，院内11か所（各病棟および外来2か所）に設置された投書箱を管理している。寄せられた投書は，該当する部署の責任者が回答し，月ごとにまとめたものを院内に掲示している。患者教育になるものや周知したい内容を2～3例選び，院外報の中で『患者さんの声』というコーナーを設けて広報しているほか，記名のあった人には個別に返信を行っている。

また，サービス向上委員会の主催で，患者満足度調査の実施や職員接遇研修会を企画・運営している。患者へのアンケートは々々当院独自で行っていたが，2006年度から厚生労働科学研究費補助金，臨床指標を用いた医療の質向上に関する国際共同研究に参加した。事業の終了に伴い，2007年度からは，これを引き継いだ形で㈱エクスアンティが行っている病院顧客満足度調査に参加しており，全国レベルの比較が可能となった。その結

果から得た患者の評価を参考に，院内の各職種による部門横断チームを編成し，改善活動を行っている。このような経緯から，年々病院に対する満足ポイントが上がっており，活動の成果を実感している。

3つ目は，個人情報保護に関する窓口としての役割を担っている。個人情報の開示などの手続きや問合せに関すること，また各現場で対応困難な事例に遭遇した場合にケースとして依頼されることも多い。病院は保有している患者の個人情報を守る義務があり，患者にとっては守られる権利があるという認識で，担当者として対応をしている。

3．ご意見箱の件数とまとめ

近年，当院のご意見箱に寄せられた意見と謝意の件数を調べてみた（図4）。棒グラフは，各年度のご意見・謝意の件数を月平均で表したものであり，線グラフはご意見全体に占める謝意の割合を示している。2006～2010年度の5か年で比較すると，件数の増減はあるが，意見全体に占める謝意の割合では，2006年度の2割に対し，2007年度以降は3割以上を維持していることがわかる。

以前は「投書したのに，なかなか回答がない」という二次的なクレームもあったと聞く。しかし，現在の体制となってからは，このような内容のクレームは回避できており，逆に「迅速に対応してくれてありがたかった」という謝意をいただくこともあり，こういった積み重ねが謝意の割合増加の1つの要因とも考えられる。

患者からの意見は，病院にとって貴重な情報源と捉え，真摯に受け止め，全ての意見は病院の回答と合わせて公開している。最近では，ある患者からの投書内容に対して「それは患者のわがままだ」という意見をいただくこともあり，当院の取り組みや姿勢に対して理解を示してくださる方々の存在を感じている。

このように，当相談室では，患者の権利擁護（アドボカシー）の立場から，患者の声に耳を傾け，患者の立場に立った医療サービスの改善を行っている。地域に信頼される，開かれた病院をめざし，努力を続けていきたい。　　　　（中村　美里）

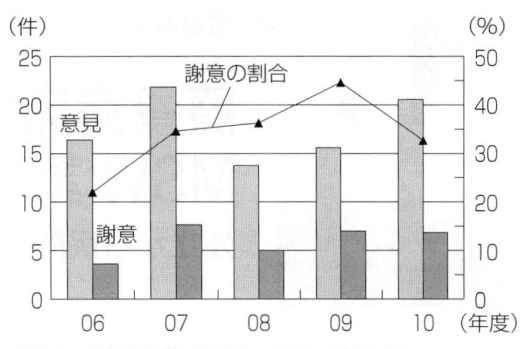

図4　ご意見箱の意見・謝意件数比較
（2006～2010年度）

まとめ

以上，簡単に当部の取組みについて述べてきた。「ソーシャルワーク＝相談，面接中心」という枠にとどまることなく，病院や地域における医療全体を社会福祉という視点で捉え，その時々，時代のニーズに即した済生会らしい事業を展開していきたい。それは，相談室で対象者を待つといったかつてのスタイルから，一歩外へ踏み出して行くことかもしれない。2011年5月，当法人は創立100周年を迎え，全国規模で「なでしこプラン」と称して生活困窮者支援事業を展開している。当院では，2010年2月に生活困窮者福祉医療支援委員会を立ち上げ，以下の3点が始まり，MSWが大きな役割を担うこととなった。

①「外国籍住民のための医療相談会」に職員派遣。
②「DV被害者支援事業」として新潟県女性福祉相談所との医療連携。
③更生保護施設「川岸寮」との医療連携。

これからも，これらのソーシャルアクションを通して，微力ながら医療福祉の発展に寄与できればと思っている。　　　　　　　　（中村　昌広）

1章 組織に位置づくために
② 組織改革

療養病床におけるMSW業務の確立
公立から民間へ移行した病院のMSW

刈谷豊田総合病院高浜分院 MSW　下地美佐

市立病院から民間病院へ

　当院は愛知県高浜市にあり，2009年3月31日までは高浜市立病院(一般病床90床，医療療養32床，介護療養8床)であった。高浜市立病院は1985年2月に開院したが，2006年の新たな医師臨床研修制度による医師の偏在などの影響から医師不足に陥り，病院の存続が危ぶまれるようになった。そして，隣市にある医療法人豊田会が移譲を受け，2009年4月1日より刈谷豊田総合病院高浜分院(医療療養病床104床)としてスタートした。

　職員は市立病院から引き続き勤務する者と，医療法人豊田会から出向する者，新規採用者が混在することとなった。MSWは市立病院時代には存在せず，新たに医療法人豊田会からの出向として筆者ら2人が配属されることになった。

MSW業務のニーズ把握

　開院に先立ち2008年10月に高浜分院準備室が設置され，医療法人豊田会から筆者らMSW 2人も2009年2月から出向した。4月1日からの開院に向けて，MSWに対するニーズを把握するために，MSWはまず入院中の患者・家族全員に面接をすることにした。

　患者・家族との面接では，さまざまな意見を聞いた。例えば，「病棟師長より早急に転院先を探すように言われ，市役所の窓口で紹介されて3か所申し込みに行ったが，よい返事がもらえずどうしたらよいかわからない」と悩んでいる患者・家族がいた。どこに申し込んだのか具体的な施設名を聞くと，MSWからみて患者の状態に適していない施設に申し込んでいた。現在のように医療機関の機能分化が進み，施設も多岐にわたる種類や入所条件がある現状では，患者・家族や市役所の窓口だけでは患者の状態や家族の状況，経済状況などに見合った施設を探すのは困難であり，適切な支援ができる専門職がいなかった，と推測された。

　病棟看護師からも「スムーズに転院できない」，「転院の申し込みをし，施設から転院日の連絡が来たのに，家族が勝手に断ってしまい，どうしてよいかわからない」，「専門でないので，どのように相談にのってよいかわからない」などという意見が出た。

　また，医療費，食事代の減免制度や身体障害者手帳の取得などの社会資源について，患者家族が詳しく聞く機会が設けられていないことがわかった。

　その他，入院期間などに関する当院全体の方針が連携する他の病院に伝わっていなかったり，患者家族と医師・看護師が療養方針や入院期間について十分なコミュニケーションを取れる体制ができていないように感じられることがあった。

　このような患者家族や看護師からの聞き取りを踏まえて，以下の4つの業務についてMSWが関わる必要があると考えた。

1. 入院申込みの窓口

　経済的な問題，家族関係の問題などを早期に把

注）病院：70巻4号(2011年4月)に掲載。

握，対応するために，MSWが入院申込窓口となって調整する。

それは，入院目的や入院期間，今後の療養方針について，患者家族と主治医，看護介護部と合意し，同じ目標を持って療養生活を支援することが必要であると感じたためである。

2．入院中の心理・社会的問題の解決

すべての患者に担当のMSWをつけて，相談援助ができる体制を作る。

それは，入院中に起こる心理・社会的問題を相談する窓口がなかったため，障害年金や身体障害者手帳の取得によるサービスが受けられていなかったり，介護に関わる経済的な問題や家族間の問題が放置され，療養生活や退院時の障害となっていることが見受けられたからである。

3．退院援助

自宅退院や転院，施設入所について患者の状態と希望を把握し，ふさわしい療養先の選定を援助する。

4．調整業務

院内で関係スタッフが統一した方針で患者・家族に関わるために，合同カンファレンスを開催する。

MSW業務の確立

上記のMSWの業務を遂行するために，以下の働きかけを行った。

1．面接室の確保

市立病院には医療相談室という小部屋があったが，4人までしか入ることができなかった。MSWは院内を調査し，7〜8人くらい入室でき電子カルテ端末が使用可能な部屋を探した。すると，あまり使用されていないインターネットの配線が容易にできそうな部屋があることがわかった。また，使われていない備品（机・椅子など）を確認した。そして，院長・副院長・看護介護部長・事務部リーダーに面接室の必要性を話し，許可を得て部屋と備品を確保した。

2．入院支援業務の確立

入院申込みについては，今までのルールに少しずつMSWの業務を取り入れていく方針とした。市立病院時代は，患者・家族が紹介状をもって担当医の外来の最後の時間に面接を行い，同意が得られれば入院日を決めるという手順をとっていた。そこでMSWは「その面接の場に同席をしたい」と申し出て，了解されたため，同席した後にインテーク面接を行うこととした。またMSWが入院申込みの窓口であることを周知させるために，新入職者オリエンテーションなどで，MSWの役割や業務をスタッフに説明した。また，受付スタッフや代表電話をとる事務職員に，入院に関する問合せはMSWに取り次ぐよう依頼した。

入院面接は，主治医・看護介護部長・担当MSWで行うようにした。医師が療養病床の医療体制や患者の病状・今後の見込みなどについて説明し，看護介護部長が看護体制を説明する。MSWは，患者や家族に今までの生活の様子や病院に対する希望などを聞き，入院の目的を明確にする。また，病院の方針や医療費の説明をし，入院費の減免制度や身体障害者手帳の取得などの社会資源の活用について助言する。その際，インテークシート（図1）を作成し，MSWのアセスメントや今後の援助方針を記入しカルテに綴じることとした。

新病院スタートの2〜3か月後には，受付スタッフや外来スタッフ，各主治医との連携も良好になった。

また，紹介患者は刈谷豊田総合病院からの紹介が大半を占めていた。刈谷豊田総合病院のような急性期病院は，在院日数の短縮化をめざしており，病状がまだ不安定な患者や，医療行為・処置が多い患者の受入れについても相談が多い。市立病院時代から勤務している医師とともに，当院が後方支援病院としてどこまで受け入れるかを検討し，紹介元病院の医師やMSWと病状の確認や受入れ条件を協議することも，MSWの業務の1

つとした。

1年後には入院受入れの条件がおおまかに決まり、入院判定会議の業務要領書や会議録を作成し、チームで入院の可否を判定するシステムを作ることができた。

3．退院支援

開院当初、近々退院する患者の状況を確認しに病棟に行くと、スタッフに「先ほど退院しました」と言われることがあった。MSWとして、退院後の通院や生活の見通しを確認し、ケアマネジャーとの調整や在宅介護サービスなど必要な援助について検討しようと考えていた矢先だったので、とても驚いた。それからは毎朝病棟の申し送りが終わった時間に、各病棟師長とMSWとで協議する時間を設けた。それにより、MSWも患者の状況を把握でき、また徐々に病棟スタッフにMSWの役割を理解してもらえるようになった。

やがて療養生活に関する問題が発生した場合や発生しそうな場合、また、退院予定患者の病状の変化がみられた場合や、患者・家族の発言内容に問題があった場合、必要な書類が完成した場合には、病棟スタッフからMSWに連絡が入るようになった。

また、入院1か月後に合同カンファレンスを主催し、当該患者のその後の療養方針や退院援助の方針を各職種に伝えるようにしたところ、スムーズな退院支援が行えるようになった。

MSW業務の有効性

1．事例

65歳、男性。独居。自宅は「ごみ屋敷」と呼ばれる状態であった。慢性呼吸不全で急性期病院に入院し、酸素療法が開始された。治療終了後、当院に転院を希望されて入院の相談を受けた。患者は、酸素療法をしながら自宅生活を送ることが不安で、自宅退院の意向はなく、病院や施設での生活を希望していた。またキーパーソンの兄はこれまでの関係があまりよくなく、自宅退院に反対していた。しかし近隣の施設は酸素療法の患者の受入れが困難であり、また年齢が65歳で、ADLも大きな問題がなかったため、MSWは長期入院がふさわしくないと判断し、入院前に入院期間や入院目的を明確にすることとした。

入院面接で、MSWは兄や地域包括支援センター職員に対し、「入院中に外出・外泊が可能で自宅の掃除が可能であること」、「入院中に在宅酸素の取り扱いが練習できること」、また「ケアマネジャーと連携し介護サービスの相談や住宅改修の相談ができること」などの退院援助について説明し、在宅復帰も可能であると話した。その結果、入院目的は自宅の環境を整えるまでの間の療養とし、半年後に病状が落ちついていたら退院することで合意し、患者とも合意のうえ、当院に転院となった。

当院に入院後、MSWは在宅酸素取扱業者と連携し、患者・家族が機器の取り扱いや管理方法の指導を受けられるよう手配した。また、退院時期が近づくと、住宅改修の必要性の確認や療養指導のために、患者・家族・ケアマネジャーとともに自宅訪問を行った。事前に地域包括支援センターの職員が自宅の掃除を手配しており、家具以外は何もなく、「ゴミ屋敷」と呼ばれていたのが信じられないほど片づいていた。結果として入院半年後に自宅退院ができた。

入院前にあらかじめ今後の療養方針や入院期間を決めることで、入院目的の明確化を図り、患者・家族と病棟スタッフ、地域の関係機関が同じ目標をもって療養にあたったため、漫然とした長期入院を防ぎ、自宅退院が可能になった。

2．アンケート

開院1年後に市立病院時代から勤務していた病棟スタッフ11人に対して、MSWはアンケート調査を行った。「自宅退院がスムーズになったと感じる」、「施設入所転院についてスムーズになったと感じる」と答えたスタッフはともに64％であった。また、「患者の療養方針がわかりやすくなった」82％、「インテークシートを読んでいる」が91％、「インテークシートが役に立っている」100％という結果であった。

インテークシート

平成　年　月　日作成　　担当MSW

様　M T S H　年　月　日（　歳）　男 女

【住 所】

TEL

【保険等】

□医療保険　（ 一般国保　退職国保　国保組合　協会健保　組合　共済　後期高齢者　）

□介護保険　（ 要支援Ⅰ・Ⅱ　要介護Ⅰ・Ⅱ・Ⅲ・Ⅳ・Ⅴ　・申請中（　）・未申請　）

□公費負担医療　（ 障害　母子　特疾　小慢　後期高齢者福祉医療　その他　）

□その他　（ 生活保護　労災保険　その他　）

【身体障害者手帳】

（ あり ・ 非該当 ・ 未申請 ・ 申請中（　）・ 申請予定（　）

視覚・聴覚又は平衡機能・音声、言語又はそしゃく機能・肢体・心臓・じん臓・呼吸器

ぼうこう又は直腸機能・小腸機能・HIV

種別　（　種　級 ）

交付年月日 （　年　月　日 ）

【家族状況】

キーパーソン

（続柄　）

住所

電話番号

①

②

その他の連絡先

【特記事項】

図1　インテークシート(表)

【入院目的(動機)】

【本人・家族の病気(病状)に関する理解】

【リハビリ歴及び本人・家族のリハビリに関する理解】

【本人・家族の介護に関する理解】

【退院後の予定】

□在宅　□老人保健施設　□特別養護老人ホーム　□病院転院　□未定　□その他（　）

【ADL】

●移動　自立・杖(歩行器)・車イス(移乗自立)・車イス(移乗介助)・ストレッチャー・その他

●食事　自立(スプーン・はし)・一部介助(スプーン・はし)・全介助(食事介助・経鼻胃管・胃瘻)

●排泄　自立(トイレ・ポータブル・尿器)・一部介助(トイレ・ポータブル・尿器)
全介助(トイレ・ポータブル・尿器・オムツ)・オムツ・カテーテル(留置・導尿)

●入浴　自立・一部介助・全介助(特浴・一般浴)・清拭のみ

●更衣　自立・半介助・全介助

●アレルギー　有（　）・無

【コミュニケーション】

【問題行動】

【MSWアセスメント】

図1　インテークシート(裏)

また，病院主催の患者満足度調査では，入院患者60人から回答があり，医療相談に対する満足度は「満足」，「一応満足」が全体の70％を占めていた。

まとめ

市立病院時代には，適切な療養先選定や入院中の心理社会的問題解決などを専門的に対応する部署が存在せず，患者家族やスタッフが困惑していた状況があった。MSWの配置後は，患者1人ひとりの状況を把握し，患者家族の気持ちに寄り添いながら，療養先の確保や必要な社会資源の活用ができるようになった。

MSWが入院前から退院後の療養生活に至るまで，全体のコーディネート役を務めることで，患者は安心して入院生活を送ることができるようになり，入院目的も明確になった。また合同カンファレンスをはじめ多職種チームのコーディネート役をMSWが担うことで，スタッフ間の連携が良好になった。

また，入退院や地域関係機関との連携についても，MSWが窓口になることで統一した対応ができるようになった。

今後は，病院全体として長期入院患者の退院援助を行えるシステムを作っていきたい。

2章 経営・教育に関わるMSW

兵庫大学 健康科学部 看護学科 教授　竹内一夫

組織管理機能・教育機能とMSW

　ソーシャルワーカーの果たすべき支援機能として、直接的な支援機能には個別援助、集団援助の機能があり、間接的な支援機能には、地域支援、施設・機関の福祉的管理、福祉調査、政策提言などの社会活動があげられている。医療機関に働くMSWは直接的な支援機能が目立ち、ともすればそれ以外の機能が目立たないが、地方自治体の福祉計画や、高齢者保健福祉計画、障害者自立支援計画などの検討委員会のメンバーとして政策提言や、地域福祉活動に関わったりしている。また、所属医療機関の患者や家族、地域に対する福祉制度の活用の周知や、広報活動などは、地域や患者・家族への福祉教育とも考えられる。このような機能を果たす目的は、医療機関が利用者に対してその福祉の向上（Well Being）に向けての取組みがなされているかを検証していく機能を遂行していくことにある。

　とくに第5次医療法の改正によって、医療法人は公的目的を持って運営され、理事長である医師の年収も上限が示されるようになり、医療法人の公共性と情報の開示がより明確に示されるようになった以上、MSWの福祉施設や医療機関の福祉管理機能は、ますます必要とされるようになるであろう。

　また、経営管理については、第Ⅰ部の「医療ソーシャルワーク総論」でも取り上げたが、MSWはその支援について、現行健康保険制度で直接的に医療機関の経済に寄与する状況にはない。その理由は、これまでの社会福祉サービスが長らく措置というしくみで行われてきたからということに求められるであろう。

　しかし約10年前に介護保険がスタートし、ケアマネジャーの支援が有料化したことから、今後、MSWの支援サービスも有料化していくであろうが（現にソーシャルワーカーが社会福祉士事務所を単独で開業し、有料での相談業務を展開している例が増えてきている）、MSW自身の中に、自分たちのサービスに費用請求をすることへの抵抗もあり、相談業務の有効化が一般的なレベルで認識されるようになるには、それなりの時間が今後相当期間必要かもしれない。だが、日常業務の中で、患者負担をかけないで、医療機関の収入増を図る方法があるとすれば、MSWも自らの抵抗を外して、医療機関の経営に貢献するであろう。

　その唯一の方法が、入院期間の短縮化であり、各種クリティカルパスの実行への貢献である。少なくとも「本人の了解」、「家族の退院受け入れ環境の調整」、「他病院・施設への移動のタイミング調整」が予定通りに進めば、あるいは短縮化ができれば、新入院を受け入れられ、医療機関としての収入増へ直接的に貢献することとなる。さらに相談業務の点数化が起これば、ますますMSW独自での働きによる、医療機関の収入増への関与度が明確に認識できる状況ができ上がるのである。

　患者家族に負担をかけず、医療機関も最善の治療を提供でき、患者は必要な時に必要な入院治療が受けられ、その治療期間は最短で効率的効果に設定される。このような医療が提供できる。これがMSWが関わる治療組織管理の最終目標である。

2章 経営・教育に関わるMSW

BSCを取り入れた MSW部門の戦略的運営

社会医療法人医真会本部
医真会八尾総合病院地域連携センター　**杉田恵子**

当法人におけるMSW

　当法人においてMSWが配置されているのは，八尾総合病院，八尾リハビリテーション病院，介護老人保健施設の3施設であり，MSW配置のないグループ施設については必要に応じて応援にいく体制をとっている。
　MSWの具体的な業務としては，各施設に共通して相談業務があげられるが，総合病院では主に地域連携業務，地域活動，患者プラザ(患者への情報案内やセカンドオピニオンなど)業務がある。

MSWのミッション・ビジョン・戦略

　本項では，実際に当院で使用しているBSCを紹介しながら，MSWの業務を説明する。
　BSC(Balanced Scorecard)とは，キャプランらにより発案された戦略マネジメントシステムであり，そのコンセプトは進化を続けているが，基本は「財務」，「顧客」，「業務プロセス」，「学習と成長」の4つの視点で組織のビジョンと戦略を全職員に正確に伝え，組織が一丸となって目標に向かうためのツールである(図1)。
　当法人では，期初(7月を期初，翌年6月末を期末としている)ごとに，法人理念に基づいて部署ごとのミッション・ビジョンを見直している。MSW部署では今期，表1に示したミッション・ビジョンを定め，それを達成するための戦略を明示した。

注) 病院：71巻2号(2012年2月)に掲載。

　筆者はまず，MSWスタッフ全員との個人面談で，これらミッション・ビジョン・戦略について納得がいくまで説明した。そして，戦略を実行していくためには各スタッフがどうすべきかを全員で話し合い，役割を明確にしていった。その際，各スタッフが立てた目標が，部署のミッション・ビジョン・戦略につながっていくようにすることが重要である。こうした戦略実行の流れを，BSCによって表現していくことになる。

BSC作成の流れ

1. SWOT分析・クロス分析

　戦略を策定するにあたっては，まずSWOT分析，クロス分析を行う。SWOT分析とは自分たちの組織の内部環境(strength：強み，weakness：弱み)と外部環境(opportunity：機会，threat：脅威)を把握・分析する手法である(表2，3の白い枠)。
　SWOT分析においては内部環境と外部環境について必要な情報やデータを十分収集しておかないと分析ができないため，できるだけスタッフの意見を引き出すためにも，自由にブレインストーミングを行い，出された意見を否定せず，尊重する姿勢が必要である。出された意見はKJ(Kawakita Jiro)法によってグループ分けしてまとめ，表に書き込んでいく。クロス分析の際に入れ込みやすいように，SWOTの各項目にはそれぞれ記号をつけておくとよい。
　クロス分析では，SWOT分析の各項目を組み合わせて検討し(表2，3の灰色の枠)，BSCの基となる戦略を策定する。各施設のMSWに求め

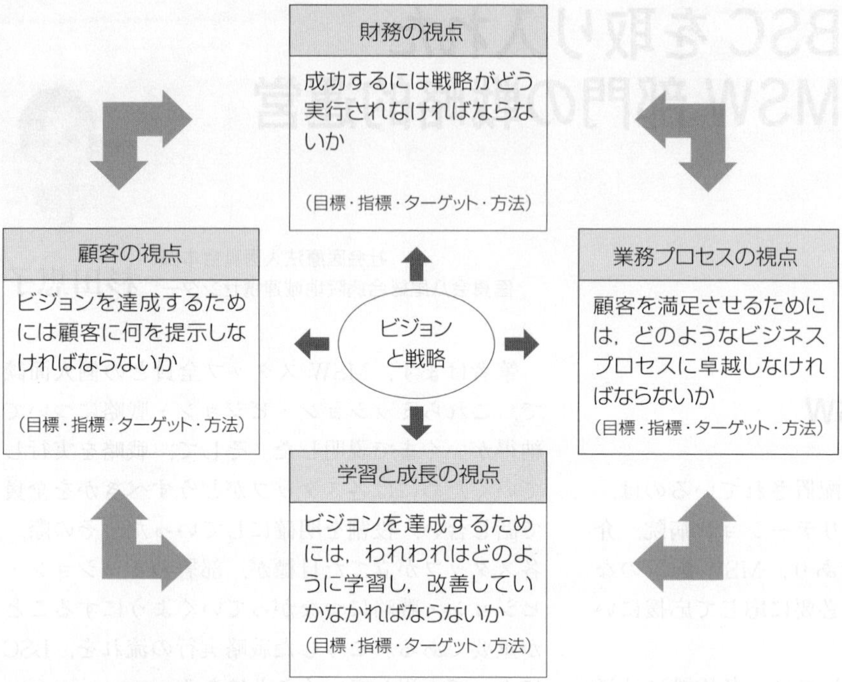

図1 BSCの基本コンセプト

財務の視点
成功するには戦略がどう実行されなければならないか
（目標・指標・ターゲット・方法）

顧客の視点
ビジョンを達成するためには顧客に何を提示しなければならないか
（目標・指標・ターゲット・方法）

ビジョンと戦略

業務プロセスの視点
顧客を満足させるためには，どのようなビジネスプロセスに卓越しなければならないか
（目標・指標・ターゲット・方法）

学習と成長の視点
ビジョンを達成するためには，われわれはどのように学習し，改善していかなければならないか
（目標・指標・ターゲット・方法）

出典：髙橋淑郎：特集 今日から始めるBSC―BSC導入で職員のベクトルが一致．医療タイムス No.1675, 2004年6月14日, p7の図（※）を筆者改変．
※ Kaplan RS, Norton DP : Using the Balanced Scorecard as a Strategic Management System. Harvard Business Review, 74(1), 1996, p76の図を髙橋淑郎氏（日本大学）により改変．

表1 MSW部署のミッション・ビジョン・戦略

【社会医療法人医真会　理念】私たちは，人間愛に基づき最大の努力で最良のヘルスケアを地域の人々に提供できるように努めます． 【MSW部署　ミッション・ビジョン・戦略】 ミッション：私たちは，人間愛に基づき最大の努力で最良の医療福祉活動を行うように努めます． ビジョン：スタッフの質の向上と社会的認知に努め，利用者である地域の皆様の立場に立ち，安心して療養できる環境作りに貢献する． ①利用者に迅速に介入し，かつ確実な情報提供とともに適切な相談援助を行う． 　他機関，他部署，法人間の医療福祉科との連携，調整を適切に行い，利用者の満足度向上に協力する． ②より適切な援助を実践していくために，各種学会，研修などに参加し，自己研鑽に努める．	③医療事故やヒヤリハットに発展しないように，日頃の日常業務において，ソーシャルマナーや対応方法について学習する． 戦略： ①マーケティング：MSWが所属している各施設の外部環境，内部環境を分析し現状分析を行い，そのうえでセグメント，ターゲティング，ポジショニングを行い，目標を達成していく． ②各種学会発表，専門技術や知識の向上のための研修会参加． ③マネジメントスキルを向上させるために自己研鑽し，自分が所属している機関，あるいは法人グループへの問題提議，対応策の提案ができるように努める． ④MSWとしてより社会的認知に努める．所属機関での各専門職への広報や業務実績を具体的にデータで示すことができるようにしていく．

られるニーズや役割は基本的に同じだが，施設の特徴・環境は異なるため，それに伴いSWOT分析，クロス分析，そしてBSCも変化する．表3は総合病院でのクロス分析結果であり，これに基づいたBSCを続けて紹介する．

2．戦略マップ

図2は表3に基づいて作成されたBSCの戦略マップである．戦略マップでは下から上の連鎖，つまり「学習と成長の視点」により「業務プロセスの視点」が，「業務プロセスの視点」により「顧客の視点」が，そして「顧客の視点」により「財務の視点」が達成されるようになっている．したがって

表2 SWOT分析・クロス分析表

		外部環境	
		機会（opportunity）	脅威（threat）
内部環境	強み（strength）	機会に対して強みを活用する	脅威に際して強みで差をつける
	弱み（weakness）	弱みを補強して機会と捉える	脅威が弱みに結びつくリスクを避ける

最終的に財務の視点の目標値（収益向上など）が達成されることで，病院経営と両立した形で戦略テーマが実現されることになる。

従来，MSWは数値目標の設定が難しい職種であったが，急性期病棟等退院支援計画加算や介護連携指導料など診療報酬上でMSW（社会福祉士）業務に点数がつくようになり，数値目標が設定しやすくなった。点数化された項目については漏らさずに請求する体制作りが重要であり，そうした意識の下で，戦略マップやスコアカードの「財務の視点」に盛り込んでいる。今後も，診療報酬にMSWの業務がより広範囲で評価されていくことを願いたい。

3．スコアカード

次に，戦略マップの各視点における戦略目標について，重要成功要因，成果尺度，指標，目標値，アクションプラン，担当者といった項目をスタッフ全員で考え，スコアカードを作成していく（**表4**）。上司のトップダウンではなく，スタッフ全員が最初から関わり，皆の意見を聞いて納得のうえで行うべきである。戦略目標（課題）についてどうすれば達成できるのかを時間をかけて話し合い，なぜこの業務をするのかスタッフ1人ひとりが理解したうえで遂行していくことが，スタッフ育成に大切だと考える。

「財務の視点」のような数値目標を達成していくことで，施設全体の収益増につながり，私たち

表3 当院MSW部門の分析結果

		外部環境分析	
		機会（opportunity） A 社会福祉士で診療報酬が請求可能 B 登録医が多い C 中河内医療福祉連携懇談会の存在 D 後方施設からの空床状況が送付	脅威（threat） a 高齢者の入院が増加 b 経済事情の悪化 c 独居老人の増加 d 近隣の急性期の救急対応
内部環境分析	強み（strength） 1 MSWの数が多い 2 グループ施設が充実 3 後方連携施設との良好な関係 4 MSWの認知度が高い 5 急性期病院の性格上，医療の高い患者のグループ施設への受け入れが可能	機会に対して強みを活用する 1—A 請求できる診療報酬を効率的にとる 23—B 登録医からの相談に積極的に対応 1235—D 退院調整がスムースに対応できる 4—C 専門職としてのステップアップが期待できる	脅威に際して強みで差をつける 1—abc 問題のある患者への早期介入が可能 25—ac スムースに退院ができない患者を状況に応じたグループ施設で対応可能 234—d 患者の状況に応じた施設を迅速に紹介できる
	弱み（weakness） ① 病病連携が弱い ② 救急医の不在 ③ 援助技術能力の格差 ④ 物理的距離がある施設との連携 ⑤ 各種研修，基礎研修の参加が低い	弱みを補強して機会を捉える ①②④—BCD 中河内医療連携懇談会を利用して情報の共有を定期で行っていく ③⑤—AC 中河内医療連携懇談会で，経験のあるMSWによる勉強会などを開催	脅威が弱みに結びつくリスクを避ける ①④—ac 高齢者の入院期間長期化を回避するために病院間の連携を構築する ③⑤—abc 退院援助のスキルアップを標準化し迅速に対応できる人材を育成 ①②④—d 当院の救急対応を見直し，新入院増に向けて営業を行う

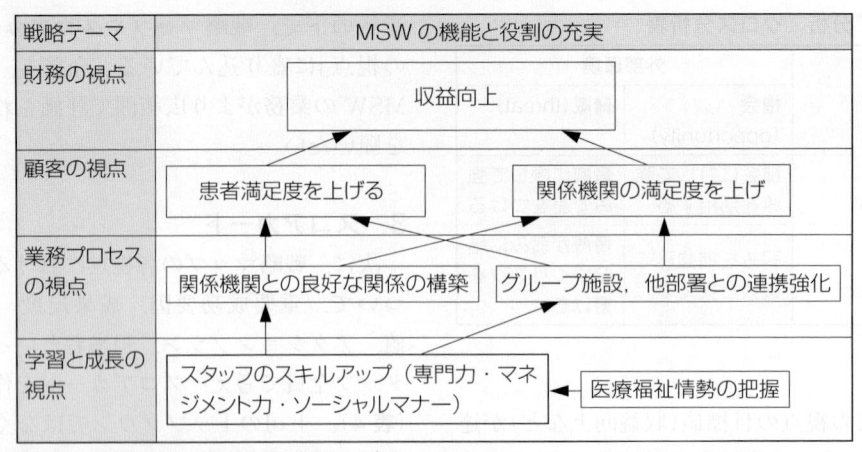

図2 当院MSW部門の戦略マップ

戦略テーマ	MSWの機能と役割の充実
財務の視点	収益向上
顧客の視点	患者満足度を上げる／関係機関の満足度を上げ
業務プロセスの視点	関係機関との良好な関係の構築／グループ施設，他部署との連携強化
学習と成長の視点	スタッフのスキルアップ（専門力・マネジメント力・ソーシャルマナー）／医療福祉情勢の把握

表4 当院MSW部門のスコアカード

視点	戦略目標	重要成功要因	成果尺度	目標値	アクションプラン
財務の視点	●収益向上（診療報酬）	●退院支援計画書，介護連携指導書の作成	書類の作成率	70%	●カンファレンスの開催 ●ケアマネジャーとの情報提供を徹底
顧客の視点	●患者満足度を上げる ●他機関の満足度を上げる	●インテークチェックシート件数 ●早急な経過報告	介入率	90%	●介入依頼ケースの早期介入 ●前方連携との連携力を向上させる
			報告率	90%	
業務プロセスの視点	●関係機関との良好な関係の構築 ●グループ施設，他部署との連携強化	●顔の見える連携強化 ●関係機関の方針を理解 ●他職種との情報共有 ●紙媒体の縮小	施設訪問（再・新）	24件／年	●法人グループ外の施設状況を把握しスムースな転院・転所ができるようにする ●病病，病診連携の会を開催し，関係施設との連携を強化する ●日報の電子化
			研修会開催	1回／年	
			各カンファレンス・回診への参加率	100%	
			電子化達成率	100%	
学習と成長の視点	●スタッフのスキルアップ ●医療福祉情勢の把握	●医療知識の向上 ●面接技術・専門知識の向上 ●MSW同士の積極的な交流	研修会・勉強会への参加回数	いずれも年1回全スタッフが参加	●医療セミナーの参加 ●研修会への参加 ●職能団体懇親会への参加

MSWも経営面に参画している意識が視覚的に見えるので，MSW個々人のモチベーションアップにもつながっている。

「学習と成長の視点」では，研修や勉強会への参加回数が成果尺度（指標）となった。研修会でスキルアップすることで，他施設との関係構築や他部署との連携強化（業務プロセスの視点）を図ることができる。

「業務プロセスの視点」では，周囲の関係施設への訪問で連携を強化し，退院調整や入院調整がスムースに実施されることを目的とした。また他部署，とくに医師・看護師との連携では，カンファレンスや回診の参加でMSWの業務を理解してもらうとともに，早期介入が可能となる。

こうしたことによって，次の「顧客の視点」が達成される。私たちMSWの顧客は患者や家族，

また登録医や関係機関である。当院では新規入院患者へのインテークチェックシートを作成しており，各病棟の看護師にチェックを依頼し，経済的・社会的・心理的問題を抱えている患者に対する早期介入が可能である。また紹介患者が退院する際，迅速かつ確実に登録医へ連絡・報告することで，登録医の満足度が上がる。

今まで述べた各視点での取組みが実践されることで，「財務の視点」に到達するのである。

スコアカードの目標値は，毎月の実績値と比較して，達成できなかった場合には，その原因についてスタッフ全員で話し合い，必要に応じて目標値を変更することもある。またアクションプランについては担当の各スタッフが，自分の役割は責任を持って遂行するようにしている。

まとめ

BSCを作成することで，スタッフがお互いに何をすべきかを理解し，目標の達成にはどうすればいいのかを考えるようになった。また，達成目標が数値的なものであれば，毎月そのデータを追跡し，PDCAサイクルで目標管理していくことで，各スタッフの遂行結果が可視化され，業務遂行能力も自然に向上していく。つまり，部署としての目標が明らかになり，スタッフ自身が納得できる人材育成が可能となる。

しかしBSCは導入や作成自体が目的ではなく，明確な目的をしっかりと理解したうえで導入することが必要である。スタッフの成長が組織の持続的な競争力となり，最終的には財務への貢献として表れてくる。

時代の流れとして地域連携，病病・病診連携が重視されている中，退院支援ナースの活躍も著しく，MSWとしての視点で医療福祉を展開していく必要がある。多職種チームの中において，MSWは患者に寄り添い，患者満足度を高めることのできる専門職であり，MSWの専門性を発揮して医療の質を上げるとともに，財務の視点から上層部に提言できるMSWを，ぜひめざしたい。

2章 病院経営に MSW の視点を生かす

経営・教育に関わる MSW

医療法人社団康明会常務理事／法人本部事務局長　遠藤正樹

政策に翻弄される医療者と患者の不安・苦悩

　度重なる診療報酬のマイナス改定による減収，看護人員配置基準強化，看護師夜勤勤務時間の制約に加え，多くの病院では医師・看護師不足問題を抱えながら，病棟閉鎖・廃院・倒産といった事態が増加している。また一方では，急性期病床（一般病床）の報酬の包括化，社会的入院解消と老人医療費削減を目的とした療養病床再編（削減）と介護療養型医療施設廃止に伴う老人保健施設への転換問題が推進されている。

　現場では，政府の進める医療機能の「入院から在宅へ」，さらには「施設から在宅へ」という医療費圧縮政策が，矢つぎばやに法改正や報酬改正に反映されている。この政策に翻弄されながら，今後の医療・介護サービスの継続に大きな不安を抱えながら経営しているのが実態である。

　2008年の4月の診療報酬改定では，救急・産科・小児医療の報酬評価やがん対策の強化，後期高齢者医療制度の発足による高齢者医療の見直しが進められた。ただし，制度や政策では解し得ない課題は山積し，今後，病院が存続できるか否かが問われている。それ以上に，患者自身の不安や苦悩は計り知れない。制度改正によって患者はどのような影響を受け，どのような選択肢があるのかを説明し，患者の不安の解消に努める必要がある。そして患者の苦悩をニーズと捉え，サービスに転換することが，私たち医療者の進むべき方向であると考える。

患者・家族のニーズを受け止め，病院経営に生かす

　筆者は民間，大学病院で MSW として10年間経験を積んだ後，1998年より医療法人社団康明会に事務長として勤務している。当法人は，筆者が赴任した10年前は，96床の特例許可老人病院単体であったが，現在は，病院，2つの在宅療養支援診療所，複数の通所・訪問事業，居宅介護支援事業所，地域包括支援センター，サービス付高齢者専用賃貸住宅など，17事業を展開・運営している。赴任して，当時の老人デイケア（現在の通所リハビリテーション）事業に着目し，新規事業として立ち上げることとした。当時市内では，複数のデイサービス事業が行われていたが，医学的リスクがある高齢者の利用が制限され，医学管理下での通所可能な事業がなかった。そこにニーズがあることを，長年 MSW として患者や家族と接してきた体験から感じていたのである。新たな事業の立ち上げには，MSW 経験のあるスタッフや，社会に役に立ちたいという志をもって入職してきたスタッフらが主体的に関わった。病院の医師，看護師の協力を得て，行政や社会福祉協議会，医療関係者のところへ出向いて事業内容の説明とビジョンを語り，利用者を集める努力をした。結果，自宅で医学的リスクを抱えながら，過酷な療養生活を送っている多くの利用者と家族に出会い，事業開始に至った。スタッフの献身ぶりが評判となり，ニーズの合致していたことから利

注）病院：初出は67巻3号(2008年3月)に掲載。内容を一部書き改めた。

用者数が急激に増えていった。

　また，筆者は在宅で看護を必要とする患者が多いこと，そしてその患者を支えている家族の相談者が必要なことを体感していた。そこで市から在宅介護支援センターの運営委託を受け，周辺地域の在宅医療・看護・介護ニーズの掘り起こし作業を始めた。併せて，訪問看護ステーションの事業化を進め，病床数が96床という小規模病院の制約から脱却する唯一の手段として，地域の在宅患者の自宅を地域病床と位置づけ，自宅での介護困難ケースや自宅で急性増悪した患者の入院を受け入れるようになった。これらは，MSWやMSWを志すスタッフが，地域で患者・家族らのニーズを受け止め，それを病院の中で他の職種や管理者に伝え提案していったからできたことである。それにはもちろん，病院医師や看護師などの深い理解と協力体制があった。このように日頃から，患者・家族に接している現場スタッフの話に耳を傾け，現場から提案しやすい組織文化を作ることは，組織の意思決定に関与する病院管理者・マネジメントスタッフに求められていることではなかろうか。

調整役としてのMSWの役割

　当法人では病院に専任MSW2名を置き，2008年4月，本格的な在宅診療部門の立ち上げに伴い，新卒のMSWを配属した。また他の事業所には，多くの社会福祉士や介護支援専門員が従事している。とくに病院のMSWに対しては，病院に関わる患者・家族からの相談だけでなく，法人内の在宅診療部門に所属するMSWや訪問看護師から，厳しい要請や依頼が殺到している。

　筆者もカンファレンスや診療会議に参加しているが，同一法人内とはいえ馴れ合いはなく，真剣なやりとりである。そこには急な入院依頼や多問題のケースの対処に追われているMSWの姿がある。筆者自身かつてはMSWであったので，その対処の苦労や大変さは理解できる。

　例えば，治療適応はないが老老介護状態でどちらかが倒れると単身となり生活困難になる。その

ように緊急避難的に入院をさせなければならないケースでは，医師や看護師に伝達し，入院につなげなければならない。この場合，机上では，「どこかのショートステイを紹介し，勧める」との答えとなる。しかし，これまで長年，当院に外来通院し，法人内の介護保険サービスを利用されてきた患者・家族の思いは，当然，主治医のいる当院に入院させたいというのが本音である。こうした患者・家族の思いを受け止め，患者の生活問題や家族関係を把握し，患者の意思を確認し，入院受け入れや紹介などの現実的な対処に向けて，医師や病棟管理する看護管理者と協議する必要がある。MSWが，「この患者にはこんな事情があります。私がこれらの問題については調整していきますから」と，医師に入院受け入れを依頼する。すると医師からは，「またそのようなケースを受けるのか。本当に大丈夫なのか。その家族は」といった厳しい問いが返ってくる。そうした際，病院経営面ばかりに目を向けるのではなく，患者のニーズを直視し，例えば短期入院という方法によって解決することを提案するのである。入院が認められても，そこで3日しか入院期間の猶予がなければ，その後の最悪の場面を想定して，次なる入院先を確保する。こうした時MSWは，患者・家族の代弁者として，有限な病床を準備する作業を行っている。

　実はこのMSWの業務に，病院経営の大切なポイントがある。患者・家族，医療関係者それぞれの期待を把握し，患者・家族にとっても病院にとっても納得のいく対処法を見つけ，調整してゆくMSWの役割は大きい。昨今の医療現場では，MSWに対し，早い退院を進めるように求める声が声高に飛び，また経営会議などでも，平均在院日数やら病床稼働率，収入に施設基準の遵守などについての議論ばかりがさかんに行われている。もちろん，そうした議論や検証は不可欠である。しかし，患者・家族のニーズ，期待に背を向けては，病院の存続はあり得ない。それは単に，病床を埋めることで入院報酬が獲得できるといった表層的なことではない。期待されている内容に，誠意をもって尽くすことで，診療報酬というお金で

はない，いわば「信頼報酬」ともいうべきものが，私たちに与えられるのである。そしてこの「信頼報酬」こそ，組織と地域との結びつきを深め，長期的な意味において，経営の安定やあるいは新たな展開，高付加価値のサービスに結びつく，かけがえのない財産となるのである。

しかし，逼迫する病院経営と今日の病院病床の機能分化と在院日数短縮化政策によって，医療者自身が，患者自身の全体性といった視点ではなく，キュアに注視してしまっていることで，患者＝人間不在の医療が行われている場面が増えている事実も直視しなければならない。

MSWとの対話から現場のニーズを洞察する

筆者は，特別な事案がなくとも，MSWの話を聞くことを日頃から心がけている。それはMSWが，患者・家族から多くの相談を受けており，また病院組織の多くの部門と関わっている職種だからである。MSWとの対話から患者・家族や現場の状況，ニーズを知ることができるので，病院管理者やマネジメントに関わる職員は，大いにMSWと対話をすべきである。なお，多くのMSWは，社会福祉学部や心理学部を卒業後，すぐに病院に採用される。社会福祉士の養成にようやく病院実習が課せられるようになったが，新卒で即実践力とはならず，医療については知識も不十分で未熟なことも多く，病院管理者らは，その点について理解し，彼らの成長に向けて院内での養成体制を整えてゆくことが必要である。

病院は，めまぐるしい医療制度改革に振り回され，報酬の低下にあえいでいる。患者も受けられる医療に制限がかかり，不安や不満は計り知れない。そのような中，MSWは医療組織の中にあって地域や患者の気持ちを受け止め，代弁し，智恵を絞って，さまざまな制度を活用しながら医療サービスの提供に関わる。

病院の付加価値ともいえる真の信頼を築いてゆくために，病院経営の中心にMSWを配置し，徹底して病院運営のことを討議できる環境を作ることも，きわめて重要である。

2012年4月，政府は，2025年に向けた地域包括ケアシステムの構築へ向けた政策を始動した。病院単体だけでなく，関係する地域を支える在宅医・訪問看護ステーション・居宅介護支援事業所・地域包括支援センターなどと一体的なサービスが提供できるシステムを構築することをめざしている。これまでに，病院内でのMSW業務は継続しながら，地域との連携を推進し，システムとしてのネットワークを形成する重要な役割を担っていくことも期待されている。また，そのネットワーク形成する過程において，地域のニーズを洞察しながら，病院の地域における立ち位置を定めること，つまりは，曖昧な病院方針ではなく，明確な病院の機能を明確化することが，問われているのである。この病院の意思決定に，病院管理者だけでなく，MSWも積極的に関与していくべきであろう。

現在，政府は，一般病床約100万床を半減させていく政策大転換を検討している。また，枯渇する社会保障財源の大幅圧縮に向けた医療費適正化を推進している。超高齢社会に突入した今日において，病院にできる限り依存することがないように，集住系（有料老人ホームやサービス付高齢者専用賃貸住宅）の施設に入所し，そこに，医療や介護サービスをつけて対応する以外にないことも，厚労省官僚から発信されている。

この事態は，過去にはなかったことである。病院管理者含め，MSWに問われているのは，わが国の高度経済成長時代の病院経営と運営について襟を正して反省し，有限な社会保障財源の中で，次なる時代に向けた病院と地域，在宅医療とケアの再構築とシステムを現場でいかに作っていくのかということである。これは，政府主導でない地域主導型で構築するという当事者意識と危機意識，そして，何よりも病院という箱物では解決し得ない課題について，いかにして調整・解決していく手段を見出し，開発するといった日々の絶え間ない実践の積重ねが重要な時代を迎えているといえる。

2章 MSWの視点で経営・事業展開に参画

経営・教育に関わるMSW

吉田麻希社会福祉士事務所　吉田麻希

　急性期医療機関における退院援助では，MSWから「組織と患者の板挟みになるつらさ」を，よく聞かされる。医療者側は，入院期間の短縮化が医療機関の機能分化の1つだと割り切れても，患者には受け止めがたい現実がある。何度も環境が変わり主治医やスタッフが交代するうえ，費用負担も異なってくる。それゆえベッドコントロールや退院促進は，両者にとってストレスのかかる事態であるが，医療者側は，急性期機能を守り，経営を守るのに必須の要件との理解から，強い使命感を持って携わっている。

　医療の機能分化の下で，MSWの業務も，所属機関の機能や目的に沿った「部分」を担うことに矮小化されがちである。だがこのような状況にあっても，MSWには元来あったように，医療チームや組織内で，地域・関係機関との関係の中で，患者の療養と生活を支える要件の「全体」を見据えた支援を実現するための，連携の要となる実践をすることが期待されているはずである。しかし残念だが，昨今，医療機関等でマニュアル化された業務をこなすにとどまり，MSWの本領（らしさ）が発揮できないまま苦悩している例も多いように感じる。

　「ただ，志を持って真っ当に医療を施してさえいれば経営は成り立ち，患者は救える」と構えられるほど，悠長な時代ではない。医療機関といえども，経営を守ることなしには，患者も，組織も，職員も，正しいと信じる医療実践を守ることができないことは，厳然たる事実である。筆者が所属した組織は公益性をもつ財団法人であるが，それでも，事情は変わらない。筆者は，患者の「憤り」，「不安」，「切望」に精一杯応えようとしたが，それだけでは不十分なことを自覚して悩んでいた。そして，活路を，組織の中で新たな資源を作り出す実践に見出した。対応に追われるだけでなく，経営にも関心を持ち，自らの専門性を保持しつつ，あるいは保持するからこそできることで，組織に貢献したいと考えたのである。

方針決定，事業展開に参画する

　1993〜1998年，法人内に高齢者問題プロジェクトが設置され，医療だけでなく，保健予防や生活リハビリテーション，介護の分野にも事業を拡大する戦略的方針が提起され，順次実行に移された。筆者はプロジェクトメンバーとして，老人保健法制定と中間施設構想，公的介護保険へと続く政策動向や医療・保健・福祉の体系の変貌について調査するとともに，あるべき姿を医療福祉の専門職として発言し，方針を支持した。そうして介護保険施行前に，訪問看護がステーション化され，老人保健施設も開設され，保健事業は予防活動の充実とともに強化された。

　1998年に老人保健施設事務長，2003年に福祉部長を，MSW兼務のままで命じられた。組織管理や財務を学んだこともない筆者が管理職を受けることにはためらいがあった。専門職に専念したい気持ちも強かった。しかし，患者や家族の切実な願いに応えきれなかった10余年のつらい経験が，新たな事業のシステムや地域資源の開発に，より強い発言力をもって参画することへの決断を後押しした。

注）病院：70巻10号（2011年10月）に掲載。

医療福祉専門職としての情報発信と提言

　MSW は，よい「聞き手」として，治療内容や病院組織に対する要望から評判まで，患者や家族はもちろん，職員や関係機関・施設，地域住民からの声を聞く。その声が示す処遇内容と処遇経過には，チームが成した臨床過程のありのままが映し出されている。それゆえ，これらを詳細に点検することで，MSW 自身を含めた所属組織について，「できること」だけではなく，「すべきこと」，「していること」，「できていなかったこと」を知ることができる。筆者はこれらの探査の正確性を担保するために，患者の医療に係る負担額や入院と在宅での負担額の差，転院患者のフォローアップ，要介護高齢者の生活と療養環境などに関するアンケートや聞き取り調査に取り組んだ。

　このような日常的なモニタリングや客観的データに基づいて，所属組織と対象をアセスメントしてそれぞれのニーズを捉えておくことは，MSW にこそできる大切な取組みだ。これがあってこそ，チームメンバーや組織に，タイムリーな情報発信ができるし，問題提起も可能になる。筆者に対する組織の期待も，そこにあったと思う。

ズレの修正と意識転換

　要介護高齢者に医療・保健・介護の切れ目ないネットワークで対応し，それによって病院の急性期機能も守る，これが事業方針だったが，ことは容易に進まない。「狭い自宅浴室で 2 人がかりの入浴介助を受けているのに，入浴できない診療所のデイケアに通い続けている」，「認知症で手厚い介護が欠かせない利用者を，介護者の休養のため，センター病院に入院予約している」など，ケアプランの根拠を疑うサービス選択が認められた。急性期機能維持のため，病院への力を集中することが必要なのにもかかわらず，介護職が対応できる業務にまで看護師が多用されていた。診療所での看護師業務との兼任で成り立っているが，介護事業単独では人件費すら採算に乗らない。ところが「いつも通っている診療所が一番安心」，「看護師さんがやってくれたら，全部，任せられる」と利用者の評判は上々なのだ。

　新規事業の過渡的な問題とも言えたが，医療や医療職への過度な期待があった。患者の生活や意思を尊重してエンパワメントを図る，その働きを医療チームの中で担ってきた筆者は，患者が寄せる信頼を抱え込みすぎる危険性を知っていたし，患者の抱く期待が依存の形をとることも，よく経験していた。筆者は「利用者は医療に肩代わりを望んでいるわけではなく，適切なケアを望んでいるだけだ」と言い続け，自分たちがすることは，発想を転換して，信頼に足る介護職とケアチームの形成に全力で取り組むことだと繰り返した。

やる気とコスト意識

　筆者はまず，サービス事業所を駆け回り，とくに介護職とよく話し合った。魅力あるプログラムやサービス向上について，介護専門職の発想で利用者確保の作戦を立てることを求めた。介護報酬体系はシンプルで，何をどう頑張れば利益が出るのかは一目瞭然，コスト意識を身につけやすい。全事業所から週ごとに数値目標の到達状況を集約し，月次決算はわかりやすいグラフや表にまとめてフィードバックし，ともに一喜一憂した。器具購入 1 つ要望するのにも，コスト意識を持てるようになった。

　次に，職場からの予算作りに取り組んだ。業務を効率化して残業をなくし，交代で皆が休暇をとるにはどうすればいいか，利用者の安全や安心を損なわないよう，現場主導での改善を求めた。看護師業務は凝縮され，介護職の出番が増えた。職種の違い，特技や個性の別を認め合ったうえで，対等に仕事を分かち合える頃には，人件費率や適正配置についてもタブーなく話せる雰囲気ができた。

　よく聴くことで相手の自覚を促すカウンセリング技術や，相手を尊重して誰にも偏らない公正な立場を保つスタンスは，MSW として身についた

ものだが，職場とのコミュニケーションや協議に当たっても，有効であった。

発展性のある方向へ

いよいよ，事業の本格整備に着手した。筆者は，介護事業部門とソーシャルワーク部門を統括する権限を得た。実行に当たっては，人員不足の中で介護事業の中心を担い，過重労働に悲鳴をあげていた看護部門のトップである総師長に助力を仰いだ。

法人内の事業所を統廃合して，新たに，在宅福祉センターを中心に，医療系と介護系のサービスを効率的に再配置し，適正な人員配置に是正した。居宅介護支援事業所は，医療（看護）・福祉（社会福祉士）・介護（介護福祉士）で構成するケアプランセンターに，経験の浅いケアマネジャーに対するバックアップ機能を持たせた。ケアマネジャーの養成も，中心を看護師から介護福祉士へとシフトした。

診療所のデイケアにこだわるかに見えた利用者は，診療所のケアマネジャーから「入浴ができて一部負担金も安いデイサービス」を選択肢として示されると，喜んで通うようになった。利用者，サービス提供者同時の意識変革によって，事業が適正に，発展性のあるものとして動き出した。

隙間に埋もれていないか

保健・介護の事業が充実しても，そこに手が届かない人たち，施策が行き届かず隙間に埋もれる人たちがある。私は「経済的理由で必要なサービスが利用できない」，「認知症の周辺症状のために，どこの事業所でもうまく対応できない」など，それぞれの事業所や担当者の努力だけでは事態の改善・解決が難しいと判断したことは，然るべき管理会議に問題提起した。そうして，老人保健施設には認知症専用棟ができ，第2種社会福祉事業の認可で減免制度が設けられた。介護疲れを癒した妻は「また，もうちょっと頑張れるような気もする」と語った。通院手段を確保するための乗降介助・路地奥や高層階に応える訪問入浴・小規模の認知症専用通所等の事業化も叶った。体臭を気にするあまり援助を拒んでいた男性は，入浴後に「人間らしい気持ちになれた」と涙した。

生活課題は，要介護高齢者本人・家族の主体性なしには，その対策も解決法も見出し難い。十分ではないが，事態を変化させたケアチームに応えて，利用者や家族は心を開いてくれた。信頼が他者とつながる促しになり，自分らしい生活を築く意欲につながったと思う。肝心なことは，困難のあるところにともに居ること，そして諦めないで，事態を変える努力を怠らないことだ。

報酬上採算がとれない，あるいは，まだ報酬がつかないことであっても，ニーズのあるところに可能な限り応える努力をする，そのことが，利用者の自立支援を促し，地域の評判を生み，利用者獲得や次の事業展開の芽を育てる結果となった。昨今，「使える資源がない」ことを，相談援助が進まない理由にする向きがある。けれども，制度やサービスは自然にどこかから生まれたり，与えられたりするものではない。時代や社会状況の要請を背景に，サービスを必要とする人々とその存在を知った人々が力を合わせ，苦労しながら成果を生み出してきたソーシャルワーク援助の歴史がわれわれの進むべき道を示している。

2章 病院経営バランスを考えた MSW の働き

経営・教育に関わる MSW

執筆時：塩竈市立病院 医療福祉情報企画室 室長　山本邦男

当市の特徴と医療福祉課題

当院は塩竈市開設の自治体立病院であり，当市を含む近隣二市三町地域（塩竈市・多賀城市・七ヶ浜町・利府町・松島町）における唯一の公立病院である。

塩竈市は，水産練製品日本一，東北一の生鮮マグロ水揚げを誇る港町であり，県内民間銀行調査によれば，交通，医療機関アクセス利便性において，県内で最も住みやすい市とされている（県内最小2位の面積 17.85 km² に 4 病院があり，10 km² 当たりの病院数は 2.24 か所）。一方，東北一の過密都市（3,325 人／km²）と港町特有の坂道の多い急峻な地形は高齢者単独世帯数増加（県内2位）と相俟って，退院後の在宅療養や医療福祉上の問題を抱えることが多い。また，当市は人口620人の離島（浦戸諸島）を有し，介護や救急医療に不安を抱えている。さらに生活保護率県内1位や昨今の地域産業不況に伴い，経済的問題，住所不定，他医療機関からの退院相談，施設入所長期待機等社会的入院相談が増大している。MSW 採用以来，円滑な退院支援は当市地域事情を背景に大きな課題であり，当院医療福祉部創設と在宅ケア事業開始の背景となっている。

当院 MSW 業務の院内組織位置づけの推移

1．医療福祉科創設と MSW の増員

筆者は1973年に当市行政職採用で病院医事係に配属され，MSW 業務は兼務であった。1975年に増大する退院支援を契機に MSW 専任となった。当時 MSW の認知度は低く，行政職は本庁との人事異動が常であった。しかし，1985年には，職場の理解を得て，診療部院長直轄の「医療福祉科」となり，MSW 1人が増員され（計2人となり），人事異動の悩みは薄らいだ。

2．「医療福祉士」と医療福祉部の創設

1980年代後半，医療福祉士法案を巡る筆者の期待は，日本医療社会事業協会大宮大会の「社会福祉士とは別の国家資格を求めない」など三原則により宙に浮いた。しかし当院では，MSW 業務への院内支持を得て，1995年「職員の給与に関する条例改正」により「医療福祉士」が位置づけられ，1997年に医療福祉部創設が認められた。

3．「医療福祉情報企画室」の創設と介護保険事業の展開

1998年，介護保険制度目前に東北大学大学院入学の機会を得た。目的は当院在宅活動への介護保険事業への関心であった。当時，診療報酬のない MSW の非常勤化や他職種切り替えに不安を募らせていた頃である。2000年卒業と同時に，当院では，急性期から慢性期，在宅ケアの総合的相談支援を目的とした「医療福祉情報企画室」が創設された。

医療福祉情報企画室と MSW 業務

当院 MSW 業務は，地域状況を背景とした「社

注）病院：69巻8号（2010年8月）に掲載。

会的入院患者」への退院支援と「在宅ケア活動」の事務局を担い，院内組織の一部署として歩みを進めてきた。2002年「厚生労働省MSW業務指針」改定を契機に，退院支援と介護保険事業連携を目的とした「医療福祉情報企画室」の新たな事務分掌を院内処務規則に明確化した（表1）。具体的には次の5点である。

①医療福祉科MSWによる医療福祉相談
②介護保険科ではケアプラン作成と主治医意見書管理
③在宅ケア科での訪問診療や訪問看護など。
④療養型病棟でのショートステイ事業の調整
⑤総合的評価の場として「在宅ケア・介護保険委員会」と「ケアカンファレンス」企画など，医師を中心に，MSWは院内外連携機能を果たす。

現在当院在宅ケアは在宅酸素・中心静脈・人工呼吸器・胃ろう・がん末期患者など多様化し，看護師の24時間緊急体制をとる。

MSW業務とコスト改善の試み

当院は自治法規定の「住民福祉」と公営企業法の「経済性発揮」を目的に運営され，昨今，一層の経営努力が求められている。MSW業務にも当然に報酬担保を期待されるが，これまでの診療報酬改定による算定は微々たるものであった。

そこで，従来のMSW業務と介護保険事業の展開により，院外職種としてのケアマネジメント機能（以下，ケアマネ）を活かしたコスト改善を図ることとした。結果，在宅医療を核とした各種介護保険事業収益とケアマネ兼務のMSW業務は介護保険報酬により，月額50万程度が担保されるようになった。ちなみに介護保険事業を行わなければ，MSWの人件費は市一般会計からの繰入れ以外は，若干の診療報酬のみであった。しかし，2010年4月の診療報酬改定に伴う「退院支援」評価は，MSW業務の一部の評価に限定されており，問題を残しているが，早速，社会福祉士の専従と専任看護師を配置し，医療福祉部のさらなる充実を行っている。

表1　塩竈市立病院処務規則

医療福祉部医療福祉情報企画室（事務分掌）
医療福祉・介護保険科
　①医療ソーシャルワーク業務に関すること
　②地域保健・医療・福祉の連携に関すること
　③介護保険に関すること
　④居宅介護支援事業に関すること
　⑤在宅ケアの運営企画に関すること
　⑥前各号に定めるもののほか，特に命ぜられた業務
在宅ケア科
　①訪問診療・訪問看護に関すること
　②その他在宅ケアに関すること

医療福祉情報企画室と病院財政への取組み

今，当院MSWの退院支援は，在宅医療重視と在院日数短縮化の中で，収支改善の大きな焦点と位置づけられる。それゆえ，当室の年間事業目標は市長ヒアリングの場（「チャレンジ」と称している）で定期的報告を行う。さらに当院改革プランでは「医療福祉相談」，「訪問診療・看護」，「ショートステイ事業」などの対目標実績を定例管理者会議（MSW兼務の室長は管理職）や経営健全化会議に収支報告する。

2008年度実績は（各事業の報酬額は図1参照），MSW相談1,300件，ケアプラン900件，常勤医師17人による訪問診療558回，訪問看護2,205回，訪問リハビリ909回となっている。

図1はケアプランを含む介護保険事業年度別報酬推移である。図2は，当室事業担当の介護と医療保険を含む年度別報酬推移で，2008年度は年間1億円の収入を得ている。図3，4は当院一般病棟と療養型病棟の年度別在院日数である。MSW関与の退院支援，介護保険事業により，報酬および在院日数短縮への相関が認められる。

まとめ

今，当院は財政問題を抱え大きな岐路に立つ。MSW業務も，今後6年間にわたる当院「改革プラン」に，在宅医療と退院支援などを課題として

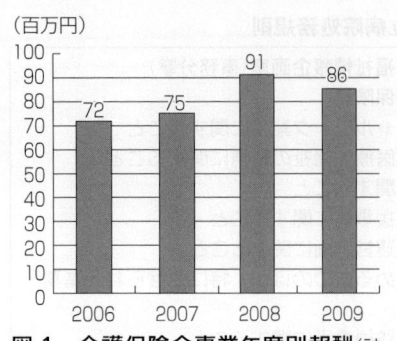

図1 介護保険全事業年度別報酬(訪問診療・訪問看護)
(ショート・リハビリ・ケアプラン)

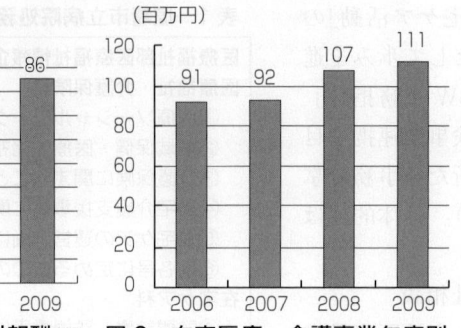

図2 在宅医療・介護事業年度別収入

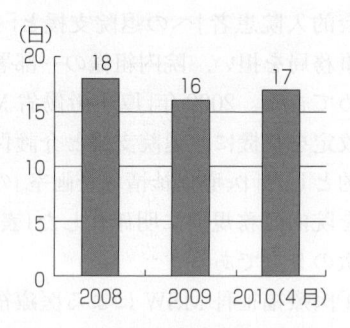

図3 一般病棟年度別平均在院日数

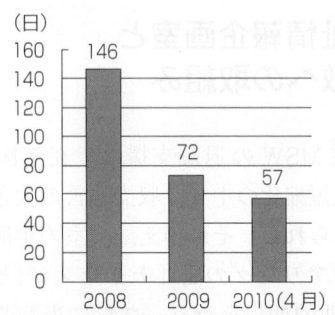

図4 療養型病棟年度別平均在院日数

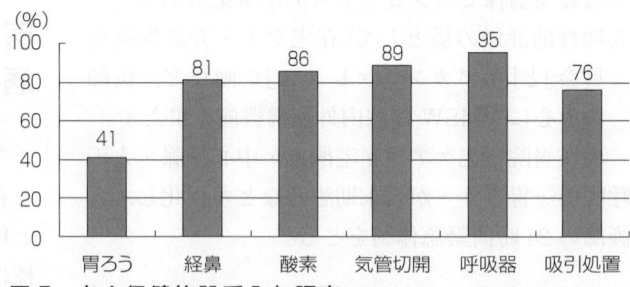

図5 老人保健施設受入れ調査(不可の割合,医療福祉情報企画室,2009年4月)

コスト改善の役割を担う。しかし,当室実施の周辺「老人保健施設受入れ調査」(図5)では,「胃ろう」を除き,長期待機が常態化し,救護施設,障害者自立支援施設の現状も同様である。それゆえMSWの早期介入は社会的資源の有効活用の視点から重要である。

病院は多様な生活問題の早期発見,把握の場となることが多く,医師をはじめ,医療福祉専門職が問題解決に関わる。医療の現場をステージとするMSWには社会福祉士の養成で身につける技能に加えて,さらに医学知識や退院支援能力,地域とのコーディネートの技術,技能が期待され,最も身近な存在になりうる。とくに慢性疾患,高齢者,障害者そして住民の生活に直結する自治体病院にこそ必要な職種である。2010年5月「厚生労働省医政局長通知」の「医療スタッフ間の連携・補完を推進する視点から,MSWをスタッフの一員として積極的に活用する」チーム医療推進の通知が出されている。今後さらなる研鑽を積み上げたい。

補記——自治体病院におけるMSWの採用と位置づけ

兵庫大学 生涯福祉学部 社会福祉学科 教授　村上須賀子

本項は,自治体病院におけるMSWの働きについて述べている。自治体病院のMSWは,その専門性を発揮するうえで民間病院とは異なる困難を抱えている。その困難が存在するからこそ山本氏の実践は,MSWのポジション確保のために院内組織改革はもとより,病院規則,給与改正条例などを市議会に承認させるなど,病院経営までも関与し,攻略的である。そして,結果としてエ

ビデンスに満ちている。

　山本氏と同様に筆者も，自治体病院で民間病院とは異なる医療環境上の困難を体験した。本項では，その立場から補記をしたい。それによって，山本氏の実践がサービス提供システムに働きかけるソーシャルアクションの真髄を示していることがわかるであろう。そして，本文末のコメントにあるように，なぜ院長までもが国家資格に触れるのかの理解の一助になればと考える。

自治体病院の役割とMSW

　自治体病院の経営は地方公営企業に位置し，経営に伴う収入をもって賄うべきであるとする独立採算制の原則が適用される。一般医療については，企業としての経済性や独立採算制が発揮されなければならない。しかし公営企業の基本原則は，「その本来の目的である公共の福祉を増進するように運営されなければならない」とされている。

　医療はとくに，採算を度外視しても行うことを求められる場合がある。例えば，採算面などで他の医療機関で対応することが困難な地域医療の確保や，高度・特殊・先駆的医療，精神・感染症などの政策医療の場合である。従来これら経費は一般会計等が負担するものとされていた。

　筆者の元の職場である広島市でもリハビリテーション，救命救急医療に並び，MSWの人件費も一般会計からの補てんがあった。

　しかし，医療費の削減政策が進む中，診療報酬で収益を上げない（稼げない）職種の増員は認められ難く，MSWへの認知度が高まり信頼されるほどに，業務量は増加し多忙を極めた。

　自治体病院の場合，診療報酬収益での人件費が確保されても，これとは別に公務員総定数枠の削減という大命題があり，定数枠内でどのように人員配置をしていくかという課題も抱えている。1人の人員増をめぐって，時に各セクションのバトルが展開するほどの厳しさである。したがって必置制や，設置基準のない職種は院内の各職種に「増員に対するコンセンサス」を取りつけなければならない壁がまず立ちはだかる。

MSWの専門性確立上の困難

1．採用時の壁

　職種の専門性とは何であろうか。
①その職種の仕事の範囲がおおまかでも周知されていること。
②その仕事の資質を担保する養成過程があること。
③その仕事にアイデンティティを持ち，就業を希望する人間が担うこと。

　自治体病院の場合，残念ながら③の本人の希望が叶わない実態がある。つまり，MSWを専門職として別枠採用しようとしても，市全体の採用方法との整合性を求められる。

　広島市民病院においては，広島市が政令市に移行してからは人事委員会の権限が強まり，国家資格がない職種は別枠採用の道が閉ざされた。

　MSWの専門職を正職員としては別枠採用できない。しかし，嘱託・臨時職員・パートならば病院が独自の基準で採用し得る。次善の策として社会福祉学を学び，MSWとしてのアイデンティティを持つ職員の雇用は，これらの正職員外の採用方法がもっぱら取られていった。

2．人事異動の壁

　公務員の行政職の場合，人事異動による配置転換がつきものである。異動に伴って職階が上がっていくのが常識である。人事異動はおよそ3年が，これまた常識だ。1か所に留まっている職員は無能なるがゆえに異動先がないのかと推測されるくらいである。

　MSWを一生の仕事として専門性を極めようとする立場とは相容れない位置づけである。

　行政職として出世指向の人物にとってMSW職は長く留まりたくないポジションである。

　こうした背景から広島市民病院においては，人事異動でMSWに配属された行政職職員が，嘱託・臨時職員・パートのMSWから専門的業務の研修を受けるという，いわば逆転ともいえる実態となっていた。

3. 本庁決済の壁

自治体病院の管理運営は，自治体行政全体の一部に組み込まれているため，病院は独自の組織ではない。つまり，独自の意思決定が困難なのである。例えば，行政改革，地方財政難の全体状況に，まず規定される。予算減少や人員削減など市全体の意思決定がまずありきである。

4. 議会承認の壁

所属の変更など機構を少しでも改正するにも病院トップの決定ではなく，議会の承認を必要とする。例えば「理学診療科」という診療科名を「リハビリテーション科」に変更したりする場合などもこれにあたる。

山本氏の実践報告はこの議会承認という壁をことごとくクリアしている。その周到な準備のほどがうかがい知れるというものである。

全国的調査に見る MSW の採用形態

1. 筆者退職時

1998年　筆者は大学教員への転出後，後任を専門職として別枠採用してほしいとの要望を病院事務局に提出した。医師をはじめ院内スタッフはMSWの後任は専門職が当然配置されるものと捉えていた。しかし本庁の広島市当局の理解は得られなかった。職員労働組合も全面的にバックアップしてくれ，本庁の人事委員会との話し合いの場を持つことができた。

交渉の資料として「自治体病院独自の採用に関する全国調査」を行った。目的は，国家資格がなくとも行政の格段の配慮で病院独自の採用がなされている例を示すためである。

専門職採用は42％であった。次が行政職採用で31％，行政職採用と専門職採用両方の採用方法をとっているところは16％であった。

行政職外の別枠採用は，技術職として病院採用，医局採用などさまざまな工夫のもと，専門職的に採用しようと試みていた。国家資格制度がないままの状態での苦慮の様相が見られた。

このように多方面からの働きかけをしたが，別

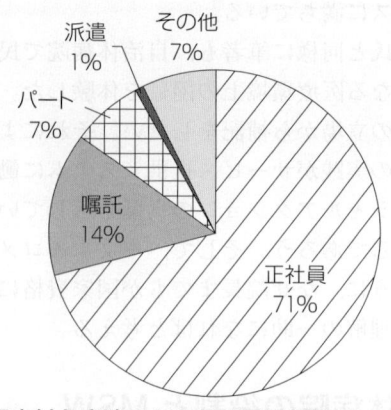

図6　調査対象病院のMSWの雇用形態
総MSW数：273人〔内訳：正職員195人，嘱託38人，パート20人，派遣2人，その他18人（臨時，看護師，精神保健福祉士，非常勤，契約社員，委託，再任用）〕

枠採用は実らなかった。

最後に行政職で社会福祉士取得者の人事異動も試みられたが，臨床現場への異動を希望するものは皆無で，結局，通常の行政職の異動があてがわれたのである。

2. 筆者退職後10年目

2008年春の広島市職員人事異動により，筆者の元の職場のMSW正職員ポストが消えたことを知った。そのポストにいた行政職職員が「この業務は必要ない」と自らの異動を希望したという。MSWの正職員枠は視能訓練士のポストに移行したのである。

たまたま筆者は学識経験者として広島市の福祉関係の委員会の委員であったことから，関係部局の担当者に面談する機会を得，また，広島市長のオフィス・アワーでもMSWの専門職・正職員化を訴えた。資料にすべく，再度，10年ぶりに「自治体病院の医療ソーシャルワーカー雇用実態に関する全国調査」を行った。152私立病院を対象にアンケートを配布し95病院から回答を得た。

回答によると，採用方法は，MSW別枠採用が35％，行政職採用が42％，その他が20％であった。しかし，95病院の総MSW数273人の雇用形態は約7割が正職員で3割が嘱託，パート，派遣など，不安定な雇用形態であった（図6）。

広島市のMSWの雇用問題は「長年の懸案事項

であった」と急転回で2009年10月より市立の2病院で各1人，嘱託から正職員化が実現した。

医療ソーシャルワークサービスを担保するために

　2010年，診療報酬改定において「病院勤務医の負担軽減」を重点課題とし，「地域の医療機関の連携」，「医療・介護関連職種の連携」を評価する項目が盛り込まれた。まさに，その担い手として力を発揮するのは本書で示してきたMSWであるといえよう。MSWの雇用の拡がりが期待できる。

　しかし，自治体病院の場合，前述のごとき，その雇用や位置づけに関し，独特の障壁が存在する。しかも，総務省は「自治体財政健全化法」によって，病院や診療所などの公益事業会計までも対象にし，財政の健全性をチェックし始めた。赤字再建団体に指定されることを恐れた自治体の中には不採算病院，診療所の閉鎖に踏み切る地域が広がっている。地域医療の要の自治体病院が危機に瀕している。自治体病院そのものの存続が危うい時代を迎えて医療ソーシャルワークサービスを地域住民に継続的に保障するシステムが整備されなければならない。山本氏の実践はこうした背景のもと，攻略的であることを要した。

　たまたま仙台では野武士のような戦略に長けたMSWの働きがあった。たまたま広島ではMSWの被爆者支援に共感性を示す市長のトップダウンの決断があった。こうした，たまたまの奮闘やトップの理解で持ちこたえられる専門職であってよいものだろうか。仙台や広島など地方都市でのMSW配置は遅れている。ましてや，地域医療の最前線の中小自治体病院においても医療ソーシャルワークサービスを提供できるようにするには，全国的なシステムである資格制度が待たれるところである。

▶MSWと協働して◀
病院経営に必要とされるMSWの専門性

塩竈市立病院院長・医療福祉部長兼務　**伊藤喜和**

　当院医療福祉部長を兼務し5年目になる。実質的業務は医療福祉情報企画室により管理運営され，MSW2人は管理職である室長と室長補佐の役割を担っている。

　当部署の組織的位置づけの先進性は本文中に紹介されているが，当院MSWの取組みはもちろん，歴代院長，初代医療福祉部長の先見性が背景にある。今，当院は開設65年の長い歴史の中で，最大の危機を迎え市職員一丸となって財政収支改善目的の「改革プラン」を推進している。

　とくに在宅ケアに連携する退院支援は収支改善の役割を担い，その業務はケースワークを始め，各介護保険事業に跨る。現状ではMSWの業務は診療報酬に十分担保されているとは言い難いものだが，退院支援による在院日数の短縮化やケアマネジメント機能による病床有効利用と在宅療養者の介護負担軽減など，経営と自治体病院の使命に大きな意味を持っている。その多様な医療福祉問題に触れながら，患者を取り巻く社会状況の厳しさを日々実感している。

　最近は経済不況と病院経営の厳しさを背景として，医療費未納，住所不定，他院退院後の生活不安など，社会的入院事例が後を絶たない。また，火事被害や住所不定など，新たに地域社会で孤立する事例もみられる。この背景から，介護保険登場以来の契約と自己責任を基盤とする地域社会の実情や手続きの複雑化に伴う利用者の戸惑いなど，相談支援早期介入の必要性が浮かび上がる。

　このような事例の関与には，当然，医療福祉の専門性と人間理解の知識が必要なことは言うまでもない。何より医師を始めとした医療スタッフとの連携に必要な技能が求められよう。

　当院MSW部門の充実は，歴代院長および初代医療福祉部長の先進的理解と，資格に関する署名活動や関連機関への協力支援要請を行ってきた歴史にある。ゆえに今日までMSWの院内組織化に率先して取り組んできた。今日，医療福祉専門職の多様化が進み，いずれも社会の要請に応えるべく，粘り強い，現実的働きかけを行いながら実現している。本年4月の診療報酬改定は社会福祉士による「退院支援」に一定の評価がなされているが，MSWの専門性の評価が「退院支援」に埋没することなく，1日も早く医療機関に専門職としての資格化が実現するよう期待している。

2章 専門チーム活動におけるMSWの機能

経営・教育に関わるMSW

岡山大学病院総合患者支援センターMSW　石橋京子

国立大学附属病院へのMSWの導入

　2000年，東京大学医学部附属病院に初めて退院支援，地域連携を担う部署が文部省(当時)の認可を受け設置されて以降，国立大学附属病院(以下，大学病院)において同様の機能を持つ部署の設置が急速に広がった。注目すべきは，そこにMSWが新規採用され，その中心的な役割を担っていることである。「国立大学医療連携・退院支援関連部門連絡協議会」(事務局：東京大学医学部附属病院地域医療連携部)の調査では，42大学病院の内，MSWを採用(常勤・非常勤を含む)しているのは，2003年度では26病院であったのが，2005年度には36病院に増加している。

　その背景には，2003年4月特定機能病院に対する医療機関別包括評価導入，2004年国立大学法人への移行の中で，大学病院に新たな経営戦略が求められたこと，また急性期・慢性期の医療における機能分担を明確にし，診療報酬に大きく影響する在院日数の短縮のために，円滑な退院支援・地域連携が不可欠と考えられたことがある。そこでMSWに期待されたのは，適切な社会資源の情報提供などによる患者サービスの向上，退院支援・地域連携における院内・院外の連携を調整する機能である。このような新たな領域にMSWが積極的に導入されたのは，今日までのMSWの実践と，その機能の有用性が評価されたものと考えてよいのではないだろうか。

注) 病院：66巻3号(2007年3月)に掲載。

総合患者支援センターにおけるMSWの機能

　当院では，横断的に活動できる組織を作り，最良の医療とケアを提供するための患者支援体制を構築することを目的に，2003年4月に総合患者支援センター(Integrated Support Center for Patients and Self-learning；以下，センター)を設置した(図1)。コアスタッフは，センター長(兼任)，副センター長(専任)，看護師長(専任)，看護師(兼任)，事務官(兼任)に，MSW(専任)2名の7名であり，そのコアスタッフの要がMSWと看護師長である。強力なパートナーとして，お互いの専門性や視点の違いを尊重しながら活動することで，支援の厚みが出るのを実感している。

　センターの活動の柱は，次の6点である。
①患者と家族の支援(専門相談)
②患者自己学習支援
③専門チームによる包括的・継続的な患者ケア
④医療ボランティアの育成
⑤地域連携システムの高度化と遠隔医療支援
⑥セミナー・コンサートなどの開催

　MSWはこのような活動全般に中心的に関わっている。

　また，2005年度より医学科の臨床実習の一コマで，副センター長，看護師長とともに退院支援・MSWの役割をテーマにしたロールプレイ方式の実習を少人数のグループ単位で行っている。チームアプローチの有効性への理解がねらいであるが，その中で患者・家族の生活史や多様な生活問題に目を向け，患者は病人である前に生活者で

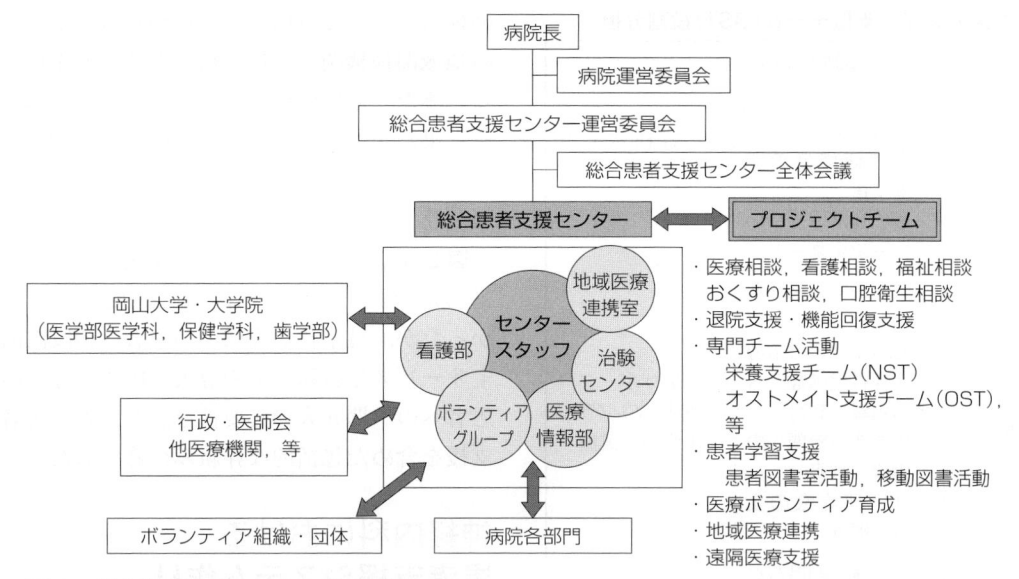

図1 総合患者支援センター組織図
(ISCPS: Integrated Support Center for Patients and Self-learning)

ある，ということを学生に実感してもらうことが重要である。

専門チーム活動による院内連携

包括的・継続的な患者支援において，地域連携とともに重要なのが院内連携である。センターでは院内を横断的に動ける専門チームを作り，病棟・外来スタッフをサポートする診療科を超えた院内連携を図ろうとしている。

ここでは，オストメイト（人工肛門・人工膀胱保有者）支援チーム（ostomate support team；以下，OST）を例に，専門チーム活動におけるMSWの役割を紹介したい。センターではOSTをモデルケースとして，こうした専門チーム活動を他の疾患にも広げていきたいと考えている。

1．OST活動とMSWの役割

人工肛門・人工膀胱造設手術を受けようとする患者への支援は，入院前から始まる。ボディイメージの変化などにより否定的な自己概念が形成されることもあり，患者が手術を受けることを決心し，社会復帰するまでには，身体面・心理面・生活面における問題解決が必要となる。OSTはそのような多様な問題を抱える患者・家族への直接的・間接的な支援を展開する。

OSTのメンバーとしてMSWは，オストメイトが利用可能な社会資源の紹介や，在宅での支援が必要な患者・家族に退院支援として関わっている。その関わりの中で，患者・家族への心理面への支援や後述するピアサポーターや"オストメイトサロン"（ピアサポーターが主催する患者会）へつなぐことで，患者のエンパワメントを図ることも重要である（表1）。MSWは病棟・外来の枠に縛られず動くことができるという面で機動性があり，チームの中では患者・家族の代弁機能を果たすことが一義的な役割と捉えている。

2．専門チーム活動へのピアサポーターの参加

米国人工肛門協会（united ostomy association）では1942年以来，社団法人日本オストミー協会では1988年より取り組まれているのが，オストミービジター制度である。「オストミービジターとは，医療関係者の要請を受けて，社会復帰したオストメイトが術前，術後のオストメイトを訪問し，その社会復帰の手助けをするボランティア活動」である。

センターでは，この制度を取り入れ，独自に養

表1 オストメイト支援チーム(OST)役割分担

センター医師	・OST活動の総括，助言	
センター看護師長	・退院支援 ・OST研修会の開催支援 ・ピアサポーターのコーディネート	・OST研修会への参加
WOC認定看護師*	・ストーマ外来などにおけるストーマセルフケアの指導 ・病棟看護師などへの指導・教育 ・地域関係機関への指導・教育 ・OST研修会の企画・開催	・ピアサポーター養成プログラムの企画・実施
MSW	・社会保障制度などに関する情報提供 ・退院支援 ・患者の心理・社会的問題解決支援 ・ピアサポーターのコーディネート	・オストメイトサロンへの支援
栄養士	・栄養管理指導	
保健学科教員	・OST研修会への協力	
ピアサポーター	・社会復帰（生活面・精神面）のための支援 ・オストメイトサロンの運営 ・OST研修会への参加	

＊WOC認定看護師とは，褥瘡・創傷(wound)ケア，人工肛門・人工膀胱のオストミー(ostomy)ケア，失禁(continence)ケアの実践，指導，教育をする看護師

成し，病院ボランティアとして登録した"ピアサポーター"に専門チームの一員として活動に参加してもらっている。その養成プログラム，訪問手順などはOSTチームで作成した。また，患者とのコーディネート，ピアサポーターへの研修・フォローアップは，MSWと看護師長が担当している。

退院支援・地域連携への取組み

現在MSWの業務の中で大きな比重を持つのが，退院支援・地域連携である。院内においては病棟スタッフと専門チームをつなぎながら，院外の地域関係機関へ支援を結ぶシステムを作っている。また，地域関係機関に対する病院の窓口機能をも果たすことで，地域からの情報を院内スタッフへフィードバックすることができ，スムーズな地域連携が図れるようになってきている。

図2が退院支援・在宅療養支援の流れである。当初は退院支援の枠組みでしか捉えられていなかったが，外来化学療法中の患者への段階的な在宅サービスや緩和ケアの導入，医療依存度の高い患者への早期介入の必要性を感じ，外来患者への支援を含めた包括的な枠組みへ修正した。

神経内科における患者支援システム作り

ここで，筋萎縮性側索硬化症(ALS)の患者への取組みについて紹介したい。当院には神経変性疾患の専門外来があるため，診断目的の検査入院や，さらに症状の進行に伴い呼吸器などの導入を目的にした入院がある。検査入院の結果，病名が確定した患者に対しては，患者・家族への精神的な支援，社会資源の情報提供などを目的に，さらに病状の進行に伴い患者・家族が新たな問題を抱えた時の相談窓口を伝える意味もあり，MSWが全員面接を行うようにしている。

また，人工呼吸器などを装着して在宅療養を行う患者・家族に対しては，病棟スタッフとリハビリテーション部，専門チームである栄養支援チーム(NST)，皮膚・褥瘡チーム，歯学部の口腔ケアチームなどと連携を図りながら，退院までの準備や患者・家族への指導を進める。さらにかかりつけ医，在宅サービス提供機関との調整会議，在宅の環境整備のための訪問指導を行うなどの支援体制をとっている。在宅療養が困難な場合の転院相談も含め，一例一例を積み重ね，専門職がそれぞれの専門性や固定観念を超えたレベルで協働できるシステムを整えているところである。

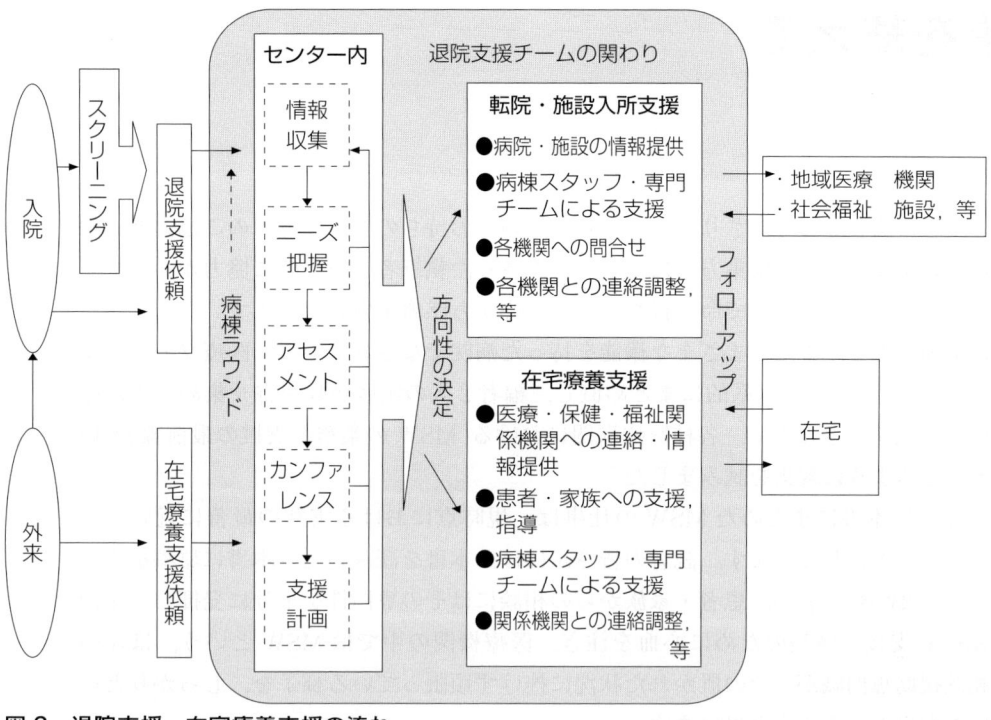

図2　退院支援・在宅療養支援の流れ

MSWの視点

　退院支援・在宅療養支援に限らずだが，医療者と患者・家族とのズレを最小限に調整することがMSWの役割だと感じる。それは，例えば病気の理解のズレや，退院・転院の時期に関する認識のズレであったりする。また，多職種が関わるのは望ましいことであるが，連携が不十分であれば，却ってそのズレを広げてしまうこともある。それを埋めるようコミュニケーションを図っていくことが，患者・家族の理解や患者が自らの生活を取り戻す自信につながるのではないだろうか。

　また，MSWとして，患者の生活史を聞き取り，その患者・家族が持つ力やその背景への理解を基に行うソーシャルワークの原則を大切にしたいと考えている。時間とマンパワーの限界はあるが，患者本位，患者・家族の生活の質の向上という視点は貫かなければならない。

これからの課題

　地域の中で大学病院にさまざまな機能が求められるようになり，MSWに期待される役割も多様化してきている。最近では，病院と診療所が協力してより安全なお産に取り組む「周産期オープンシステム」を当院が始めて，パートナーからの暴力や児童虐待が危惧されるハイリスク妊産婦への関わりを数例経験し，診療所や地域関係機関との早急なネットワーク作りを求められた産科の例がある。また，都道府県がん診療連携拠点病院の指定を受けたことに伴う相談支援体制作りに，今まさに取り組んでいるところである。

　患者支援システムだけでなく，このような病院全体のシステム作りにおいても，MSWは固有の視点から提案していくべきであるし，またその力を蓄えるための努力をしていかなければならないと考えている。

編集を終えて

　本書の出版に関わってくださり，本への熱き思いをお持ちの多くの方々のご協力と，編者の無理な要望にも，快く編集方針に応じてくださった執筆者の方々のご協力があって，ここに本書が1冊の書物として命を得たことに，心から感謝を申し上げます。

　本書は全国各地で，またさまざまな機能を持った病院でなされている，医療ソーシャルワーカー（MSW）の実践を体系的にまとめ直し，編者2人の実践経験を寄せ集め，またそこから得た知識をつぎこんで，各種医療機関における「MSWの業務と支援の最前線」といえる内容になるように編集を試みました。

　その意味では本書にまとめたMSWの仕事は，現時点における実践の最善に近いものが提示できたと確信しています。読者の皆さんには，本書を読み終え，本書に原稿を寄せてくれたすべての執筆者が，患者・家族からの相談にはその専門性を十分に発揮し，また論拠の示せる支援の構築のために心血を注ぎ，医療機関の中ではMSWという，ほんの少数の相談援助専門職が，その置かれた状況に挫けず頑張っている様子を，しっかりと認識していただけたであろうと思います。

　その歴史をひも解いてみるに，全世界的に見ても，わずか約120年の歴史しかない専門職ですが，他職種と比較して圧倒的に短い臨床の歴史を通して，常に示してきたことがあります。それはMSWという専門職が，常にその時点での，患者・家族を取り巻く所与の療養環境条件の不足を改善し，また，その時点での医療関連諸科学の発達状況から，医学が十分に手を差し伸べられない，難病といわれる医療的状況にある患者の生活支援への取組みを行ってきたということです。

　このような歴史的事実を踏まえると，MSWの仕事はその時代とともに，常に困難とともにあり，今後も医療を取り巻く状況の変化に呼応し，変化し続けていくものといえます。従って本書が出版され，これを手にしてくださった読者には，この本をMSWの仕事の到達点として捉えるのではなく，未来のより良い支援を手に入れるために闘っていく通過点として捉え，ここに集結した50名を超える執筆者たちのMSW業務への熱き心を受け継ぎ，より良き実践を築く足場として本書を活用していただけることを期待しています。そして願わくば，本書の読者の中から，未来の続編の執筆者が出現し，患者・家族への，また彼らを取り巻く専門職への，MSWが行う支援がより大きく飛躍していくこと願って，本書の あとがき とさせていただきます。

2012年6月吉日

竹内一夫